新版

叛逆のバリケード

日大闘争の記録

日本大学文理学部闘争委員会書記局
『新版・叛逆のバリケード』編集委員会◉編

三一書房

新版

日大闘争の記録

叛逆のバリケード

『新版・叛逆のバリケード』編集委員会●編
日本大学文理学部闘争委員会書記局

三一書房

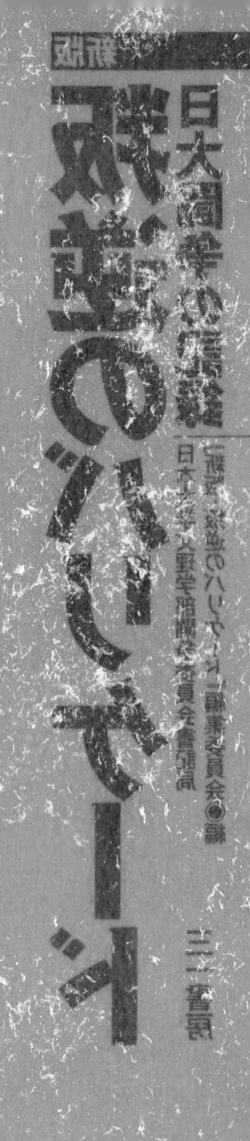

日本大学一九六八年

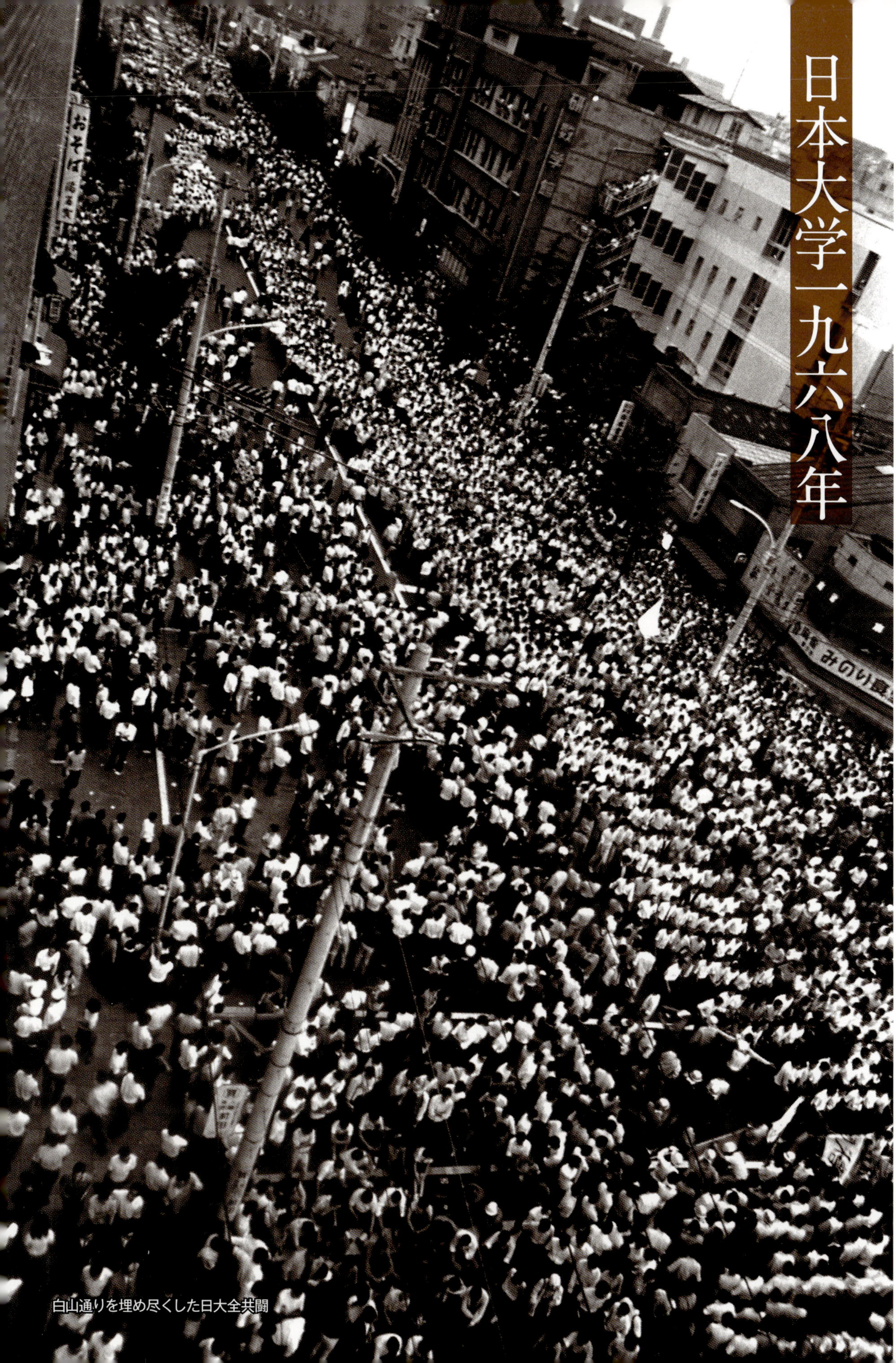

白山通りを埋め尽くした日大全共闘

5月31日　文理学部グラウンドにおいて、ロックアウト状態の中で開かれた全学総決起集会

5月31日　集会後デモをする日大全共闘

▲6月4日　お茶の水から三崎町へ向かう芸術学部闘争委員会発足直後のデモ

◀6月4日　経済学部前での全学総決起集会。この日の決起集会は、遠く文理学部三島校舎や郡山の工学部からも学友が参加し、10000名と最大規模の集会となった。この集会の後、動かぬ事態に全学共闘会議はバリスト突入を密かに決意した

6月11日　経済学部「血の弾圧」事件直前

6月11日　経済学部前。デモ中、右翼・体育会系学生から放水を浴びせられる全共闘行動隊

6月11日　経済学部前。乱闘服を着た機動隊がこの日初めて現れ、ジュラルミンの盾で規制される

6月12日　経済学部校舎内でバリケードを構築する日大全共闘

6月25日　神田、お茶の水付近で「古田葬式デモ」をする経済学部闘争委員会

農獣医学部正門前バリケードに
張り出されたタテ看

9・30 大衆団交　全共闘の追及にマイク
を持ってこたえる古田会頭

9・30大衆団交　次々と糾弾される大学当局

9・30大衆団交終盤。古田会頭の傍らで団交内容を確認する秋田明大全学共闘会議議長

新版

叛逆のバリケード

日大闘争の記録

まえがき

全国の、就中日本大学の学生は、年ごとに強化される「反動の嵐」の中で喘いでいる。

過去二十数年来の政府・文部省の教育行政そのものの破綻は、すでに幾多の人によって語り尽くされている。だが、その破綻を正しく認識し、正しく実践してきたのなら——とはいえ、現社会体制においてはできないことだが——日本の教育は、破綻の道を逃れ、反動の道をこれほど突き進んではいなかっただろう。

我々が、もし「何か」を考える事ができたとしたら、我々は、その「何か」を必ず実践しなければならないだろう。

我々は現在、反動教育の砦たる「日本大学」への〝叛逆〟を開始し、展開している。我々は日本大学の問題が、単に、一個の大学のひとつの問題としてだけ提出されているのだと把握してはならぬことを知ったのだ。

我々は提起する、日本大学の闘いの歴史的な意義は何か、と。

古田反動教育体制打倒の叫びは、かつての学園闘争では見る事のできなかった数万学生の決起を促し、文字通りの大衆運動を展開している。日本の学生運動史上かつてない「最強」を誇るバリケードは、強大な日大権力への怖れでもあるが、しかしそれに対する叛逆が物質化されたものでもあるのだ。バリケード死守は百日をこえ、全学ストライキ体制の下で籠城した学友は、すでに数千名を記録した。我々が自らつくりあげた怒りと抵抗の砦は、過去の日大の学生運動、すなわち医学部予科の闘争、三島の反ファッショ闘争、経済二部の闘争をのりこえて、日本の学生運動史上、燦然と光り輝く不滅のバリケード闘争となるであろう。

全国の学友諸君！

全日大の学友諸君！

我々の闘争に注視せよ！

日大の闘争が、現時点からさらにどのように発展するのか、この記録が諸君の手もとに届く瞬間にいかなる状況が起こっているのか、予想する事はできない。

しかしながら、日大十万の学生の蜂起は、敵権力に屈することなく、必ずや人間解放の〝勝利〟を意味するであろうことを、我々は確信する。

日本大学全学共闘会議の旗の下
全日大の学友は団結せよ！

一九六八年一〇月

日本大学文理学部闘争委員会内
〈日大闘争の記録〉編集委員会

目次

第三章◉大衆団交の実現へ

一　支持・支援の声明と手紙――180
二　文闘委アピール――184
三　9・30大衆団交――193
[フォトドキュメント]「9・30大衆団交」――226

第四章◉日大全共闘、現在を語る

おとしまえ〈理工・山本啓〉――250
私の日大闘争〈農獣医・JUN〉――256
それでも前へ、わが終りなき闘い〈芸術・山崎晴久（ラッパの大将）〉――262
日大闘争が残してくれたもの〈文理・入江育代〉――269
なぜ負けた？一度は勝った正義の日大闘争〈経済・後藤臣彦〉――273
四十年が過ぎた今だから〈文理・喜田賢次〉――280
銀ヘルと私〈法・小林一博〉――285
七〇・二・二五中村君虐殺糾弾　中村克己君墓碑委員会〈文理・鈴木淳夫〉――290

日大闘争年表（増補完全版）、他――301
あとがき〈編集委員会 大場久昭〉――321

生きてる　生きてる　生きている
バリケードという腹の中で
生きている
毎日自主講座という栄養をとり
〝友と語る〟という清涼飲料剤を飲み
毎日精力的に生きている

生きてる　生きてる　生きている
つい昨日まで　悪魔に支配され
栄養を奪われていたが
今日飲んだ〝解放〟というアンプルで
今はもう　完全に生き変わった
そして今　バリケードの腹の中で
生きている

生きてる　生きてる　生きている
今や青春の中に生きている

第一章

ドキュメント日大闘争

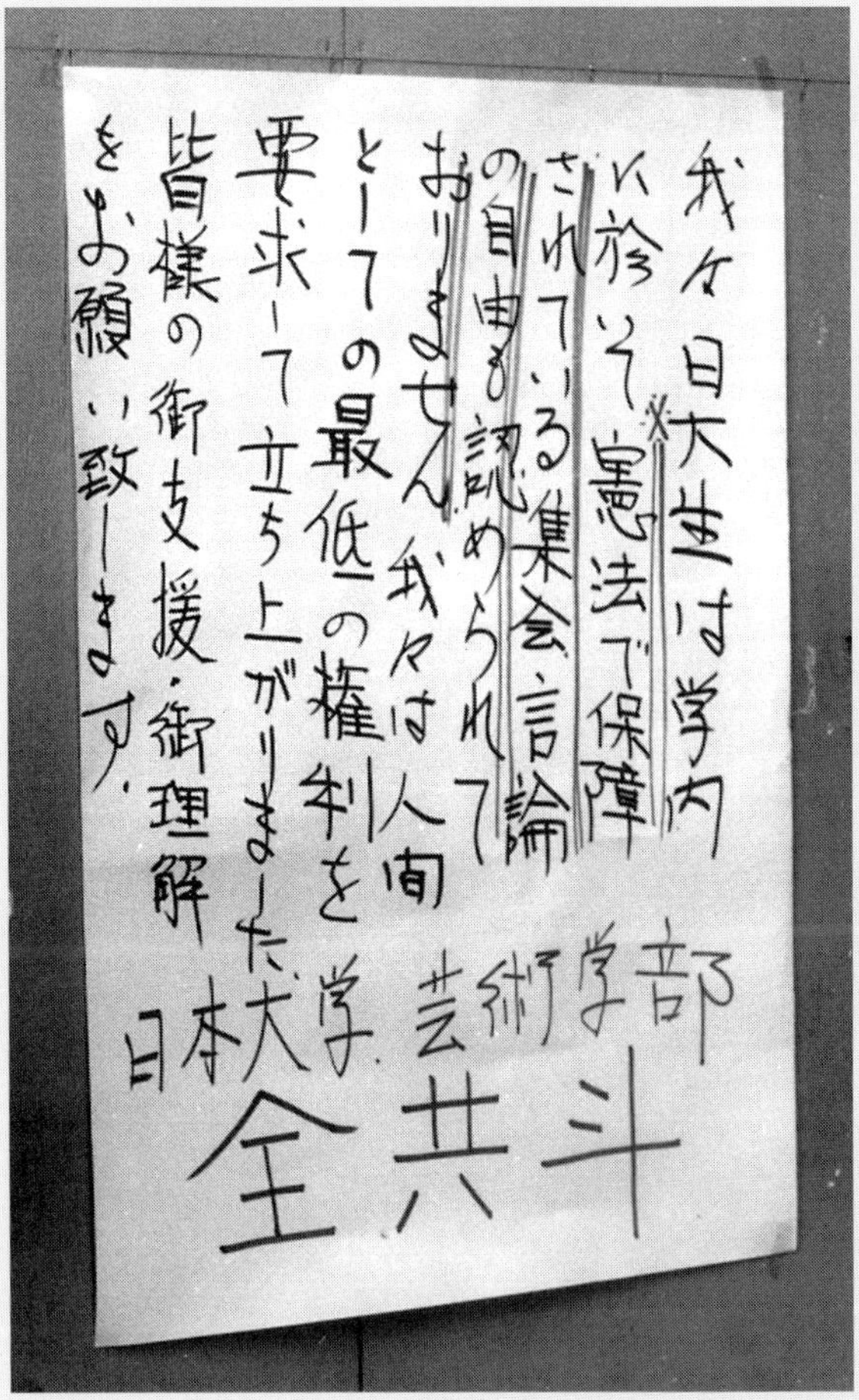

全共闘発足直後、街頭カンパで
張り出されたビラ

はじめに

一九六八年五月、神田三崎町日大本部前は、赤、白、青と彩られた旗が乱立し、一万名を越すかと思われる学生が集会を開いていた。マイクをにぎり熱弁をふるい、「古田体制打倒」を叫ぶや、その声は唱和され学生街にこだまし、だいだい色の布に黒く書きこまれた「日本大学全学共闘会議」の旗を先頭にデモ行進をはじめた。地響きに商店街はゆれうごいた。保守的といわれていた日大生が蜂起したのである。

三四億円にものぼる、史上最高の使途不明金は、その一月に発覚した理工学部教授小野竹之助（当時日大本部教務部長）による、五、〇〇〇万円裏口入学事件に続き、古田体制の腐敗と堕落を一〇万学生に知らせた。日大生の蜂起、それは夢であり実現不可能な話として語られていた。授業料、入学金が異常に高く、付属施設は五〇をこえ、文部省からの補助金（私立大学等理科特別補助金、研究助成金）は、その一割以上を占め、あまりのマス・プロに、学生は連帯意識がなく、自治なき大学に学生は無気力化し、過去数度となく繰り返された先進的学友による闘争は、常に学校の暴力装置である、体育会、応援団により暴圧され続けていた。

だが古田体制による営利第一主義の追求は、学生不在、学問不在をその極限にまで追いこみ、経済、法、文理学部を中心とする学生が反逆の旗をうち振るや、日大生はパリの学生と呼応するかのごとくに蜂起した。それはまさに思想ゆえの叛逆ではなく、日大八〇年の歴史、とりわけ古田が会頭になって以来一〇年間にわたり暴圧されつづけてきた学生の、蓄積された怒りによる総反撃であった。

スローガン

一、全理事の退陣
一、経理の全面公開
一、検閲制度撤廃
一、集会の自由を認めよ
一、不当処分白紙撤回

だからこそ、大学当局が集会とデモに決起した学生に対して、右翼と官憲を対峙させた時、学生はヘルメットと角材で武装し、史上最強のバリケードを構築することにより、学園を自らの手にとりもどし、理論武装を始めたのである。いま日大生は、当初の決起した者の誇りを内に秘めつつ、たびかさなる〝古田理事会〟〝各学部教授会〟の裏切りと、火炎ビンまで使用した右翼の襲撃と〈占有排除仮処分〉に基づく国家権力機動隊の暴力介入に対し、六月蜂起を質的にも量的にもはるかに上まわる、日大一〇万の総反撃闘争を開始している。

日大闘争、それは日大の根底的な変革闘争である。それ故に〝日大革命〟であり、古田体制に対する一〇万学生の総叛逆をひきおこした〝大衆闘争〟であり、同時に日本最右翼大学における叛逆だからこそ、必然的に戦闘性をもつのである。大衆性、戦闘性、革命性、この三つの相互作用の中に、日大闘争はダイナミックに、とてつもなく荒っぽく展開している。

日大は、帝国主義的教育の改編が他大学に先んじて貫徹された大学である。それ故、日大闘争は〝理事者〟〝教授会〟〝教職員組合〟そして学生内部の問題を極限において表現している。現在世界的にもパワーとしてのスチューデントが語られ、日本において闘争中の学園は五十余を数えるといわれている。

日大闘争は、その規模と形態において、日本の教育制度に対する巨大な問題提起である。九月四日古田理事会が、国家権力機動隊に学園を売りわたし、学生が涙して築いたバリケードを破壊させた行為は、日大生がバリケード内で初めて知った〝自由な学舎〟〝実のある講座〟の暴力的否定であった。だからこそすべてを暴圧する古田理事会と国家権力に対し、一〇万学生は総反撃を展開するのである。

この記録は、右翼の襲撃と国家権力機動隊の介入の中で、初めての集会とデモに決起し、史上最強のバリケードを構築し、ヘルメットとゲバ棒で武装し、〈学園を学生の手へ〉と、闘い続けている、「闘う日大」のドキュメントである。

1 続発する不正事件

小野竹之助事件

一月二六日の新聞紙上、「都内某私大の有名教授　裏口入学で三千万円、謝礼金をポケットへ」の見出しで、大学教授が裏口入学を主に得た謝礼金五千万円を着服していたことが大きく報道された。汚職官僚と同じことが、大学においておこなわれていたことは、公然の秘密であったとはいえ、大学の腐敗を示すものであった。入試地獄を利用して稼ぎまくる悪質なブローカー、それは日本大学理工学部教授、小野竹之助であった。

小野竹之助は、日大本部教務部長、日大評議員、国土総合開発研究所次長を勤める、日大の幹部教授であり、謝礼金で得た金を縁故会社四社に数千万円融資していた。幹部教授の腐敗は、日大が大学機能をはたしうるか否かの、原理的問題を学生に問いかけたのである。

二月三日大学は学長会（総長と三学長出席）を開き、「事実なら大学全体の問題として黙視しない」と言いながらも「教授個人の力では不正行為は不可能だ」と事実の隠蔽を図ることで、かえって多数の教授等が関係していたことを自から暴露したのである。

受験生の弱みにつけこみ金をまきあげた小野竹之助は、未だ日大教授の地位を理事会決議により確保している。そして不正入学を斡旋している教職員が多数いることは、ストライキに入ったのち、各学部から、明らかに裏口用とわかる受験番号と名前入りの名刺が多量に発見されたことにより、学生の一層の怒

(15)　☆14版☆　昭和43年4月15日（月曜日）

ヤミ給与、脱税も？
日大あいまいな20億円
国税局が調査

1968年4月15日 日大の巨額脱税を報じる読売新聞記事

りをよんだのである。

三四億円使途不明金問題

四月一四日、東京国税局は、三八年から四二年までの五年間に、約二〇億円にのぼる使途不明金のあることが二月からの調査で明らかになった、と発表した。五月五日、新たに一〇億円余の不明金がわかり、日大の経理には、三〇億円以上の源泉脱税があると発表した。

　二月八日、日大本部、医学部、歯科部、芸術学部、商学部、日大高校、豊山高校。三月二二日、文理学部、法学部、経済学部、理工学部、工学部、生産工学部、農獣医学部や本部をはじめ、十一学部二高校を源泉監査した結果、各学部独立採算制を利用して、入学金、授業料、寄付金の一割方を、大学本部へ「総合費」とよぶ納付金として納めることにより、収入の一部を隠し、裏帳簿で隠し金を使用していたことをつきとめた。

　使途不明金の内容は、

①非課税手当（ヤミ給与で、年二回から三回も出される特別研究費、特別研修費、試験手当で占められ、給与規定にない手当は、誰がどのくらいもらっているかもわからず、教職員の分断工作の一つである）

②献納金（各学部から本部役員に、盆暮れに贈られていた貢物で、大学の運営が金銭の額により支配されていることを示している）

③学生対策費（本部学生部――細谷英夫部長――をはじめ、各学部指導委員長に支出され、日大の暴力装置である体育会、応援団を私兵として養い、さらに、各学部自治会を飼育する為に使用された）

④組合対策費（昭和四一年九月一〇日、古田理事会の独裁経営に抗して組織された教職員組合に対する弾圧費）

⑤社交渉外費（政財界への献金で古田が会長である日本会をはじめ、日大教育事業後援会等、佐藤栄作をはじめ、日通事件で逮捕された池田正之助など、日大と政財界の橋わたし金）

というように、どこかの大企業なみの経理内容であった。

　三四億円にのぼる使途不明金は、その規模と内容において、日大生のみならず、大学教育の問題として、多くの人々に問題にされるのであるが、大学のもつ公共性（特に日大は全大学生の一割を占める）をまったく無視したところで異常な発展をなしとげた古田体制の醜態を、三月に〝蒸発〟と〝自殺者？〟がでていることで明らかにし、単なる脱税事件ではなく、古田会頭のもと営利第一主義を貫く為、策をあげた独裁体制と、それを守る為、政財界及び右翼暴力団を駆使して反対者を暴圧する日大古田体制の、どす黒い本質として提起されたのである。

富沢会計課長ナゾの失踪

　三月二五日、経済学部富沢広会計課長は、突然〝失踪〟した。東京国税局による源泉監査の三日目である。富沢広は経済学部において、その年間収入八億円を動かす人物で、失踪した日、用務員に命じて三菱銀行三崎町支店から七〇〇万円を引きだしているといわれ、その重要さにもかかわらず、学校当局は警視庁に捜索願いを出しておらず、国税局の調査が始まると、大学本部は各学部に対し関係書類の焼却を極秘に指示するなど、大学の最高機密を知る富沢を、露見を恐れた大学本部が失踪？させたと思われる。現在なお、富沢氏の行方は全く不明である。

なお、五月に経済学部守衛がガスもれで死亡し、この事件について指導委員会で話されている事実もある。

会計・経理のベテランの自殺？

三月二八日理工学部会計課徴収主任渡辺はる子は、自宅で首をつって自殺した。渡辺はる子は、二〇年四月同課に入って以来、授業料、入学金などを徴収、他の課員にはわからない主任独自の〝現金出納帳〟をつくるなど、理工学部における会計経理のベテランであったため、経理の不正を一身に負うこととなり、彼女が死ぬならば、使途不明金の追及が暗礁に乗りあげることから考えて、自殺という殺人に追いこまれたと考えられる。大学本部は事故死と発表した。

小野教授の裏口入学五〇〇〇万円脱税事件、三四億円使途不明金問題、富沢広の失踪、渡辺はる子の自殺と、うち続く事件は、古田会頭のもと営利第一主義を第一の方針とし、その為には手段を選ばぬ古田理事会と、それをささえる各学部末端までゆきとどいた古田体制が、腐敗し堕落しきっていることを暴露したのである。

この古田体制による、教育不在学問不在の学内支配は、一〇万学生の犠牲の上になりたっていた。大学に常に新風をふきこみ、学問の府たる自由な学園を創れるのは学生だけである。学生に教育の場を与え、学問・思想を自由に研究できる学舎、それが大学である。その〝常識〟を、全くふみにじり、古田理事会の営利追求を極限的にまで貫く為、学生に自治を与えず、自由を求める学生が決起するや、古田の私兵暴力団（体育会・応援団）を使って暴圧する、日大の日常的学生支配は、ここに明確に日大の基本的矛盾を学生の前に明らかにしたのである。

学生から学問をうばい、思想・研究の自由を奪い去っていたのは何か！　それは独裁的古田営利第一主義体制であり、学生に自治を与えずすべてを暴圧していたのは、古田体制の営利追求を維持する為の政策であった。

この事実を知るや、日大一〇万の学生は、古田体制のもと暴圧されづけた者の怒りをこめて決起し、体育会右翼暴力団の非常識きわまる暴力の中で、初めての集会、デモ、そして全学武装ストライキへと蜂起したのである。

昭和43年4月17日　夕刊　読売新聞

女経理係が自殺

日大の20億円不明事件

東京国税局が調査を進めている日大の二十億円使途不明事件にからんで、経済学部の会計課長の失踪について、こんどは同大学の経理課員が自殺していることが十七日わかった。

この職員は東京都江戸川区江戸川三の二八、渡辺はる子さん（四〇）。渡辺さんは日大理工学部経理課に長い間勤務しており、授業料の収納伝票の処理などをしていた。このため同学部の経理内容にはかなり詳しかったが、国税局が同大学の監査を行なった一日後の三月二十八日突然〝無断欠勤〟した。[illegible]があるのでいつも欠勤するときは必ず連絡があったため、大学では不思議に思い、二十九日朝、同大学の用務員小関市太郎さん（江戸川区西瑞江町三ノ二五）にいってもらった。

小関さんは同日午前九時半ごろ、渡辺さん方を訪れたが、中からカギがかかっていてはいれないので、近所の人の立ち会いではいったところ、二階の階段の登り口で、電気のビニールコードを使って首つり自殺していた。

小松川署で調べたところ、渡辺さんは二十八日午後二時ごろ死亡したものらしく、部屋の中はキチンと片づけられていて、玄関わきの茶の間の机の上に、大学ノート一枚をやぶって書いた遺書があった。

遺書には「私は潔白です。[illegible]さん（同課の[illegible]次徴収主任）が一番わかっておって下さいます。局長（[illegible]学部事務局長）経理課長さん申しわけありません。皆さま」というもの。

このため同署は渡辺さんの自殺原因について❶時期が東京国税局が同月二十二、二十六、二十七日に行なった直後である❷渡辺さんはさる二十四年以来、入学金、授業料の徴収・銀行振り込みの直接の担当者だった❸監査のさい、渡辺さんが担当していた伝票整理に不備があり、国税局のきびしいチェックを受けた、などの点から、この二十億円使途不明事件が自殺の原因とみている。

使途不明金に関わる日大経理課員の自殺を報じる読売新聞記事

2 決起への道

三四億円使途不明金問題が起こる以前から、先進的学友は、文理学部では応援団再募集問題、経済学部では「建学の基」配布禁止、新入生移行生歓迎大会禁止問題を、大学当局応援団系学生による恐喝の中で、地下活動を余儀なくされながらも、学園民主化を勝ちとるべく、必死の情宣活動と組織工作をおこなっていた。文理学部では、集会と言論の自由に対する当局の不当な圧殺に抗して、深夜のステッカー貼りが、校舎内外にくりひろげられた。

〈良心的学友諸君は、暴力的自治破壊に怒りをもって立ち上がり、クラス討論を展開し、クラス決議を勝ち取れ！　応援団を文理に入れるな！〉

地下応援団闘争委員会

〈応援団、日大の自治破壊の暴力団だ〉
〈全学生は応援団闘争に決起せよ！〉
〈学園の暴力支配を許さないぞ！〉

深夜のステッカー貼りと、路上のペンキによるスローガンの訴えは、学内の検閲制で表現の自由が全くない状態において、真実を全学生に訴える唯一の方法であった。このステッカー、ペンキ闘争は、当局がガードマンを五倍にふやし、さらに体育系学生を使って、はがしまわり、ぬりつぶす中でくりひろげられ、徐々に全学生の間に知れわたるのである。この間の地下活動は、見つかれば当然、リンチ、暴行を受ける中で闘われるのである。

この生々しい記録は、現在、なお闘争中であることから、全部の公表はできないが、大衆的蜂起の中でさらに公然と学生に加えられる体育会系右翼暴力団の襲撃とテロを見れば、いかに日大当局が、いわゆるヤクザ以上に兇暴であるかを物語るのである。

すべてを討論へ
——三四億円使途不明金問題

四月一九日文理学部では学術文化団体連合会（学文連）の機関紙『放言』が出され、〈結集せよ学文連の旗のもとに、文理の砦は応援団に渡さぬ〉と全学生の決起をよびかける一方、三四億円使途不明金問題を追及する討論を、学科・サークルで開始するのである。

四月二三日、日大本部は、使途不明金を追及する学生の声が広がるのを恐れ、日大開学以来初の、理事、学部長の合同会議を開き、古田会頭は、「使途不明金は一切ない。全理事の辞職は考えていない」と発表、事実を隠蔽する対策を協議するのである。

四月二五日、文理学部教授会は、理事会に対し、〈使途不明金がないという統一見解は了承する。一致団結して学生指導にあたっているが、一般社会の批判並びに学生の動向は不測の事態を招来するおそれなしとしない。一日も早く善処されんことを要望する〉と、三四億円もの使途不明金問題により暴露された日大の教育不在の問題を追及せず、学生を弾圧する方策を、理事者に〝要望〟し、教授の任務を自ら放棄し、腐敗、堕落の古田体制の一案であることを学生に知らせたのである。

古田理事会が体制温存の為にしいた言論統制に忠実に従い、「退学になるぞ！」などと学生をおどかす教授による卑劣な策動の中で、四月下旬から五月二一日にいたる闘争は、非合法活動を余儀なくされながら、全学生への情宣と討論を深める闘いとして進行したのである。

一方文理学部学生会の久米奎八郎委員長以下の執行部は、応援団闘争において総会の決議（文理学部応援団は解散する。本部応援団の文理学部での活動は一切認めない）を無視し、再募集することを策動したのであるが、三四億円使途不明金問題がおこるや、事実を隠蔽する古田理事会及び教授会の下僕として、学生が討論することに反対し、教授会に対して公開質問状なるものを出すのである。

四月二三日の〝公開質問状〟と〝回答〟

〈公開質問状〉（抜粋）

（一）使途不明金問題に関する教授会の見解

（一）このような問題の発生原因

（一）改善策について

〈回答〉（抜粋）

（一）教授会は経理に直接の機能を有しないので具体的にのべられない

（一）税法の解釈と運用の問題、大学全般の運営機構の問題

（一）運営機構を改革し、文理学部の意図が強力に反映するよう全力をあげる

これは、久米執行部と教授会の結託による、学生に対する裏切りであった。

久米執行部は、公開質問状を出すことにより、応援団再募集問題でわきおこる非難の声をかわし、三四億円使途不明金問題について学園民主化の要求が強まり、具体的闘争となるのを恐れ、教授会の意見を聞くことを理由に、闘争の萌芽をつむことを企てたのである。

教授会の回答は五日に発表されたが、それは、三四億円もの使途不明金問題を、単なる経理上、税法上の問題だと歪曲し、学生不在、教育不在の古田体制そのものに根本的問題があり、それは文理学部において古田体制をささえるものとして教授会があることを顧みないばかりか、学生の闘争をおさえて、この機会に日大における文理学部の勢力をのばすことを企てたものであった。

抑圧されつづけてきた学生はこの動きを知ると、さきの要望書も、この質問状と回答も、許しはせず、欺瞞性をみぬき、応援団闘争を闘いぬく中で強化された先進的学生を中心に、クラス・サークルオルグを開始し、入学した一年生に対しても、日大の現状を訴えた。

「我々は、日大の暴力的学生支配にもとづく、学問・思想・研究の自由を全く与えない教育方針に対して、何度か挑戦したが、力なく敗れてきた。今や日大古田体制による、腐敗と堕落は、各学部の末端にまでおよび、むしろ、その上に安住する教授達をつくりだしている。このような日大を改革しきれず諸君等をむかえたことに対して、我々は責任を感じるが、

この闘いの全面勝利、すなわち、日大の根底的民主化を勝ちとるまで、すべてを犠牲にして全情熱をそそぎ闘いぬく決意である。一年生諸君、自由な学園をつくるため決起しよう」

全学生へのオルグ活動が浸透し討論がわきあがり始めると、学生指導委員長森脇一夫は、五月七日、極秘文書を各クラス担任に配布し、学生自治の圧殺をさらに強化することを企てた。

拝啓

クラス担任として御尽力のほど深謝申し上げます。代表幹事の選出につきましては、先にお願いした通り五月一八日までに選出いただきたく、この方法は候補者名簿を参考に五名の役員をクラス学生の納得のもとにお決め願いたく存じます。

さて、今回学生会執行部は次の如き掲示をいたしました。

一年生各クラスへ

文理学部学生会規約第七条により一年生の代表幹事はクラスの常任委員、代議員、代幹の氏名住所を学生会執行部に書面により提出する事。締切は一一日とする。

以上の考えは、代表幹事は大学の選定による担任の補助員であって、学生会規約による総会代議員（各クラス二名）及び常任委員（各クラス一名）は、代幹と別個にクラスの選挙により選出さるべきだとし、これにより活動家的学生を得ようとするものであります。

この考えにより従来も少数ながら担任に無断で、過激な学生が選出され、又は改選された例があります。

本年度は、学生の自治面において特に健全な判断力を有する学生を必要といたしております。新入生の中には高校より活動していたものや、サークルに加入して上級生より指示されているものもすでに現われております。

この危機に際して原則として代幹当人が常任委員となり、又副代幹等役員より総会代議員をきめられて、特に偏向した学生が活動することのないよう御高配願いたく、又先生参加のもとディスカッション等も随時に企画されて、特定の学生はクラスの総意のもとに排除されるよう積極的な御指導をお願い申し上げます。代幹が全くふさわしくない人物であった際等の改選は従来通り先生の判断におまちします。

六月に行なわれる学生総会にあっては、一年生の総会代議員の動向によって、いかなる決議も行なえるために、あらゆる策動が行なわれると思われます。これらについても一々担任に相談するよう役員を御指導願うよう重ねてお願い申し上げます。

この書面は必ず丸秘として御処理願いたく存じます。

草々

昭和四三年五月七日

文理学部学生指導委員長　森脇一夫

尚当面の運動の方向には次の如きものがあります

国税庁問題…経理の学生に対する公開と学生の経営参加

桜門事業部…学生不在の株式会社の否定、生活協同組合（生協）の設立

応援団問題…民主的運営のなされないサークルの排除→体育会へ及ぶ。本部応援団の解散、永久否定→力による勝利

サークル部室…学生会館の設立と学生によるその運営

許可制問題…言論の自由を理由として、印刷物、掲示、集会の自由をかちとろうとするもの→極左掲

示の獲得

現執行部の否定…現在の中立的執行部をリコールして安保を前に左翼執行部を発足せしめようとするもの

以上表面は一応の理由づけがなされながら、すべて裏面で左傾の方法論でありますので、クラスの学生特に役員とは常に十分話し合っていただきたく切望する次第であります。

これに対し学生は、〈指導委員会及び教授会が、学問の自由、言論・集会の自由を得る為に立ち上がることを圧殺するならば、もはや彼等は大学教授ではない。彼らが何と言おうとそれはすべて、学生への欺瞞でしかない〉〈大学を民主化できるのは、我々学生だけである〉ことを明確に把握し、さらなる討論！　さらなる結集！　のため活動したのである。

三四億円使途不明金問題――クラス資料

（発生原因）

我々学生は、日本大学に何を求めて入学したのであろうか。我々学生は、真理探究の場を求めて入学したのではないだろうか？　しかし大学当局は、真理探究の場として日大を運営しているだろうか？　彼らは我々に、マス・プロ教育によって、人間性を放棄した、画一的・従属的人間を大量に製造し、大学を産業予備軍養成の場と化しているのである。この大学という真理探究の場を、彼らは利潤追求の場と化しているのである。

日大当局は、学問の場を何と考えているのであろうか。破廉恥にも彼らは、我々の父や母が汗水たらして一生けんめい働いたその結晶を、我々のために使用し還元しないで、私利私欲のために、自らのふところへ横取りしたのである。なぜ横取りされたのか。それは理事者に経営権一切が握られて、我々学生が何ら経理に関与できないからである。

（我々は何をなすべきか）

我々が自らの手で自らのお金を運営しなければ、何ら解決する方法・手段はない。それは、日本大学の学生自治権を強固なものとして確立しなければ、絶対に解決されない問題である。我々学生は、真理探究、思想・表現・行動の自由を勝ち取るために、強固な学生自治を確立するために、クラス討論をかさね、広く学友に語りかけ、起ちあがろうではないか。

三四億円使途不明金問題
行動スル時ガキタ！
スベテノ困難ヲ乗り越エテ立チ上ガレ

我々は日大の現実をはっきりと見つめなければならない。我々が入学時に二〇万円近い金を払い込んでいるのに、この文理学部の現状はそれにみあっているであろうか。体育実技の時の男子のロッカーすらない状態であり、その他図書館も学生数にあっているか？

学食の狭さは言うまでもない。我々が払った金が、我々学生に還元されているといえるであろうか？　それなのに現在三〇億円もの使途不明金問題が表面化しているのである。この矛盾を我々は一人一人の問題としてとらえなければならない。この使途不明金というものは、日大当局が言っているような単に税法上、解釈上のちがいと言ってすましていられるようなものではないのだ。この問題は、理事者が日大を学問の府としてではなく、自分の利益を求めるための場となしていることが原因なのである。大学は株式会社と異なり、利益追求をなす場ではないことは皆が認めるところである。

今回の使途不明金問題は現在の日大当局者

の利潤追求による経営第一主義を明確に表わしたものにほかならない。これは学生自治不在がもたらすのであり、我々学生の手で自治を確立してゆくことが、使途不明金問題ならびにその他諸々の問題解決となってゆくことを認識しなければならない。このことはただ単に使途不明金問題について、国税庁の判断が示されたからといって問題解決だとしてはならない事を我々に示しているのだ。自治不在・教育不在・学生不在の学園こそ、我々が最も嫌悪し改善しなければならない状態であろう。

　日大を真に愛する学友諸君は、この状況を冷静に、正確に把握し、日大改革のために今こそ断固として行動しなければならないのだ。

　すでに我々にとって黙過は許されない。この混沌たる潮流を改革するのは我々学生以外にないことを認識しなければならない。

　この行動から、我々は学校側の許可制という名の検閲制度を実質的に破棄する方向へと進んでいかなければならない。それにより我々学生が主体的に考え、行動する自由、掲示物・印刷物配布の自由を確立していくことになるのだ。

五・一六　第一回第三部室合同討論会

ここに参加された、多くの学友諸君！

我々がこの場において、討論すべきことは何か。

　我々がサークル活動をなす上で、常につきまとう事は、大学当局の不当ともいえる自治権の侵害であり、学生自治の破壊である。

　憲法に保証された、思想・信仰の自由、学問・言論の自由も、戦後急速におし進められた当大学の経営第一主義により、学校法人に名をかりた、学校当局の教育方針により、大きな制限を加えられている。

　その具体的な現われとして昨年度の許可制問題があるだろうし、応援団問題も、春のリーダース・キャンプで多く語られた。大学の暴力装置として位置づけられた如く、多くの事件が語られてきた。しかし現在まで、この弾圧攻勢に対し、我々学生が、自らの問題として、学園の民主化を勝ちとってきたとはいいがたいし、一定程度の学友の盛上りがありながら、真の問題解決にはなりえなかった。

　今我々はこの討論の中で、過去の事件の本質をとらえ、全日大の学友に、うったえかける必要があると考える。

　黙視してはならない。行動すべき時がきた。具体的に我々は何をなすべきか、多くの学友の討論に期待する。

五・一四　社会学科討論会

文理学部社会学科学生会

黙過することによって許すのか否か

　五月一四日（木）三時五〇分より始まる今回の学科学生討論会は、我々社会学科学生の実存を示すため、特に二十数億円にのぼる大学当局のズサンな経理を我々の手で弾劾し、確固たる自治権の回復のため蜂起せねばならないという重大な討論会である！

　この国税局摘発の件は明らかに大学当局の営利第一主義をバクロしたものであり、当然我々学生に還元されるべきものが大学上層部のヤミ給与として支払われたという疑いである。このことは四月一五日付の新聞紙上で公表された通りである。産学協同路線を強力に進めるものとして日大の現在の姿があり、大学改革の中のひとつの矛盾として、今回の二十数億円の国税局摘発問題があるのだということは揺るがぬ事実である。

　学友諸君！　我々の主体的行動がこの現在の大学危機を救う手段であるということを確

認したい。だとするならばその手段の一環として社会学科学生会が開催する五月一四日の討論会は、極めて重要な意味をもってくるということは明白である。

社会学科学生討論会

五月一四日三時五〇分　於三一三番教室

三四億円特別委員会の結成

各学科・サークル討論会が開かれる中で、全学生の圧倒的支持にもとづき、ありとあらゆる学科に〝三四億円特別委員会〟が結成され、社会学科では、〝明日ではおそい〟と、さらなる討論と決起の準備をよびかけた。

明日ではおそい!!

社会学科学生は五月一四日学科討論会において、日大当局の学生不在の行政に対し強い怒りをもって抗議の意志を統一した。

なによりも、我々が苦しい生活の中から納める、莫大な学費がどのように使われているのかいまだ明確になっておらず、されるべき機関もない。特に実習費、施設費の名目による実質的学費の値上げがあるにもかかわらず教授数をはじめとする勉学及び生活条件が不備であることである。又このような矛盾の中において学生の疑問や不満要求に対して検閲制をはじめとして、学生の基本的人権も学生の自治権も抑圧し、圧殺し、侵害して、学生の声をにぎりつぶして来たことである。三四億円の問題は、当局と学生の間にある民主主義を守り自治権を守るか否かという矛盾の一つにしかすぎない。

しかし、この問題が我々全学生の前に明らかにしたことは、当局の経営第一主義者たちに学費の管理をまかせる事はできないということである。

民主主義の破壊が行なわれ、学生の権利が奪われ、学問の自由、真理の探究までもおびやかされているこの反動化は、かつての数学科事件によって明らかにされているように、我々が最も守らなければならない平和と自由の問題にかかわり、日本の歴史にかかわる。最近の政府・文部省が学問への介入を図って

大学当局が落成式をする間もなく、全学共闘会議が占拠した法学部一号館前にて集会を呼びかける

いる背景をみる時、当局のもつ姿勢がどれだけ危険な、そして許すことの出来ない姿勢なのかを確認出来る。我々学生は、学問の自由を守り、民主主義を守り、真に平和で豊かな社会を築くためにも、この矛盾した現状に自ら参加し現状を変革していかなければならない。

なによりも我々学生の自治権を確立し、自治破壊者と闘い、学生が主体者となる学園を築かねばならない。この問題は具体的な勉学条件、生活条件を改善する事であり、当局の学生不在の行政に対し学生中心の行政を確立する事である。我々学生は、あらゆる創意とエネルギーを投入し、我々自身の手で我々自身の学園に変えなければならない。

全学生が統一し団結するなら、検閲制の下においてもこの反動的制度を変え、真に民主的な学園を築くことが出来る。

全学友諸君！　素朴な疑問、不満、要求を出し合い、経営主義者を日大から一掃し、学問の府、日大をつくろう！

一、学費の完全還元！　当局の不当利益を許すな！

一、経理の公開制を勝ちとれ！

一、理事は退陣せよ！

全てのクラス・学科・サークルで討論を巻き起こし決議文を出せ！

学生の自治権確立!!

検閲制反対!!

情宣・表現の自由を勝ち取れ!!

社会学科学生会

三四億円特別委員会委員長

学科における討論の高まりと、特別委員会の結成におどろいた教授会は、その反動性を露骨に現わし、各研究室を通じてさまざまな妨害を強めるのである。哲学科を初めとする各学科研究室では、助手、講師が学生の分断を図るべく、先進的学友への誹謗と中傷を始め、社会学科では、学生会の出した掲示物が大きすぎると、その縮小を命じるなど卑劣な策動を行ない、学生の抗議を受けるのである。

昭和四三年五月二〇日

日本大学文理学部社会学科学生会

責任者　上村教彦

社会学科研究室殿

抗議文

私たち社会学科学生会は研究室前の情宣紙縮小に対し強く抗議しその撤回を要求致します。

私たちは大学を構成する一員として、学生の自治の確立のために活動しております。そして、その情宣の一方式として研究室前に模造紙二枚大の掲示による情宣を行なってきましたが、先般、研究室会議において、「大きすぎる」等の理由により、ワラバン紙二枚大の大きさで掲示するように、という決定の通告を受けました。

私たちは、このような研究室の態度は、明らかに私たちの自主的、主体的活動を無視するものであり、真理の希求それをもって学園生活を送っている私たちの行動を阻害するものと考えます。

私たちは真に学生でありたいという切実な叫びをもって、ここに断固、情宣紙縮小に対し抗議し、その撤回を要求致します。

学文連特別委員会は、各学科・サークルに結成された。特別委員会と全学生が三四億円使途不明金問題について、″この問題の本質は何か″″我々は何をしなければならないのか″を徹底的に討論し、問題を自分のものとして決起する為に、〈全情熱を討論へ〉とよびかけ、全学部的蜂起にそなえたのである。

全てを討論へ!!

文理学部の良心的学友、就中、学文連会員諸君に対し、学文連特別委員会より連帯のアピールを送りたいと思います。

今回の使途不明金問題は、現在の日大の利潤追求による経営優先主義を明確に現わしたものに他ならない。この大学の企業化は、マス・プロ教育、高額の施設拡充費、許可制等の問題を生み、サークルを極度に狭い部室においこんでいる。そしてサークル文化活動に多大な被害を及ぼしサークル活動低下の一原因ともなっている。図書館、教室は語るにおよばない。

これは、社会的には大学教育の混乱と低迷を招いている。自治不在、教育不在、学生不在の学園こそ我々が最も嫌悪し改革しなければならない状態であろう。

日大文理を真に愛する学友諸君、我々はこの状況を冷静に正確に把握し、今日の文化創造の課題としていかなければならない。

すでに我々にとって黙過は許されない。この混沌たる潮流を改革するのは我々学生以外にはないだろう。

諸君、進歩的歩調をとれ。

諸君、サークル討論を深化させよう。

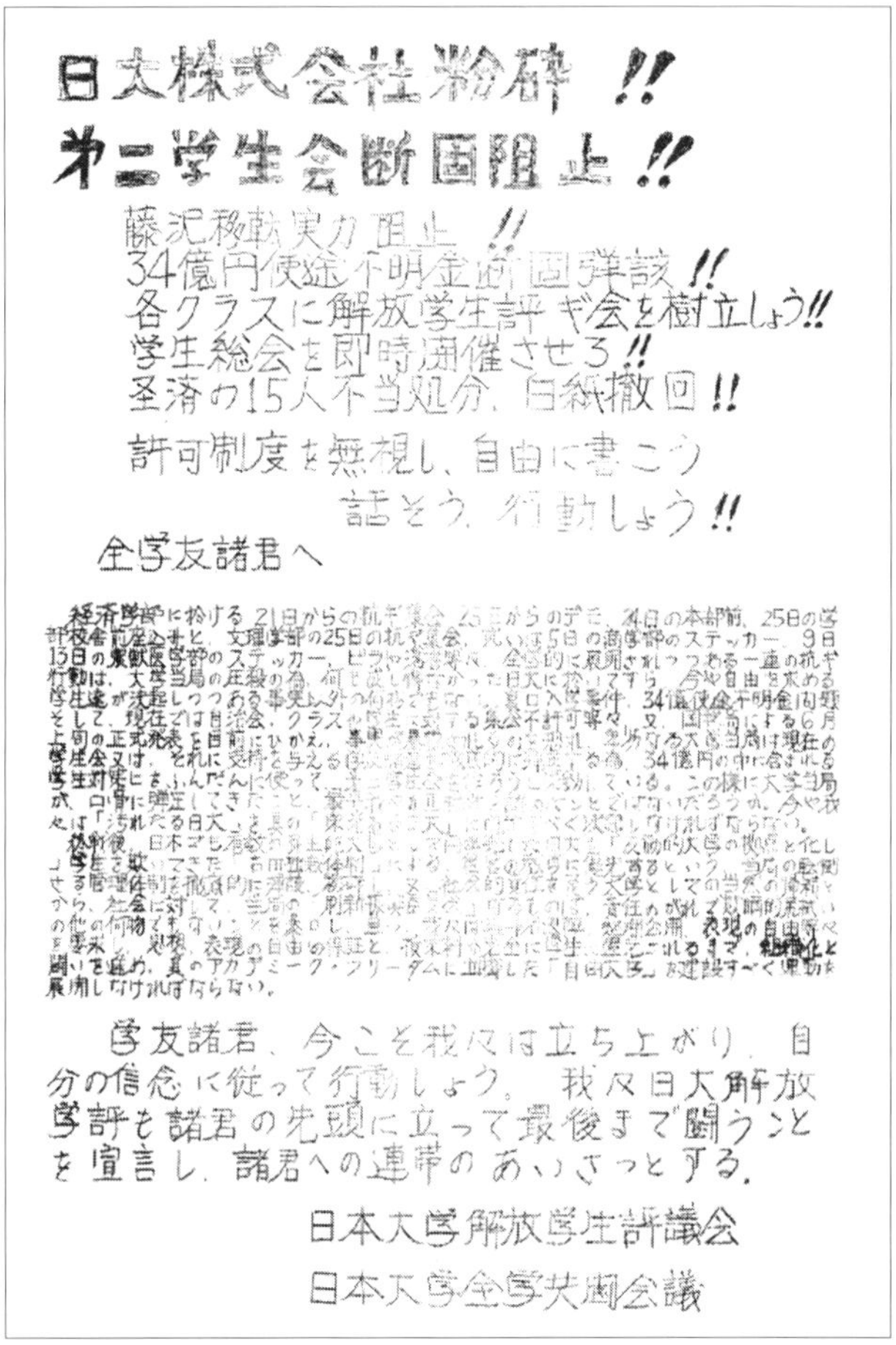

農獣医学部でまかれた「無届け」ビラ

経理を公開せよ!
理事者総退陣!
許可制撤廃!
部室問題解決!

学文連特別委員会

経済学部学友決起す

◉五月二一日(火)

経済学部では、三四億円にものぼる脱税事件に対して、学生大会を開きたいと再度学部当局に申し入れをしていたが、一方的に許可されず、学生のさらなる怒りをかい、経短学生会執行部は、事実を学友に訴えるべく地下ホールで討論会を開いた。二十余名で開かれた集会には、ぞくぞくと学友が結集し、三百余名の抗議集会となった。

学部当局が、あれやこれやの理由をつけて学生から集会の権利をうばいさる態度こそ、三四億円にものぼる史上最高の脱税を生みだしたものであり、学生不在の教育方針そのものであると、確認され、あらゆる弾圧に抗して運動をもりあげ、当局の責任を追及してゆくことが確認された。

◉五月二二日（水）

経済学部では、前日にひきつづき抗議集会が開かれ、当局の犯罪性追及、学生弾圧と自治破壊の糾明が行なわれたが、当局は自らこの状況に危機感をいだき、学内放送をもって、地下ホールでの集会は不法であり、直ちに解散せよと、逆に集会が開かれていることを学生に知らせた。結集した四五〇名の学生は、二階にある指導委員長室前をうめつくし、学生課長と団交したが、答えられず逃げだす始末であった。再度地下ホールに集まった学生は、抗議文を掲示した（抗議文は当局の手で一方的にはがされる）。

文理学部特別行動委員会の結成

◉五月二三日（木）

経済学部で学生が決起したニュースは、いちはやく文理学部へ伝わり、各特別委員会を中心として、さらに討論をよびかける一方、許可制を粉砕し、言論・出版・集会・行動の自由を勝ちとる為に、蜂起を準備する〝特別行動委員会〟が結成され、各学科・クラスに行動委員会結成をよびかけた。

経済学部では、二、〇〇〇名近い学生を集めて討論が展開された。学生の下からの怒りは、当日から行なわれた学生証検査に対する抗議となり、学生は主体的行動形態をとるようになった。集会後、校舎の外に出た学生は、一、二〇〇名の隊列で校舎を包囲し、法学部、文理学部の学生七〇余名も加わり、シュプレヒコールをくりかえし、明確に闘いの決意と連帯を示した。それは、学問研究、教育機関としての基本的条件を喪失した日大の現状と、その利潤追求を目的とした日大私学資本への闘いの開始であり、そして、帝国主義的教育の改編の中で強化される自治破壊の最も貫徹された大学における闘いが、本格的に出発したことを意味していた。

文理学部では、経済学部へ二十余名を派遣し、闘いの連帯をもつと同時に、あみの目のように〝特別委員会〟〝特別行動委員会〟を結成し、長期闘争を貫徹する為の組織づくりを強化するのである。

文理学部教授会は、経済学部学生の決起を知ると、集会とデモに学生が参加することを恐れ、声明文を発表した。

声明文（抜粋）

使途不明金とかヤミ給与は、わが学園に在存するはずはない。二十億とか十億の数字も国税局による公式発表ではない。事態が明らかでない現段階においては冷静に事態の推移を静観し、結論を出すことは自戒しよう。平和と秩序を乱す行動に対しては断乎たる態度をもって対処する。

文理学部教授会

〝学生諸君、事態は明らかでないのだろうか〟〝事態の推移を静観している時であろうか〟この素朴な疑問を特別委員会が提起すると、全学生は、〝教育不在、学生不在の現状は明確である〟〝もはや静観を否とするのみならず討論から行動へと決起する時である〟〝平和と秩序を乱しているのは、古田理事会とそれに追従する教授会である〟〝我々は彼らの言う平和と秩序は一切いらないのだ〟と、さらに闘いの決意を固めたのである。

非合法は何故必要か

三四億円闘争委員会

我々はまず、現在の許可制、規約、学生会機構、大学機構が、すべて学生の自治を破壊しやすい様に、学生が団結できない様に、学生が問題や矛盾を見つけ追求出来ない様にしている事を確認しなければならない。この様にとらえるならば、合法とはまさしく学生の自治を破壊するものであり、否定するものである。今、我々は学生の自治を確立しようと起ち上がっている。それは、他から与えられるものではなく、自ら進んで築くものである。過去に於いて、合法で何が得られたか。応援団は、合法的機関である総会に於いて解散を決議された。しかし、応援団は募集に来るし、活動もしている。合法的にやれば、日本大学の全学生が応援団に反対しても解散させる事は出来ない。なぜならば、それが学生の手のとどかない所に組織されているからである。

又、文理学部の、昨年の文化大革命講演会事件にあっては、常任委員会で決議されたのにもかかわらず、学校当局はそれを無視し講演を中止させた。この様に数多くの実例とともに、一年生の常任委員、代議員の一部は、未だに選挙される事なく、学校当局の命令による者がなっている。我々は、この様な合法を断固粉砕し、新しい我々の秩序を打ちたてねばならない。

5月24日　当局が張り出した「休業」を報じる掲示

◉五月二十四日（金）

経済学部では、八〇〇名の学生集会に、体育部右翼学生がなぐり込み、暴行を加えると同時に、学部当局は校舎出入口シャッターを下ろし、学生を閉めだした。これに対して学生は、校舎前に座りこみ、集会、デモによって、怒りをこめた抗議を当局にたたきつけたのだった。法学部の学生でシャッターを閉められ追い出された学生達は抗議集会を開き、経済学部と合流し、文理の学友もそれと合流し、デモ隊約七〇〇名は公園までデモ行進し、再び経済校舎へ怒りのデモをかけた。大学キャンパスがなく、シャッターによって閉め出された学生にとって、座り込み、集会、デモは、唯一の抗議闘争の形態であった。

文理学部では、経済へ三十余名を派遣し、全日大的決起を準備する為、全学生に経済学部学友の問いを報告すると同時に、長期闘争に耐えうる組織づくりをさらに強化し、最終的な討論をよびかけた。

経済学部大デモンストレーションを展開!!
全てを討論へ！

学文連の学友諸君に対し、自治権確立の為に闘っている経済学部の状況を伝えたいと思います。

経済学部に於いては学校当局が集会などを一切聞かせないという状況の中で、二一日より連日無届の学生集会を開き、二三日には約一、五〇〇名の学友を結集して抗議集会を勝ち取りました。これに対し学部当局はシャッターをおろして学生を外に出さないという破廉恥な弾圧を加えてきました。それに対し我々は裏門を突破し、街頭デモンストレーションを展開しました。我々は経済学部学友のこのような行動を支持し、文理学部において徹底したサークル討論、クラス討論、学科討論を推し進め、各サークル・クラス・学科に特別委員会を設置することをよびかけます。

許可制撤廃!!
経済の学友と団結しよう!!
抗議集会を勝ち取ろう!!

学文連特別委員会

文理学部の決起と全日大的総決起へ

◉五月二五日（土）

文理学部では、各学科・サークルでの討論が深化し、各特別委員会を支持し、共に闘う先進的部隊〝特別行動委員会〟の組織化が進み、文理学部における蜂起の朝をむかえたのである。学生の要求を一切暴圧するものへの闘いは非合法にならざるをえないことが早朝から各学科・クラスへ訴えられた。そして討論する時は終わった。決起する時である、と

ビラが配られた。

使途不明金問題で経済学部学生は立ち上がった！
文理学部生は、今日立ち上がれ！
学生の自治を確立しよう！
使途不明金問題は我々学生が解決する！
経理を公開せよ！
理事は総退陣せよ！
我々の怒りを今日結集させよ！
大講堂前に文理学生は結集せよ！
二時限目終了後に集まれ！

全学的な高揚を恐れた大学本部は、経済学

5月24日「200ｍデモ」の翌日、経済学部前での抗議集会

部に告示を出し、経短学生会執行委員長秋田明大以下一五名を処分した。処分の理由は、四回の無届集会とデモ行進であった。経済学部における処分を知った文理学部では、特別行動委員会の学生が、一一時三〇分、全学生に知らせるため、大講堂前に立看を出し、抗議集会と総決起集会を準備した。それに対し、学生課職員鈴木卓が、暴力的に立看をぶちこわし、抗議する学生が続々と集まるや、校内放送で「無届集会はすぐにやめて解散しなさい」と威圧する一方、学生が立去らないと知って、学生課長井出治はマイクを引きちぎり、体育部系右翼学生を動員して待機させた。

森脇指導委員長が再度解散を命じたが、結集した二〇〇〇余名の学友は逆に、質問を始めた。指導委員長は「三四億円の使途不明金問題は、国税局の発表がまだ出ていないので、ここで話をしてもムダだ。なにしろ今日は解散しなさい。まして就職のこともあるから」と、学生自らの長期にわたる討論の結果である「日大の根底的変革をしない限りもはや大学ではなくなる」という声を無視するばかりか、さらに、無届集会だ、不法集会だ、解散しなさいと放送させ、待機させた体育部系右翼学生に対してなぐり込ませる体制をとった。

集まった学友は、〈我々は学生課の暴力を許さないぞ〉〈経済学部の処分を認めないぞ〉〈三四億円使途不明金を断固糾弾するぞ〉〈全学友と共に闘うぞ〉と、方針を確認し、経済学部への抗議行動が確認され、二時に隊列を組んだ学生は抗議デモを開始した。二〇〇余名のデモ隊が出発すると、三〇余名ほどの体育系右翼学生がなぐり込み、急所をけられるなど、多数が暴行を受けた。デモ隊は一〇〇余名に減りながらも、再度隊列を組みなおし、下高井戸駅に着くころには、その数は五〇〇余名に達し、経済前集会に参加した時は、八〇〇余名となった。ここに、文理学部初めてのデモと集会は貫徹され、全日大的学生の決起の中で新しい局面をむかえたのである。

経済学部では、処分が発表されるや、校舎前に二、〇〇〇名が集まり、抗議集会を開き、法学部では、三号館前に五〇〇余名が集まり抗議集会を開いた。その時、二階ベランダから、〝白覆面〟をした二人の学生がバケツ二杯の汚物を学生の頭上にまいた。経済前抗議集会には、法、文を中心とする学生が、当局と体育系右翼の暴力の中で、ぞくぞくと結集し三、〇〇〇余名の大集会となった。

集会は、各学部代表が、さまざまな学部当局の弾圧の中で闘っていることを報告し、公園に向けてデモ行進をおこない、さらに、経済学部、法学部に向けて抗議デモをおこない、日大本部前で大抗議集会を開いた。営利第一主義のもと凶暴な私兵による暴力的学生支配を貫き日大を暗黒のどん底に落とし、教育不在、学生不在の学園たらしめた元凶日大本部は、八〇年の歴史初めての学生の総反逆により、怒りの声につつまれたのである。集会は、弾圧に抗して各学部闘争委員会を設立することを大衆的に確認し、

三つのスローガン

一、三四億円使途不明金糾弾

一、処分白紙撤回

一、大衆団交要求

を圧倒的拍手の中で決定した。

日大本部をゆりうごかすシュプレヒコールは、決起した全日大生の決意を物語、再び経済前までのデモ行進に移ったのであるが、その時、大学当局が呼びよせた官憲により暴行が加えられ、一名が耳たぶを切られるなど五名の負傷者が出た。

文理学部では、決起に反対する右翼学園主義者が次のビラを流していた。

冷静な判断を！
……諸君の良識に訴える……

現在、我々の学園日本大学では経済学部及び法学部に於いて、デモが行なわれている。

これがいかなる理由で行なわれているかという事を考えるなら、我々は経済学部、法学部学生の良識のなさ、又軽率な行動に憂いを感じざるをえない。このデモの起こった原因は何かといえば、諸君も承知のように新聞紙上をにぎわせた日大経理問題にある。我々学生会執行部はこの問題を糾明しているが、この問題に関してはまだ結論を得ていない。しかし我々が思うには、現在しいて社会を騒がし、又、我々の学園に汚名をあたえた責任がどこにあるのかと問うならば、第一点は国税局と各学部所在地の税務署との税法上の見解の相違を指摘することが出来ると思う。というのは、数十億円という金を所謂使途不明金として、国税局に於いては指摘しているが、ここ数年間各学部所在地の税務署ではこの使途不明金といわれる金に対し、研究費、学生対策費として認めてきているのである。

またもう一点はまだ結論も出ていない事柄を、いかにも脱税行為らしく書きたてた営利第一主義のマスコミの報道にある。これらに対して我々は深い憤りを感ずる。諸君がここで軽率な行動にはしり我々の学園に騒動を起こすことなく、現段階において我々は学生としての本分をわすれず事態を冷静に見つめ国税局の最終的発表をまつ事をのぞみたい。

常任委員会、学生総会に結集しよう！

昭和四三年五月二五日

中国文学科学生会

三四億円問題特別委員長

山本賢二

二五日に行なわれた、文理学部開設以降初めての集会とデモ、それに続く神田三崎町でおこなわれた全学規模での抗議行動は、文理学部学生のみならず、全日大生に多大な影響を与えた。それは絶対にくずすことが不可能と思われていた強権的学生支配と、そこにつちかわれていた、学生間の相互不信と無気力を、一気に吹きとばすほど強烈な出来事だった。

学外で行なわれるどんなささいな集会とデモであっても、参加したことがわかれば、退学させられないまでも、教授から色目でみられ、ありとあらゆるレッテルがはられ、体育会系右翼による暴力が加えられる日大において、無届で集会を開き、まして旗をかざしてデモを行なうということは、死を覚悟しての行為だと言っても言いすぎではなかった。

だが学生支配が強権的であり、良心的と言われる教授をも含めて、学生に対するありとあらゆる行為が威圧的であった日大において、学生の蓄積された不満はあまりにも大きかった。特別行動委に結集する先進的学友が大講堂前で集会を始めると、学生の意識は流動しはじめた。それは強烈なオドロキであり、ついにやったかという感激であり、入学して以来味わいつづけてきたあまりにも大きくて抵抗できぬ得体の知れないものへの不満（それは古田体制であった）を解決できるのではないかという希望であった。

学生課が校内放送で、無届集会であるから解散せよと命令しても、集まった二、〇〇〇余名の学生には立去る気配は一切なかった。なぜなら先進的学友による集会は、自分が言いたくて言えなかったことをあまりにも自然に行動に移していたからである。学生課が命令すればするほど、学生課が反対することは社会的には正しいことだ、という思考方法を、学生は一年生をも含めて身につけていたのである。それだけ日大における学生支配は、異常なほど凶暴であり、特殊的であったのである。

そして体育会系右翼学生と学生課職員が、暴力をふるったことを見て、学生の怒りは内的底流としてさらに強固なものとなり、暴力に抗してデモに移り、その隊列の中に入らないまでも学友の身を案じて神田三崎町までついてくる学生が、デモ隊の四倍に達し、経済前では三、〇〇〇余の学生が集会を開くのを見た時、そこには経済学部を初め、法学部、文理学部の旗がひるがえり、顔は知らないが、同じ日大生が闘っている姿があった。それは、死を決してともに闘いともに苦しむという真の連帯の萌芽であった。

この時、学生は自分が日大生であることを初めて感じたのである。それは死んでもいい感激であった。だからこそ、文理学部を出る時、体育会系右翼学生による暴行の中でとまどった学生が、恐れを怒りにかえ、スクラムの組み方も知らないまま、たがいに肩を組み合い、声をはりあげてシュプレヒコールをくりかえし、デモ行進に参加したのである。そして本部前から再び経済前にデモ行進する途中、日大本部のよんだ警官に、学友が暴行を受けると、怒りはさらに、「ポリ公帰れ」と言い放つ力となったのである。

◉五月二六日（日）

経済、法、文理学部とつづく学生の蜂起に対して、大学当局は、本部に学部長を集めて学部長会議を開き、学生弾圧の諸政策をとりきめた。

昭和四三年五月二八日

総務局担当理事

文理学部長殿

連絡事項について

五月二六日開催の学部長会議における左記了解事項を連絡します。

記

一、無届集会は厳重に取締り、これに違反した者は処罰すること

二、講義は、この際特に担任の先生と連絡をとり、特別の場合の他は休講せぬようにすること

三、最近の事情を徹底させるため、学内に数多く掲示すること

その際は教授会の議を経ることが妥当と思われる

四、特別な活動学生については、父兄を呼出し説得の上、なるべく連れ帰らせるよう配慮すること

五、当分の間、学生証を厳重に検閲すること

六、後援会の開かれる機会には、充分納得のゆくよう説明に努めること

以上

この方針のもと各学部では、さらに学部当局と右翼学園主義者（文理では久米執行部）による分断工作が始まるのである。

全共闘、文闘委の結成

◉五月二七日（月）

二五日におこなわれた文理学部初めての集会とデモは、学生課職員による暴力に抗議する、自然発生的大衆蜂起であったが、先進的学友によって形成されていた、討論の深化と組織づくりは、大衆的蜂起をささえ、闘争の全学的発展を保証する部隊を確立していった。文理における集会とデモ、それに、三崎町における五〇〇〇名もの総決起集会のもようは、いちはやくビラで情宣され、特に学文連女性の集いは、緊急アピールを発表し「既成の女

性観を打ち破る為に、今こそ行動を！」とよびかけ、一一時四〇分に大講堂前で抗議集会を開き、二時に三崎町全学総決起集会を開くことが情宣された。

一方学生の闘争が盛りあがり始めたのを見て、久米執行部は、前日の学部長会議における学年弾圧のとりまとめと呼応するかのごとくに、「主張」を発表し、「非合法集会とデモが行なわれ、学園全体に多大な影響を与えたことは、全学生が深く反省する必要があり、今後あのような事態は学生の手によってさけねばならない」と表明した。それに続いて、

「学園秩序を破壊するな」中文学生会

「学友の良識に訴える冷静な判断を」国文学生会

「学園の秩序を断固守ろう」独文学科学生会

などと、民主化をとなえながら民主化に反対する、すなわち学生が自らの意志で集会を開き、デモをすること（憲法で認められている基本的人権）に反対し、実質的には、民主化を圧殺することにより、一層の反動化（学生の意見を具体的には一切聞かない大学）を推し進める役割を公然とはたすのである。

久米執行部は「告示」を貼りだし、「無届集会は学内秩序を乱すので参加しないよう」

5月27日　日大全共闘
結成当日、雨の中の集会

掲示したが、三〇〇〇余名の学友は、一一時三〇分大講堂前に結集し、民主化とは、学生が自由に意見をいえ、集会がもてる大学にすることであり、学生が開く集会を無届であるから不法であるということはむしろ逆で、学生が自発的に集会を開くことを禁止する学部当局と、それに賛成する久米執行部こそ非民主的であり、憲法で認められた基本的人権に違反している、と糾弾した。

ましてや、弾劾しなければならないのは、集会と、デモに対して暴力をふるった学生課職員と、体育系右翼およびそれを一切非難しないで学生の代表であると言い放つ久米執行部であることが確認され、あらゆる誹謗と中傷に対し、真実を学生に訴え、暗黒の大学日大を真に明るい大学とする為、最後まで闘うことが確認された。そして、闘いの組織として**文理学部闘争委員会**が結成されたことが報告された。

集会は四つのスローガン、

一、全理事総退陣
二、経理の全面公開
三、集会の自由を認めよ
四、不当処分白紙撤回

を確認し、二時すぎ三崎町で行なわれる全学

総決起集会へと一五〇〇名の学友は隊列をくみ、毅然とデモ行進を開始した。

経済学部では一二時頃、学部当局に対し二〇名の交渉団を派遣して、学生証検査の中止、学内集会開催の自由、理事者との団交、処分撤回を要求して、的場指導委員長と話し合った。指導委員長は、「団交でなく、理事者代表と学生代表の話し合いならばよい、学内集会とデモは許可できない」と強圧的態度を示し、出入口のシャッターをおろして学生を校舎内に入れず、集会を禁止した。怒った学生一〇〇〇余名は、本館前で抗議集会を開いた。

文理学部の学友は途中理工学部へ連帯のデモ行進をし、理工の学友二〇〇余名が隊列に加わり、経済前全学総決起集会へ参加した。

全学総決起集会へは、経、文、法をはじめ、芸、商、理、農、歯、それに各学部有志が参加し、経済前の道路は完全にうめつくされ、車道や路上に学生があふれ、総数五〇〇〇余名にのぼる学友の「古田体制打倒」のシュプレヒコールの中で、全学闘争を切り拓き、日大の根底的民主化を全面的に勝利するまで断固闘う組織、**全学共闘会議**が結成された。

それは、熱狂的な拍手の中で確認され、全理事退陣に始まる四つのスローガンが確認され、理工学部へ向けて、五〇〇〇余名の学友は、地響きをさせながら力強いデモ行進を開始した。理工の空地で集会を開いたのち、お茶の水に向けて断固たるデモ行進を貫徹した。

五〇〇〇余名のデモの前に、当局に要請されて出動した警官も圧倒され、本部前には、おののいた当局が、バリケードを築いていた。

5月27日　経済学部前にてデモ

学友の怒りが爆発
——文理一五〇〇余名、経、法、文理、合同五〇〇〇名以上の学友が怒りの抗議集会とデモ——
——体育系学生と警官の暴力に屈せず闘う——

三四億円弾劾と学園民主化、不当処分白紙撤回を求める学友が、二五日各学部において抗議集会とデモンストレーションを展開した。まず文理学部では一二時から学友たちの自発的な抗議集会が開かれ圧倒的な学友が結集した。この集会は、今度の三四億円問題について何ら誠意を示さず、それどころかこの問題をごまかそうとしている学校当局（理事者）と教授会に抗議して行なわれた。初めこの集会を学園の平和と秩序を守る為という理由で中止させようとした森脇指導委員長も、学友たちの圧倒的な声に遂に集会に参加せざるをえなくなるという状況が生まれた。

このことは全学生の団結が生んだものということができる。そしてまた、いくら学校側が不当な理由をつけて集会を中止させたり不法なものとしてかたづけたりしようとも、学生が団結すればそれをはね返すことができるのだ、ということを示している。そのことは、この日体育系学生がデモの隊列になぐりかかってきたのを圧倒的学友の手によってはね返したことからもうかがえる。団結こそ〝力〟であり、もっともっと強くならなければならない。

学友諸君！　我々の強い〝力〟によって学園の民主化を勝ちとってゆこうではないか。そして断固として理事者の総退陣を具体的に勝ちとってゆこうではないか。そして我々は具体的には、全理事者を我々の前につれてきて断固退陣をせまろうではないか。学友諸君、団交権を勝ちとろう。そしてこれを具体的に保証してゆくのは、全日大の学生の団結である。すでに経済学部においては、一二日以来抗議集会、二三日以来デモンストレーションを展開している。二五日は法学部の学友もまじえて約五、〇〇〇名の学友の抗議集会とデモが展開され、暴力をふるって弾圧してきた警官隊も圧倒的学友の団結の前ではすごすごと引きあげざるをえなかったのである。学友諸君、学生の〝力〟が弱ければ、権力側は弾圧してくるが、学生の〝力〟が強ければ、彼らは手だしもできないのだ。

学友諸君、この集会で全学共闘会議の結成が決議された。我々も各学部闘争委員会を結成し全共闘に結集しよう。各学科・サークル・クラスに結集しよう。学友諸君、討論を巻き起し闘争委員会を結成しよう。闘争の勝利は諸君一人一人の活動にかかっているのだ。

〝学文連女性の集い〟より緊急アピール
既成の女性観を打ち破るために、
今こそ行動を！

学文連女性の集い準備会は、本日四時より開催予定であった女性の集い代表者会議の中止を宣言できる事に大いなる喜びを感じます。

三四億円脱税問題によって明らかになった当局の腐敗に対する文理学生の怒りは、二五日（土）一五〇〇名以上の学生による無届集会となって爆発しました。

学生が大講堂前に運び上げようとした立看を学校側職員が不法にも破壊したことから、授業を終えたばかりの学生がどっと集まり、学校側の学生集会への弾圧とその腐敗への抗議集会を、まさに学生自身の意志と力によって開くことに成功したのです。

学生の結集された力が、既成の集会のイメージを打ち破った事を、私達は素晴しい局面として認識しなければなりません。

学文連女性の皆さん！

準備会は、学生としての存在をかけて、学生生活の真に真なるものを求めて行なわれているこの学生の行動の中から、正しい女性観を女性自らの行動でつくりだしてゆかねばならないと考えます。

女性も積極的に集会、行動に参加しましょう！

今、私達のすべき事は、会議ではなく、まさしく具体的な行動でなくてはなりません。脱税問題は、理事者の退陣を要求する行動へ発展すべき段階に到達しているのです。

本日一一時四〇分より大講堂前において行なわれる集会を、私達の意志の結集によって勝ちとろうではありませんか！

学文連女性の集い準備会は、学文連の女性のみならず、全文理女性いや全日大生へ、理事退陣の実現まで団結して行動することが必要である事を、強く呼びかけます。
一一時四〇分　大講堂前へ集まろう！

◉五月二八日（火）

文理学部長は、二六日に開かれた本部での学部長会議の決定を忠実に守り、

「学園の危機に際し、学生諸君に告ぐ！」と題して、二五日以来の集会とデモは無届であり、不法行為である、これは、学問の自由、研究および教育活動の阻害であり、大学自治の正常な発展を妨害するものである、今後あらゆる事態に対して、断固たる決意をもって対処する、と表明した。

一方久米執行部は常任委員会で「大講堂前無届集会禁止決議」をした。学生が集会を開くことは本源的に自由であり、届などはいらないことであるにもかかわらず禁止されている日大的支配の中で、それを改革せんが為に決起し、当局と右翼の暴力に屈せず断固集会の自由を闘いとった学生と行動を共にしないばかりか、それに反対するという、二重の反動性を学生の前にさらけ出したのである。

大学本部では、全日大の学生弾圧機関である本部学生部をさらに強化し、連日にわたる学生の蜂起に対処すべく、鈴木勝学生局担当理事を本部長として、「臨時総合対策本部」を設置した。

蜂起した学生は、当局と久米執行部が、噴出する闘争の圧殺をいかなる理由をつけて企てようとも、すべてを見ぬいていた。

「集会は自由に開かせるべきだ」「集会を禁止しといて無届だから不法であるとは何ごとだ」「学生として当然なことをした学生を処分するとは何たることだ」「このような大学を民主化する為に我々は立ちあがったのにそれに反対する久米執行部は学生の代表ではない」。一二時から開かれた文闘委決起集会には、二、〇〇〇余の学生が、各学科教授によるいやがらせ（首になるよ、就職でも損するよ、人にやらせとけ）や、右翼学生による緊迫の中で結集した。文闘委田村委員長が、スローガンを実現し、理事者との大衆団交を勝ちとろうとよびかけ、「古田体制打倒」のシュプレヒコールをくりかえしながらデモ行進に移り、途中理工学部前で座りこみ、共闘を訴え、理工学部の学友一〇〇名を加えて、一、〇〇〇余名の隊列で、全共闘の総決起集会に参加した。

全共闘総決起集会は、六、〇〇〇余名の学友が結集して開かれた。学部当局と右翼学園主義者（文理では久米執行部）の分断工作に対し、警戒心をもち、学生に真実を伝え、日大を民主化できるのは、今をおいては二度とないことが訴えられ、さらに学友の参加と討論を深化させ、当局と体育会系右翼暴力から闘争を守り、日大の民主化を勝ちとるまで最後まで闘いぬく決意表明があり、全員、「古田を倒せ」「民主化を勝ちとるぞ」とさけびながら、日大本部前へ抗議デモを行なった。続いて神保町交差点から理工学部、さらに淡路町公園へと、怒りのデモ行進をした。

淡路町公園での総括集会で、三一日に文理学部で全共闘主催の大衆団交を開くことを確認した。

◉五月二九日（水）

文理学部では、三一日に開かれる全共闘の大衆団交を成功させる為、一層の学内オルグを開始し、自分連の納めた学生会費が久米執行部の裏切りの為、使用できないことと、日大の現状を訴えるべく、新宿へ街頭カンパに出かけた。

初めてのなれないカンパ活動であったが、二時間で、一六九〇円が集まった。

経済学部では、一〇〇〇名の学生を結集し

て、校内集会を勝ちとり、錦花公園までデモ行進し、三一日の文理での大衆団交の為、学内オルグを一段とひろげていった。

商学部では、一〇〇〇名の学生を集めて集会が開かれたが、全共闘と共に闘おうとする学友と独自に交渉をもとうとする学生会との間で意見が対立した。体育系右翼学生と当局が闘う学友に対して威圧する中で、法学部の学友一五〇名が支援と連帯のために到着した。商学部当局は、学生の連帯を怖れて、学生証検査を理由に、法学部の学友が入ることを拒んだが、商学部の闘う学友の抗議の前に入ることを認め、集会が開かれ、商学部闘争委員会が、全日大的学生の連帯の中で結成された。

農獣医学部では、三、〇〇〇名の学友参加のもとに総会が開かれ、経済学部学友の処分撤回、経済学部の闘争支援を決議し、経済学部長あてに抗議文を送った。

女子学生に訴える!

全ての女子学生のみなさん。あなた方は、家庭で、学校で、社会で、自分の地位というものがどのようなものかを考えたことがありますか。私が考えるに、それは単に、添えものでしかないのです。かわいらしくて、気が利いて、やさしくて。そして困ればきっと誰かが助けてくれる。いったいいつ頃からこうなんでしょうか。物心ついた頃、私達はもう女の子でした。

遊びも、お人形さんごっことか、おままごととかで、いわゆる小さな主婦でした。とっくみ合いのケンカでもしようものなら、それこそ「お嫁さんのもらい手がない」と言われる。「〇〇ちゃん、大きくなったら何になるの」と聞けば、「お嫁さんになるの」と答える子供が大勢います。男の子に「〇〇君大きくなったら何になるの」と聞いた時、「僕、おムコさんになる」なんて答える子がはたしているでしょうか。男の子は、「パイロットになるんだ」とか、「社長になるんだ」とか答えるでしょう。将来の職業を答えているのです。

しかし女は職業なんて考えません。せいぜい事務員になる事です。一生の仕事としての職業を考えていないのです。世間が、女は家にいるものだと考えてきました。そして私達の多くがそれに影響されています。だから私達が政治の事などを話すと、「理屈っぽい」とか「ナマイキだ」とか言います。

しかし私達は、自分を一個の人間として考えなくてはいけません。私達も男の人と同じように頭脳があるのです。だから考えられるはずです。自分の確固とした意見、主張がもてるはずです。サークルで、友人の間で、私達がちょっと失敗しても、まあいいやとか気にしないとか言って見のがしてくれます。しかし、この見のがすという事は私達を人間として見ていない事であり、見のがされるという事は、自分自身を人間として見ていない事なのです。私達が真に大学生でありたいならば、自分自身で考え、表明し、行動することです。人についていく事でもなければ、だれかに問題提起をしてもらう事でもありません。先頭に立って行動し、自分から問題を提起する事です。

何でも自分自身でやる事は非常に困難です。自分が女性である前に人間であらねばならない事を認識する事は容易ではありません。しかし、そうしなければ我々は永遠に添えものでしかないのです。

我々の前に、今、我々が日大生として考えなければならない問題として、三四億円使途不明金および学生自治の問題があります。だれか男の子が考えてくれるだろう、解決してくれるだろうではダメなのです。あなた自身が自分自身の問題として考え、友人達と徹底的に討論し、自分自身の意思を表明し、解決に向って行動するのです。しかし、デモンストレーション一つを考えてみても、女子学生はじゃまであり、のろのろされてケガでもしたら危険でもあります。しかしもう一度言います。女子学生も学生です。一人でも多くの学生が参加すれば、我々の力は強まり、危険は少なくなるし、女性自身も真に自分が人間である事を確信できるのです。闘争委員会は、「文理のすべての学友諸君」と呼びかけているのです。学友諸君、闘争委員会の旗の下に結集し、全日大の学友と連帯し、最後には我々の手で勝利を勝ち取る事を確信して、共に闘い抜こうではありませんか！

文理女性有志

大講堂内集会を勝ちとる

◉五月三〇日（木）

久米執行部は、彼等が出した「主張」、集会禁止の「告示」、常任委員会決議にもかかわらず、学内の民主化闘争が盛りあがり、「集会とデモをやることは、学生に与えられた当然の権利である」との声が学園に満ち、三一日には全日大の学友が全共闘の旗の下、文理学部で大衆団交を開くという新しい局面をむかえると、学生と共に闘うという執行部の責任をかなぐりすて、討論会を開き学友の意見を聞くという方針をうちだし、文闘委が、連日開いている大講堂前での集会に対立する方針を出すことにより、学生を分断する活動を公然と開始したのである。

一二時、大講堂前に結集した学生は、久米執行部の分断活動を口々に非難しながら、文闘委の集会を、大講堂で開かせろと抗議した。久米は高まる抗議の声を無視できず、文闘委が大講堂で集会を開くことを認めたのである。

ここに、二五日の蜂起に始まり、久米執行部が学生の代表であることを放棄し、集会を圧殺する中で、学生課職員と、体育系右翼学生の暴力に抗し闘い、集会の自由、言論・行動の自由を身をもって闘い守った文闘委は、文理学部における校舎内集会を久米自身に認めさせることにより勝ちとったのである。これは、学生の意見を無視し、圧殺しようとする企ては、必ず学生の怒りと抗議の中で崩壊するということを如実に示しているのである。

大講堂内集会を勝ちとった文闘委は、翌日開かれる大衆団交へ向けて、意志の統一を図るべく討論を始め、三四億円使途不明金は、日大の長期にわたる学生不在の教育方針、とりわけ古田が会頭になって以来の、日大改善案にもとづく営利第一主義に問題の本質があり、学内で、思想の自由や自治活動を暴圧しつづけたのは、営利第一主義体制をおしすすめる為である。従って我々学生は、日大に暗黒の学生支配を築き営利第一主義を強力に推し進めた、古田と古田体制そのものを学園から放逐しなければならないことが確認され、さらに闘いを広げる為に、農獣医学部へ連帯の挨拶に行こうとよびかけた。二時、学内オルグを残して三〇〇名は、農獣医学部へ向かった。

農獣医学部では、文理学部の学友が来ることを知ると、当局と体育系右翼は、学内の民主的学友と連帯することを怖れ、正門を初め各門を閉ざし、ピケとバリケードをはり一歩も学内に入れない体制をとっていた。文理学部の学生は、正門前で集会を開き、校舎の窓から、鈴なりになって集会を見守る学友に対し、「我々はなぜ立ち上ったのか」「なぜデモをしているのか」「明日文理学部で全日大の学生が集まり大衆団交を開くので、農獣医の学友諸君も積極的に参加してほしい」と訴えた。訴えを聞かせまいとする体育系右翼学生は、スピーカーでがなりたて、農獣医学生が一人でも手をふり、拍手すると、その学生をオドシ、コヅクなど威圧を加えた。

　古田会頭を初めとする理事者は、この日、緊急理事会を開き、全共闘とは一切話し合わない、学生会連合と話し合うとの方針をうちだした。そもそも学生会連合とは学生が選んだ代表によってつくられたのではなく、学校当局の全くの御用機関であり、学生会連合としての活動などはない団体である。彼等との話し合いとは、学生と話さないことを意味するばかりか、学生の心の奥底からわきあがる民主化の要求を一切無視することを表わしていた。

　文闘委はこの日闘争通信を出した。

闘争通信Ｎｏ・１

文理学部闘争委員会

　全文理学部の良心的学友諸君ならびに良心的教職員のみなさん！　文理学部闘争委員会は、全ての良心的学友諸君、良心的教職員のみなさんへ、連帯と友情の固い団結の挨拶をおくります。

　現在、我々の闘いの煙火は、全日大に拡大し、連日の本部前抗議集会に七千数百名を結集させ、「古田」に怒りのシュプレヒコールを浴びせかけています。

　学友諸君！　我々の闘いは正義の闘いです。

　我々の闘いは日大を作る為の命をかけた闘いです。

　我々は、あの経理のズサンさを絶対に許す事は出来ません。なぜなら、我々の授業料は、父や母の汗の結晶であるからです。なぜなら、真理を求める「最高学府」に不正行為があってはならないからです。

　我々は、日大の独裁者「古田」を絶対に許す事は出来ません。なぜなら、彼こそは、一人の女事務員を自殺にまでおいやり、一人の会計部長を「蒸発」させるほどの「暴力」と「不正」の根源であり、日本大学を私物化する事により、日本の教育そのものにまで悪い影響を与えている張本人であるからです。

　学友諸君、今度の「二十億円」問題は氷山の一角にすぎません。もし、国税庁が脱税ではなかったと発表しても、問題の解決にはなりません。我々は、我々学生の手で学園を変えていかなければならないのです。そうでなければ、いつまでもいつまでも一部の学校追従学生の不当行為にも耐えていなければならないのです。

　学友諸君、文理学部闘争委員会はうったえます。今こそ決起すべき時です。全ては、学友諸君の肩にかかっています。学園を、真実を求める学生の手にとりもどすのは、今をおいて他にありません。再度呼びかけます。決起するのは、今をおいてはありません。

　三〇日一二時　全文理の学友諸君は、大講堂の前に結集せよ！

　三一日二時に開かれる文理中庭の全日大の団交集会を成功させよう！

　我々文理学部闘争委員会は、全学共闘会議の旗の下に結集し、その闘いを勝利に導くために、学友諸君の先頭に立って闘います。

　学友諸君！　文理学部闘争委員会の旗の下に結集せよ！


団交を勝ち取るぞ！

古田を筆頭とする全理事者は退陣せよ！

経理の公開を勝ちとるぞ！

許可制粉砕！

不当処分粉砕！


五・三一大衆団交に総結集せよ！

一万名大講堂前抗議集会を成功させよう！


文理学部の全学友諸君！

明日五月三一日全日大一〇万学友は大衆団交に決起しようとしている。我々は文理学部闘争委員会を中心とする二、〇〇〇余名の抗議集会を皮切りに一万名の決起をもって立ち上がる。法学部、経済学部、理工学部、商学部、農獣医学部、芸術学部がすでに立ち上がっている。文字通り文理キャンパスを二万名の学友で埋めつくそうではないか。

学友諸君！

全学部で闘う学友とかたく連帯し大衆団交を勝ちとろう。パリの学生が誇りをもって示したように、我々の学生としての叡知と情熱を日大闘争の先頭に立つ中で示そうではないか。抗議集会とデモンストレーションという反日常的キャンパスの中でこそ、真の大学が回復され、堕落した全理事の総退陣が勝ちとられるのだ。規約に縛られた奴隷的精神を打ち砕き、正義の叫びと解放の声を学園にとどろかせようではないか。官僚的支配体制機構（合法機関）を打ち砕き、五・三一（金）二万名大衆団交を文理キャンパスに断固勝ちとり、全共闘の強固な闘いを文理にも燃えあがらせようではないか。その強大な力は我々一人一人の力にかかっているのだ。

文理学部の全学友諸君！

5月31日　文理学部正門付近での芸術学部他によるデモ

五・三一（金）二万名大衆団交に決起せよ。

全学友は今すぐ文理学部闘争委員会に結集し、闘争の宣言を発しよう。

理事者総退陣！

経理の全面公開！

学園民主化！

行動方針

五月三〇日（木）一二時大講堂前抗議集会、
農獣医へ向けてデモ

五月三一日（金）一二時大講堂前抗議集会、
二時三〇分全共闘主催大衆団交
（二万名決起）（文理学部において）

五・三〇　文理学部闘争委員会

文理大衆団交

◉五月三一日（金）

全共闘が大衆団交を要求し、全日大の学友を結集して集会を開くことは、古田体制の根底からの否定、すなわち、日本における最右翼の大学において、学生が理事者と対等の立場で要求を出すことであり、それは、学生の要求を一切認めないばかりか、学問の自由をうばい去ることにより、学生それ自体をも認めない反動教育をしている古田体制に真っ向から対立することであった。

　この日文理学部当局は全面休講を通告し、渋谷駅、下高井戸駅に登校禁止令を出していた。右翼団体であり古田の私兵である、日本大学学生会議は、文理のキャンパスに車を乗り入れ、体育系学生を集めて、集会を始めた。一方、久米執行部も二〇名ほどの学生を集めて集会を開き、文闘委、全共闘の集会が無届であり、その方針は学園を破壊するものであると訴えた。一方常任委員会議長団は、「二八日抗議集会禁止決議がなされたが、我々議長団は、三、〇〇〇余名にのぼる抗議の声を無視することはできない」と声明した。

　文闘委に結集する学生は、一一時、大講堂前で八〇〇名の決起集会を開き、一二時三〇分本館前に移行した。文闘委田村委員長から「二二日に始まる経・法学部の集会とデモから二五日の文理学部の蜂起という全体的闘争の発展の中で、商・芸・理・農等の学友も決起し、文字どおり、全日大的闘争に盛りあがっている」と報告され、今日の大衆団交を成功させる為、当局と右翼の暴力から文理学部を守り、闘う全日大の学友をむかえいれようとの訴えがあり、スローガンが確認された。

　当局は通用門をしめ、体育系学生は、全共闘の集会を妨害せんと正門にピケを張り始めた。文闘委は、大衆団交に結集する学生をむかえいれる為、正門に座り込みを始めた。一時頃、突然、学生会議の車が座り込みの学生の中につっこみ、体育系右翼学生が牛乳ビンや角材をもってなぐりこみ、三十余名に負傷をおわせ、内三名は内臓損傷、腎臓出血などで救急車で病院に運ばれた。この暴挙について、当局は、「デモ・集会には参加するな！　参加するとケガをする」と放送を始めた。集まった学生は、右翼暴力団が、当局の私兵であり、民主化闘争の敵であるということを体で知り、学生の反逆をおさえる為には、暴力団をも使用する、日大当局の真の姿を見たのである。

　二時三〇分、経・法・理工を中心とした三、〇〇〇余名の学友と農・商・芸の学友が結集し八、〇〇〇余名の学生による集会がグラウンドで開かれ、文理学部における体育会系右翼暴力団の暴行と、それを容認する当局の行為が報告された。集まった学生は、「学生会議の暴力を許さないぞ！　それを側面から支援する当局を弾劾するぞ！」と怒りのシュプレヒコールをあげ、強固なスクラムを組み、ジグザグデモをくりかえしながら文理学部構

5月31日　文理学部正門付近での集会後のデモ

内に入った。

八、〇〇〇名の学友は、構内を激しくデモ行進して、内庭で全共闘主催の大衆団交集会を開催した。各学部闘争委員会から固い決意表明と連帯の挨拶ののち、全理事退陣にはじまる四つのスローガンを確認した。全共闘秋田議長以下各闘委二名の代表が森脇指導委員長に会い、学部長が団交に出るように要望したところ、「三四億円問題は、文理学部ではわからない。理事者に聞いてくれ、民主化の問題も私は答えられない」と言い、代表が学部長に会いに本館に行くと職員にはばまれ、会うことができなかった。

体育系学生は再度集会を破壊しようと、クギのついた角材を用意し、集会の外側に結集し始めたが、新聞社、テレビ局のカメラマンが撮影しだすと、森脇指導委員長がとびだし、「カメラにとられるからやめろ！」とさけびながら、右翼学生を指導した。

集会は、最後の勝利まで断固闘う決意を固め、四日に再度大衆団交を開くよう要求することを決定した。スキあらばなぐりかからんとする体育会系右翼学生をしりめに七、〇〇〇余名の大デモンストレーションを展開し、明大前で解散した。

5月31日　文理学部正門付近

本日、二万名大衆団交
理事者総退陣！
経理全面公開！
学園民主化！

文理学部の学友諸君！

本日文理キャンパスにおいて全学共闘会議主催の大衆団交が行なわれる。大衆団交こそは、全学友と全理事の直接的具体的対話が交わされ、三四億円問題＝学生不在の大学運営そのものの解決を見出す唯一の方法である。誤った大学論を捨て去り、学生こそが大学教育政策の責任ある主人公であり、一切の矛盾の解決は学生に全て委ねられなければならない。一〇万学生の手による戦闘的陣地を構築し、腐敗堕落した学校当局に対して非妥協的な、誠意ある真実を追求する大衆団交として、勝利的に闘われなければならない。それは、二万名大衆団交断固実現の中に勝ちとられる。

学友諸君！　一二時大講堂前一万人抗議集会を成功させ、全共闘学生と連帯しようではないか。反動の嵐吹きすさぶキャンバスに日大闘争の激動の嵐を呼び起こし、精神的コンプレックスをいだく古田体制を打倒しよう。大衆団交がそれである。動揺し苦悶する当局に最後の鉄鎚を加えようではないか。法学部闘争委員会・商学部闘争委員会を先頭に一万名で決起し、団交を勝ちとろう。学生の叡知を結集し、封建的閉鎖的官僚支配体制を打倒し前進しよう。日大闘争を闘う仲間こそ日大民主化を背負う者である。全ての力を大衆団交に総結集せよ！

行動方針

一二時　　大講堂前抗議集会

二時三〇分　文理キャンパス大衆団交

五・三一　　文理学部闘争委員会

理事者は総退陣せよ！
経理の全面公開を勝ちとれ！

僕達のクラスでは、今、この闘争に参加するため、積極的に討論を重ねています。僕たちにとって、日大を民主化することは、どんな意味をもつのかを何度も考えあいました。

討論を重ねているうちに、僕たちは、経済学部が全学連に加盟していたことや、ストライキをしたら松葉会という暴力団が刀とピストルをもってなぐり込みに来たこと、あるいは昨年の四月二〇日に一部体育系学生が経済学部執行部に、なぐるけるの暴行をはたらき頭蓋骨を折ったり肋骨を折ったりしたことを知りました。特に四・二〇事件と言われる経済学部事件は、なぐられたりけられたりした執行部員が、しかも学生の利益を守ってきた民主的な執行部員が「平和」と「秩序」を乱したという、不当な、あまりにも不当な理由により処分されたのです。そのため、沢谷・土屋両君はいまだに復学できないで暗い抑圧された青春をおくっているのです。

僕たちはまた、検閲制度というものによって、自由な発言を押えられ、クラス討論もサークルの出版もなかなかできないことも知りました。高いお金を払って大学へ勉強に来たのに、本当に腹が立ってきます。

まだまだ日大のことを知りませんけれども、僕たちはこの闘争を絶対に支持します。今やらなければ、学問の大学、自由な大学は失われてしまうと考えるのです。

僕たちのクラスは最後まで闘います！

3 蜂起

◉六月一日（土）

五月三一日の七、〇〇〇余名による文理学部大衆団交集会は、日大八〇年、学生不在の歴史を、学生の反逆によって根底からつきくずす闘いの総決起集会であった。

大学本部と、学部当局、それに体育系右翼学生による暴力行為がくりかえされても、もはや学生の変革の要求と情熱を切りくずすことができない状況が、古田権力に反逆する学生の〝力〟として、日本大学全学共闘会議に結集する学生により創られていた。もはや日大生は、かつての無気力な群衆ではなかった。自分の大学を、自分達の力により変革できるのだという確信を、一人一人の胸に一生忘れることのない感激としてきざみこんだのだった。

これは、高らかな〝人間宣言〟であり、〝人権宣言〟でもあった。それほど従来の学生支配は横暴をきわめていたということでもあるが、決起した学生に対するさまざまな（教授をも含めて）妨害と暴力は、いまなお、〝これが大学か〟と思わせるほどであった。

学生は怒りと確信をこめて情宣活動を開始した。

倒れた文理生にかわり断固抗議する！

抗議文

去る五月三一日、使途不明金問題に関する学園民主化の為の全学共闘会議主催の大衆団交の時、文理学部体育会系学生による良心的学生に対する暴力行為は、われわれ民主的学生に対する破壊活動である。君達は古田会頭の思うがままに動かされたカイライ学生である。君達の暴力によって病床に臥した学友四名は現在入院中であり、われわれ最後まで闘う学生は、このことを黙ってみすごすわけにはいかない。

よってわれわれ民主的学生は、大学の自治を守るため、大学の反動化を防ぐために倒れた四名の学友にかわって体育会を動かした古田会頭と、体育会、右翼学生に対して断固抗議する。

われわれの闘いは、学問をする学生としての存在をかけた闘いであり、君達の暴行は、単なる一時的な行為でしかなく、日大の民主的学生の心に少なからざる影響を与え、学校や一般の体育を愛する学生に対してまでも多大なる不信を長く残すであろう。

○一部体育系の暴力学生は大学から出て行け！
○学園は民主的学生のものだ！
○古田はこれ以上罪を重ねるな！

全学共闘会議

暴力学生を追放するぞ！
五・三一集会大成功！
暴力学生の為、入院三名・負傷多数

五月三一日文理において行なわれた全日大集会は、一万人の学友の結集を得、大成功のうちに終わった。当日学校当局は暴力学生を使い無法な弾圧を加え、入院三名負傷者多数に至らしめた。しかし弾圧にもめげず全学共闘会議主催の大集会を勝ち取った。ここにおいて我々は次の要求を確認した。

○三四億円の使途不明金を明らかにせよ！
○経理を公開せよ！
○理事の総退陣！
○検閲制度廃止！
○集会・言論・出版の自由！
○不当処分撤回！

これらの要求は、他大学に於いては当然の権利として認められている事である。しかるに日大当局は今まで自由を求める学生の声を暴力で圧殺してきた。今こそ学園に自治を確立する絶好の機会である。現在各クラスで討論が進められているが、学校の圧力により進展しない。我々は問題の本質を見つめ、クラスで再討論し立ち上がろう。そして学校の不当弾圧をはね返そう。そうでなければ我々は二度と立ち上がる事ができなくなる。今こそ我々は一致団結して学校当局と闘い、学生の為の学園を建設しようではないか。

全学共闘会議

◉六月二日（日）

東京国税局は、日大三四億円使途不明金は、全部〝学校ぐるみの脱税〟であったと発表した。使途不明金は学校側の経理操作で幹部に支払われていた〝裏給与〟で、学校ぐるみの〝源泉脱税〟であり、その額は三十億円以上であると公表するとともに、史上最高の事件であると発表した。

全共闘に結集する各学部闘争委員会は、この知らせを聞いて闘いの決意を新たにすると同時に、予想される当局からのあらゆる弾圧に対して、さらなる全日大的闘争の高揚を創りだす為、活動者会議を開いた。一方大学本部は、三日に臨時学生指導委員者会議を開くことを決め、警備対策なる弾圧計画をとりきめる策動を始めた。

◉六月三日（月）

各学部では、四日に開かれる本部前大衆団交集会を成功させる為、一二時より各学部別に決起集会を開いた。

文理学部では新たな敵権力の策動を粉砕する為、再度の討論をよびかける一方、大衆団交への情宣を開始した。

全学共闘会議は初めて、タイプ印刷によるビラを創り、六・四大衆団交に全日大生が総結集するようよびかけた。

闘いはどこまできたのか

五月二四日から始まった、三四億円にものぼる使途不明金を追及する闘いは、その戦線において拡大し、闘いの質において高度化してきている。闘いの高揚は敵内部に一層の分裂と混乱をつくり出し、我々に有利な局面が展開している。

古田理事会に巣食うじ虫どもの中には、自分の利益の為に、学生の闘いを背景として、

団交に応じようとする部分が出てきている。我々の闘いの前進が敵内部の混乱を生み出しているのだと確認することができる。また、教員の中には、我々の闘いに参加する者が出てきているし、参加しないまでも、クラス討論を認める者が出てきていること、教職員組合が大会で再度全理事の退陣と経理の全面公開を要求して闘う姿勢を示していること、組合は、確かに派閥の問題をかかえてどこまで機能するかは解らないけれども、下からの激しい突き上げがあることにより、或る程度は闘うであろうこと、以上のような有利な情勢が我々の実力闘争によって切り拓かれてきていることを確認しなければならない。

三一日文理学部で開かれた団交集会に対して、本部体育系の一部分子は棍棒をもって我々に威嚇攻撃をした。またこの全学集会以前に行なわれた文理学部学部集会に対しては鉄拳をふるい足蹴にし、学友三名を病院に入れなければならない程に負傷させた。このことは、敵が非常にあわてていること、自分達が追いつめられていることを知り始めたことを表わしている。

我々の隊列はどうか？

経済学部を突破口に、法学部、文理学部の闘いが爆発し、現在では、理工学部、農獣医学部、商学部、芸術学部にも戦線は広がった。経済学部、文理学部、法学部ではすでに数百の学友がこの闘いに定着化しつつある。このことから、我々の闘いが量的にも質的にも発展していることを見なければならない。

と同時に我々は、この闘いの弱い環をも鋭く追究し、闘争を勝利へ向けて保証しなければならない。我々の闘いが敵に対してエスカレートするにつれて、闘いに参加していない客観主義者や遅れた部分は、闘いの戦列から離れざるをえない。何故なら、闘争は、古田を先頭とする理事者を大衆の前に引き出す形を実力的にとらざるをえないし、その闘いは敵暴力部隊との衝突を必ず惹起させる。従って、この闘いに参加していない者にとっては、当面「衝突」を理解できないだろうからである。その離反をくい止め、一方戦術の高度化を保証する為に、我々は特別の戦闘部隊を創らなければならない。

闘争の経過

五月二三日　経済学部で蜂起、若干のデモ
二四日　経済・法両学部が合流、本部へデモ
二五日　文理で蜂起
二七日　文理二、六〇〇で蜂起、理工学部へ示威行進七、〇〇〇
二八日　本部へ団交要求デモ、理工へデモ四、〇〇〇
各学部の抗議集会と組織化活動
三一日　文理で団交集会七、〇〇〇〜一〇、〇〇〇

六・四　本部大衆団交に結集せよ
学校当局の犯罪性を許すな！

文理学部の学友諸君！

五月三一日、大衆団交要求の全共闘に結集した三万名の学生に恐怖した学校当局は三つの攻撃を我々にかけてきた。この攻撃こそは、三四億円使途不明金問題の本質を暴露されることを恐れた当局の、動揺し混迷する姿にほかならないのである。三四億円問題が当局のいうような税法上の解釈と運用の相違であり不正がないとするならば何事にも恐れる理由はなく、あれほどの弾圧体制を強いる根拠もないのである。だが事実はそうではなかった。真実を真実として学生の口から指摘されることを最も忌み嫌ったのである。

では三つの攻撃とは何であるか。五月三一日、二時限目以後を臨時休講とし、文理学生一五、〇〇〇名を学園から追いだし、集会に参加す

ることを禁止した行為である。学校は真理探究の場であり、学問追究の場であると日常茶飯に空文句を述べまくっていたはずの当局が、真面目に授業を受けに来た学生に対し、まさに、一枚のビラの掲示によって事の真相を一切隠蔽し追い返す醜い仕打ちにでたのである。たった一枚の掲示によって一五、〇〇〇名の学生を勝手に動かし操作できる大学機構そのものの存在を、自らが自分の手で証明してしまったのである。学生が学問の府における主人公であると美辞麗句を何万回繰り返しても結局は出鱈目であり無内容な言辞でしかないということを我々は知った。学生の姿を授業料を納めにくる一個の商品としか当局が見ていないことが、この日の掲示にハッキリ示された。

学生を学内から追い出し大衆団交に参加させまいとする犯罪的行為を我々は強く弾劾しなければならない。一万名の文理学生がこの攻撃を打ち砕いて大衆団交を断固実現したことは、当局の意図願望をことごとく粉砕したことをあらわしているだろう。学生不在の大学の運営の現実的姿が、五月三一日の臨時休講の掲示に示されていた。

この攻撃を正面から受け止め抵抗し、納得せず大衆団交に参加しようとした学生に対しては、右翼体連系一部学生を使って我々に暴力的打開攻撃を加えてきた。午後一時正門前に座りこんだ学生に、殴る蹴るの乱暴、全ての集会破壊を狙った行為を、当局は直接指揮していたのである。抗議集会に参加した学生に何故暴力的介入を行なってきたのか。三名の重傷者のうち一名は内臓破裂で今なお危篤状態にある。これこそは、あまりにも屈強に高揚した我々の運動に圧倒された学校当局の反動的な姿なのである。学校当局の雇用する暴力組織を同時に糾弾しなければならない。三万学生の怒り骨髄に徹した大衆団交要求の叫びを無視し、何ら誠意ある回答を示さず最後まで沈黙を守り続けた当局は真相が発覚されるのを恐れていた。三万名の学生の声を聞き入れず大衆団交を拒否した学生不在の大学教育改悪の責任者、古田会頭を糾弾しなければならない。

全学共闘会議は六月四日（火）本部前大衆団交を実現すべく闘争方針を提起した。学校当局の五月二二日における犯罪的行為を真に我々が糾弾する手段は百万回その犯罪性を繰り返しおしゃべりする中にあるのではない。六月四日大衆団交を断固として一〇万学生による授業放棄をもって成功させることの中に唯一あるのだ。

文理学部の学友諸君！

授業放棄をクラス・学科で勝ち取り大衆団交に参加しよう。この力で大衆団交を成功させ、理事者の総退陣、経理の全面公開、学園民主化を勝ち取ろう。今こそクラスの旗を高々と揚げ、大衆団交に参加しょう。

行動方針

六月三日（月）一二時　大講堂前抗議大集会

六月四日（火）一二時　大講堂前抗議大集会

二時三〇分　本部前大衆団交

文理学部闘争委員会

六・四大衆団交に全日大生はすべて結集せよ

全理事の総退陣・経理内容の全面公開！

学園の民主化！

一部右翼体育会の暴力追放！

古田は全学生の前に出てこい！

全学共闘会議

全日大一〇万の学友諸君！

われわれが現在闘い抜いているこの日大闘争は、日を追うごとに高まり、ますます理事会当局との対立を鮮明にし、いよいよ巨大なうねりをみせている。

全理事の総退陣！

経理内容の全面公開！

学園の民主化！

このスローガンは日本大学の文字通り一〇万学生を結集してやまない勢いをもって突き進んでいるのだ。

全日大の学友諸君、このスローガンをいまこそわれわれすべての怒りの声で満ち尽くせ！

日本大学の良心的学友の敗北と奴隷の歴史に、われわれの力と情熱をもって、必ずや終止符をうて！

われわれの手によって、いまからただちに新しい日大の輝ける闘いの一ページを開こうではないか！

われわれはこれまで、恐怖政治的な長い重苦しい状況に対する思いつきの反発しかできなかった。しかし、今やっているのはそれではない。この闘いは、暗黒と反動の歴史への限りない怒りをこめた徹底的な反逆の闘いであるとともに、幾多の先輩たちの驚くべき犠牲の上に進行してきた暗黒と反動の歴史を必ず終息させるのだという決意と、明白な目的をもって、現在闘い抜いているのではないのか！

6・4大衆団交に全日大生はすべて結集せよ
全理事の総退陣・経理内容の全面公開・学園の民主化！
一部右翼体育会の暴力追放！
古田は全学生の前に出てこい！
全学共闘会議
全日大生は全学共闘会議のもとにすべて結集し、
大衆団交に勝利し抜こう！
6月4日　12時　各学部決起集会→2時半　本部前総結集→大衆団交

だとするならば、われわれは、この日大の全く画期的な、空前の大衆的高揚の中で素朴に酔いしれる自己満足でがまんすることはできないのだ。

五月二七日には理工中庭に一五、〇〇〇名の学友が結集し、三一日には実に三万名にもなんなんとする日大生が実力で文理学部キャンパスを奪還し、大衆団交を強烈につきつけた。日大生のこの力は、日本の幾多の学園闘争でもかつてみられなかったほどの、限りない、汲み尽くせない、気の遠くなるようなエネルギーを秘めている。

だからこそ、まさにだからこそ、この三一日、三万学友の力をもって、そして一〇万学友すべての参加のもとに、確実に勝利しようではないか。

では、どのようにしてわれわれは着実に勝利の条件をかちとっていくのか。

それは、いうまでもなく、全日大生が六月四日、本部前大衆団交にすべてもれなく結集することだ。

三四億円使途不明金問題にその氷山の一角をあらわにした日本大学運営機構の、言語を絶する腐敗と反動の内実は、引き抜くことが非常に困難なほどに日本大学のなかに深く根をおろしている。

まさにこの使途不明金の徹底的な追及の闘いは、直接的に、日大の反動的教育政策の抜本的改革をめざす闘いなのだ。

五八年の日大改善案を悪辣なテコとするそれ以後の徹頭徹尾腐敗しきった教育・学問内容、自民党・右翼・体育会をつかっての恐怖政治的な学生支配、この暗黒と反動の歴史の、あまりにも当然の産物が、かの三四億円問題ではなかったたか。

日大理事会の教育政策の過去と現在の総体に立ち向かい、完膚なきまでに打ち砕く日大生の闘いは、新しい未来をはっきりと準備するものなのだ。

そうだ、日本大学の主人公はほかの誰でもなく、われわれ日本大学の学生なのだということをますます鮮明にさせねばならない。

六月四日日本部大衆団交にすべての日大生がすべて結集することが最も重要なことなのだ。六月四日の大結集をもって大学の主人公は学生であるということを古田に思い知らせようではないか。

そのことだけが、われわれの勝利を保証する最初の、そして最後の条件なのだ。


さらに、全日大の学友諸君！　いま日大ではビラがこぼれるようにまかれ、マイクでのアジテイションが熱を帯び、ジグザグデモが地面をゆるがしている。大学の御用暴力学生はひっそりと沈黙し、ささやかだけれども、われわれに自由とはどんなものかを実感させるに充分なことがおこっている。

だが、暴力と暗黒の支配は、なくなったのではなく、次のより狂気じみた反動の準備のために、沈黙しているだけなのだ。

自由をとりもどせた、真の大学をわれわれの手に回復した、と錯覚するのははやすぎる。自然界の動きよりも、もっともっと確実に正確に、自由と真理をとりもどせ！

まさにそのためにも、六月四日、本部前大衆団交に総結集せよ！六月四日大衆団交へ！

全日大生は全学共闘会議のもとにすべて結集し、大衆団交に勝利し抜こう！

六月四日一二時　各学部決起集会
一時半　本部前総結集→大衆団交

6月4日　芸術学部、浅間神社鳥居前で。芸闘委発足、出陣式

本部前大衆団交

◉六月四日（火）

　各学部では一二時から決起集会が開かれた。文理学部は二、〇〇〇余名の学友を結集し、大講堂前で決起集会を開いたのち、「古田打倒」の激しいシュプレヒコールをくりかえしながら、理工学部へ連帯のデモをおこない、二時三〇分、経済前総決起集会に参加した。

　この日、学生の意識は、闘争の中で明確に敵は誰かを知り、その爆発的怒りは、闘争の新しい局面「大学本部を包囲し、古田会頭をひきずり出し、大衆団交を成功させる」を創り出す原動力として、動き出していた。

　五月二一日以来の学生の決起は全学的蜂起をむかえ、遠く三島文理、郡山工学からも闘う学友が参加し、結集した学生は一万名をこし、当局が要請した機動隊も弾圧できず、闘いのシュプレヒコールは学生街にこだました。

　大学本部は、その暴力部隊一、〇〇〇名を靖国神社に結集させたが、集まった学生があまりにも多いのにオドロキ、暴力部隊による集団テロをあきらめ、三〇名を本部内に待機させる一方、経済学部上方から、コーラビンを投げさせ、学生の頭部に五センチもの裂傷をおわせた。集会は学生の抗議の声に包まれ、怒りをこめた一万余のデモ隊は、大学本部を完全に包囲した。

　全共闘代表二〇名は、本部内に入り、大衆団交を要求したが、細谷学生部長は、本部の中で右翼暴力団（桜会、港会）に守られながら、「全共闘は正式の代表ではないので話すことはない」「古田会頭が不在だから、明日、秋田議長に電話で連絡する」など、怒りにつつまれた本部の中で、しどろもどろで言うのみであった。

　このことが報告されると、「古田出てこい」の怒りの声は、さらに大きくなり、本部をとりまく大デモは、一一日に再度大衆団交を要求することを決め、錦花公園に向けてデモ行進を開始した。大学当局のあまりのギマンに怒った学生は、大学本部に抗議行動をおこし、中に入って座り込んだが、そのとき、本部内にいた右翼暴力団に暴行を加えられて五人が負傷した。

◉六月五日（水）

　集会に反対し、闘争に反対してきた文理学部久米執行部は、全共闘の闘いが全学的盛りあがりの中で学生の支持を得ているのを見て、あわておどろき、抗議集会なるものを開いた。そこには全く方針がなく、学部当局のカイライと化した久米執行部は、カイライの本質（学生の味方を装い、闘争に反対し、結果的に学生を敵の手に売り渡す）を暴露し、全学生の新たな怒りを買うのである。

　大学本部及び学部当局の指示のもと、学生に血の暴行を加えてきた体育会右翼は、学生の非難の声が高まるや、自分等の行動を正当化し、さらに学生に対して闘いを宣言した。

全学共闘会議の学生諸君へ！

君たちは事あるごとに、体育会学生の暴力うんぬんと口を極めてののしっているが、私たち体育会学生が、日本大学学生の名誉を重んじ、良識ある学生としてつねに節度を守り、中正をむねとして、学業と練習に励んでいることは、衆目の認めているところである。しかるに君たちは、暴力をふるったものは体育会学生だと、新聞記者や放送記者にデマっている。これほど破廉恥きわまる卑怯なやり口はあるまい！

　私たちは、体育会の指示や指令を受けて君たちと事を構えたこともなければ、君たちに立ち向かったこともないことを断言する。しかるに、君たちは如何なる根拠のもとに、私たち体育会学生を中傷し、挑戦するのであるか。

重ねて言うが、私たちは、日本大学の歴史と伝統を守り、あくまで学生の本分に忠実であり、つねに軽挙盲動を戒めあって行動してきた。しかし、君たちが良識を失い、群集暴力の暴走にまかせて、学園と学園の秩序とを破壊するが如き不法行為を続行してやまない時には、私たちは、学園を暴徒の破壊から守るために、体育会および体育連合会と良識ある全学生と共に敢然と起ち上がるものである。

諸君よ！　大学生としての知性と理性を回復して、集団暴行を排し、平静裡に学園首脳部との話し合いを重ねて、その成果に期待する道を選ぶべきではないのか。

君たちの、集団行動に名をかりての群集暴挙は、如何なる理由があろうとも、大多数の良識ある学生の共鳴できるものではない。

私たちは、これら大多数の良識ある学生諸君と共にあくまでも学園と学園の秩序とを守り抜くことをここに宣言する。

昭和四三年六月五日

日本大学体育会
日本大学体育連合会

◉六月六日（木）

全学共闘会議活動者会議が開かれた。会議では、この闘争は、日大を根底的に変革する闘いであり、ストライキ闘争を含めた長期の闘いを決意しなければならない、その為に、高まった戦闘的意識の中で全学友に再度討論をよびかけ、我々の敵は誰か、敵は何を策しているのか、闘う部隊全共闘、各闘委のかかえている問題は何かを、徹底的に討論し、二日の団交に応じないならば、ストライキをも含めて闘うことが確認された。古田会頭は理事会を開き、全共闘との話し合いは一切拒否することを決定した。

◉六月七日（金）

活動者会議の方針をもとに、文闘委は、〝全ての情熱をクラス討論へ〟と情宣した。

全ての情熱をクラス討論へ！

文理学部の全ての良心的学友のみなさん
文理学部の全ての良心的教職員のみなさん

全学共闘会議と文理学部闘争委員会は、日大の全ての良心的みなさんに、心から連帯の挨拶を送り、この正義の闘いに決起するように呼びかけます。

私達の闘いは正義の闘いです。

経済学部を初めとして、文理学部、法学部、商学部、理工学部、芸術学部、農獣医学部、遠くは三島、郡山の工学部へと闘いの火は広がっています。六・四団交の時は、何と二万名の学友が本部前にすわり込み、大衆団交を要求するというところまで発展しました。この時、あるプラカードには、「何はなくとも自由が欲しい」という言葉さえ見つける事が出来ました。私達の闘いは、日本大学に新しい「自由」を作りあげることです。その為には、営利第一主義の象徴である古田会頭を初め全理事者を総退陣させる闘いを、私達の闘いの基調としなければならないのです。

全ての学友諸君、私達の団結の全ての力を、この一点に結集しようではありませんか。

私達全学共闘会議と文理学部闘争委員会は、再度、一一日に大衆団交を大学当局に要求しています。これが現局面の私達学生側の闘いです。学友諸君がこの大衆団交の意味を再度討論し、絶対にクラス決議、サークル決議をとり、私達に集約する闘いをすぐに起こす事を呼びかけます。

全文理学部の学友諸君、私達共闘会議と文

理学部闘争委員会を支持する決議を！
この闘いを最後まで闘いぬく決議を！
学友諸君の総力を、ストライキ決議を取る闘いへ！
スローガン
一、全理事は総退陣せよ！
一、経理を全面公開せよ！
一、検閲制を撤廃せよ！
一、不当処分を白紙撤回せよ！

文理学部闘争委員会

全共闘は、活動者会議の決定のもと、古田理事会が団交を拒否したことに抗議すると同時に十一日の団交をあくまで要求し、古田を引きずり出す為に各学部で、さらに戦線を広げ、内部を固める為、討論の深化を指示した。文理学部では一二時から決起集会が開かれた。

団交拒否に抗して全学友は決起せよ!!

抗議集会本日（七日）一二時　大講堂前

文理闘争委員会

文理学部の学友諸君！　学校当局は、我々の再度の団交要求を拒否した。

我々のこの三回目の団交要求は、六日一万人の学友を結集して行なわれた二回目の団交（学校側は拒否）の際だされたものである。これに対して我々に恐れをなした当局は、六日全学共闘会議の議長秋田君に電話で回答を示したのである。またしても全共闘を認めない。学友諸君、我々は最後通告としてこの団交を要求したのである。当局がこのような態度を示している以上、我々も戦術アップ——ストライキという——を考えなければならないであろう。しかし、もう少し当局に時間を与えよう。二日の団交に応じさせる為、断固として抗議集会に参加しよう。クラス・サークル・学科決議を出そう。我々の勝利の為に。

6月7日　芸術学部当局による「使途不明金説明会」

芸術学部では、文理の久米執行部同様の学生会執行部が〝説明会〟なるものを策したが、芸闘委は、説明会を闘う為の討論会〟にせよ、と全学友に訴えた。

欺瞞に満ちた〝説明会〟を粉砕せよ!!

芸術学部学友諸君！

六月七日（金）一二時、大講堂において行なわれようとしている〝説明会〟は、真に学生の声を反映する唯一の機関である芸術学部闘争委員会をまったく無視した茶番劇である。

学校当局は、彼らのたのみとする〝合法組織〟に巣くう体連及び一部保守埋没主義、でっちあげ自治会役員等をひきつれ〝説明会〟と称するなれあい会合を開くことによって、我々学生に一応の体面をつくろおうとしている。

だが、八〇〇名以上の立ち上がった我々闘う学生が今本当に求めているものは、学部長、理事教授を交え「誠実」に裏うちされた対話なのである。それは絶対に〝説明会〟などではなく、我々との互いに脈々と血のかよった意志のぶつかりあう大衆的な公開討論会でなければならない。

我々学生は、この度の問題を〝説明会〟などという一方的な形ですりぬけようとする学校当局のやり方に対し、強いいきどおりを感じざるをえない。その場その場の切りぬけにまい進している学校当局者は、本当にキャンパスを愛してやまない我々学生の痛切なこの叫びを深く心にきざむべきである。

闘う芸術学部学友諸君！

本日、大講堂で予定されている、欺瞞に満ちた〝説明会〟を、我々の真に求める公開討論の場とするため大講堂に結集せよ！

芸術学部闘争委員会

タテ看を描く芸術学部
芸闘委の学友

◉六月八日（土）

全共闘と各学部闘争委員会は、一一日の団交を勝利させるべく活動者会議を開き戦術を検討した。

古田会頭は、学生局担当理事名で、各学部長、指導委員長に、指導を強化せよと命じ、一一日の団交を失敗させるべく工作を始めた。

昭和四三年六月八日

日本大学学生局担当　鈴木　勝

各学部長

指導委員長　殿

学生運動に関する件

日頃学生指導に関しては格段の努力を払っておられることについて深謝いたしておりますが、今次の学生運動についても一層の御高配をお願いいたします。

さて、来る六月一一日には更に大規模な集会・デモ等が行なわれることが予想されますので、各学部においても充分に指導を強化され、不法集会には参加させぬよう御配慮をお願いいたします。

なお、警備当局からの強い要望もありますので、当日学生間の軋轢・暴力に関しては、当然のことながら厳に慎むよう申達下されたくお願いいたします。

●六月九日（日）

全共闘、各学部闘争委員会活動者会議を開く。

●六月一〇日（月）

翌日にせまった大衆団交の勝利の為に、文理学部では情宣活動を徹底化する中で、古田が団交に応じないならばストライキ闘争で闘うことが確認され、当然くるであろう体育会、暴力団を動員しての弾圧に抗して闘う、行動隊を結成した。

古田体制を打ち破り新しい日大を！

闘い勝ち抜くために

五・二五以来、文理のキャンパスをゆるがした一連の抗議集会、デモは、圧倒的なクラス・学科討論を巻き起こし、我々学生に、何をナサナケレバナラナイのかを問いかけている！

まさに大学当局の反動化に対し、学生が、学生としての権利を認めさせるために、立ち上がったのではないか！

6月11日　数次にわたった「血の弾圧」事件の現場写真

基本的人権さえも無視され、無権利状態を強いられていた我々が、真に民主主義の確立と発展を求めたのである！

学内の、徹底した官僚制、教授会の形骸化をはじめ、二、〇〇〇名以上の暴力装置を基礎に、日大コンツェルン形成の実力による政・財界との結びつきによる産業技術の発展に応ずる学問内容を望む要求に、技術研究所の設置等を行ない積極的に応えてきた古田ファッショ体制は、学生に無権利状態をおしつけるにとどまらず、マス・プロ化を押しつけ、その矛盾をより一層激化させた。この矛盾を、中道精神を軸に、反動的体制によって押えつけて、表面上の平和と秩序を維持してきたのが古い日大であった。

この闘争の第一の争点は、学内矛盾の根源を蔽い隠す無権利状況を打ち破る事である。特に憲法に保証された基本的人権を確立する事であり、検閲制を粉砕する事である。検閲制を打ち破ることは、表現・集会・言論の自由を確立することである。

第二の争点は、第一を基礎として、全学生の真の意志が統一され行動化されるべき民主的組織、学生の自治会を我々の手で作り上げることである。既成組織の御用自治会が、この間、何をなしてきたかをみれば、あまりにも明白である。

第三の争点は、民主的権利の確立である。そのためには、古田体制をささえる官僚機構と暴力装置をも民主化せねばならない。大学の自治を守り学問の自由を守る、そして、教育の場としての学園の責任体である教授会の民主化と、学生の統一と団結の力が結集されて初めて、大学を「もうけの場」から「教育の場」へ変える事ができ、経営主義者の黒い手を粉砕できるのである。又スポーツを目的に集まった学生の要求を不当にも経営の目的に従属せしめ、金と力で良心的学生を弾圧者に変造した古田体制を激しく糾弾するとともに、学内における民主主義の破壊装置を民主化せねばならない。

第四の争点は、不明金が示す通り、学費を学生に関係なく使う事に対し、学生の立場で学内予算を組む事を要求し、かつ具体的に予算を組みかえさせる事である。これは経理の公開制を保証することであり、学生の経営参加の第一歩である。

我々は、大学当局による不当な抑圧、そして「産学協同」や、欺瞞に満ちた「建学の精神」——無知で従順な学生をつくる——を粉砕していかねばならない。

6月11日　中で闘い、負傷した学友が経済学部正面玄関に退去

我々は「知識の切り売りに対する消費者」として大学に来ているのではない。「物の見方、考え方、思想、人生観」を確立し、専門分野の学問的成果を身につけ、我々の、平和で自由な社会を形成することこそが、我々学生の存在意義である。

全ての学友諸君！　学内に徹底した民主主義を確立する闘争を通じて、古田を倒し、もうけ主義者を一掃し、あらゆる無権利状況を打ちやぶり「自由な学問の府」を作れ！　我々は、共に新しいものを作り出して行くなかで、共に学び、共に闘う新しい連帯を創り出している。今や、全ての学友の一致した目標に向けての統一した行動で、当局を真に包囲し、我々の正当かつ当然な要求を勝ちとっていかねばならない。

○もうけ主義の学問を放棄し、学生の手で、真の学問を確立せよ！
○古田体制を抜本的に打ち砕け！
○クラス討論を巻き起し、クラス要求をもって、クラスぐるみで闘争に結集せよ！
○学生コンミューンを確立し、学生の自主的行動を確立せよ！
○日大闘争の全面的勝利へつき進め！

6・11

6月11日　「血の弾圧」直前、経済学部前に集う学友

「血の弾圧」直後、右翼・体育会系学生に抗議する学友

「血の弾圧」後、経済学部に取り残されながら、「我々は闘っている」とメッセージを窓から下の仲間に掲げ伝える学友

「血の弾圧」後、立てこもった右翼・体育会系学生を糾弾する学友

数次にわたった「血の弾圧」事件

経済学部正面玄関にて放水を受ける学友

初めて登場したヘルメット行動隊

経済学部正面玄関にて対峙する

経済学部正面玄関前の攻防

白山通りを規制する機動隊。拍手で迎えられた機動隊が右翼暴力学生を守り、この日から日大生の意識が変わった

機動隊により完全封鎖された経済学部前

官憲の不当介入に抗議のアジテーションをする
全学共闘会議議長・秋田明大

官憲の不当介入に抗議する学友

法学部三号館　占拠直後

大学本部は、学生の団交要求に応じないばかりか、機動隊をも含めた弾圧を一一日に行なうことを決定した。

昭和四三年六月一〇日

綜合対策委員会

各学部長　殿
指導委員長　殿

最近の学内状況にかんがみ、左記事項について、特に留意されたく、ご連絡いたします。

記

1　学部長または教授会名で、学生がスト行動に参加しないように、文書などで説得してもらいたい。（説得方法は、各学部自治会代表に回答した文書、日大広報なども参考にしてもらいたい）

2　スト行為が察知された時には、教職員が一致結束して説得しつつ、排除する方法をとられたい。又、手薄の学部は、他の方法を求めて対処してもらいたい。それでも、ピケ・バリケードなどが築かれた場合は、時期方法を考えて、**警官による排除をも考慮してもらいたい。**

3　教職員は一致協力して、各種学生団体との対話を積極的に行ない、学園の秩序を破壊するような行動に対して支持しない声明を出すよう、努力してもらいたい。

4　学生代表の要望のうち、善処できるものは、ただちに実行してもらいたい。

5　全学部は、休講しない対策を行なってもらいたい。

6　各学部に対策委員を置き、現状に即した対策の徹底をはかってもらいたい。

7　スト行動によって混乱した授業の続行が困難になった場合は、学部長名で休講措置をとり、その理由を文書などによって、一般学生に徹底をはかってもらいたい。

6月11日　抗議のデモを展開する学友

バリケード武装スト

◉六月一一日（月）

六月四日、大学本部が靖国神社に体育会及び暴力団（桜会・港会）を集める中で全共闘が要求した再度の大衆団交　は、古田理事会が経済学部本館に体育会及び右翼暴力団を集め、白昼砲丸から日本刀にいたる凶器を使い暴虐のかぎりをつくしたことにより、バリケード武装ストへと発展した。

この日をめぐる、古田理事会とその私兵である右翼暴力団の暗躍は、日大の暗黒の歴史をまざまざと学生の前にあばきだした。

前日、大学本部で開かれた〝綜合対策委員会〟は、〈全共闘は認めない〉〈ストライキに入ったら機動隊を入れる〉〈学生を大量処分する〉の方針を決定した。これは何を意味するか。一〇万学生の民主化の声を圧殺し、日大を今まで以上に、教育不在の営利第一主義の大学、すなわち、学園を暴力で支配し日本における最右翼反動の大学とすることを意味していた。

そして古田理事会の私兵、日本大学学生会議は、全共闘の大衆団交集会を暴力をもって粉砕することを声明した。

すべての良識派的一般学友に六・一一共闘会議の本部前集会不参加を訴える

全学共闘会議は、六・四集会において、彼らの実態を大衆の前に露呈した。彼らは、夕方七時を期して、角材と石を手にして、本部突入を図り、数名の職員に対して、負傷をおわせた。彼ら共闘会議の本質、さらにその集団の中に中央大学ゲバルト隊二〇数名が混ざっていたということから、さらに明確に馬脚を現わした。ここにおいて共闘会議の指導者の意図する所は、学園の民主化の美名にかくれた、学園の赤化にほかならない。しかし我々は彼らを全面的に支持している所の圧倒的多数の正義感義憤に燃えた良識派的一般学友諸君の言動に対しては、少なからず賛成出来るところがある。しかし、諸君達に決定的あやまちが二つばかりあるという重大な事実を深く認識しなければならない。第一点は、共闘会議の一連の運動が三派連合民青同の指揮による運動であるという事。第二は、それがまさに階級闘争理論に支えられた運動であるという事である。我々日本大学学生会議は、一切の政治色を排す。確かに歴史は支配者と非支配者との対立のくり返しであるが、大学内において支配者は学校当局であり、被支配者は学生であるような階級闘争理論をも排し、あくまで平和的話し合いと秩序を守るという事を根本にして、是々非々をはっきりさせ、不正を断固として正していく努力をおしまないものであるが、彼ら全学共闘会議の実態が明らかになった現在、そして彼ら全学共闘会議の意図するところが学園の民主化ではなく、彼ら指導者たちの独占的権力の確立にあるという事が明らかになってきたという現在、我々日本大学学生会議は、六・一一本部前結集に

6月11日　官憲の不当介入に抗議する学友

おいて、共闘会議の指揮系統を実力をもって粉砕し、我が愛すべき母校の八〇年の社稷を守りぬいて行く覚悟である。

　最後に、政治的意図をもたず、ただひたすらに学園の民主化を望んでいる良識派学生諸君の、共闘会議のもとに行なわれる六・一一大会の不参加を強く要求するものである。

日本大学学生会議

　もはや闘争は、〈学園から暴力を放逐するのか否か〉という原点を全共闘につきつけたのである。学生が集会を開くことさえ暴力的弾圧で一切許さず、一〇万学生が当然の要求として〝民主化〟をうったえることすら暴圧する日大において、学園を学生の手にとりもどすには、ストライキでもって学生が大学を管理すること以外になかった。

　全共闘は、予想される暴圧に抗してストライキ闘争に決起し、古田を大衆団交に応じさせる方針を決定した。

一部右翼学生の暴力からストライキを断固防衛し、日大生の勝利を実現せよ

六・一一大衆団交に古田は出てこい！

全日大生は全学共闘会議を強化し、当局に

怒りをたたきつけよ！

日本大学全学共闘会議

全日大一〇万の学友諸君！

　いまやわれわれの闘いは、大きな岐路に、おおいなる試練の場に立とうとしている。もてる全理知と全情熱と全神経とを闘いのこの瞬間に集中せよ！

　デモに参加すること自体に意義を見いだし、集会で発言することに喜びをひとしおにしてきた闘いの季節は、いままさに終わろうとしている。いままでの数倍も、いや数十倍も苦しく、しかし、それ故に無限の躍動性と可能性をはらんだ季節が訪れようとしているのだ。それを画期したのは、六月四日の大衆団交＝本部突入の勇敢な闘いにほかならない。

　六月四日「またしても！……」

　古田はわれわれの前に遂に登場しなかった。それだけではない！　日大一〇万学友の総意の表現＝全学共闘会議を否定する言辞をあからさまに吐いた。余りにも長い間鎖に繋がれた屈辱的・奴隷的生活を断ち切るのは、どんなに強い強い力が必要なことか！　われわれはあらためて思い知っただろう。

　全日大一〇万学友諸君！

　われわれの闘いが、心の奥底から発せられた「人間をかえせ」という悲痛な叫び声として提起され、「敗北」という言葉を使うことの許されない闘いとしてあるのなら、われわれのささやかな要求さえ、それを貫徹する為には、より高度な、より効果的な、より鋭い、未来をこめた戦術と方法がとられねばならない。

　大衆団交を、要求しても要求しても拒否されたなら、次は何だ！

　この日大闘争が、過去のありとあらゆる闘いの敗北と不幸をのり越えるものとしてある以上、いかなることをしても勝利への前進あるのみだ。人間として学生として生きることの可能な条件をしっかり確保するのか、或いは日大を去るのかというギリギリの線で、いま闘いは進展しようとしている。日大反動のどす黒い流れはわれわれの内臓にまで浸みこもうとしている。日大改善案（五八年）以来の急速なる日大の反動と腐敗の進行を、一〇万学友の力によって、一転して栄光ある流れにふりむけるためには、然り、ストライキしかない。大学当局への最後通告・学生の権利の最初の行使＝ストライキを実現しよう。不安や危惧や躊躇は一切必要ではない。確信と希望と決断だけが、必要なことの一切なのだ。

　さらに、全日大一〇万の学友諸君！

大学当局はいま「飴の政策」を駆使し、われわれの闘いの戦列を分断しようとしている。欺瞞的善意のポーズをとり、「学生会連合中執を通して要求をだせ」だの「いま闘いをやめれば処分者は出さない」だのの言辞をもって先進的学友を惑わそうとしている。

だが、全学共闘会議の運動と組織が一歩もたじろがず、一糸も乱れないことを知るや否や、彼ら大学当局は本性を露わにし、一層むごたらしい「鞭の政策」をかけてくるだろう。四日、右翼暴力学生五〇〇名を靖国神社に集めたことは、そのことを具体的に示しているではないか。

われわれ学生の闘いの勝利が、この一部右翼暴力学生との対決をくぐり抜けなければ得られないものとしてあるのなら、われわれが敢えてこの道を避けて迂回することは許されない。日大古田体制の支配の尖兵＝一部右翼暴力学生があくまでもわれわれに敵対するというのなら、好むと好まざるとにかかわらず彼らを打ち砕き進むのみである。

しかも、われわれは彼ら暴力学生に限りない怒りをもっている。学生としての、人間としての誇りを投げ棄て、破廉恥なる支配の尖兵になりさがり、これまで学内を我もの顔にのし歩いてきた彼らを断じて許すことはできない。そればかりではない。暗黒のなかに反動の孤高としてそびえ立つ今日の日本大学が、先進的、戦闘的な良心的先輩達の血を吸って肥太ってきたその時々に、貴重な血をしぼり出し、若々しい大量の血を悲愴にも噴出させたのは、誰なのか！

彼ら暴力学生を学園から徹底的に放逐せよ！　彼らの巣くうすべての地盤を打ち壊し、新たな地盤のために徹頭徹尾掘り返せ！

この偉大な日大闘争が、眼前の敵のために打ち砕かれ、真の敵、古田に迫るはるか手前で水泡の如く消え去ってしまうような、馬鹿馬鹿しい、惨めな結果に甘んずるようなことを、われわれは決してすまい！　ストライキを断固として防衛し、最後まで息を切らせず、勝利にむかって突き進もうではないか。

六月一一日一一時半　各学部総決起集会
一二時半　全学総決集会
→大衆団交

6月11日　機動隊の不当介入に抗議する学友

一一時半から、各学部では決起集会が開かれ、一二時半、遠く三島、郡山からも学友が参加し総数一〇、〇〇〇名の総決起集会が経済学部前で開かれようとしていた。それに先だち経済学部本館内には、学生課職員、桜士会（日大卒業生で作っている右翼暴力団）会員、ヤクザ、暴力団（桜会・港会）が入りこみ、学生が校舎に入るのを阻止し、集会が始まるとみるとシャッターを下ろし始めた。この露骨な排除行為に怒った学生は、玄関に殺到し、下りてくるシャッターを素手でおさえ、旗竿で止めようとした。

〝僕達の大学だ〟〝僕達の校舎だ〟。ほとばしりでる怒りをもって学生が次々に入ろうとすると、中にいた右翼暴力団は、突然牛乳ビン、コーラのビンを投げつけ、木刀をふりかざして殴りかかってきた。学生は無防備だった。額を割られ、くるぶしの肉をえぐられる者が続出し、さらに鉄パイプ、石、イスを投げつける学生課職員、木刀を振りあげる橋本学生課長、日良職員、消火栓ホースを学生に向ける柳沼学生課職員、それを乱闘服装で指揮する岡孝（桜士会幹事・経済学部校友会室職員）の姿は、大学を暴力団に売り渡した古田理事会そのものの姿であった。

血だらけになってうずくまる学生であたりは地獄絵と化し、全共闘は態勢をたてなおす為、大学本部へデモ行進に移った。

デモを始めるや、三、四階に陣取った体育会学生は、ガラスビンを投げつけ、数多の学生に裂傷をおわせた。本部前では、この殺人的暴挙に怒る学生が口々に〈大学から暴力団を追い出し学園を我々の手にとりもどそう〉と怒りにうちふるえながら抗議した。秋田議長は、断固たる決意のもとに暴力団の手から学園を奪い返し、民主化闘争を前進させようと〝ストライキ宣言〟を発表した。

いそいで用意したヘルメットをかぶった先進的学友を先頭に、再び経済学部前に向かった。とってかえした学生の頭上に、四階から一〇kgの重さもある鉄製のゴミ箱が投げ落とされ、デモ隊の真中に落ち、二名の学生が重傷をおい、さらに次々と、イス、机、酒ビン、ロッカー、はては砲丸まで落とされ、二、三階からは、消火液、催涙ガス液がかけられた。学友は暴力団が築いたバリケードを越え、中に入ったが、学生課職員、右翼暴力団によって、日本刀、チェーン、スキーストック、ゴルフクラブ、木刀、鉄パイプといったあらゆる凶器を使っての暴力で追い出された。

校舎内には、朝から残っていた研究会会員を中心とする六〇名の学友がいたが、日本刀でおどかされ八階に監禁されていた。四時頃、大学本部は機動隊の出動を要請した。集まっ

読売新聞

日大紛争、ドロ沼へ

けさ一部でスト突入

話し合いの機運遠の

6.11を報じる読売新聞　写真は法学部

ていた学生は、学内にたてこもり暴虐の限りをつくす右翼暴力団を排除してくれるものと思い、拍手し〝おまわりさん、あいつらが日本刀を持っているんだ〟〝あいつらが殺そうとしたんだ〟と口々に訴えた。だが機動隊は一時間余も、机、ロッカーを学生の頭上に落とす右翼暴力団の暴力行為を傍観するばかりか、怒りの声を発する学生に罵声をあびせ、抗議する学生に、殴る蹴るの暴行をはたらき始めた。この事態を目前に見て、集まった学生は、警察機動隊が、右翼暴力団を守り、古田理事会を守る、まさに国家権力の暴力装置であることを知ったのである。

　学生が隊列を組み整然と学内に入る権利を主張し、デモに移ると、突然機動隊は、その隊列にジュラルミンの楯をふりかざしておそいかかり、それを払おうとした学生五名を逮捕したのである。そればかりか、抗議して座り込んだ三〇〇余の学生を足蹴にし、ゴボウ抜きにして蹴倒し、さらに付近の学生達をこづきまわして、全ての学友を追い払ったのである。

　一〇万学生の声を暴圧し、大学を右翼暴力団に占拠させ、学生に暴虐の限りをつくす暴力団を機動隊に守らせる古田理事会の本質は、全学生のみならず、すべての人々の前に明らかにされた。あまりの暴力に付近の商店からも非難の声が出されたが、機動隊はその人々をも排除して、学生、市民の怒りから右翼暴力団を守り、夜、一人たりとも寄せつけない経済学部校舎から右翼暴力団をにがした。

　経済学部から機動隊に追われた学生は、法学部第三校舎を占拠し、右翼暴力団と機動隊の襲撃にそなえる為、いそいでバリケードを構築した。ここに、日大はじまって以来のストライキ闘争が、右翼と官憲の嵐のごとき暴力弾圧の中で始まった。

　この日、学生の被害は、入院した者四〇余名、全治二週間程の者六〇余名、軽傷者全てを含めると実に二〇〇名以上に達したのである。

　この事態について、学生担当理事鈴木勝は、体育会の気持は本学の精神である、と記者会見で話したのである。

●六月一二日（水）

　法学部三号館を占拠しバリケード武装ストに決起した学友は、集会を開き、二時、決死の覚悟で取りもどすべく経済学部に向かった。この日学生は、前日の怒りに燃え〈オレは死んでも行くぞ〉と決意を固め、ヘルメットのない学生は〝バケツ〟をかぶり隊列をととのえて本館に突入、逃げ出した右翼が暴れまわり破壊しつくした廃墟のごとき本館を占拠した。全共闘は、ただちにストライキを防衛し、闘いの全面展開を勝ちとるべく、声明を発表した。

追撃へ！

全学共闘会議

　我々が最後通告として要求した大衆団交は敵陣営が拒否した。

　六月四日から一週間、昨一一日に要請した全日大の学生と法人理事会との団交は、敵陣営の忠実なる尖兵によって、そのよこしまな回答が与えられた。すでに、我々は、敵陣営が「思いもかけぬ攻撃」によって屠られた傷をなおす時間を稼がせはしなかった。

　全日大の学友諸君！

　永い沈黙を破って、奔り出た巨大なこの力は、今、私学反動との真っ向からの全面対決へと突き進んでいる。非合法非公然の枠内にしか発揮しえなかった日大生一万人の全てのエネルギーが一点に凝集されて、敵陣営を揺がす蜂起と化した。この蜂起には、中途半端な結論がありえない事を、蜂起した全ての学友が公然と承認している。おし込められていた学生のエネルギーに、瑞々しさが与えられて「『天をもおそう』精神」の直接的登場へと向かっている。我々の闘いは、非合法非公然から、合法公然へと一挙にのぼりつめようとしている。

我々の闘いは三四億使途不明金問題に端を発したものであったが、今や組織された反動化の制圧によって奪われていた学生の基本的諸権利を恢復する闘いへと発展している。我々の闘いはできあいの日本大学の機構を奪い取り、できあいの学生活動の機構を奪い取るだけでは、決して十分ではなくなった。この闘争は、できあいの機構の一切を粉砕し、打ち砕く事から出発しなければならない。できあいの日大機構を「そのままに奪い取って自分自身のために動かす事はできない」ことをはっきり凝視しなければならない。

我々の圧倒的な決起を平板な民主化要求に絶対に収束させてはならない。闘いの本質は、できあいの機構をそのままにしたまま、古田を退陣させ、首をすげかえることだけではありえないし、「中道の精神」に則ることを強要された学生活動機関の執行部を覆すことだけでもありえない。要求を認めてもらうことは、即ち打倒の対象を承認してしまったことであって、我々はこの闘いの重要な性格を、日大の体制の内で行なうのか、外で行なうのかを、はっきりとさせなければならない。

私学反動の雄を粉砕の対象とした我々の闘いは、その壮挙への端緒に辿りついたばかりであって、学内外の全ての歴史的な注目に応えるようにしなければならない。我々がつきつけた団交要求は、敵陣営が拒否した。このことによって、我々は昨日の集会で圧倒的にスト権を確立し、直ちにストに突入した。

何れの側に正義があるのか。これは誰の目にも歴然としており、孤立を深める敵陣営は、こうした公開の場に臨むことさえ恐怖している。これまで私学反動の雄として、大言壮語を吐きつつ君臨し、圧倒的学生を苦吟せしめ、蹂躙してきた理事会は、彼らを根底から揺がす反逆にとまどい、顔を歪ませ、引きつらせている。このような状況下で我々が確立したスト権——全学共闘会議の下に圧倒的学生の参加で確認された——の意義を再度確認する必要がある。

とりわけこのスト権の確立が、直接民主主義の原則の上に行なわれたことを我々は重視する必要がある。我々の闘いにとって、それまで敵陣営から与えられていた官製の「学生活動」のいかなる権威も認めず、一万人の学生が直接参加した「大会」こそ、我々の闘いの方向を決める唯一の最高の決議機関である。届出や検閲などのいかなる制限もなく、自由に発言し、自らの行動を決定し、生き生きとした創意工夫をもって闘いの発展を明確にすることができるのは、この直接民主主義に依拠する事の中にしかありえない。我々と敵陣営との力量関係は刻々と変化しているのであり、一刻の逡巡をも許されない中で蹶起を確定したのであった。

昨日、敵陣営と傭兵は乱暴の限りをつくした。八階もの高さから砲丸投げの鉄球をなげつけ、又、日本刀を振りかざして多数の学生に切りかかり、我々のストに対決して経済本館にたてこもった。我々は、今、こうした右翼暴力団を包摂した敵陣営の組織された反動革命に対決して、ストライキという組織された叛逆をもって立ち向かってゆかなければならない。わが学園で禁止されていた〝ストライキ〟が公然と強化され、発展しようとしている現在、断乎として不敵の前進を遂げようではないか！

古田打倒！

経理の全面公開！

検閲制度撤廃！
スト拠点防衛から全面展開へ！
全日大の学友諸君
敵陣営に「終わりのない恐怖」を与えよ

文理学部では、学生総会が開かれ、傍聴席が満ちあふれる状況の中で、各代議員から、一一日学校当局が右翼暴力団を指揮して行なった学生への血の弾圧と、経済、法学部が全共闘の旗の下、大武装ストライキに入ったことが報告された。総会はストライキに向けての〝三時間目以後の授業ボイコット〟を決議し、あわせて、五月二八日常任委員会で決議された〝無届集会禁止決議〟を廃案に決定した。

◉六月一三日（木）

学生の蜂起に反対し、五月三一日は文理大衆団交集会に体育会右翼を介入させた久米執行部は〝ストに入らざるをえない〟と宣言しながら、全共闘、文闘委に対する分断工作を始め、いわゆる六学部自治会（法学部二部、経商短二部、農獣医、文理、医、津田沼）による闘争の分裂策動を公然と始めるのである。経済、法学部を占拠し、右翼、官憲のスト破りに対処する為、武装バリケードストに決起した学生は、集会とデモをくりひろげた。

スト突入のニュースを聞いて続々と集まった学生は、学校当局のあまりの行為に怒り、大学本部へ激しいデモを展開し、本部内に入り、スト破りの為用意してあった五メートルもある角材や針金をまいたバットを押収した。

◉六月一四日（金）

文理学部総会では、経済、法学部に続いてストに入ろうとの声が高まり、久米執行部も〝ストやむなし〟と考え一応スト権を確立したが、ストの形態をめぐり、久米執行部と文闘委が対立、一五日の延長総会にのばされた。

経済学部では、バリケードの中で初の自主講座が開かれた（三上治講師「大学の自治と学生の役割」）。これは、校舎から暴力団を追い出し、日大の反動教育を放逐し、学生の手による授業を闘いとり、学生に対する古田体制の教育を破りすてる闘争が、バリケードに

6月13日　経済学部前の集会。アジテーションする共闘会議議長

守られながら着実に進みだしたことを意味していた。

文理、バリケード武装スト

◉六月一五日（土）

文理学部延長総会では無期限スト突入が決議され、久米執行部のストの形態は〈校舎のカギを管理〉するに対し、文闘委は〈バリケード武装スト〉を提起した。学園を暴力で支配する教育体制を根底から変革する為に決起した闘いは、学園から右翼暴力団を追い出し、守る闘いであり、学園を学生の手にとりもどす闘いであった。大講堂から中講堂にうつり夕闇せまるまでつづいた討論のすえ、文闘委は〈一、二号館バリケード武装スト〉を決定し、ただちにバリケードを構築し、三〇〇余名が篭城した。久米執行部は学園から姿を消し、文闘委はストライキ宣言を発表した。

スチューデントパワー、それはバリケード

我々は長い苦しい暗闇の中での、非合法非公然の闘いを、今、勝利への街道を突っ走る中で省み、更なる闘争の高まりを創るべく決意を打ち固めている。一一日に始まるバリケード構築での我々の闘いは、どのような内容をもち、従って、古田理事会に何を突きつけているのかを再度整理してみよう。

バリケードは、その役割を敵から我々を遮断するものとして、先ず意味を持つ。

古田営利第一主義理事会は、既に全日大のあらゆる組織の末端までその支配力を伸ばしており、学生組織についても同様である。民主的部分の握る経済学部自治会ですら、現実のダイナミックな大衆的運動は、その執行部が自らの組織を否定し、非合法非公然の大衆的抗議集会をもつことで初めて展開されている。このことから、我々は、全ての既成の組織を破壊しなければならないという結論を導き出している。我々は合法組織での活動では決して大衆運動を作れないこと、運動は学友と直接結びついた直接民主主義によってのみ展開するという結論を導き出している。バリケードはその様な内容をもった闘いの頂点としてある。

全ての学友を、古田理事会の下から、教育内容において、制度において切り離すこと、全ての学友を、既成の学生組織から切り離すこと、つまり、我々の敵から、はっきりと我々を区別し、敵の体制に対して、我々のバリケード内の体制を対置することによって、我々の下に学友を団結させ敵の体制を破壊するものとしてバリケードはある。学友を我々のバリケードの中に獲得すれば獲得する程、古田体制は動揺し、崩壊の速度を早めるのである。我々の勝利は、従って、そのようなものの全てのものとして展開していくのである。我々は一号館だけに止まる必要はない、次の占拠の場所の検討を始めよう！

簡潔に述べれば、我々の闘いは、隣の学友にも不十分にしか語りかけることの出来なかった非合法非公然の闘いから、学内抗議集会と本部デモに象徴される闘いへと発展を勝ちとり、今ついに我々は古田体制を向うにまわしての合法公然の段階に到達した。

次の的は絞られたろうか？　決意を固め、犠牲を恐れず、困難に打ち勝ち、最後の勝利を克ち取るまで頑張ろう！　頑張り通せば必ず勝利する。

一、全理事は総退陣せよ
一、経理を全面公開せよ
一、検閲制度撤廃（学則第三十一条の撤廃、学生心得の撤廃）

日本大学全学共闘会議
文理学部闘争委員会

◉六月一六日（日）

夜八時、経済学部校舎付近へ買い物に出た二人の学生が、右翼四人にとりかこまれてメッタ打ちにされた。経済学部闘争委員、全共闘情宣委の戸部君は、ヘルメットをとられたうえ棍棒で頭を割られ、病院に収容された。なおこの日、『朝日ジャーナル』記者を装ったスパイ（付属高校教師）が入り込むが、全共闘学生に発見された。

◉六月一七日（月）

文理学部バリケード内には七〇〇余名の学生が籠城し、右翼の襲撃から学園を守る為、パトロール体制をとり、〝カリキュラム委員会〟を結成、〈今までの日大教育体制は学生不在の非民主的右翼反動教育であった。我々はストライキ闘争をバリケードで守りながら、その中で自主カリキュラムを創り、自主講座を開き、古田体制の教育から学生を解放し、内部をうち固めなければならない〉ことを確認した。そして、全てのサークル・学科が自主講座を開くようによびかけた。

◉六月一八日（火）

商学部でも、商闘委のもとにストライキに突入、本館を占拠しバリケードを構築した。文闘委は闘いの前進を確認し、バリケード死守を訴えた。

6月15日　文理学部占拠直後のスト風景

バリケードは闘いの前進の象徴である

文理闘争委員会

我々の闘いは、古田理事会が三度にわたって大衆団交を拒絶したことによって、法学・経済・文理へのバリケード＝ストライキ闘争へと展開してきた。

大衆的で戦闘的な闘いの前進は、敵を恐怖の状況に陥れている。彼等は鋭い牙を露わにし、毎夜、我々を襲い、学友を傷つけている。しかし、バリケードを守りぬく気概にもえる文理闘争委員会は、英雄的精神を発揮して彼等を撃退してきた。

このように我々がバリケードを死守するのは何故か。我々は、今までの闘いの中で、既成のすべての組織が古田営利第一主義理事会の支配の道具でしかないということを知った。日大の教育制度、教育内容、学生指導等（実は弾圧）のすべてが、理事会によって規定されていることを知った。従って、我々は古田営利主義体制の下のすべての組織を破壊しなければならない。古田理事会の影響下のすべてのものを破壊しなければならない。

その破壊を通してこそ新たな建設の問題は提起されてくるのである。

この矛盾の二つの側面を統一しているものこそ、バリケード＝ストライキ闘争である。

我々はバリケードを構築し、敵をしめ出し、内部を解放し、バリケード内部に学友を獲得しなければならない。敵をしめ出し、その事によって初めて、古田体制に対して我々の体制（権力）を対峙させ、古田の影響から学友を切り離すことが出来るのである。

久米執行部の提起している、教室に鍵をかけてストライキをするというのは、どのようなストライキの内容をもっているのだろうか。学校当局が教室を開いた時、彼等はどう対応するつもりなのだろうか。授業ボイコットをも闘い得ず、また阻止線を張るほどの行為も成し得なかった彼等に何が出来るというのだ！　この闘いを真に勝利に向けて努力するのかどうかが、全学共闘会議の路線を支持するのか、久米執行部を支持するのかにかけられている。

五月三一日の文理団交集会は敵のコン棒（釘がうってあった）によってオビヤカされ、六月一一日には経済学部内を日本刀を振りかざした右翼分子に占拠された。だからこそ、我々は棍棒を持ち、ヘルメットを被った。六月一一日以降、経済学部と法学部に於いて、昨日は文理学部に於いて、パトロール中の学友が暴力分子にテロられ負傷した。情勢は、略言すれば、敵が牙をといでいる時である。我々はバリケードを打ち固め、決意を固めねばならない。

一、古田理事会打倒
一、経理を全面公開せよ
一、検閲制度撤廃（学生心得を撤廃せよ）

文理バリケードへ武装右翼の襲撃

◉六月一九日（水）

午前二時三〇分、黒ヘルメット、クギのついた角棒（四メートル）、斧、バット、コン棒、火炎ビン等で武装した「日大学生会議」の右翼七五人が、突然五号館裏のヘイを乗りこえて侵入、文闘委が守るバリケードへ集団テロを始めた。右翼学生は図書館、中講堂のガラスを大量の石で割り、バリケード破壊を試みたが、文闘委の学友は、ヘルメットをかぶらない学生もとびだし、二号館裏に右翼学生を追いつめ、一名を捕虜とした。

一たん引きあげた学生会議は、再び三号館裏の道路に集まり、四時正門をこじあけて乱入、火炎ビン三本に火をつけ校舎を燃やそうとしたが失敗し、文闘委に撃退された。その後、学生課長井手が現われ、右翼と話し合い捕虜を返すよう文闘委に要求したが、文闘委は、学園に放火し破壊する右翼と学園を守る文闘委を同列において交渉させようとする学生課を批判し、断固斥けた。右翼暴力集団「学生会議」は、文闘委の闘う学友の決意の前に逃走した。

捕虜は高安孝治と名のり、経営法学二年の学生で、文闘委の質問に対し次のように答えた。前日一八日五時、学生会議の加藤某から〝文理襲撃〟を命令され、一〇時に新宿東口広場に集まり、一〇時三〇分、小田急線豪徳寺で下車し、松原公園に結集、学生会議の車で運んできた武器で武装し、襲撃の戦術を聞かされ、一九日二時三〇分襲撃を開始した、と。

押収した凶器は、クギのついた四メートルの角材、火炎ビン、斧、シンナービン、バット、大量の牛乳ビン、大量の石などである。この右翼の襲撃で文闘委は一〇余名が軽傷をおった。

法学部教授会のあっせんで、前日、共闘会議に対し、古田会頭以下の理事と、共闘会議三〇人との大衆団交に先立つ予備折衝的な団交の申し入れがあり、それへの正式回答を出さぬうちに法学部はビラを刷り（法学部速報――これは占拠中の「校舎から疫病発生」のデマ宣伝）、一九日三時団交を設定した。だが大学本部からの正式申し入れがあって共闘会議は、大学本部を囲む二、〇〇〇人の学友のなかで、本部会議室へ入った。ところが公文書で出席する筈の会頭以下理事はついに姿を見せず、細谷本部学生部長、杉山法学部指導委員等数名が出席しただけで、法学部教授会ないしは杉山教授の独断、陰謀が明らかになった。

この会議で大衆団交要求は拒否された。その報告がされると、学友はその場で抗議集会に移り、細谷学生部長をすわり込みの中央に立たせ、公文書違反と大衆団交拒否の理由を詰問した。だが細谷は「杉山教授が知っている。私は知らない」「大衆団交には応じないというのが大学の方針だ」とくり返すのみで、杉山教授は逃亡した。結局全共闘は二五日の大衆団交を最終的に求める公文書をつきつけ、二〇日七時にその正式回答を求めることを約して細谷もこれを認めた。そこで共闘会議は、むしろ下部の学生からつぎ上げられるかっこうで本部封鎖の方針を提起し、七時三〇分本部封鎖をし、バリケードを構築した。

この日、芸術学部はストライキに突入し、スト宣言を発表した。

芸術学部構内でのデモ

ストライキ宣言

支配者的モラルを粉砕し、我々の手で我々のモラルを創造し、支配者的文化を粉砕し、生命のどん底からの叫びを世界に轟かせ、創造者としての自立を！　スト体制を強化し、勝利に向けて邁進せよ！

暴虐と欺瞞の〝王城〟は今、我々学生の血みどろの怒号とともに崩壊し、自由と創造のメッカとして新たな生命の熱烈なる声を発したのだ。

一九六八年六月一九日午後一二時一〇分、あの二、〇〇〇余の学生が自発的にバリケード構築を成し遂げた、日大芸術学部史上初の決定的瞬間を忘れることが出来ない。度重なる古田との大衆団交は拒絶され、屈辱と弾圧からの我々学生の真の声は日大のみならず日本の私学を根底から揺り動かす怒りと響きをもって、この江古田の地に轟き渡った。暴虐の鎖を断った日、我々の〝虚妄の学園〟は地響きをたてて崩壊し〝創造の学園〟として生まれ変わり、自由と創造のメッカの〝燃ゆる炎〟は、永遠に我々の固い団結と熱い連帯の疾風に消えることなく燃え続けるであろう。

「芸術学部の古田」金丸重嶺は、二日にわたる我々の切実な叫びを全く無視し、あくまでも悪しき権力の安楽椅子に深々と居座ることに懸命であった。

日大支配者達との一切の〝話し合い〟という幻影は脆くも崩れ去った。一切の総ての〝幻影〟を拭い、支配者の学園を奪回し、ただちに自由と創造の学園を構築しよう!

屈服を許すまじ! 虐殺を許すまじ!

我々は、芸術学部の一部支配者と日大権力の私欲を満たす為の腐敗し空洞化した〝創造のメッカ〟を我々の手に取りもどすべくここにストライキを宣言する。

一九六八年六月一九日

芸術学部闘争委員会

右翼テロ

◉六月二〇日(木)

文闘委に対する右翼のテロは続き、新宿東口地下広場で〝カンパ活動〟中の男女二名が空手をやっている右翼学生に暴行され、カシの棒でなぐられた一名は入院した。

◉六月二一日(金)

文理三島校舎では、初の学外市内デモを行なった。デモ行進には学生総数(約三、〇〇〇人)の半数以上が参加、〈古田体制打倒〉のシュプレヒコールをくりかえしながら一時間余り行進した。

全共闘は、闘争が全学的大衆的基盤の上に着実に進行し、さらに多くの学友が参加した中で、スローガン、具体的要求項目の討論をよびかけた。

日大闘争勝利の為に

日本大学の歴史は抑圧と反動の歴史であった。

大学を自らの営利の巣とせんが為に、理事者達はどっかりと権力の座に居座り、少しのためらいもなく支配と弾圧を我ら学生に加え、大学の自治を犯し続けてきた。過去の歴史において真の学問をせんとする先輩達は、これら権力に対し何度か挑戦を試みた。

しかし国家権力という傘の中に安住する膨大な日大機構の前にもろくも崩れ去り、反動の流れの中にいつかは埋没する運命を強いられてきたのである。

しかし、経済学部四・二〇事件に代表される一連の弾圧、又、数々の自治の侵害を、我々ははっきりとこの目で見、今まで内在的に蓄積されてきたあらゆる学生の怒りが、学校権力の不当性に対して爆発したのである。

腐敗堕落した大学機構そのものから生じた二〇億使途不明金問題は、学生の基本的権利を獲得し、自治権を確立する闘いの中で、根本的に大学機構を改革する必要性を明示した。

八〇年の長い苦しい弾圧の歴史から自由への歴史へと生まれ変わろうとしている。今や我々日大生は沈黙を許される時ではなく、全ての日本大学生は、この正義の闘いに結集せねばならない。

五大スローガン

一、全理事の総退陣

一、経理の全面公開
一、不当処分白紙撤回
一、集会の自由を認めよ
一、検閲制度の撤廃

具体的要求項目

1学生自治活動弾圧をやめ自治権を学生の手に

①現在迄の全ての学生弾圧の事実を認め謝罪せよ

③以後一切の学生自治活動に対する弾圧を止め検閲制度を廃止し、言論・出版・集会・掲示の自由を保証せよ

③上記の事柄を制度的に確立し、当該学則並びに学生心得を廃棄せよ

④五月三一日、六月一一日を中心とするこの間の右翼系暴力学生の卑劣な傷害行為に対し、それを容認した大学当局は責任をとると同時に、全学生に謝罪し、かつ彼らを追放せよ

⑤今回の闘争に関して、学生処分者を一切出さないこと

2我々は使途不明金について、大学当局を糾弾する

①大学当局は不正事件に関して、学生の前に自己批判すること

②全理事は責任をとって総退陣せよ

③経理を細密に全面公開し、全学生、父兄に知らせ、日大広報機関をもってそれを明らかにせよ

3大学当局は全学共闘会議主催の大衆団交に直ちに応ぜよ

①全学共闘会議が唯一の学生代表であるから、大学当局はこれの主催する大衆団交に直ちに応ぜよ

②組織的右翼暴力学生を集会場に一切入れないこと

③この大衆団交には、会頭、全理事、総長、各学部長が出席せよ

④大衆団交は六月二五日午後一時より七時までとし、法学部一号館講堂で行なうこと

以上

一九六八年六月二一日

日本大学全学共闘会議

●六月二二日（土）

農獣医学部では、一、〇〇〇名の学生が決起集会を開き、〝ストライキ宣言〟を発表、本館を占拠し、バリケードを構築した。

久米執行部は、闘いの高揚の中で、全共闘に反対して六学部自治会なるものを作り、活動をつづける一方、さらに、文理学部では、文闘委の活動方針に対して、同じ日に同じ時間で集会を開くなど、その分裂策動は一般学生の怒りをかった。一年生は、久米執行部を批判して次のようなビラを配布した。

久米執行部と共闘して闘おうとする諸君に告ぐ!!

古田体制は自らの営利主義を貫徹するためにカイライ執行部を設けて、今までのすべての民主化運動を学生会執行部に集約し、学生同士の論争に転化し、全ての民主化運動を、「許可制をなくす決議がなされましたのでお願いいたします」というように、学生の声がいつも学校当局にお願いして終わり、というなんら自治なき学生会の中に封じこめているのである。要するに、決議された要項を実行しようとすると、規約違反で非合法であるという理由で、すべて、規約という弾圧そのもので拘束され、古田の営利主義、反動教育政策が貫徹されるのである。

このような当局のカイライ久米執行部と共闘して闘おうという諸君は、経済学部の学生会執行部が、古田の営利主義を貫徹するため

の学生会規約をかなぐりすて、古田体制を打ち破るために非合法非公然の運動を進めている事を御存知であろうか。それは経済学部の執行部が、学生会規約は古田体制の営利主義を貫徹するための弾圧規約である事をみぬいて、規約内では、なんら運動が進展しない事を知ったからであった。

現在の久米執行部は、スト決行を宣言しながら、なんらバリケードを築こうともせず、自らの学園を自らの手で運営（自主管理）しようともしていない。そして、みせかけの学内デモ、学外デモを行ない、抗議集会においても、学生をかく乱するような言動をしている。これは我々良心的学友を分裂させて、この民主化運動を消滅させようとするものだ。要するに、これは、合法であるとか非合法であるとかいって、いつでも規約にしばられ、学生の怒りを学生同士の問題に転化し、古田の営利主義貫徹のための走りづかいを行なっているのである。そしてここで確認しなければならないのは、久米執行部があくまでも、我々の民主化運動をまやかしの中に引きずり込み、古田の営利主義貫徹のための学生会規約を守ると宣言している以上は、絶対に彼らとは共闘できないという事である。

現在彼らが学内デモなどを行なっているが、これは、我々良心的学友を混乱させ、この運動を分裂させようとするみせかけ以外のなにものでもないのである。これは我々良心的学友をまどわす策謀である。

要するに、文理闘争委員会と久米執行部が共闘できるのは、学生会規約をかなぐりすて、非合法非公然の行動に出た時だけである。

文理闘争委員会の下で戦闘的に闘う

一年文理・法・経・商闘争委員会

◉六月二三日（日）

文理学部へ、芸術学部から連帯のアピールがとどいた。

総ての文理学部の闘う学友諸君!!

芸術学部闘争委員から熱い熱い連帯の挨拶を送る。

過去の永い屈服と圧殺の歴史の中から、今我々は、まさに、血みどろの怒号と共に、日本大学の歴史、ひいては日本の私学の歴史を大きく変革し、学生一人一人が常に自由であるべく永遠の闘いを開始した。専制的な日大権力構造の悪しき君主古田以下の総理事を追放し、日大の中世的封建制を撲滅し、新たに我々の、まさしく我々自身の直接参加による完全自治体の確立の為に続くであろうこの日大闘争の圧倒的勝利の為に、文理学部総ての学友諸君の固い団結と強固な闘う意志を芸術学部の闘う総ての学友とともに断固確認しようではないか。芸術学部闘争委員会から文理学部の闘う総ての学友諸君に、日大闘争の圧倒的大勝利の為に熱い連帯の挨拶を送る。

芸術学部闘争委員会

◉六月二四日（月）

文理三島校舎の学友は、決起集会を開き、ストライキを、決議し、バリケードを構築して一〇〇余名が籠城に入る。

古田会頭は、全共闘が要求した二五日の大衆団交に応じないばかりか、新東京ホテルで記者会見し、一九項目機構改革案なるものを発表した。これは明らかに、自らの責任と、理事会の教育方針の破綻を、機構の問題に転嫁するも一のであった。

文理学部闘争委員会は、全共闘のスローガンと具体的要求項目に比べ、これがいかに欺瞞的であるかを情宣した。

大学当局「刷新案」一九項目を発表

一、顧問など特別な身分、職制の廃止
二、理事選出の母体となる評議員会組織の拡大
三、教育の中立性を守る
四、総長選挙は全専任教授により行なう
五、本部機構の簡素化
六、体育会の改革
七、本部直轄研究所の統合
八、本部学生指導機構の改革
九、経理の公開、公認会計士による監査の実施と監査結果の公開
一〇、やむを得ない場合を除き授業料を値上げしない
一一、マス・プロ教育は避ける
一二、水増し入学はやめる
一三、全学的カリキュラムを再検討する
一四、集会、掲示などの許可制を決めた学則の大幅緩和
一五、ゼミナール制の強化
一六、市街地に学部の広場をつくる
一七、学生の自治組織づくりをさまたげない
一八、経済学部での衝突、傷害事件を調査し関係者は処分する
一九、各学部の自主性と独立性を尊重する

六月二四日夜記者会見で発表した、日大闘争の事態収拾のための理事会案は上記の内容であった。では全学共闘会議の学校当局への要求事項は如何なるものか。

一、全理事の総退陣
二、経理の全面公開
三、不当処分白紙撤回
四、集会の自由を認めよ
五、検閲制度の撤廃

具体的要求項目

1学生自治活動弾圧をやめ自治権を学生の手に
①現在までの全ての学生弾圧の事実を認め謝罪せよ
②以後一切の学生自治活動に対する弾圧を止め検閲制度を廃止し言論出版集会掲示の自由を保証せよ
③上記の事柄を制度的に確立し当該学則並に学生心得を廃棄せよ
④五月三一日、六月一一日を中心とするこの間の右翼系暴力学生の卑劣な傷害行為に対しそれを容認した大学当局は責任をとると同時に全学生に謝罪しかつ彼らを追放せよ
⑤今回の闘争に関して一切の学生処分者を出さないこと

2我々は使途不明金について大学当局を糾弾する
①大学当局は不正事件に関して学生の前に自己批判すること
②全理事は責任をとって総退陣せよ
③経理を細密に全面公開し、全学生父兄に知らせ日大広報機関をもってそれを明らかにせよ。又今後これを定期化せよ

3大学当局は全学共闘会議主催の大衆団交に直ちに応ぜよ

我々の要求と理事会案とは大きくくい違い、一九項目が欺瞞的妥協案であることは明らかである。

文理闘争委員会

六・二五大衆団交

◉六月二五日（火）

全共闘と文闘委は、大衆団交を勝ちとるべく、全学生に同盟登校をよびかけた。

そして、敵の新たな策動一九項目改善案を批判し、古田理事会が夏休みになり学生数が

減少することを望んでいるならば断固闘いぬくことを情宣した。

六・二五同盟登校を勝ちとろう！

日本大学文理学部闘争委員会は、学友諸君に対し、六月二五日(火)同盟登校を呼びかける。

古田反動理事会は、一七日全学共闘会議に対して、団交に関する予備折衝を、「一九日、全共闘代表二〇名程度、学校側代表古田会頭他理事者出席の上開きたい」と申し入れてきた。全共闘は事態解決の為予備折衝に応じ出席したが、古田会頭は一方的に中止した。

全共闘は二五日に団交を要求し、細谷学生部長は「二一日午後七時まで文書で回答する」ことを約束した。しかしながら未だに回答はないのである。従って二五日の大衆団交は予備折衝を一方的に拒否されたことに対する学生の大抗議集会であり、さらに我々の要求「古田反動理事会打倒」「学園民主化」を貫徹する為の大衆団交である。そして大衆団交を理事会が拒否するならば、我々はさらにストライキ体制を各学部へ拡大し、夏休みを、今までの「古田反動理事会が我々に供給した休み」から「日大民主化闘争の前進の為の布石」として勝ちとらなければならない。

学友諸君、我々は何故大衆団交を執拗に要求するのか。それは本源的に、学園において理事者と学生は同等の立場にあり、全学生と全理事者が直接的に話し合うことが原則であるからだ。特に学園の教育方針などの根本的変革について取りきめる時は、全学生と全理事者の交渉がなければならない。

学友諸君、六・二五同盟登校をもって再度理事者に対して、団交を要求し全面的勝利の日まで闘う事を確認しよう！

六・二四　一二時、久米弾劾集会
　　　　　　　バリケード入口前
　　　　　三時、自主講座
　　　　　　　合併教室、講師丸山邦男氏

全ての学友は主体的に参加しよう！

我々の隊列を更に強化し敵当局に進撃せよ!!

一一日法学部、一二日経済学部に引き続き、まさに古田体制打倒の闘いは、追い打ちをか

6月25日　本部前に結集する芸闘委

ける形で、文理学部に於ても一五日、ストライキ体制に突入し、今迄の、どちらかといえば受動的な闘いから徹底的な攻撃への第一歩を踏み出した。バリケード構築によるストライキ闘争は、我々の古田体制打倒の闘いの中でまさしく過去一〇年間学園に巣くう腐敗堕落した古田反動教育から学生自らの手による学園の自主管理によって学生の手に奪い返し、真の学園を構築する闘いである。すなわちバリケードの中で我々の学園は、自主講座、クラス・サークル討論を展開し強化することによって、まさに真の学園たらんとしている。再度繰り返していうなら、古田反動体制に対する我々の叛逆の闘いは学園を古田反動体制から自らの手に解放する闘いなのである。その為にも我々のバリケードに対する破壊等あらゆる策動は、我々の闘いに対する挑戦であり分裂破壊を企てる政権力の差し金に他ならないし、我々は、こうした一切の策動に対しては、我々の固い団結をもって断固粉砕していかなければならない。

　文理学部に於けるストライキ闘争も、一方では、久米執行部による、自らの欺瞞性を内包した日和見的授業ボイコットによって、まさに何の展望もなく、何の解決もなく、単に学生を欺き我々の戦列の分裂を図る策動と、他方では、右翼学生による火災ビン、木刀、オノ等で武装した深夜襲撃、連夜におよぶ投石、挑発等の暴力的スト破壊というあらゆる妨害の中で、すでに一〇日におよぶ。ストライキ貫徹は、我々の団結の強さの証明でもあるし、我々の闘いの展望もそこに内在するのである。

6月25日　水道橋駅付近での芸闘委デモ

　こうした断固とした我々の姿勢は敵当局を狼狽させ恐怖させている。この間の大衆団交要求闘争の中で、我々は一つ一つ戦術アップし、一歩一歩敵当局を追いつめ、一九日の闘争で本部からも彼らをしめ出した。こうした中に於いて、最終的大衆団交要求の闘いである二五日は、まさに敵当局を包囲し、これからの当面する夏休み等、種々の困難な状況を我々に突きつけ、敵当局に屈服するのか、それとも我々の闘いを断固推し進め闘いを勝利させるか、という問題になっているのである。

　当面する夏休みは、我々にとってもたしかに困難であるが、それ以上に敵当局にとっても困難な事態なのである。一切のひるみと一切の妥協は許されない。この時点で屈する事は、日大闘争そのものの敗北であるし絶対にさけなければならない。それと同時に、敵当局は、我々の団結が強ければ強い程恐怖し動揺しているのである。我々の闘いが断固夏休みをも勝ち取ることは、現在の学生運動の中でまさに画期的状況を引き起こすであろうし、まさに日大生の力を日本全国に示すことになるであろう。

学友諸君、これからは、我々自身に対する自分自身の闘いである。この強大な敵に対する長期的闘いを勝ち取るには、自己の思想をこの闘いの中で発展させ、自己を強化させなければならない。いわゆる過去一〇年古田反動体制によって蝕まれた日大の中にあって真の大学生として自己を形成するのは、この叛逆の闘いの中で一つ一つ自己の置かれた位置を確認しながら闘っていく事以外にないであろう。夏休みまでも乗り切らなければならないこの闘争は、単なる自然発生的な、思いつき的感情論では絶対に闘い抜けない。この闘いの意義を再度検討し、感性的認識の段階から文字通り理性的認識の段階へ発展させ、これまでの実践とこれからの実践をそこに統一させつつ、自己の認識をさらに強化させていかなければならない。そうすることによって、我々の団結は強固なものとなるであろうし、一切の困難を乗り越えて闘い抜くことができるであろう。

我々の隊列を更に強化し断固ストライキ闘争を貫徹し、我々の力を敵当局に突きつけようではないか。


全理事は総退陣せよ！

経理を全面公開せよ！

検閲制度を撤廃せよ！

バリケードを断固死守せよ！

久米執行部の分裂策動を糾弾せよ！

全共闘、文理闘争委員会

6月25日　芸闘委白山通りデモ

六・二五全共闘大抗議闘争に決起せよ
六学部ストライキ、本部封鎖の怒りをたたきつけよ！
全共闘の旗の下無期限の闘いを決意せよ！
古田打倒・理事即時退陣！
経理の全面公開！
学生自治の確立！

日本大学全学共闘会議

全日大一〇万の学友諸君！

闘う日大一〇万の学友諸君！

いっさいの甘い幻想を投げ棄てよ。大学当局の欺瞞的ベールを引き剥せ！「またもや、だまされた」一九日、本部前に六、〇〇〇名の学友を結集し、法・経・文理・商・芸術・農獣医の六学部がストライキで決起し、あの憎むべき反動の一大拠点「本部」を封鎖しても古田は出て来ない。二一日深夜の我々に対する「拒否」の回答は何を意味するのだ。闘う一〇万学生に対する真っ向からの挑戦状ではないのか！　正義なる闘いの地響きを一切拒否し、ただかたくなに自らの殻に閉じこもる姿勢しか示さない当局をゆるすことができるのか。学友諸君、何度だまされたら気がすむのだ！　我々はお人よしであることを断固拒否しなければならない。

　五・二一以来の英雄的闘いの中で我々は数々の権利を獲得してきた。集会の自由、出版の保証、言論の自由を獲得し、いまや自らの手で我々の学園を自主管理している。しかし学友諸君、この種々の権利の中で当局が我々に与えてくれたものが、ひとつでもあるか。否、これら総てのものは、我々一人一人が血みどろの闘いの中で死にものぐるいで敵から奪い取り、必死で保ちつづけてきた実力闘争の成果ではないのか。

　だとするならば、大学当局の良心など、まったく期待できないではないか。「教授会との話し合い」「全共闘二〇人位との会談」を呼びかける一方、闘う学友に狂暴なる弾圧をかけ、三〇〇名近くの先進的学友に負傷をおわせ、付属高校の教師を「雑誌記者」に装わせスパイとして送りこむ当局の態度は何だ。経済学部闘争委員長戸部君に白色テロをかけ、文理学部のバリケードに火をつけたのは誰なんだ。民主主義的なベールをかぶり「対話」を求める大学当局は、いまや全日大生の鉄の弾劾を受けるときだ！

　日大闘争は、五〇年代以来一〇数年に亘る反動暗黒教育そのものを、ことごとく粉砕し破壊しつくす闘いとして提起された。この反動教育は学生を人間として扱うことを一切せず、金儲けの道具として使い、ただひたすらに営利を追求する産学協同路線、この路線を貫徹するために、狂暴な牙をむき出しにし、学生の自治活動を弾圧し、学生を無気力にし、小羊にしてゆく内容をもっている。つまり、営利主義を骨格とした日大の産学協同路線の生命線こそ学生自治弾圧なのだ。

　いま我々は、その日大反動教育の唯一の生命線を断ち切ろうとしている。「検閲制撤廃」「集会の自由」は大学当局にとって最大の恐怖なのだ。自らが自己批判することなく、いままでのようなマンモス大学「日大」、小羊をつくりだす「日大」として我々の学園を位置づけようとする当局にとって、学生自治を認めることは、即ち、日大王国の崩壊を意味するのだ。

6月25日　秋田全学共闘会議議長

とするならば学友諸君！　当局は研ぎすました牙をむき出しにし、腐りきった身体から汚臭を放ちながら彼等の全生命をかけて我々の闘いに敵対し、ありとあらゆる破壊活動を行なうであろう。

再度、繰り返す、一切の幻想を投げ棄てよ！

いまや全面対決だ！　学友諸君、致命的な楔を打ちこめ！話し合いによってではなく、実力で！

五・三一の暴挙を忘れたか！　六・一一の暴虐はなんだ！　正当なる集会を開いている闘う学友の頭上に机、椅子や、砲丸の球までを投げつけ、日本刀で切りつけた行為こそ、大学の本質ではないのか。一方では総調和を唱え、それを実現するためには暴力をもってあたる、これこそ日大の、古田の素顔なのだ。

学友諸君！　もはや我々は我慢できない！

二五日こそ我々は古田を引きずり出そうではないか。あの憎んでも余りある古田を我々の足下にひざまずかせ、自己批判させようではないか。一九日、我々は、古田や全理事が本部で当然待っているものと思い会談に臨んだ。あにはからんや、古田はおろか理事一人としていなかったではないか。学友諸君！　敵が、古田が出て来ないのなら、我々の方から行こうではないか。我々日大一〇万学友の鉄の団結で古田を引きずり出そうではないか。

当局との話し合いによって何らかの成果がもたらされるということは決してない。そんな「成果」は必ず落し穴が周到に用意されているものなのだ。はっきりと断言できる。我々の実力で勝利をもぎとる以外に方法はない！

与えられた「勝利」などは妥協でしかない。いや、与える、与えられるというような、当局と学生との上下関係を、我々は否定し打ち砕こうとしているのではないか。

そのためには学友諸君！　妥協を断固排し、無期限の血みどろの死闘を決意しようではないか！

一切の妥協を棄て我々の実力をもって決戦に打ち勝て！

六月二五日一二時　各学部決起集会
二時半　全学総結集→大衆団交
拒否抗議デモ

全共闘は、二時に法学部一号館で大衆団交集会を開いた。大衆団交に応じないばかりか、全理事退陣が全日大生の要求であるにもかかわらず居すわり、なおかつ闘争を終息させようと企てる古田理事会に対して、抗議の大デモンストレーションを貫徹し、一号館を封鎖し、バリケードを構築した。

一方、全共闘に敵対し、学生の分裂を図る六学部自治会は、全学総決起集会なるものを開き、〝国会〟〝文部省〟へデモをかけたのである。五月、学生が集会を始めると不法だと言い、六月にバリケード武装ストを提起すると反対し、常に闘争に対して分裂と分断を企ててきた久米執行部を初めとする六学部自治会は、学園民主化闘争を単純に歪曲し、〝国会〟か〝文部省〟に請願することにより、闘争の本質を具体的に歪曲したのである。

この日習志野では、生産工学部闘争委員会が圧倒的支持で公然と設立され、旗を先頭に初めて全共闘に参加した。

●六月二六日（水）

全共闘の大衆団交要求に対して、古田理事会が回答したのは〝一九項目改善案〟であり、バリケード武装ストに対峙させたのは、古田の私兵「学生会議」の襲撃と右翼テロであった。全共闘、文闘委は、古田理事会の欺瞞と暴圧に屈せず、古田体制の根底的変革を勝ちとる為、闘いの長期化に対処し、敵からの切りくずし攻撃を断固はねのける強固な組織づくりと理論武装を開始した。

この日、法学部三号館前で法闘委三年のK君が右翼テロにあい、石や牛乳ビンで殴られ一週間の傷をおった。法、経の学友はただちに抗議のデモを展開した。

欺瞞的一九項目改善案を粉砕せよ！

六月二四日、記者会見で発表された一九項目にわたる理事会案が本当に学生の要求をとり入れた回答であるのか検討してみよう。日本大学の腐敗堕落した教育政策が、一九五八年日本大学改善案においてその生成を見ることができるなら、発展成長した今日の姿は産学協同路線の教育指針を忠実に遂行した結論的事態としてあるだろう。大学当局が自らの口で認めてしまったマス・プロ教育、水増し入学、学生組織への弾圧、教育の偏向等を根本的に改革すべくその責任追及として全理事の即時退陣を我々は要求している。この問題を一切回避し、他に責任を転結し、脱税問題の本質について一言も語らず、大学機構の一部手直しによって、日大改善案にはじまる古田官僚支配体制の利潤追求第一主義教育方針の貫徹による反動と暗黒の恐怖体制の確立を隠蔽し、日大闘争の終焉をはかるたくらみを粉砕しつくさねばならない。

学友諸君！

六月二五日、古田会頭から秋田議長へ渡された一九項目理事会案の文書を、全学共闘会議は、法学部一号館大講堂に集まった六、〇〇〇名の学生の面前で、秋田議長自らの手によって破り捨てたのである。これが理事会に対する我々の回答である。欺瞞的一九項目改善案によってストライキを解除することができるだろうか。否、断じて否である。古田体制の全能的な官僚機構を、先輩達の犠牲の上につくられた教育不在の支配機構を打倒するまで、ストライキをやめることはできない。日大の矛盾を矛盾として現局面で解決するのではなく、延命すべく策動した理事会案を拒否する我々の毅然とした態度は全く正しいものといえるであろう。

日大の新しい生命、自治権の強固な確立を、日大闘争の中で築きあげるべく、真剣に考え闘っている者ほど理事会案に怒りをおぼえ、敵の簡単に屈服しない姿勢を弾劾する強固な意志を打ちかためているのである。文理学部の全ての学友が同じ様な決意を強くもち、自覚してたたかい抜くことを望む。右翼暴力学生のストライキ破りとは別に、夏期休暇という難局が我々の解決しなければならない新しい問題として登場してきていることを、同時に強く自覚しなければならない。理事会案を粉砕する具体的方策として何があるか。そのために何をなさねばならないか。迷わず次の事を宣言しよう。

ストライキ体制を夏休み期間中貫徹しぬき、バリケードを一日も長く死守することである。ストライキの継続こそが、古田体制打倒の最も確固とした方法である。全学共闘会議と共に、文闘委と共に、夏期休暇攻勢をはねのけ闘いを前進させよう。

六・二六　文理闘争委員会

検閲制度について
――社会学科三年の学友に答える――

文理闘争委員会

大学当局の役員とその組織、および日本大学学則の全文、心得、学生会規約などを一つに印刷してください―のことでしたが、本部役員については現在はっきりと判っていないので、学生弾圧の象徴である検閲制について述べます。

使途不明金問題に端を発した日大民主化闘

争は、五学部でストライキに突入するという画期的段階にきている。古田体制打倒の闘いは、我々学生大衆の圧倒的な団結の強化によって、今や勝利に向かって一歩一歩前進し、古田体制崩壊は目前である。古田体制存続のバックボーンであり、その主力となるものは何か。それこそまさに検閲制度に他ならないのである。複雑怪奇な古田反動体制の中で、我々学生を直接的に弾圧するものであり、これによって、古田反動体制を発展強化させているのである。

今まで我々学生が学園に於いて疎外されつづけ、我々の主体的活動が弾圧され統制されていた検閲制の実態について考察してみよう。それは具体的には学則第三十一条に規定されている学生心得である。全文を読めば、一目瞭然、第一章団体においては、指導教職員を常に存在させ、また集会、合宿、掲示、印刷物等に関しては、全て学校当局の承認を必要とするというものである。これはまさに、我々学生の主体的意志、すなわち表現・集会の自由がそこなわれているのであって、これこそ古田反動体制の真髄なのである。

学生心得（全文）——学則第三十条にもとづく、学生の団体、集会、掲示、印刷物その他に関する準則

第一章　団　体

第一条　学生が学内において団体を結成しようとするときは、指導教職員を定め、所定の様式により学生課を経て所属学部長（本部においては学生部長）の許可を受けなければならない。各団体は毎年五月末日までに指導教職員連署の新年度団体員名簿を学生課に提出しなければならない。この際、届出のない団体は解散したものとみなす。

第二章　集会および合宿

第二条　学生が学内で集会を行なおうとするときは、その責任代表者は期日の三日前（部外者を参加させる場合は一週間前）までに所定の様式により学生課を経て所属学部長（本部においては学生部長）の許可を受けなければならない。学生が集会のため学内の施設を使用するときもまた同じである。集会の結果については、直ちに学生課を経て所属学部長または学生部長に報告しなければならない。

第三条　学生が指導者、または講演者などを依頼するときは、交渉前に学生課を経て所属学部長または学生部長の承認を受けなければならない。

第四条　学生が合宿または見学をするときは集会に準ずる。

第三章　掲　示

第五条　学生またはその団体が掲示（立看板を含む）をするときは掲示責任者氏名を記載した現物を提示し、学生課を経て所属学部長または学生部長の許可を受けなければならない。掲示期間は一週間内とする。

第六条　掲示は所定の掲示場以外に掲示してはならない。但し、許可されたときはこの限りではない。

第四章　印刷物

第七条　学生が学内において印刷物を刊行または配布しようとするときは、予め責任者を定めその現物若しくは原稿を学生課に提出し、所属学部長または学生部長の許可を受けなければならない。

第五章　その他

第八条　学生が学内において署名運動、世論調査または寄付金募集等を行なおうとするときは、その責任者は予め学生課を経て所属学部長または学生部長の許可を受けなければならない。

第九条　学生が学外で日本大学の名称を冠した名をもって、前各条に該当する行為をするときは本準則による。

第十条　前各条において許可または承認を受けた事項について、その内容に変更があった場合はあらためて許可または承認を受けなければならない。

第十一条　学生またはその団体の行為が本学の秩序を乱すおそれがあるときは、これを禁止または解散させることがある。

付　則

この準則は、昭和三五年四月一日から施行する。

学生会規約

第一章　総則（抜粋）

第二条　本会々員は本学部に在籍する全学生をもって構成する。

第三条　本会は、中道の精神にのっとり、真理の探究と情操豊かな人格の完成をめざし、自主創造を旨として、学術、文化、体育の発展向上をはかり、秩序ある自由な学園生活の達成をはかることを目的とする。

●六月二七日（木）

文理学部では、初の教授会との話し合いがもたれ、学生指導副委員長沼尻教授と、夕方六時からバリケード内合併教室でおこなわれた。席上沼尻教授は〈民主化は必要であるがバリケードには反対だ〉と言を左右にして学生の闘いを支持するのか否かの問いに答えず、出席した学生から〈我々が命をかけて闘っているのに、その傍観者的態度はなんだ、過去の弾圧を自己批判せよ〉とせまられたが答えず、学生の怒りをかい、〈教授会の日和見を許さないぞ〉のシュプレヒコールで終わった。

学園の自治と教授会

学園の自治とは、一般的に言うと、国家権力の介入をさけ、学園内の問題等は全て学園の内部で解決することによって、学園の自由を守ることだと言われている。そのためには教授会の独立的地位を確保し、人事権の不当な介入などを排することだともいわれている。そしてその基盤として学生の自治（会）が成りたっているのである。この点日大に於いては、学生の自治会および大学の自治は存在しているが、それは単に形式的なものであって、まして教授会の独立的地位などは存在しないのである。理事者は学生をつめこみ、授業料という収入をもって、企業会社〈株式会社と同等〉とほとんど変わりないようなことを公然と行なっているのである。理事者は、産学協同路線（近年財界、大学が共にとなえるもので、大学を産業発展の役に立つよう、産業界が資本を出し、大学がそれに応じて研究と学生の養成を行なう体制をいう）を他大学より強固に行ない、大学というものが、教育機関というより、授業料をとり、施設を拡張し、学生を送り出す一つの企業と化している。

そこには学園の自治が成り立っているであろうか。まして学園の自治は、そのような理事者支配階級によって与えられるものではなく、我々一人一人がたちあがって闘いとらなければ、真の自治会も作ることはできないのである。全ての日本大学学友諸君！　自治の獲得のため団結せよ！　そして闘いとった権利を防衛し拡大する基本的な力は、当然我々の学生自治会に組織されなければならないのである。しかしわが日大はこのことを基礎においていない大学であり、そこにおける我々の自治、および学園の自治は、形骸的なものでしかないのである。我々は断固として学園民主化を勝ちとるぞ！

それと同時に、わが大学の教授会は教育行政に抵抗の姿勢を示さず、理事者の意志を無条件に鵜呑みにしている。そして理由を質すこともなく、今まで多くの学友の処分を形式的に決めてしまったり、学園内で諸問題について自由に討論させなかったりと、かえって弾圧してきたのである。そこにおいて、官憲の導入があった場合、我々の教授会はどのような態度をとるであろうか、まったく疑問である。導入を認めた時は、教授会はすでに大学行政についての責任を放棄してしまっているということが明らかに言えるのである。それと同時に、古田は今日まで、教授会の空洞化と、学生の団結の解体をしてきたとも言えるのである。

古田の行なっている中央集権的な教育行政が、学園の自治と学問の自由の権利を、一〇年間という長い間、奪っていたのである。そして我々の味方であるはずの教授会が、この古田の大学行政と結びつき、教育の反動化を公然と実行し、教授会自ら、学園の自治と学生自治会の抑圧を行なってきたのである。故に我々は、教授会に対して甘い幻想を絶対にもってはならない。我々はここで古田が行なってきた全てのものを破壊し、新しい真の学園を創立しようではないか。

ひとつの妖怪が我々一〇万の日大生の前を、おびえながら歩きまわっている。古田重二良という妖怪が。日大一〇万の学生の全ての権力は、この妖怪を、封建的体制を打倒することを、今まさに神聖な仕事として、全学共闘会議の下に結集しているのである。

全共闘は、一〇万日大生の権力によって、ひとつの力としてすでに認められているのである。

中国研究会闘争委員会書記局

中闘委は闘うぞ！

◉六月二八日（金）

各学科・サークルで自主講座がもたれた。

◉六月二九日（土）

教職員組合は、日大始まって以来のデモと集会を行なった。文闘委は、組合の〝古田打倒〟方針に対して〝側面的援助をおしまぬ〟としながら、〝古田体制打倒〟でないことを明確に批判した。

教職員組合のデモをどうみるか！
側面的援助をおしまない

組合〈日本大学教職員組合、第一組合〉は、次のコースで、デモ行進することを決定した。

日時　六月二九日三時　決起大会

デモコース　錦華公園～駿河台病院～歯学部～理工～馬事会館～駿河台下～神保町～組合事務所～本部

これを知った文理学部闘争委員会は、〝全面的に支援したい、その支援の意味として、デモ形態を統一することによって共闘しよう〟と申し入れた。しかしながら、「組合の立場として、学生の立場は認めるが統一してやっていくことはできない。立場上の相違がある。最初のデモは一緒にやりたくない。最初であるから」などといったハレンチな回答がかえってきた。

これが、学園を民主化し、働く者の生活条件の改善をするために決起した教職組合の正論であると、組合はいいたいのであろうか。

われわれは、次のように答えたい。

もしも、組合がほんとうに民主化をめざし、生活条件の向上をめざしているならば、学生と全面共闘をすべきである。九州大学をみなさい。組合は、学生の運動の高揚の中で立ちあがれたではないか。いやそうでなくとも〝古田打倒〟の一致点をみいだしているからには、統一戦線を組むのは当然である。

現時点において、組合理論はなっていない。

しかし、今後組合は独自でもいいから、しっかりしたスローガンのもとに運動を展開し、戦術アップするのが当然だと考えられる。

今は、われわれの態度として、

〝側面的援助をおしまぬ〟

〝文闘委は組合との正しいスローガンの一致と正しい共闘なら、いつでもうけいれるであろう〟

文理学部闘争委員会中央委員会

教職員組合の古田体制擁護方針を断固糾弾する!!

学生との闘争の連帯を否定するならば組合活動はやがて崩壊するであろう!!

全共闘、文闘委に結集した学友諸君!!

民主化闘争を支持する、すべての学友諸君!!

すべての教職員のみなさん!!

私達文理学部闘争委員会は、六月一五日にストライキ闘争に決起して以来、古田独裁体制打倒闘争における連帯の可能性がある部隊として教職員組合を位置づけ、可能なかぎり闘争の統一を呼びかけてきた。

全共闘、文闘委の闘争における初期の段階において一部の教職員が積極的に運動を妨害し、一部体育会系右翼暴力分子を指導し、学生に多数の重軽傷者を出したことはすべての学友が知る事実である。そして大多数の教職員が側面的にファッショ的弾圧に荷担し、古田反動体制を力づけたことも事実である。

全共闘、文闘委は、彼等の日和見的欺瞞性が我々の運動に対して敵対すること、多くの学友が彼等の為に傷つきまだ入院していることを怒りをもって認識しながらも、なおかつ彼等が古田反動独裁体制の下一〇年にわたり、しいたげられ、飼いならされてきた、哀れな下僕として位置づけ、戦線統一の可能性を追求してきたのである。

しかしながら、我々の寛容ある具体的方針「本館占拠はしない」「学生課の封鎖はしない」にもかかわらず、彼等は何をもって我々にこたえてきたのであろうか。

それは、文理キャンパスへの私服官憲と右翼暴力分子の立入容認であり、テロ行為の容認であり、闘争分裂の策動であった。特に二

6月29日　教職員組合による古田会頭退陣要求デモ

九日の組合総決起集会において、文闘委の代表が組合運動発展の為、支援声明をもって会場に出向いたにもかかわらず、参加することを拒否した事実は、我々の連帯表明に敵対することにより、古田体制を擁護する以外の何ものでもないと考える。

すべての組合員の皆さん、あなたがたはまだ古田に対し幻想をもっているのであろうか！　それとも古田打倒後の実権確保と学生弾圧を考えているのであろうか‼

文闘委に結集した民主化闘争の学生戦士は、そのどちらをも断じて認めないことをここに声明する。教職員の皆さん、学生を裏切り、古田に哀願することにより、組合活動が発展する、とあなた方が考えるならば全くの誤りである。学生との連帯のない教職員組合の運動は、必ずや金権と陰謀が渦まく営利集団を創りあげ、古田体制以上の独裁体制を生むことにより、さらに大きな学生戦士の叛逆をむかえ、教育界は言うにおよばず社会的に放逐されるであろう。

全共闘、文闘委は、教職員組合が聞くことを拒んだ声明文の全文を掲載すると同時に、いつまでも学生の運動に敵対するならば、学生課を初め、教職員が今までとってきた学生弾圧の歴史を、具体的に名ざしでもって、大衆的、社会的に公表するであろう。我々は大多数の教職員が含まれていることを忠告する。そして明言する、もし公表するならば、教職員と学生の対話は永久に否定され、学園は、血みどろな、学問の自由と尊厳を守る為の戦場となるだろう、と。

全共闘、文闘委に結集した民主化の学生戦士は再度教職員組合に呼びかける。あなた方の弾圧の歴史に心から怒る学生の決断は、教職員が一番知っているはずである。いつまでも、古田に対する幻想をもつのか！　実権と学生弾圧は必ずや叛逆され、あなた方自身が学園から放逐されるだろう。

大いなる決断をもって学生と共闘することのみが、教職員組合の発展を保証するものである。我々は、組合の決起を心から望み、いつでも共闘の準備があることを再度表明するものである。

6月29日　教職員組合によるデモ

六月二九日教職員組合総決起集会に対する文理学部闘争委員会の支援声明

全ての教職員のみなさん！

文理学部闘争委員会中央委員会は、本日行

なわれる教職員組合総決起集会に連帯の挨拶と闘う決意表明を行ないたいと思います。六月二四日、一九項目刷新案が提示されてから日大闘争は新しい局面を迎えたと思います。理事会案の欺瞞的改善項目を知り私達は大学当局との間には、どのような中間主義的な妥協もないことを、それほど敵対的な関係にあることを、はっきりと認識しました。一九五八年、日本大学改善案によって反動的に確立した利潤追求第一主義教育政策の貫徹にこそ、古田体制の全能的な官僚機構と、学生不在教育不在の大学運営が屈辱的に進行してきたと考えます。

日大の驚くべき腐敗の内実を白日のもとに暴露し、そのウミを徹底的にしぼりだすものとして、使途不明金問題があったと考えるならば、暗黒と反動の教育政策のひとかけらでも残したままでは日大の新たな形成をなすことはできません。

日本大学の管理運営の本質が、この間の闘いの過程でますます明白となり、六月一一日の一部体育会系右翼暴力分子の行為は、今日の日大の恐るべき腐敗と反動の内実を余す所なく暴露しています。

このような日大が以前と同じように続行することを、もはやこれ以上許すことができるでしょうか。教職員の皆さん！　私達はストライキで授業を完全放棄し、大学機能をマヒさせていますが、「憂慮すべきことだがやむをえない」というような痛みをもってストライキに突入しているわけでは断じてありません。むしろ闘いの究極の目標にむかって是非とも必要なことだと思っています。大学の中で平穏裡に授業がなされるというこの日常性を拒否しない以上、古田会頭は、絶対に出て来はしないのです。教授会の勧告書が理事会の無内容な回答しか得られなかったことに苦痛を感じるならば、全学共闘会議のストライキ方針を全面的に支持し、学生と教職員の共闘を一層推し進め、理事の総退陣、経理の全面公開、不当処分白紙撤回、集会の自由、検閲制の撤廃の要求スローガンを勝利するまで闘いぬこうではありませんか。

しかるに教職員は自らの生活改善を日大闘争に持ち込み、「春闘を勝ち抜こう」にもみられるように、諸要求貫徹路線にのった古田体制内での改良闘争に歪曲しようとする運動を展開しようとしていると思います。検閲制の撤廃によって学生の自治権の制度的確立を行なおうとする私達の闘争は、大学の自治権確立を目指す方向への論理に貫かれています。

日大の非学問的なマンモス化、否、反学問的といってもいいような状況の中に埋没してきたことへの強い自己批判をこめて今立ち上がっているならば、産学協同路線を教育指針として大学自治を崩壊せしめてきた原因が何処にあるのか、つきつめて考えなければならないと思います。日大の新しい生命、学生自治を強固に確立する闘いに学生が立ち上がっているなら、教職員も大学自治の強固な確立を目指す思想性と運動方向をもたなければなりません。

日大闘争を派閥問題の一手段としたり、生活改善要求の為の利己主義的な利害関係に組みいれたりすることは、断じて許されないと思います。

教職員のみなさん！　私達は、「教職員との共闘という問題は、学生自治権の為の闘争の第一義的強化という明確な視点の上に展開されなければ、学生自治権の独自的な発展は勝ちとれない」と考えます。古田体制を打倒し、腐敗堕落した教育政策をうち砕くために共に闘いぬいていこうではありませんか。全学共闘会議のストライキ方針を支持し、大学自治を保証する学生自治権獲得の為に共に闘おうではありませんか。統一集会をひらき、統一行動をくみ、強化された隊列で古田反動理事会を打倒するために闘いぬくことを誓いあおうではありませんか。

全共闘、文闘委中央委員会

◉七月二日（火）

文闘委バリケードに対し、またも右翼が夜襲をかけてきたが、戦闘的行動隊により、彼らは一歩もキャンパスには入れず、逃走した。

全学総決起集会

◉七月四日（木）

文理学部では、文闘委主催で初の学生大会が開かれた。大講堂をうずめつくした二、〇〇〇余の学友は、民主化をとなえて闘争に反対し、全共闘、文闘委に敵対し、分断策動を続ける久米執行部を糾弾した。彼等は古田体制のもと闘争を破壊するカイライ執行部であり、久米執行部はもはや学生の代表ではないことが確認された。

大会後鈴木学部長以下、全教員出席のもとに大衆団交が開かれ、〈教授会は民主化闘争に決起し、ストライキ闘争を闘っている文闘委を支持するのか否か〉〈文闘委と共闘する意志があるのか否か〉と問いただしたのに対し、学部長は明確には答えず、使途不明金問題は税法上の解釈の相違として発生したもので、悪意があって意図的に大学当局がヤミ給与問題をおこしたのではない、など事実を歪曲した発言をした。

集まった学生は、「久米執行部は認めないぞ！」「教授会の欺瞞と日和見を許さないぞ！」のシュプレヒコールをくりかえし、三時から経済学部前で開かれる全学総決起集会に向けて出発した。

全学総決起集会には、十一学部すべての学友が参加し、総数一万余に達し、集会後のデモ行進は、神田周辺を完全に埋めつくした。ジグザグデモ、フランスデモと、戦闘的大衆的なデモは、まさに日大一〇万の叛逆を如実に示していた。

7月4日　神田界隈座り込み、デモ

七・四全学総決起集会　夏休み策動粉砕
総ての学生は総決起せよ！
全学ストライキ体制を確立し、

敵陣営に「終わりのない恐怖」を与えよ！
全学共闘会議の旗の下、
全ての学友は固い団結を打ち固めよ！
古田打倒！
全理事は総退陣せよ！
検閲制度撤廃！
強固なる学生自治の確立！

日本大学全学共闘会議

全日大一〇万の学友諸君！

全日大の学友の総力を、古田打倒の闘いに総結集せよ！

学友諸君、大学当局は「夏休み」という欺瞞的な手段をもって我々に闘いを挑んできている。

学友諸君、我々の闘いに夏休みがあろうか！

我々は五月二三日の二〇〇メートルのデモンストレーション以来、我々の正義の闘いの中で、集会の自由を勝ち取り、学則第三十一条、学生心得を、文字通り粉砕してきた。我々は、わが学園で禁忌であったストライキという戦術で公然と闘いを挑み、我々一人一人の血みどろの闘いの中で、大学当局のあらゆる欺瞞的策動を粉砕してきた。これが我々の闘いであり、我々が強化し発展させねばならない断固とした前進の為の戦略戦術である。この我々の実力闘争の前進は、全学共闘会議の旗の下に新たな同志、理工Ⅰ部・農獣医学部・医学部・法学部Ⅱ部・経商短部・医学部・文理学部三島・工学部郡山・生産工学部習志野・理工学部津田沼を加え、新たな団結を深め、戦列を強化しようとしている。

7月4日　神田界隈デモ　津田沼闘争委員会

全ての学友諸君、我々の闘いは二十億円使途不明金問題に端を発したものではあったが、〝組織された反動〟の制圧の下にあえいでいた一〇万の学友の怒りの焔は、できあいの日本大学の機構を奪い利用する事ではこの闘いを強化し発展させることが出来ないことを知った。

我々の闘いを、日大機構をそのまま奪い取るような、平板な民主化要求に集約させてはならない。我々の闘いは、日大機構を根底から揺り動かす「叛逆」でなければならない。

総ての学友諸君、我々の任務は、現在の六学部七校舎バリケード＝ストライキ体制をさらに強化し、全学部へストライキ体制を拡大する事にある。このバリケードこそが、五・三一、六・一一に、座りこんでいる学友を蹴とばし、八階もの高さから砲丸投げの鉄球を投げ、日本刀を振りかざす傭兵を使う大学当局に対置する第一の手段である。

学友諸君、このバリケードの死守こそ、勝

利への唯一の展望である。このバリケードの中で我々は新たなる学習をし、新たなる大学機構を創り上げる仕事をしなくてはならない。これこそが、自主カリキュラムの作成であり、学生による全学ストライキ体制の内容でなければならない。

良心的学友の頭上にあぐらをかいて、わがもの顔にふるまい、学生を搾取してきた古田はすでに孤立し、理事会、教授会は四つにも五つにも分裂し、自ら崩壊への道を進みつつある。

しかしながら学友諸君、すべての反動派は自ら進んで歴史の舞台からひきさがるものではない。この最後の古田のあがきが、「夏休み」という手段をもって、学生の減少を日一日と待ち望み、再び傭兵を使って、我々のバリケードを破壊しようとするもくろみである。

だとするならば、学友諸君！

我々は大学当局の欺瞞的な策動を、鋭く見抜かなければならない。必ず古田は最後のあがきをするであろう。これは反動派の必然である。我々はこの攻撃に準備して応えなければならない。彼等に、こうした策動が無意味である事を知らせなければならない。何故なら、この闘いは、いずれの側に正義があるのか、誰の目にも明らかだからである。

暗黒支配体制がそう長く続くはずは絶対にない。古田理事会や彼らの傭兵、そして彼らと似たりよったりの連中は、必ずや我々の闘いによって、歴史のゴミために投げ込まれるに違いない。

学友諸君！　我々の団結を、さらにさらに強固にせよ。我々の勝利への王道は唯一つである。

バリケードを、学友諸君の非妥協の思想と、血みどろの闘いによって死守すること。これ以外には絶対にない。

総ての情熱をバリケード死守へ！

バリケード・ファイヤー

◉七月七日（日）

文理学部では、四日の全学総決起集会で確認された〈全共闘のすべてのスローガンを勝ちとるまで我々には夏休みはない〉との観点に立って、古田理事会の夏休み策動粉砕、七・七総決起集会が開かれた。集会には、五〇〇余名の学友が参加し、文闘委委員長田村正敏以下各闘争委員が隠し芸を披露し、各闘委が、寸劇〈反動教授追放劇〉等を公開した。

最後に古田重二良の人形に火を放ち、ファイヤー・ストームを囲んで、社闘委が創作した〈古田を倒せ〉を全員でうたい、闘う連帯をさらに強め、夏休み策動に対する闘いの決意を新たにした。

夜一〇時五〇分頃、理工で二部自治会と古田とがボス交をしているという情報が、経・法に入り、経・法の学友一〇〇名が古田をつかまえたが、機動隊が理工を包囲しているとの知らせが入り、緊急体制をとり、文理行動隊七〇余名が理工に向かったが、秋田議長が理工において、〈大衆団交を前提とする予備折衝〉を約束させたとの知らせが入り、全共闘の指令で引き返した。

七・七総決起集会に参加された皆さんへ!!

すべての日大生の皆さん！

――闘いに参加した学友諸君――

我々は幾多の苦難を全学友の革命的創造性でのりこえ、勝利的前進を勝ちとり、一〇年来、誰もなしえなかった偉大な事業、日大反動機構を根底からくつがえす日大ルネッサンス（革命）を、学生権力（スチューデント・パワー）による叛逆で創りだし、古田反動理事会の暴圧に対して、バリケードを対置し、民主化闘争の砦として守りぬいている。学友諸君！

日大闘争の特殊性とは何か！

日大闘争の勝利とは何か！

古田を倒して何を創るのか！

正にこの問いかけこそ、日大闘争勝利への展望の、その原点なのである。

日大闘争は、日本の最右翼の大学における叛逆である。だからこそ右翼暴力団とのゲバルト（実力闘争）なしには、勝利への展望はないのである。

叛逆とは、権力に対する自己存在の宣言である。学生不在の大学における叛逆は、権力への学生の対置であり、日大闘争の勝利とは学生権力の持続であり、当局に対する連続攻勢である。我々の闘争は、理事者の首のすげかえによって貫徹されるのではない。どんな理事者があらわれても対置できる、学生の思想武装、変革の主体の確立が必要である。

学友諸君！

我々の前にある、古き反動のすべてを

一〇年間のすべての屈辱を

否、我々自身の古き形骸のすべてを焼きつくそう!!

バリケード・ファイヤーで!!

文理教授会自己批判す

◉七月八日（月）

午後一時から中講堂で、文理学部教授会と文闘委の大衆団交がもたれた。この日の団交は、「教授会が過去一〇年間、古田体制の中でその推進者として強権的学生支配を続けたのみならず、学生が闘争に決起するや、さまざまな弾圧と妨害を企てたことに対し〝自己批判〟するのか否か」「〝自己批判〟するならば、学生と共闘し、日大の根底的民主化闘争を闘うのか否か」にしぼられた。

団交は、教授会代表土屋史雄、指導委員長森脇一夫と二〇〇余名の学生との間で熱心に話し合われ、その結果、次の「自己批判書と確約書」が出された。

文理学部教授会として過去における指導体制について自己批判をし、学園民主化の闘争目標を達成しようとするものである。これの具体策として、寄付行為並に学則等の全面改正に努力する。

昭和四三年七月八日

文理学部教授会

代　土屋　史雄（印）

指導委員会

代　森脇　一夫（印）

文理学部闘争委員会殿

国税局、ヤミ給与と発表

◉七月九日（火）

東京国税局は、日大使途不明金の大半は、古田会頭を初めとする大学幹部の〝ヤミ給与〟であったと発表した。

あまりに脱税額が膨大な為、五年分の監査の内、三年分を課税対象としたのであるが、古田会頭の〝一億五千万円以上〟を初め、学生の納付金は、大学幹部によりヤミからヤミへ流れていたことが、ここに明白となった。古田会頭は、「発表せんでもいいのに」「口止め料にもした」と理事者としての責任ある釈明をしないばかりか、「学生排除へ仮処分申請も考える」とその反動性をあますところなく暴露したのである。

◉七月一〇日（水）

文闘委は、四日の学生大会で確認された、「久米執行部は、文理学部学生の真の代表ではなく、文理学部闘争委員会が、学生の支持のもとに確認された唯一の代表機関である」にもとづき、久米執行部が管理する〝学生ホール〟に行き、闘争を分裂させ分断する策動を即時にやめること、学生ホールは文闘委が管理することを要求したが、「久米委員長は今どこにいるかわからない」と、この重大なる時に委員長が学園を放棄している事実が明らかにされた。文闘委は、学生ホールを閉鎖し、備品を押収した。

◉七月一六日（火）

本部鈴木勝名で、全共闘へ、学生集会を前提とした予備折衝に応ずる旨の公文書が届いた。

予備折衝

◉七月一八日（木）

大衆団交を前提とした〝予備折衝〟は、日大本部において、古田会頭出席のもとに開かれる予定であったが、約束の四時をすぎても、古田会頭は来なかった。学生の抗議に鈴木勝、大森両理事は、古田会頭の居所を探したが確認できなかったため、全共闘は次の三点を確約させた。

日大〝ヤミ給与〟の全容

最高一億五千万円 3年間

運転手らにも〝研究費〟

11億円の追徴税 高額二千人を対象

学園の平和のため 古田会頭語る 口止め料にも

7月10日の読売新聞記事

①古田会頭を出席させなかった事等に対し自己批判する
②全共闘を日大の真のかつ唯一の代表と認める
③七月二〇日に大衆団交を前提とした予備折衝を設け、古田会頭以下全理事、各学部長を出席させる

予備折衝に古田現わる

◉七月二〇日（土）

午後二時、経済学部前に全共闘行動隊五〇〇余名が結集し、各学部学友とともに法学部一号館一階で全学総決起集会を開き、三時五〇分、全共闘代表を大学本部に送り予備折衝が開始された。まず、古田会頭が先の予備折衝に出席しなかったことを〝自己批判〟した。五時一五分、全共闘の要求項目〈八月四日午後一時から七時、法学部一号館大講堂に於いて会頭、総長、学長、理事長、全理事、全学部長、その他大学当局を代表する者と全共闘の下に結集する日大全学生と大衆団交を行なう〉旨の誓約書をとり、八時、各学部に分かれてデモに移った。

経済学部のデモ隊が校舎に引きかえそうとした時、第一方面機動隊が突然介入し、それに抗議する学友二一名を不当にも検挙した。

午前一時、神田署に対して不当検挙への抗議行動を起こし、理工前で集会を開き、三〇〇余名のデモ隊が神田署に向かい、シュプレヒコールを行なったところ、またも機動隊がおそいかかり、六五名の検挙者が出るにいたった。午前二時三〇分、理工前に再び結集、総括集会を行ない、官憲の不当弾圧に抗議して大衆団交を勝ちとることが確認された。

この不当弾圧による検束者は八六名、重軽傷者は五〇余名にのぼった。

7月20日　大衆団交予備折衝に現われた古田会頭

◉七月二一日（日）

文理学部では、闘争委員会の情宣部から、『変革のパトス』が発刊された。

大衆団交（法学部一号館大講堂）実現する
――八六名の不当逮捕に断固抗議する――

文理学部の学友諸君
七月二〇日、大衆団交予備折衝が行なわれた。出席者は古田会頭、永田総長、数名の理事、学長、それと全学共闘会議代表（各学部四名）だった。夏休み策動を粉砕し七、八月闘争を

提起した全共闘の方針が正しかったが故に、予備折衝の実現が勝ちとられ、日大闘争の新しい進歩した局面がつくりだされたことをまず確認しなければならない。では予備折衝で何が決定されたのか、今後我々は何をしなければならないのか。

八月四日、法学部一号館大講堂において大衆団交を行なう。時間は午後一時〜七時。出席者は全学共闘会議の下に結集する日大全学生と、古田会頭、永田総長、全理事、全学部長、関係教職員。議題は学園民主化について。付帯条件として次の四点が確認された。

①組織的に右翼暴力学生は大衆団交に参加させせない

②大学当局は全共闘を日大全学生の真のかつ唯一の代表として認めているのだから大衆団交は全共闘主催とする

③大学当局は六大新聞全国版三面に三回にわたり大衆団交の日時を報道する（七月二一、二六日、八月三日の朝刊に載せる）

④新聞に掲載する文面は全共闘にまかせる

以上の内容が誓約書として大学当局と全共闘との間にとり交わされた。八・四大衆団交に向けて各闘争委員会は徹底した情宣活動、組織化を行なうことを急務としなければならない。圧倒的学友を大衆団交に総結集しよう。日大闘争勝利の保証は大衆団交にある。

予備折衝後の官憲の不当弾圧、逮捕に抗議する。

大衆団交予倫折衝後〝団交勝利〟のシュプレヒコールで経済学部前大通りをデモ行進しようとした理工、経済、芸術、法学部の隊列に対し、具体的には経済学部のデモに、官憲が弾圧を加えてきた。それを聞きつけて芸術学部が援助のデモをかけたのであるが、機動隊の厚い壁に阻止され、なぐる蹴るのあらゆる暴力的行為をされ、抵抗した者二一名が逮捕された。この不当逮捕に抗議し、仲間を奪還すべく、神田署に抗議のデモ行進をした法学部・経済学部の学友がまたも機動隊の弾圧にあい三七名が逮捕された。官憲の不当弾圧、逮捕に対して徹底的に糾弾しなければならない。官憲の弾圧策動粉砕！

（『変革のパトス』創刊号より）

官憲の不当弾圧粉砕！

七・二〇大衆団交予備折衝をわれわれのヘゲモニーによって圧倒的に勝ちとってきた。しかしながら、われわれがかねてより予想していたところの、予備折衝にまつわる当局の策動は、ついにわれわれの前にそのみにくい姿を暴露した。

当局は予備折衝終了後、われわれに対し、各学部へ帰途のデモコースに、機動隊一機及び四機を理由なく待機させた。そこへ芸闘委が何の為機動隊が出ているのかも知らず、経済学部から経済三号館へむけて都電通りをデモしてきたところ、突如芸闘委をサンドイッチにし、ジュラルミンの楯でなぐったり、けったりしたあげく、破廉恥にも、公務執行妨害などの理由で、二〇人程度の者を次々と逮捕していくありさまであった。一方、経、法学間の都電通り周辺に残ってデモをしていた、法、経、習志野、農獣医その他の学友は、この不当弾圧に対して、再度結集して抗議行動を神田署まで繰り広げた。ところが神田署へ着くか着かないかの内に、またしても機動隊は神田署の周辺に隠れていて突如、抗議のシュプレヒコールを唱えている学友に襲いかかった。彼らは不当にも、各学部闘争委員メンバーを中心に、手当り次第に次々と逮捕すること六〇余名、前後合わせて八六名の学友が逮捕されるに至った。

一体こんなことがあり得ようか。抗議デモに、ジュラルミンの楯で武装した、国家権力の象徴たる機動隊は、公然と理由なき逮捕を強行したのだ。権力をむき出しにした機動隊の不当弾圧に対して、報道陣でさえも一時は日大生をかばったというではないか。

学友諸君、過去数回にわたり難なく機動隊を出動させ、右翼を結集させうるという日大当局は一体何を意味するのか、再度問い返してみようではないか。それは、古田を喜んで支援している日本の反動支配者層の教育政策に対し、われわれがまさに実力でもって粉砕しようとする比類のない力強い闘争を行なっているからであり、そしてこの闘いが勝利の第一歩を踏み始めたところであり、彼らは気が狂ったノラ犬のごとくかみつこうとしての最後のあがきをしているからなのである。

学友諸君、今やわれわれは彼等に対して最後の攻撃を開始する時にきた。八・四大衆団交にむけて嵐のような組織化と宣伝活動を呼びおこそうではないか。そして、文字通りこのスローガンを貫徹することこそが、あらゆる弾圧を粉砕することになるのだ。

最後の闘いの戦列を強化せよ！

（『変革のパトス』第二号より）

◉七月二四日（火）

古田会頭は二〇日の予備折衝において全共闘と確約し、さらに八月四日の大衆団交の新聞広告を出したにもかかわらず、大衆団交を無期延期する旨の「申し入れ書」を全共闘へ送ってきた。

無期延期の理由は〈七月二〇日の予備折衝の際、会場外に学生を配置させ、会頭が帰宅する際タクシーを妨害し多数の検挙者を出した〉というものであった。予備折衝の内容を知りたくて集まった学生に対し、集まるな聞くなと要求し、自らが機動隊を介入させた事により検挙者が多数でているにもかかわらず、それを理由に大衆団交を拒否してきたのである。全共闘は二七日、古田理事会に対し〈抗議文〉と〈通知書〉を送った。

◉七月二五日（水）

文闘委は教授会に対し、学生会費の件についての話し合いを合併教室でおこないたい、と申し入れたが、出席しないばかりか、文理学部名で、事実の経過をいちじるしく歪曲したパンフレットを各父兄に配布することを企て、それが発覚し、文闘委が押収した。

◉七月二六日（木）

文闘委と教授会との大衆団交が開かれたが、責任の所在が不明確なため、不成立に終わった。

文理当局＝教授会との大衆団交に結集せよ！
各闘争委員会は緊急動員体制をひき
臨戦体制を準備せよ！

文理学部の学友諸君

昨日行なわれた大衆団交は、文理当局＝教授会の責任の所在が曖昧なため、我々はこれを拒否し、本日三時から再開することを決定した。文理闘争委員会が文理学部における唯一の学生組織であり、日大闘争を勝利的に闘い抜くべく、学生会費使用の一切の権限があることを教授会に認めさせなければならない。そして「学園紛争の経過報告」なる一般的、抽象的、無内容な、手前勝手な、全学共闘会議と文理闘争委員会に対する憎悪に満ち満ちた批判と経過報告、しかも七・八教授会自己批判書を踏みにじる企てを断固糾弾しなければならない。

文理当局＝教授会、久米執行部の分裂策動を許さず、七月、八月闘争を闘い抜き、八・四大衆団交に勝利し、学生自治活動の断固たる保塁を構築すべく、本日の大衆団交においで圧倒的学友の結集をもって我々の要求項目を全て貫徹しよう。

要請書

私達文理闘争委員会では七月二六日に大衆団交を要求したにもかかわらず教授会の責任体制がはっきりしなかった為に、我々に迷惑をかけ、大衆団交を行なえなかった事に対して自己批判する事を要求します。

又、この責任をとって「学園紛争の経過報告」のパンフレット及び学生会費、その他に関して、大衆団交を行なう事を要請します。

回答書・確約書

七月二五日の午後八時よりの集会に出席しなかったこと、及び二六日の大衆団交が成立しなかったことについて自己批判いたします。

次回の大衆団交には文理学部教授会が出席して討論することを確約します。

昭和四三年七月二七日午前一時

森脇一夫

追記

七月二七日に大衆団交を行なうことを約束します。

右のことを確約し、文闘委の要請書に応じます。

各学科主任教授等二三教授連署

（『変革のパトス』第五号より）

◉七月二七日（土）

教授会は文闘委との大衆団交を開くことを確約したにもかかわらず、教授は誰も姿を見せないばかりか、研究室の黒板に〈諸先生は荷物をマトメて下さい〉等と、大衆団交を勝手に破棄し、自ら学園を放棄する体制をととのえていた。

学部長より、明日教授会を開いて、月曜日には大衆団交に応じたいと電話で連絡があった。

一方全共闘は、古田理事会が二〇日の予備折衝に機動隊を介入させたことに対して〈抗議文〉を、八月四日の大衆団交を一方的に破棄したことに対して〈通知書〉を送った。

〈抗議文〉二〇日に機動隊を使い我々を弾圧した事に対し、厳に抗議する。

〈通知書〉二四日出された一方的な大衆団交破棄の通告に対して抗議し、全共闘は大衆団交の破壊者に対しては断固それを排除する旨を強調、当局の返答を求める。

◉七月二八日（日）

大衆団交には応じられないと学部長より連絡があった。文闘委では抗議集会を開く。

◉七月二九日（月）

二七日に全共闘が〈通知書〉を出したにもかかわらず、古田理事会から〈身の保障がないかぎり大衆団交を延期する〉旨の文書がくる。

◉七月三〇日（火）

全共闘は、出席者の身体は全共闘が断固保障する決意である旨の〈回答書〉を古田理事会へ送った。

文理学部教授会から、何の連絡もないばかりか、教授が一人として現われず、各研究室は、明らかに荷物をマトメて学校を教授自らが放棄していたのに対して、文闘委では抗議集会を開き、第二波スト（本館の封鎖＝鍵の管理）を決定し、封鎖した。

◉七月三一日（水）

古田理事会より、大衆団交無期延期の態度

は変えない旨の「申し入れ書」くる。

◉八月一日（木）

古田理事会より、最終的に大衆団交を無期延期する旨の文書がくる。

全学総決起集会

◉八月二日（金）

二時より、経済学部大講堂で全学集会（約二、〇〇〇名）

大衆団交を一方的に破棄した当局の犯罪性を暴露し、八・四大衆団交にむけて、全共闘は断固闘うことを確認、五時よりデモを始める。デモ隊が神保町の交差点にさしかかった時、突如共立方面に待機していた機動隊約二五〇名が後方から襲いかかった。二名の学友を隊列中央から引き抜く等の暴挙に出た。七時三〇分、〈古田は大衆団交へ出てこい〉〈官憲の不当弾圧を許さないぞ〉と決意を固め、解散した。

◉八月四日（日）

文闘委は、大衆団交に向けて情宣紙を配布した。

8月2日　大学当局の団交拒否に抗議し神田界隈でデモ。機動隊の規制で8名検挙

大衆団交実現に全ての学友は総結集せよ

一一時　大講堂前文理総決起集会

午後一時　法（一号館）大講堂（大衆団交）

〝日大の大衆団交はもし大学側が「約束を守る」という教育者として最低のモラルに従って実施に協力すればその一つの指標となるであろう〟（『朝日ジャーナル』8月11日号）

八月一日、大学当局は正式に大衆団交を無期延期することを全共闘へ申し入れてきた。日大闘争の現局面において大衆団交に応じないということが許されるであろうか。教育者として最低のモラルさえ失った大学当局に我々は何を期待してよいか、度重なる裏切り行為に我々は何も信じられなくなった。誰にも期待することはできなくなった。

八月二日、経済学部において行なった日大全学総決起集会に結集した一、五〇〇名の学友が唯一我々の同胞である。この学友によってのみ夏休み策動を粉砕し、大衆団交実現の有効な活動を保証できるのである。八・二全学総決起集会において高崎経済大自治会委員長角田富夫、法政大文学部自治会委員長鈴木旭君等ら五大学の学友から、日大闘争への連帯の挨拶が行なわれた。「大学における矛盾を大学の内部のものとして閉鎖的にみるのではなく、資本主義が生み落としたものとしてとらえ、それに対する闘いの質を資本主義の根本矛盾そのものに対する普遍的な反逆として展開していかなければならない」との発言がなされ、一、五〇〇名の日大生から圧倒的な拍手が送られ、日大闘争全国化の第一歩を勝ちとることができた。

大衆団交無期延期という大学当局の裏切り行為を糾弾し、いささかも動揺することなく、八・四大衆団交実現の意志統一を行ない、夏休み策動粉砕、日大闘争勝利の日まで武装ストライキ闘争を貫徹しぬく決意を固め、神田三崎町本部にむけて徹底したシュプレヒコールと強固なる隊列をもってデモンストレーションを展開し、官憲の不当弾圧（八名の学友を逮捕した）をはね返し総括集会を勝ちとることに成功した。

八・四大衆団交に先がけて我々は次の事を確認しなければならない。

一、古田反動理事会を盟主とする古田体制打倒の闘いは、日本大学を根底的に破壊する内容を同時にもたなければならない。もちろん破壊の意味を物理的破壊のみに解釈することは一方的であり不充分である。六月一一日にはじまった武装ストライキ闘争は授業完全放棄、大学運営機構のマヒを学生自らがつくり出したものとして古田体制に動揺を与えてきた。だが大衆団交拒否宣言を彼らに許してしまうなど決定的動揺をいまだ充分に与ええていない。だとするならば、闘争を長期化し、巻返し政策を企てる準備を開始した大学当局の出かたを見なければならない。

その攻撃とは何か。闘争が長期化すればするほど卒業等の問題もからみ非常に困難な闘いに泥沼化してくる。我々に武力決戦を仕掛けてくるかもしれない。が次のような攻撃があることだけは間違いないだろう。彼らが「秩序の回復か、ストライキによる大学の滅亡か」というイデオロギー攻撃を、決定的な切り札としてうち出してくることである。久米執行部や、日大闘争の意義を認識しえていない遅れた意識の学生層がこの論理にのせられてしまい、中間的妥協案を媒介物として秩序の回復を選びとるだろう。

我々はこのイデオロギー攻撃を根本的に破壊し尽くす闘いをただちに開始しなければならない。この攻撃に打ち勝ち、ややもするとアナーキーな態度から出がちな「日本大学などつぶれてしまった方がいいのだ」という気分を、「日大の破壊こそ真理の大学を建設するに必要なことである」という意識にまで高めて、武装ストライキ闘争を継続し、彼らをより大きな恐怖のどん底に陥れ打倒しなければならない。

二、前記した他大学の学友の発言を、日大闘争を闘い抜いている我々主体の側で如何に受けとめるべきなのか。八・四大衆団交には、高度な意識に武装されて出席しなければならない。大衆団交拒否は古田会頭個人の発案ではなく、その裏で陰謀をたくらんでいるブルジョア政治委員会の助言があったであろうことを見逃してはならないからである。独占資本に隷属した学問、学生に対する恐怖政治的支配、大学機構の官僚的構造、これらは学生をして大学・学問の喪失を充分に認識せしめたとともに、大学・学問の喪失は学生としての自己の人間性の喪失をも自覚させた。学生の「学園民主化」「疎外からの解放」「人間性回復」というスローガンは、日大当局に向けられているばかりでなく明らかに今日の資本主義社会の根底的矛盾そのものに向けられているのである。

だからこそブルジョア政治委員会は日大闘

争の陰で醜い反動的悪知恵を古田会頭に教えこむのである。国家権力の日大闘争への弾圧=官憲の学生不当逮捕もここに起因しているのであり、道路交通法違反、都公安条例違反は、この事実を隠蔽する口実にすぎないのである。

我々はこう理解できる。大学における危機、矛盾の根底的解決は学園民主主義の次元での改良闘争ではその糸口を見いだしえず、資本主義社会そのものに対する正面からの闘いをいどまなければならない。大衆団交が蹴られ、彼らの報復手段が営々と用意されている中で日大闘争を勝利する為に、日大闘争そのものの質を高め、主体の側我々自身の飛躍を図っていくことが急務とされている。この決意を踏まえ、八・四大衆団交に我々が結集することが必要である。そのことが他大学の学友の発言を空文句におわらせるのでなく、日大闘争全国化を勝ち抜いていく我々の姿勢であろう。

(『変革のパトス』第六号より)

法学部一号館には、全学共闘会議のもと、三〇〇余名が結集し、〝大衆団交集会〟が開かれたが古田会頭はついに現われず、秋田議長の決意表明の後、二時より抗議集会に移り、文闘委田村委員長から、「古田体制を打倒し、日大の根底的変革を勝ちとることは、日本における反動的文教政策の重要な一角を切りくずすことである。従って、この闘いを勝利に導くには、闘争を破滅させようとするすべてに対して、決死の覚悟で望まねばならない、右翼と官憲の暴力に対しては、断固闘いぬかなければならない」と決意表明があった。討論の後、秋田議長から、「全共闘の得た情報によると、本日二三時を期して、学生会議等の右翼暴力団が六三七名(日大三〇〇名、早大、東工大、国士館大学三三七名)が、経済学部、法学部に対して襲撃するとの事である。そしてその計画は、石一万個を用意する他、飛び道具等もそろえてあり、全共闘に結集した学友は、固い決意のもと、解放区死守闘争に決起してほしい」という緊急提言があった。

ただちに各闘委は、経済と法学部の守備隊と各学部の守備隊に分かれて行動を開始した。大衆団交をさまざまな理由をつけて破棄した古田理事会は、六月一一日を再現するかのごとくに右翼暴力団による暴圧を試みたのである。この襲撃計画は、全共闘の固いスクラムの前に失敗に終わり、集まった右翼は逃走した。

◉八月七日(水)

久米執行部は文理教授会とボス交を試みたが学友に批判され、自己批判し解散を声明した。

久米執行部は自己批判し声明文を発する。

文理学部の学友諸君

我々の運動に対して当初から敵対していた久米執行部は、昨日私学会館で、厚生施設の問題、留年の問題、授業再開の問題、文理当局が文闘争をどの様に位置づけているのか、という没主体的な立場からの四点で、教授会とのボス交渉を提起した。このことは日大闘争をいかに勝利させるかという視点を欠き、日大闘争を真に推進している文闘委に対する分裂活動であるとして、断固阻止するとともに、久米君を我々のバリケードの中に迎え入れ、日大闘争の本質論での文闘委と久米君との相違点、運動を押し進めるうえでの運動論、組織論の相違を話し合う中で、全面的に久米執行部の学園民主化に対する路線のハタンが暴露され、その結果次の声明文が発表された。

昭和四三年八月七日午後一〇時四〇分

日本大学文理学部学生会委員長

声明文

久米奎八郎

私こと、久米奎八郎は文理学部学生会委員長として、就任以来今まで活動してまいりましたが、「日大民主化闘争」を推進させるにあたり、現学生会組織の矛盾を乗り越え強力になし得なかった事を、総括・自己批判し、ここに文理学部学生会委員長としての職を辞し、文理学部学生会執行部を解散することを声明します。

尚、文理学部における自治活動に対する権限を、「文理学部闘争委員会」に委託します。今後は全学共闘会議の五大スローガンを支持しともにたたかいます。

以上

学友諸君

我々は、久米執行部との問題解決をステップにして教授会との大衆団交を勝ち取ろう。

◎一二日の行動提起

午後三時　自主講座

「日本の右翼について」（柳田邦夫氏）

午後五時　教授会との大衆団交

（『変革のパトス』第七号より）

◉八月一二日（月）

文闘委と教授会の大衆団交は、二度のたきだしのおにぎりとみそ汁を食べながら、各教授に意見を求めなどする中で聞かれた。文闘委情宣紙はその結果を報告した。

教授会との大衆団交の成果を踏まえ
さらなる前進を勝ちとれ！

文理学部学友諸君

八月一二日、午後六時より本館第一会議室において教授会との大衆団交を行なった。団交を二度まで蹴った教授会が申し込んできたものであるが、文理闘争委員会は誠意ある態度でこれを受け、次の議題で開催した。

一、出席者の確認
一、発言権について
一、団交拒否とこの間の教授会（パンフ）の問題
一、文闘委の学生代表権について
一、学生会費の問題
一、今後の九・一〇月の問題＝試験・授業料拒否

一三時間にわたる団交の中で三つの誓約書・確約書が勝ちとられ、我々の一貫した闘争の展開の正しさが証明され、教授会の古田理事会即刻総退陣の要求も、学生の団結した強力な組織の力を背景としないかぎり空文句に終わらざるをえないことを、自己暴露させ、我々との共闘が如何に重要であるかを鋭く提起し、その欺瞞的・民主的ポーズをはぎとり、日大闘争の意義を積極的に理解しようとしない教授を断固として糾弾することに成功した。学生不在の大学運営から脱却し、学生の要求を無視したところで教育行政が行なわれることを否定し、具体的・客観的事実の論理展開の中で反動無能教授の厚顔無恥な姿勢を打倒し、学生自治活動弾圧者の学園からの追放権を認めさせた。

誓約書

日本大学文理学部指導委員長

森脇一夫

過去一〇年間の学生弾圧を認め自己批判し左の事を確約致します。

一、責任をとって指導委員長及び日本大学文理学部の教授を辞職致します。
一、時期に関しては八月三一日までに文書をもって回答します。

昭和四三年八月一三日

文理学部闘争委員会殿

確約書

日本大学文理学部教授会
学部長代行　沼尻正隆

一、日本大学文理学部闘争委員会が唯一の学生の代表であることを認めます。
一、学生会費の全権を日本大学文理学部闘争委員会に委託し当面三〇〇万円をおろす事を確約します。
尚、この事に関しては学部長代理土屋教授からこの場所において全権を委任されたものである。

昭和四三年八月一三日

文理学部闘争委員会
委員長　田村正敏殿

誓約書

日本大学文理学部
教授・助教授・講師五〇名連署

私達教授・助教授・講師は九月に行なわれる中間試験並に授業料の徴収を行なう事に一切反対し、文理学部教授会はこの正式な決定を八月二〇日までに回答する事を確認致します。

一、中間試験については現在の闘争が解決されるまで行なわない。
一、授業料徴収については闘争終結まで行なわない事とする。

昭和四三年八月一三日

文理学部闘争委員会殿

闘う自治会が強力な第一歩を勝ちとったことを自覚することはできる。だが古田体制打倒が我々のあくまで貫徹しなければならない闘争内容である。古田体制を恐怖のどん底におとし込み、全共闘、文闘委の隊列をより強化発展させよ。団交の成果を踏まえさらなる前進を勝ちとれ！　大衆性・非妥協性・永続性の一貫した武装ストライキ闘争による実力闘争で八・二五大衆団交を勝ちとれ！　八・一四武装ストライキ六〇日貫徹報告集会（一三時合併教室）に総結集せよ。

○各闘争委員会中間総括発言
○闘う他大学からの連帯挨拶
○映画会「日本列島」

（『変革のパトス』第八号より）

◉八月一四日（水）

文理学部で〈バリケード武装スト六〇日貫徹報告集会〉が開かれた。各闘委の中間総括が発表され、討論ののち、映画「安保闘争の記録」「鉄路の闘い」が上映された。

またも右翼テロ

◉八月一七日（土）

真夜中0時頃、文理学部正門の立看を蹴とばしている二人の男を発見、事情を問いただすと、社会学科と心理学科の学生で酒に酔ってのことであった。二名の学生が帰ろうとした時、四人組の学生が入り込み、ビールビンを割り文闘委の学友に棍棒で殴りかかった。ESS一年の学友が殴り倒され、頭を八センチ切る重傷をおった。文闘委では午前三時に全体集会を開き、警備体制の強化を確認した。

全学総決起集会

◉八月二五日（日）

法学部一号館で、夏期闘争最後の全学総決起集会が開かれ、古田理事会の夏休み策動を粉砕して闘いぬいた三、〇〇〇余名の学友が、闘争の連帯と確信をもって結集した。秋田議長の報告と決意表明ののち討論が五時まで続き、闘争の五大スローガンと具体的要求項目が提起され確認された。その時、右翼暴力団の襲撃により商学部のバリケードが破壊されたとの報告が入り、緊急体制をとり全員シュプレヒコールで闘いの決意を固めた後、デモ行進に移り、商学部への守備部隊を派遣した。

この日、商闘委が全学総決起集会へ参加した間隙をぬって、三時に三〇余名の右翼暴力団が車で乱入しバリケードを引きたおし、本館、一号館の中に入り込み、学部長室を初め各室を荒しまわり五時すぎ引きあげた。

八・二五総決起集会

七月二〇日、形骸化された民主主義に対して大衆の真の意見を反映させるところの直接民主主義の中で、我々の正当な権利を要求する八・四大衆団交を我々の力で勝ちとり、正当に確約させたにもかかわらず、学校当局は、ハレンチにも誹謗中傷の言辞をもって拒否してきた。我々は、そのような学校当局の策動を徹底的に追及し、我々の路線において、攻撃を加えなければならない。そして、八・二五にこの場を設定したのである。しかし、これをも拒否してきた時点で、我々はさらなる怒りをもって再度我々の真の自治権を日大闘争の中で確立せんとするものである。我々に対する弾圧を認めさせ、自己批判を要求し、徹底的に弾劾する中に、我々の五つのスローガンを基本とする具体的な要求項目を学校当局につきつけるのである。

〔スローガン〕

一全理事の総退陣
一検閲制度の廃止
一経理の全面公開
一集会の自由を認めよ
一不当処分白紙撤回

〔要求項目〕

一　過去の学生自治に対する弾圧を認め自治権を学生の手に！

1、検閲制度を廃止し、言論、集会、出版、掲示の自由を認めよ。学則第三十一条、学生心得を廃止せよ

2、当局の学生弾圧政策の一環を担っていた本部体育会を解散し、今後一切運動部に対する介入政策を行なわないこと

3、学生弾圧のために配備されていた機構、学生指導委員会制度、また学生課の行なっていた弾圧介入政策、研究会活動等へ介入していた顧問制度を廃止せよ

4、学生弾圧教職員の追放

5、完全なる自主管理（運営管理）下の学生会（各学部）会館の設立

6、経済学部不当処分の白紙撤回

二　大学機構、教育内容を改革せよ！

1、経営、事務、教育、研究、機構を改革し、学生が大学の主体である事を認め、以上の実施に関し学生の意見に従う事とし、学生が大学運営の拒否権をもつ事

2、学則第一条を改めよ

3、高給与受領者リスト発表

三　経理の全面公開！

不明金の責任の所在を明らかにし、過去五年間の経理を細密に全面公開し、全学生、父兄に知らせ、また今後これを制度化し、学生が必要と認めたら直ちに公開する事

四　全理事の総退陣！

1、理事退陣

2、会頭制度、並びに名誉職を廃止する

3、理事会、理事者の選出方法を全面的改革せよ

4 国家権力との対決

◉九月三日（火）

二時三〇分　古田会頭が理工学部に現われたところを学友が発見、至急各学部へ連絡、三時、車中の会頭に秋田議長が〝大衆団交〟に応じるよう要求したが拒否され、抗議して座り込んだ学友に対し、機動隊を介入させた。話し合いに一切応じぬばかりか、官憲の暴力による弾圧のみ考える古田会頭に対し、集まった学生は「機動隊は帰れ」「古田は大衆団交に応じよ」と抗議のシュプレヒコールをくりかえした。機動隊は抗議する学友三名を検束し、座り込んだ学友をゴボウ抜きにした。

古田、学園を国家権力に売り渡す

◉九月四日（水）

古田理事会が申請した、東京地裁の「占有排除仮処分」執行と機動隊五〇〇余の実力行使は、早朝四時に始まり、経済、法学部の学友は「学園を暴力団に渡さないぞ」「古田体制打倒まで闘うぞ」「解放区を死守するぞ」と、古田理事会の「民主化への力による暴圧」に対して徹底的に抗戦した。

機動隊のあまりの暴挙に、集まった市民は怒り、学友がマイクで叫ぶ「ボク達の父や母は自由を守れと教えてくれた」「学園を暗黒の世界に陥れたのは誰だ」の声に、何人かの主婦は涙を流して抗議したが、機動隊はそれを暴力的に排除し、「見ては悪いことをしているのか」と叫んだ市民をつきたおすなど、血まよった権力の暴力団は、その本質をあますことなく暴露した。

経、法を死守した学友一三二名全員が検束された。

全学共闘会議と文闘委は緊急アピールを発表、学園を国家権力から再度奪還することを訴えた。

全学共闘会議緊急アピール

スト破壊への怒りを、拠点強化――反撃へ

全日大の学友諸君！

今日の早朝、古田理事会は完全武装の機動隊数千名を動員して、経済学部、法学部、そして、本部のバリケードを暴力的に破壊した。全共闘はこれに対し、満身の怒りをもって抗議するとともに、あらゆる弾圧にも属せず闘い抜くことを宣言し、全日大の学友が総決起して反撃することを呼びかける。

古田理事会は地方裁判所に仮処分を申請し、その決定に基づき強制執行を行なう、という「法的手続」をとっている。この事は、古田理事会、警察、裁判所が一体となって、闘争破壊を行なったことを意味している。

古田理事会は、二日「改善案」を発表し、あたかも「日大を改革する」というポーズをとりながら、一方では手先の右翼学生を動員して、「一般学生」が全共闘に反対していると見せかけ、他方、暴力的スト破壊を実行したのである。これは六・一一を上回る暴挙であり、古田体制の反学生的本質を暴露したものに他ならない。そもそも「改善案」なるものの本質は使途不明金については一切明らかにせず、学生弾圧についても何の反省もないし、検閲制度についても撤廃することもなく、まして や古田理事会退陣については「紛争解決後、進退を決める」といって、責任回避と居座りを準備しているものに他ならない。われわれは、こんなものにだまされる訳にはいかない。六・一一を焦点とし、九〇日間に及ぶストライキ闘争を展開しているわれわれの闘いには、古田体制打倒を勝ち獲らない限り、一切の妥協はあり得ない。反動の拠点を粉砕すべきわれわれの闘いは一〇万学友の意志であるのみならず、東大を初めとして、全国で闘っている学友と連帯したものであることを再度確認しよう。

全日大の学友諸君！

古田理事会は、今日の法、経に続いて全学部のバリケード破壊を行なうだろう。全ての学友は、それぞれの学部のストライキ体制を徹底的に強化しよう。全共闘の戦闘的拠点を断固として防衛しよう。そしてこの拠点から大衆的反撃を断固として大衆的反撃を直ちに開始しなければならない。「昨日、一、〇〇〇名の学生が授業開始総決起集会を開いた」と報じ、あたかも一般学生が起ち上ったかのように新聞は報道している。

しかし、この集会を主催した「全学再建協議会」なるものは、議長の池田淳八を初め飯塚など大学当局の手先であることは、公然たる事実である。これは一般学生が全共闘に反対し、授業再開を無条件に望んでいるかのような欺瞞的策動に他ならない。われわれが民主化を求めるなら、ストライキ貫徹を武器に大衆団交において、全ての要求を獲得せねばならない。バリケード撤去―「正常化」は、われわれの団結の解除であり、一〇万学生の意志を踏みにじるものに他ならない。「正常化」とは、古田体制の下での反動的抑圧の秩序への逆行であり断じて許すことはできない。

全日大の学友諸君！

今日、理工学部に結集し、全共闘の下に固く団結し、反撃体制を構築しよう。大学当局―国家権力、機動隊による連続的攻撃をはねのけ、法・経の闘う拠点を奪還し、バリケード再構築に向け戦闘的団結を勝ち取ろう。

敵当局のスト破壊に反撃
不滅の日大闘争の勝利へ！
緊急アピール

文理学部闘争委員会

敵当局のスト破壊、反革命の暴力に、
鉄の団結をもって応えよ!!

本日午後五時を期して行なわれた当局のスト破壊は、これまでの日大闘争の局面を新しい任務へつき出した。

このスト破壊は、当局の反ストキャンペーン、欺瞞的な「改善案」提案、(夏休み攻勢)、そしてきのうの「全学再建協議会」という偽りの「民主化」、この過程をふんでなされたものだ。それは、当局があいもかわらず古田「帝国主義」独裁体制を放棄せず、むしろその防衛と温存をはかっていることを示している。古田体制の根本的な基盤としての会頭制を支える学部独立採算制、学生への暴力支配＝学生指導委員会制度、これらはなおもゆるぎなく在り、我々の闘いの中心問題もまた、この古田体制への対決としての学生の実力闘争によるストライキとして闘われてきたのである！

このストライキ破壊攻撃の次は何か！　第一に、経、法の校舎を中心とした戒厳員（ガードマン二〇〇名の占拠）、第二に、ただちに次の学部（残りの学部）へのバリケード破壊の前進、第三に「民主主義」的ポーズの学生集団を味方とした「改善・民主化」路線の提起とその実施であり、それは、第四に古田体制の一層巧妙な形での擁護であり、総じて、日大反革命の進撃、テルミドールなのだ！

これこそ今日のスト破壊の根本である。だから我々は、バリケード死守の方針の下に、徹底的に実力で闘いぬいたのだ！

我々の現在の任務は何か！

闘争の拠点を実力で奪還し、全学バリケードを防衛せよ！　武装せよ！　その隊列で当局古田を包囲せんめつせよ！

日大闘争の任務とは何であるのか！　この点から再び我々は問題を整理し、闘争の新たなる前進を図らねばならない！

日大闘争の中でのこの新しい局面を、勝利の局面へと転化させる力は何なのか！　この二つの点をもう一度確認しよう。

四月から五月の、あの不正金問題は、いわば導きの糸口としてあったし、現在の日大闘争は、鋭くかつ大衆的な闘いの発展によって、高められているし、またすべての学友もこのことを知っている！　それは我々自らが闘ったからであり、その中で実践的に日大闘争の本質と意義を獲得してきたからだったし、今もまたそうである！

日大の古田体制は、文字通りの意味で、日本大学のその一切を、支配し左右し貫いている「怪物」であり、巨額の経理、人事の派閥性、「日本精神」による反動教育、暴力組織体育会を使っての学生支配がそれである。この総体を我々は古田体制と呼び、かつ打倒すべき内実としている。

日大革命闘争！

こうした任務は、明らかに、圧倒的な学生大衆の運動として獲得されるし、また、それ以外の闘いによっては達せられない闘いなのである！　しかも六月一一日の教訓に明らかなように、この大衆運動は、実力的、非妥協的な闘い、武装闘争として闘われるものであり、また、その時はじめて、日大一〇万の願いが獲得されるのだ！　このことこそストライキであり、大衆団交、バリケード、武装デモである。この基本的観点を確認するなら、今後の我々の任務は明確だ！

ただちにバリケードに結集し、闘うスクラムでストを防衛せよ！

経・法の実力奪還のために、圧倒的に全共闘に結集せよ！

すべての日本大学の学友諸君！

我々は、日大闘争勝利か否かの局面に立っている！　ただちに各学部闘争委員会のもとに、日大全学生の鉄の団結を、古田当局につきつけよ！

不滅の日大闘争の勝利のために、武装して結集しよう！　ただちにクラス・サークル・ゼミ闘争委員会を結成し、古田打倒の最後の日までの不抜の闘いの戦列をうち固めよ！

日大テルミドールが発生しても、日大闘争は再生する。

○古田体制打倒！

○官憲の導入に抗議するぞ！

○日大一〇万学生は、勝利の日まで闘うぞ！

○文理学部闘争委員会は、先頭に立って闘うぞ！

一九六八年九月四日

文理学部闘争委員会

再度の解放

四日午後二時、全共闘の抗議集会が理工学部空地で開かれた。集会には、知らせを聞いた学友がぞくぞく結集、三、〇〇〇余名の抗議集会は、「古田理事会は学園を国家権力に売り渡したのだ」「我々学生の力で国家権力の手から学園を解放しよう」「経済学部、法学部を奪還するぞ」と、怒りのシュプレヒコールに包まれ、三時三〇分、デモ行進に移り、四時、校舎内に居た職員と右翼学生を追い出し、学園は再び〈民主化闘争を闘う〉学生の手で〝解放〟された。

日大の根本的変革闘争へ

九月四日の〝占有排除仮処分〟の執行による国家権力機動隊を使ってのバリケード破壊は、古田理事会の本質、帝国主義的大学支配を意味していた。学生を自らの営利の道具とし、体育会及び右翼暴力団を雇っての強権的学生支配は、五月決起、六月蜂起の一〇万学生の叛逆の嵐の中で、自滅の一途をたどっていた。そして、学生を国家権力に売り渡す最後のあがきにも似た行為は、我々が打倒せねばならない〝古田体制の姿〟そのものであった。

九月四日から一二日に至る、経、法学部奪還の闘争は、六日三五名、七日一二九名、一二日一五四名、総計三一八名に及ぶ検束者を出しながらも、全共闘に結集した二万余名の学友が白山通りを中心に三崎町一帯を埋めつくす実力闘争として貫徹され、一二日、経済、法学部は、紙吹雪の舞う歓声の中で永久奪還された。この日文闘委は、機関紙『文理戦線』を創刊し、そこに「任務方針」を発表した。

任務方針

文理学部闘争委員会の中間総括を踏まえて、

9月7日　以下連続写真。理工学部九号館建設予定地で全学総決起集会とデモ。神田地区で機動隊と激突。学友129名が検挙される。全共闘は「9月12日に法学部と経済学部を完全に奪還。バリケードを構築し、もし機動隊が導入されたら、再度、徹底抗戦で闘う」との方針を決定

今後のわれわれの闘いの方向とわれわれの任務を定めなければならない。われわれの非妥協の思想と実力闘争は古田理事会の提起した「夏休み策動」を粉砕した。われわれは闘いを通じていいたい事を言い、やりたいことをやるという積極的な生き方を、バリケードの中で作りあげた。

全ての学友諸君！　われわれの闘いは古田がいう「学生が騒いでいる」というものではなく文字通りわれわれの実践の中に古田体制打倒という目的意識的行動がある事を確認しようではないか。

だからこそ学友諸君！　われわれは長いストライキ体制を貫徹したのだ。そのストライキ体制の意義はわれわれの闘いの団結の中で創りあげられていった。全学共闘会議に全ての闘う団結を結集する事、これこそが長期ストライキ体制貫徹のわれわれの内容であった。それをわれわれは実現している。このような中で古田理事会はわれわれの闘いに恐怖し、われわれの闘いを圧殺する為に彼らの本性を露骨にするだろう。従って、古田理事会の目的は一点に集中する、われわれの団結と、われわれのバリケードを破壊する事に。

従って、われわれは大学当局に、われわれの団結とバリケードを破壊する事は出来ない事を、認識させなければならない。われわれは彼等がそう認識するまでわれわれの闘争を堅持することが必要になっているし、われわれはそれを是非ともしなければならない。大学当局はわれわれの闘いの破壊しか考えていない。このために、彼等は「妥協案」を提示したり、暴力によってわれわれの団結を、バリケードを、破壊しようとしたりする。

だからこそ学友諸君！

大学当局に、われわれの団結を破壊する事は不可能だという事を、実践によってはっきりと示す事が、われわれの勝利への展望である。再度確認しよう。五、六月の大衆集会、デモから、古田の六・一一団交拒否を契機にわれわれは法学部を先頭にストライキに突入した。ストライキ体制はまさに、古田が作り上げた奴隷の秩序を破壊した。

したがってストライキは、われわれの最も組織的な実力闘争であり、強固な団結の表現である。バリケード＝ストライキは、古田体制を否定し、それを打倒する為のわれわれの最大の武器である。バリケード＝ストライキは、古田体制打倒の第一歩であり、われわれ学生の秩序の形成を意味しているのである。だから、

われわれはバリケード内における規律を、与えられたものではないわれわれ自身の規律を重要視しなければならない。これこそが新たな大学創立の原点にならなければならない。そしてこの団結を、バリケードを、具体的に保証するものは何か。この保証を創りあげる事がわれわれの任務である。この保証とは、学友諸君、第一組織する事、われわれの団結の闘う組織を闘争委員会の旗の下に結集する事である。

われわれの闘いは確かに大衆的に闘われてきたし、日大の全学友一〇万の共感を得ている。しかし、その一〇万の学友が明確にわれわれの闘いの意味を理解する事なく感覚的な段階にある事、したがって、古田理事会にも全共闘にも結集し得ない学友があまりにも多い事を、はっきりと確認しなければならない。だからこそ、われわれの任務は組織化にある。死力を尽くして組織することに。古田理事会は、この中間的学友に多くの期待をもっている。したがって、彼らは現時点ではうかつに手を出さないとともに、自ら自分の座をあきらめようとはしないのだ。

全文理の学友諸君!

文理学部闘争委員会の旗の下に結集せよ。

文闘委の討論に、文闘委の自主講座に。
　自らが古田の側にたつのか、正義の闘いを支持して文闘委の側にたつのか。今、学友諸君ははっきりと問われているのだ。学友諸君、闘いの意味を真に理解せよ。
　六・一五以後、文闘委に結集しバリケードを死守した先進的学友諸君！

　一〇〇余日間のバリケード内での実践を総括し、はっきりと自己の問題とせよ。理論的認識を高め、文理学部一万数千の学友諸君の導き手になり、九月闘争の大衆蜂起の起爆力となれ。大衆の組織者として学友の前に出現せよ。全共闘の闘いの前衛として成長せよ。
学文連に結集する学友諸君！

学友諸君の戦闘性を堅持せよ。学文通のサークルが文理の闘いの中心になって闘いを進めながら、サークル自身の保守性のために萎縮してはならない。サークルはマス・プロにおける清涼剤ではない。闘う理論の構築を、新たなるサークル論を闘いの中から創りあげよ。

自らの保守性を闘いの中で払拭せよ。

体育会に結集する一部の学友諸君!

自らのスポーツ精神を遵守し、大学本部の奴隷的状態から脱し、真の体育活動を作りあげよ。われわれは、諸君たちも古田理事会のもとで苦悩していることを知っている。われわれの闘いは、古田理事会の腐りきった状態を弾劾しているのだ。スポーツの発展を阻害しているものが古田理事会であることを理解し、われわれの旗の下に結集せよ。

文理学部教授会の良心的教授のみなさん!

文理教授会の自らの矛盾を止揚し、真に闘う団結を提起せよ。われわれは先生方との団結を望んでいるし、出来ると考えている。

六・一一を想起せよ!

七・八を想起せよ!

官憲導入を忘れるな!

われわれは真に連帯を訴える。勇気ある教授に対してはバリケードを開く用意がある。

闘う連帯を!

再度、全文理学部の学友諸君、われわれは信じている、全ての学友がわれわれの闘いを理解することを。そして全ての学友がバリケートの中へ入って来ることを。何故なら、われわれの闘いは真に正義の闘いであり、われわれの勝利をはばむ者には、何ら正当な理由がないからである。

中間試験ボイコットで、九月闘争を闘いとろう!

われわれは一切の古田体制を否定してきた。古田体制の提起している中間試験をわれわれが認めることは決してできない。
組織せよ！
組織せよ！
死力を尽くして組織せよ！

古田理事会は、全共闘の反撃に対して、二一日、要求を認める形式をとりながら、日大の「近代化」すなわち昭和三三年の「日大改善案」を最終的に貫徹する方針、「近代的学生支配、帝国主義的学園支配」を目的とする回答書を示してきた。全共闘はその欺瞞性に抗議し、大衆団交を要求したが、二四日古田は姿を見せず、結集した学友は〝本部封鎖〟を宣言し、三〇日に全理事が大衆団交に出席することを要求した。

大衆団交開かる

●九月三〇日（月）

全共闘が法学部一号館で大衆団交を開くよう要求したのに対して、古田理事は、日進会（古田が六、〇〇〇万円の金を出してつくらせた右翼学生グループ）の要求があるとして、三時から両国講堂で〝全学集会〟を開きたいと申し入れてきた。

全共闘は、公然たる分断工作に反撃すべく多くの学友に方針を情宣し、右翼暴力団を放逐するため、二時に、工作隊三〇〇名を講堂に派遣した。これに先だち右翼学生グループ二〇〇名は、バリケード撤去をスローガンに集会を開いていたが、工作隊を中心とする学友の追及に逃げだし、三時には、全共闘に結集する二万余の学友がつめかけ、団交拒否抗議集会が開かれた。「古田は大衆団交に出てこい」の声は両国講堂をゆり動かし、全共闘の断固たる決意の前に、三時三〇分、古田会頭をはじめ、理事、学部長二〇名が姿を見せた。全共闘は抗議集会を続行し、度重なる弾圧と分断の工作に抗議した。その結果、全共闘主催の大衆団交を始めることを双方で確認して、大衆団交に入った。

団交で、古田会頭は、①六月一一日、右翼暴力学生、暴力団をつかって弾圧した事、八月四日の大衆団交を一方的に破棄した事、九月四日の仮処分執行及びそれにともなう機動隊導入、この三つのことに対して〝自己批判〟し、仮処分を撤回した。②全共闘が唯一の学生代表機関である事、学生の処分は一切行なわない事を〝確約〟した。③自治活動について次の内容の〝確約書〟もとりかわした。

（一）自治活動に対する一切の弾圧をやめ、学生自治権の確立を承認する。（イ）検閲制度撤廃、思想・表現・集会の自由を承認し、（ロ）学則第三十一条の学生心得を破棄し、（ロ）学生自治弾圧のための一切の機関を撤廃し、指導委員会制度・顧問制の廃止、自治弾圧の教職員の追放を学部団交で決定し即時実行、本部体育会の解散、今後運動部へ介入しない。（ハ）完全な学生自治、自主管理運営権のもとに、学生会館を各学部に設立する。

（二）（イ）二〇億円不正事件に関し学生父兄の前に謝罪する。（ロ）経理を細密に全面公開し、公開を定期化する。（ハ）ヤミ　給与教職員を明確にする。

（三）全理事の即時退陣を近く行なう。

（四）全理事総退陣を前提とした大衆団交を、一〇月三日午　後三時より、両国講堂で行なう。

スト突入後一一三日目にして、古田理事会は一〇万学の前に姿を現わし、〝自己批判〟し、自治権確立の諸政策を確約したが、それは、日大闘争の新しい序幕であった。

●一〇月一日（火）

佐藤首相は、閣僚懇談会で、日大闘争に対

する政治的治安弾圧政策を決定した。

◉一〇月三日（木）

古田理事会は、三〇日に確約した大衆団交を破棄した。全共闘は、両国講堂で一万余の学友による抗議集会を開いて、佐藤政府の政治的介入と治安弾圧に抗議し、神田の経済学部前で集会とデモを行なった。これに対し私服の官憲が介入し、一名の学友を逮捕した。

◉一〇月五日（土）

国家権力は、全共闘議長秋田明大以下八名に対し逮捕状を出し、日大闘争への弾圧を開始した。

読売新聞　☆14版☆　(14)

日大、大学が全面譲歩

理事五人辞意表明　仮処分も撤回

深夜の団交、解決へ近づく

永田総長が辞任

"警官の殉職に責任"

「930大衆団交」を報道する翌日の読売新聞

第二章

闘いの中で——自己変革の記録

6月12日　6.11「血の弾圧事件」に対し決死の抗議デモ

1

夜明けの音が聞こえてる

●僕等の長い夜に

哲学科四年　田村　正敏

僕等の黙した時間に、一つの言葉がはなたれた。
とぎすまされた言葉は長い夜につきささる。
叛逆へ
自らの存在を示せと
圧殺された怒りが　うずく長い夜。
僕等の逆立ちした三角形の頭、ふりみだした髪は
血でそまった世界に　細い裸体をうかせる
静かに語れ
母は　闘いを知る事が出来るのだ。
僕等の黙した時間　言葉の中に決意せよ、
僕等は　闘いに勝たねばならぬのだ。
弾圧は　歴史ではなかった。
重たい恐れとなって僕等におそいかかる。
力か。
僕等は言葉を捜す、闇の中に細い時間を創り上げよ。
弾圧は歴史ではなかった。
苦しみぬいた夜。僕等は叛逆した。
僕等は長い夜をすてさらねばならない。
早すぎた蜂起。
僕等は組織された闘いを始めなければならぬ。
細い裸を　力とせよ。
黙した時間を　わすれてはならない。

文理のキャンパスで

◉根室　雅設

つつじが花を落とす頃に
一つの花がつぼみを持った。

トゲを持った潅木のオレンジの花
五百年咲くのをわすれたオレンジの花
「そう」五百年前の中世のさ
時代の内に咲いた花

だいじにだいじに
時間をかけてかたいつぼみは花開く
冬眠をやぶって長い冬眠に怒りをもって
オレンジの花は「今」花開く

鋭くとがったトゲは
夏の夜の雨にぬれて
アーク灯の光に冴える
トゲはねらうさ
先に怒りの毒をもって
長い冬眠においこんだ奴ののどもとを
古田倒せの声と共に。

マルクスとコカ・コーラ

◉心理学科三年　藤代　誠

マルクスとコカ・コーラの氾濫する中で闘争が始まった。すべて初ものずくし、無から生まれた有でもないようだ。

マルクスが学生の精神ならば、コカ・コーラは社会情勢のような気がするのだが。

デモンストレーション

抗議集会、そしてあのまずい、アジテーション、尻にしいたアジビラ、すべてを乗り越えてデモが始まった、というより、その時点では、デモしかなかったのだ、静かな、民青のようなものから、ジグザクへうつり、フランスデモに変わった、やはり日大生には華々しいデモが一番適しているらしい、サイケとハレンチという言葉が持ちこまれている闘争なのだ。

ゲバルトもしかりである、すんなりとヘルメットを被った学生が帝国主義という言葉を嫌った所以はそこにあるらしい。

機動隊

六・一一機動隊が出現した、多くの諸君は、右翼規制の為と思い拍手をして迎えた、そして自分達が彼らから弾圧を受けるとも知らずに、涙を流しながら。

抵抗した学友が何人いたことだろうか、〝ポリ公帰れ〟から〝官憲帰れ〟になるまでにひと月以上かかった。七・二〇に九十五人の大量逮捕、不幸にも全学連大会にぶつかった。不幸とはいえないだろう。必然だったような気がしてならない。七・三一ステッカー事件。経済の学友四名が団交のステッカーを貼る途中パトロール中の警察官二名に逮捕さる。罪名、軽犯罪、パトロールカーの中から小六法を持ち出し説明したそうだ。手錠もかけられず神田署へ連行さる、まだコカ・コーラから脱け出していないようだ。

インターナショナル

日大本部に赤旗が立った、七月一八日のことである。赤旗の強い意味を理解した学友が何人いただろうか。インターナショナルでもそうであろう。おそらく彼ら日大十万の学生は初めて歌ったことだろう。毎日毎日、少しずつ覚えていった歌の一つなのだ。

意識のうえでは、彼らには、あのブラックパワーのワークソングであり、リズムアンドブルースであり、ＧＯＧＯリズムであったはずだ。

彼らが、プチブルからプロレタリアートへ近づくにつれて、マルクスは苦笑しながらも我々の前に力強く現われて来ている。

六・一五――青春

文闘委がバリケード闘争へと強化した日。一九六〇年、記念すべき、学友樺美智子の死との闘いの日であった。彼女の全生命、青春をかけた日。

また、一ケ月、七・一四はパリ祭に、二ケ月、八・一五は敗戦記念日にと。

青春をかけた我々の闘争は、日程的にも華々しい。これが日大闘争の裏話になるようだ。

闘争によって青春が生き生きと我々のハートにしのびよって走る。

マルクスも、コカ・コーラも………

右翼

六・一八、七十名ほどの学生会議の諸君？　がおしよせて来た。

一名の捕虜を捕まえた、我々には三十数名の学友が傷を負う結果になったのだが。

立看部長の全実存を賭けた作品も火焔ビンで破壊された、不思議なことに彼らは隊列をくみデモもした。

新聞記者曰く、ほうこのごろ右翼は変りましたね。

斜線

斜めの線が創り出したものの中には、生があり死があった。

この反動の嵐の中で、多くの学友たちが消えて行った。そして今、我々は、逆に反動教授に斜線を引く。

また、バリケード構築は、現体制の教育というものに、そして、うすよごれた校舎にも斜線を引いた。どんより曇った夏の日の、わずかな、太陽の光さえも、我々に斜めの陽光をあびせている。

いつの日に、頭上に輝くのか。

コーラの茶色の雨が降らないともかぎらない。

A・Y・M

アングリー・ヤング・メン、

怒れる若者達、

若者は、何に怒るのだろうか。

ハイミナールから出発した若者が、新宿に寝起きして、グリーンハウスとよびだした。LSD、マリファナ・ソーマニールと、薬におびただしく。

今の我々には校舎がグリーンハウスでありマルクスがすりくであり、インターナショナルが、ダンモや、リズム、ブルース、GOGOダンスに変わっただけなんて。

同心一致

◉ 吉永　和子

享受
そして
蘇生を夢みた
五月

手さぐりで見つけた
コミュニオン

力

雄弁
勝利
自由

草を食《は》んでいる
小羊
お前は王様
山の麓からはこんで来る

アウステルも
また、やさしい
無限の始まり

マルクスが微笑する

涙、涙、何故に……

五月
すべてが
蘇生へと息吹く

オリの中の青春

◉倉田　敏彦

俺に許されているのは、
カブト虫をみつめることのみ。

カブト虫の行列が通る
一ぴき
二ひき
三びき

黒い背中にまたがった
俺の死が通る

アア
雲は俺の欲望を受けて
空と海の紅色の婚礼の中へ帰る。

四ひき
五ひき

星座の下で
毒を注がれた
俺の脳裏の片すみから
一人の女を引っぱり出して
屍体に欲情する

六ぴき
七ひき
八ぴき

禁じ得ぬ　涙に濡れて
失った夏の日ざしを想う。

もう秋
やがて衰弱した

俺の一塊りの神経は、
枯葉のたわむれの中で
不安の歌を
歌うであろう。

◉アルデンバラン

国文学科三年　三沢　憲治

アルデンバラン　それが空の片隅で
赤光を発するとき、
かならずどこかで戦いが始まる
多くの血が流される
多くの人々の涙の河をつくる

そは赤きアルデンバラン
呪われた星　血のごとく赤き星
そが赤く光り始めた夜
この村は戦場と化した。

両親を殺され、片足を奪われた少女は
空の一点を見つめている
ほんとうにお前が戦場にしたのか

ここは戦場ではなかった。

◉夜明けの音が聞こえてる

沢田　芳郎

カーンと冴えた空っぽの
コンクリートの冷えた壁に
ぽろぽろ老いた骨粉が
流れて崩れてゆらゆら落ちた。
無彩色の天井の
うっすら紅い斑点が
人魚のようになめらかに
するする拡がりのびてった。
腐った棘の植物の
吐く息むんむんいっぱいで
招きの手の皮しおがれて
濃緑色の裂け目から
ぬーるぬると這い出した。
夜明けの銅鐘ゴーンとなって
空気の耳をおし返し
山の涙を飛び散らし
すべてのものが狂い狂わす。
勝利と引きかえの犠牲？
限界と批判的克服の論争？

広岡秋夫の凍死体！
奥浩平の自殺！
あ　あ
変革しえない可哀想なものよ
空しい響きなんかさせないで
言えばいいのだ　　さようなら！

写真提供：前川恵司

2　たたかいのなかで

権力との闘い

◉久松4号

◉八月二日

午後五・三〇経済学部を出発、私はデモ隊の先頭部隊につき、後ろ手で竹竿を握り締め、デモ隊を先導していた。同、四〇分、本部前まで進行して来たとき、我々のデモは正当であるのにもかかわらず、官憲は規制にかかった。そのうちの一人の警察官の脇腹を、私が強く押し返した為に、一瞬四、五人の警官に取り囲まれ検挙されそうになった。しかし、我が学友の力が警官のそれに勝り、隊伍に帰することができ、再度、デモ隊の先頭に立っていた。先程の警官は、終始私を睨み付け、手帳を取り出して、私の容姿、服装を記入していた。その態度は、何かあった時絶対検挙をしてやるといったようなものであった。警官の我々に対する規制も、まだまだ小規模であり、デモ隊は彼ら警官の規制を完全に粉砕した。

午後六時一分神田神保町交差点にさしかかろうとした時、デモ指揮をしていた戸部君（経済四）が、突然五、六人の警官に襲われ、検挙されそうになった。再度の警告をうけている上に、彼は指揮者であった。戸部君救出のために二、三人が駆け寄り、私もとっさにデモ隊から離れ、彼の救出に向った。彼を摑んでいる警官にゲバルトを行使したが、少しも動ぜず、他の警官が逆に私を検挙しようとして来た。私の腕を摑んだ。振り離そうとした。全然離れない。ジャンパーが破れた。もう夢中であった。

しかし、警官は私の腕を執拗に摑んでいる。五、六メートルは引っ張り回したろうか、私の眼前を黒い暗雲のようなものが走り去った。機動隊である。ただ夢中で私の動きを遮るものに対し、必死の動きをとった。手に感じる鈍い固さ、目に映ずる黒い服、突然バランスを失い、私は後ろに倒れた。暗い空と同調する黒いヘルメット。背中を蹴るその黒ヘルメット。痛くない。全然感じがない。五、六人の黒い群れは私を引っ立て、私の脇腹を殴打した。私は前のめりに倒れそうになった。その状態の時、機動隊員は、ヘルメットの上を殴りつけた。今度は後方に倒れそうになった。後を摑んでいた隊員が何かをしようとした時、小隊長らしい者が隊員を押し留めてくれた。

その後、四、五人の隊員に、首筋、腰、腕を摑まれ身動きのとれぬまま、連行された。脇腹を抱えるように前屈みの姿で彼らに従った。デモ隊とは反対側の、交差点の角に連れて行かれた。そこにはもう五、六人の仲間が捕えられ、神妙に身体検査の取り調べを受けていた。そこでも、何かにつけて私を殴ろうとしていたが、回りには大勢の市民が、私達を取り囲み、「警官横暴！　横暴！」と叫んで抗議をする。

機動隊は、我々を市民から隠すため、近くの商店の入口へ場所を移した。再度の身体検査、取調べを受ける。その最中でも、私の脇腹、頭をこづく。そのうち一人の機動隊員が、工業化学と書かれてある旗竿を私に押し付け、「お前が持っていたんだろう」とか「これで殴ったんだろう」と強圧的に持たせようとした。当然私は拒否した。するとこづく。「我々に逆らうなんて学生の癖に生意気だ」と言ってはこづく。小隊長らしい者が来て止める。その間十分程度。押収されたもの、金三九二五円、ハンカチ、手袋。その事に抗議する市民。恫喝したり、検挙しようとしたりする彼等。終始一貫して不法な権力を誇示する彼等。そのうち、護送車の手配が済んだらしく、我々を一列に並べた。手錠もないまま、二人の隊員に両脇から抱えられた状態で歩かされた。護送車の中は、別に何もなかった。

神田署へ着くと、五号の札をつけられ、写真撮影が為された。ヘルメット、手拭姿、次は、無理に旗竿を押し付けて撮ろうとした。私は抵抗した。彼らは両脇から私を押え付け、私が持っているような恰好をした状態の時、シャッターを切った。撮影が終わると、身長、体重を調べられた。

さあいよいよ一切黙秘だ。ヘルメット、タオルは取り上げられた。隊員が脱いだヘルメットをよく見ると、後方の上に5、下に4と書かれてあった。5は五機、4は四隊を意味しているのだろう。取調べの後、四〇分程して、前の五人は久松、後の三人は高井戸へ移されることになった。

午後七時半頃、五人一行は久松署に着いた。到着と同時に、一人ずつ個室に入れられ、刑事と隊員の二人から取調べを受けた。その時、私の肩から血が出ているのをみると、すぐ消毒しヨーチンを塗ってくれた。取調べは、強圧的であったり、わが子をさとすような態度であったりした。住所、氏名、年令、職業、行為（交差点で警官を殴ったり蹴ったりしたということ）、公務執行妨害、全て黙秘、そして、指紋を採られ、学生の本分とはの説教が始まった。退屈で居眠りを始める。すると大声で怒鳴る。又居眠りを再開する。今度は諦めたのか、「では明日ゆっくりやる」と言って、私を鉄格子入りのアパートへ連れて行った。

午後八時半、身体検査（全裸）、バンド、時計、ソックス、ジャンパーを取り上げられ、預り証に拇印を押す。そして、六枚の毛布と一枚の茣蓙を渡され、やっと鉄格子入りのアパート入居である。ルームナンバー5。氏名は久松4号であった。部屋には先客が三人（恐喝、博奕、強請）寝ていた。我々の五人の仲間は別々に入居したのである。中は意外に綺麗で、普通の部屋にすれば四畳半程度の広さであった。風通しが悪い為か、一種独特の悪臭が、私の鼻をつく。先客三人は、私の戸惑う様子をよそに、茣蓙、毛布を敷いてくれた。そのもてなしとは裏腹に、蒸し暑さはなかなか眠りへとは誘ってくれなかった。

◉八月三日

朝六時起床、床を上げて掃除が始まる。はたきかけ、雑巾掛けなど、十分程度で終了。部屋ごとの洗顔。何もないのでうがいと簡単な洗顔で終わる。それらが済むと、朝の点呼がある。その内容は、正座をし、番号を呼ばれると手をあげて、元気よく「はーい」と返事するもので、私はうまくいかず、逆らう。そのうち諦めて通過する。ただ、何となく照れ臭く、抗ってみたいものである。七時朝食。予想に外れて、出された飯は、美味そうな銀シャリ、そして味噌汁。昨晩から何も胃袋に入れていない。加えて娑婆のメシより旨そうだ。少なくともバリケードの中の餌よりは、うまく感じた。

八時半、取調べ。昨日の奴とは違って、何となく甘そうな奴、心で安心する。調書は「デモに加わり、ジグザグ、駆け足、警官に乱暴を働いた」という事である。全て黙秘。昨日から何も喋っていないので、何かを話したくなった。調書にもほとんど関係のない〝日大闘争の本質〟を、一〇分ぐらい聞かせてやる。取調べ官は、呆れ顔で「ハイいいです」とだけ残して帰る。この時間約四〇分。又戻ると九時半。体操が始まる。一寸したラジオ体操であった。その後の煙草。私は年令を言わないので吸わせてくれない。些か不満。一二時昼食。カレーライス、水を飲みたいのだが、生水禁止。お湯しかくれない。どんなに怒鳴っても、団地の奥さん連中の様にツーンとしている。それを見ていた同居人が、先客の顔を利かしたら、水をくれた。持つべきものはやはり先客。この時程、罪人に感謝したことはなかった。

午後三時、全共闘からの差入れ。バナナと桃とタオル。四時頃、田賀弁護士が接見に来るとの状況を聞く。久し振りに娑婆の様子を聞き、ちと神妙になる。それから、調べに対しての諸注意を受けた。午後五時夕食。カツ丼（カツらしき中身はハム）だった。午後八時就寝。これが大体一日の日程であるが、そう窮屈なものではない。蒸し暑さと、疲労の為か、四六時中余り考えることができない。アパートの中は規則として、胡坐か、坐っていなければならないが、特別なお偉方が見回りに来ない限り自由である。あとは警官との慣れ合い、外、内ともども世間話に花を咲かせている。とにかく気楽な一日の日程である。

◉八月四日

私の計算からすると警察は四十八時間、検事が二十四時間、そうすると今日中に検事の調べがある筈である。今日は八月四日、大衆団交の日である。八・二の不当検挙は、我々の運動に対しての弾圧であった以上、今日出すはずはない。明日だ。思った通り、黒板には八月五日護送五人と書かれてある。そうすると明日は、地検と裁判所へ行くはずである。しかしこれは甘い甘い幻想にしか過ぎぬ。一日中、大衆団交のことが気にかかり、時計を見ては今何をしているのかと想像した。

◉八月五日

八時一〇分、仲間五人と護送車（別名を観光バスという）に乗せられて地検へ向う。途中久し振りの娑婆の様子を、珍しそうにながめ、行きかう女の人の服装に目を奪われた。原色のないム所に比べると、その華やかさは、眩しいばかりであった。二、三の留置所から同行者が乗る。その中に二人の女性？が、と思ったら一人は男の様子。何と素晴しい男であろう。スラリとのばした足並は、女性のそれよりも美しく、その白さに目を瞠ったのである。

これが俗に言うおかまというのであろうか。そんな考えに駆られている自分が、何とハレンチなのかと思いつつも、その不思議さに目を奪われて行くのである。世に男と女が存在する。そのことは、種族保存のためにある。しかし、最初の種族保存の考えから発展し、その発展と共に恋愛という、世の男女を悩ませる人間の真実性としての恋愛を高めた。それが人間なのである。ヒトとして動物の概念にプラスした人間の、人間になる過程に完成されていった芸術品として恋愛がある。そうすると、人間社会、人間が進めばそのヒトという原型から遠ざかり、ますます概念化され、人間そのものが、抽象的に現代によく見受けられる、男とも女とも見分けのつかないといった風な現象が現われて来るのである。愛は、男のカッコーをした男と、女のカッコーをした女だけのものではない。その基本に、雄と雌というものがあるだけで、人間という一つの性格を持った者同士に存在する。映画男・女?優の丸山明宏は、男性でありながら女性の姿でも、美しさを認められ、話題となっている。その行動の現常識を打破すべく、次の人間性への新しい試みなのではないだろうか。

男が逞しいという事は、ある体制の概念である。いつの世にも常識なるものは、ある体制支配者が作るものである。民主主義たる現代でも例外ではない。美は女だけのものではない。男も美の象徴としてあり得るのである。それを完全に確立すべく諸々の闘いが展開されている。その闘いこそ人間がより高い段階へ突き進むということを示している。換言すれば、人間が人間の疑問を、一つずつ解いていく道へ進んで行くことなのである。しかし、やっぱりおかまはうす気味悪い。

こういう風に矛盾して考える私は、既成概念の中にいるからであろう。私が一人の革命家として生きようとするならば、当然この考えを自分の内部で解決しなければならないのである。今、私は法を犯したとして、その罪を問われている。否、決してそうではない。新しい体制を作るべく、古い体制の現法律を一切否定し、権力を打ち破らなければならない。その時点において、体制、敵の内部に捕虜となったのである。私の行為、客観的情勢、日大闘争が正しい限り正しいのだ。

午前一〇時、地検に着く。かつてのナチス独裁者のように私達を睨みつける事の可能な地下ホールへ案内され、成人、少年、婦人別、あるいは同じム所同士を離して坐らせられる。一一時半、コッペパン二個が配られる。食べようとした時、〝久松4号〟と私の名前が呼ばれた。腰に白い縄をつけられ、エレベーターで検事のいる七階に連行される。そして、手錠は外された。一応の公平さを装う。最初は冗談を交え、私の気持をほぐすように笑ってもみせる。だが、瞬間の鋭い目付は、権力に凝り固まった非人間的なものを感じさせた。後の強圧的態度は充分予測可能であった。①終始デモの先頭に立ち煽動し、②交通巡査に対して暴力行為を働いた等が検挙理由として読みあげられた。①は黙秘②は否認。再三再四読み返させた。検事は苛立ち「勝手な事は言うな」と怒鳴り、七分程度でかえされた。

すぐ下に戻り、五時まで身動きも自由に出来ぬまま、蒸し暑い中を約七時間、只じっと椅子に坐っていた。十分毎に呼ばれる名前の声の高さに、その沈黙を破られ、一度で緊迫した状態を破壊していた。そんなことでもない限り、耐え忍ぶ事はできなかっただろう。午後五時半、やっと全員の取調べが終了、観光バスの車上の人となり、久松に帰宅した。午後六時半、我々は遅れて食事をとる。何となく不安だ。

何故なら本日釈放される計算になる。その今日の昼、七時間の苦痛を強いられ、計算も考えも抜きとられて行くかのように睡魔が頭の中にしのびこんだ。

◉八月六日

天井に作られている窓から、明るい光が、今日も一日暑いぞと知らせていた。七時、食事が終わる。八時頃、仲間五人と地検へ護送される。昨日と同じ場所に、裁判所行き全員が集合。裁判所は冷房が利いているらしく、冷たい空気は呆けていた頭を正常に戻してくれた。一〇時二〇分、調べが始まるとすぐ弁護士に会え、久し振りの安堵感が湧く。すると、今までの一切の不当な取扱いに対して、無性に腹が立ち、必要以上の血が頭へ上り始める。一二時頃、私の番号が呼ばれ、裁判官の前に出る。住所、氏名、年令を言明。①の嫌疑は黙秘、②に対しては詳しく状況を話し否認。調書記入はなかったが、デモの時の任務を問われ、回答として「一切ありません」を言明した。裁判官は、終始公平、というよりも味方に近い態度ではあった。調書の拇印を最後に帰った。

午後二時頃、勾留の認められた二〇人程度が、地検へ送られ、残った者は我々六人を含めて一〇人。その内の三人に対し、勾留請求が認められ、地検へ送られる。残り七人は、久し振りの孤独解放を喜び、警察官の注意をよそに、笑い声も挿入された話をした。警察官も、我々の会話に入って来たが、政治についての討論、初めから一方交通である。自由に口を開くことに、我々は閉ざされていた時の不満をぶつけた。午後四時、六人の仲間の内、二人が再度呼び出され、一人一人五日間我々を不当にも拘束していた手錠が外された。釈放である。警察官の「何時か呼び出すことがあるかも知れない」と言った言葉も、四日間頑張ったという気持ちに、何のこわさも感じはしなかった。

外に出るドアが開かれると、外界の自由な空気が、私の薄汚れた体全部を洗い流してくれるかのように、まず私の首すじの汗をとばしてくれる。待っていた学友が「ごくろうさま」と言った。一瞬に、規制して動じなかった固い顔が崩れ、むやみに口元がほころぶ。学友の一人が、煙草をくれた。自由な空気と一緒に腹一パイ吸い込んだ。快い目まいがしてくる。私が一体何をしたのであろうか。学友の力強いシュプレヒコールで、私はもう次の困難な闘いの現実に帰らねばならなかった。八・四が出来なかったと。あとはもう九月だけである。しかし、我々の闘いは、大衆団交をあくまでも要求する。その中に新しい運動の展開をつかまなければならない。再度八月中に何らかの展開を試みなければなるまい。やはり古田に対しての私の考えは甘かった。権力という厚い壁は、まだまだ我々の前に立ちはだかっているのである。

迎えに来てくれた学友と久松へ私物を取りに行く。久松で署長に、今までの御礼の言葉として「これからも断乎権力粉砕まで闘う」決意の表明を、戸部君と二人でやった。帰る時、出口の所にコーラが置いてあるのに気付いた。今まで飲みたかった時、飲ましてくれなかったものである。自由に飲めることの満足感が、私を喜ばせた。だが、にがい。思ったよりうまくなかった。要するに、私はすでに敵の捕虜ではない。現実に再度闘う戦士に戻ったのである。そのにがさは、闘いの厳しさを私の身体全体が感じた証拠かも知れない。

最も頭にきた久松4号は、久松留置所を、夕方のシャバの光の中へ、他の五人と後にしたのである。

以上、私の手記であるが、久松の中に入って、外界から遮断されている不安状態に、ただ何もせずとも誰かがやってくれているのだという気持は、非常に心強いものである。だが一方、私自身は甘え過ぎていると感じないでもなかった。運動を継続しているという感じが余り湧かない。日大闘争は、私の運動としては継続するのである。この中で、真に闘うという事は、私個人の内部で全ての性格や、あらゆる思想性が、自分と周囲と対決し葛藤することになることを身をもって体験した。最後に、警察という敵の拠点に対し、新たな戦力を作り出す救対活動を、私個人の感謝と、日大闘争勝利のために、強く強く願っている。

久松で気付いた点
◎果物の差入れは、水分不足の折、効果大
◎手拭の文字〝全共闘〟は勇気百倍に値す
◎活字の差入れも欠くべからざるものなり
◎弁護士の顔を、大衆的に知らせておく事

組織と個人および闘争形態
――七・二〇、官憲の挑発・弾圧攻勢による不当勾留九五時間の闘争記録・その総括――

◉黙秘の男　愛宕42号

日大闘争は五・六・七月闘争を終わる中で、日大創立以来の空前の全学的規模、いや戦後学生運動史上比類のない形態をもって、多大な影響力を内包しつつばく進しているのである。

かかる闘争形態の核心は、正に的確なる情勢分析を通しての明確な運動方針の提起、その下での統率のとれた指導性を有する組織活動にあり、その構成要因たる意識的分子としての個人である。闘争における個人の位置・重要性というものは、常にその運動の基幹となる組織を抜きには考えられない。また意識的個人の集合体としての統率のとれた組織なくして、明確なる具体的運動方針が提示され得ぬのも当然の事である。このような組織構成員たる個人、即ち組織の中の個人、その任務の重要性といった点を七・二〇官憲の不当弾圧、不当逮捕の犠牲者八六名の一人「黙秘の男、愛宕42号の対弾圧手記」を総括する中で考えてみる事にしよう。総括視点としては、官憲による挑発弾圧行為の不当性及び不当逮捕下での組織・運動形態を背景とした個人の任務の重要性という二点である。

七・二〇当日は、一八日の確認三項目に従い四時より、「大衆団交を前提とした予備折衝」が全共闘各学部行動隊（約五〇〇名）の結集の下に本部第四会議室において行なわれた。大学側から古田会頭以下一五名の理事、学部長と秋田議長以下約五〇名の全学共闘会議の学生による予備折衝は、当局の要を得ぬ不誠意な答弁により紆余曲折こそしたが、終始全共闘のヘゲモニーの下に行なわれ、七時過ぎ、大学側は全共闘作成案「大衆団交――日時八月四日、午後一時～七時、場所法一号館大講堂、議題『学園民主化について』→これへ向けての四条を付した」通りの「大衆団交」を開く事に誓約書をもって応じたわけである。

このような確約は、我々の実力闘争＝全学部ストライキ闘争の一前進段階と位置付けられるが、しかし、全面的に我々の勝利への道とは言い得ないのである。即ち、七・七理工学部で初めて古田会頭をつかまえた時、及び七・一八、七・二〇予備折衝にみられる如く、当局との代表会談をしている時、常に国家権力の尖兵＝機動隊が、我々の周囲を取りまいていた事実がある。この事は、大学当局の現国家支配体制（＝佐藤体制）との一体化を根底に、大学当局の新たな巻き返し策動への自信と灘尾文相発言の強硬策を背景に我々の実力闘争＝バリケードという現象のみをとらえ、かつゆがんだ大学論を楯に、現闘争を圧殺せんとする以外の何者でもない事を確認できる。この一環として当局者なりの「予備折衝」及び「大衆団交」の位置付けがあるのである。その必然的結果として七・二〇の官憲の不当弾圧・不当逮捕が位置付けられるのである。

予備折衝後、総括集会を終え、学部単位の総括をするべく各学部のデモ隊が帰路につく際、経済・芸術学部の学友が、三崎町交差点、経済三号館近くで、それぞれ最初から逮捕を目的とする機動隊の行動で、二一名が不当逮捕されたのである。かかる官憲の暴挙を現日大闘争に対する新たな弾圧としてとらえ、緊急抗議行動として、夜中の一時頃、神田署に抗議デモを挙行したが、シュプレヒコールをするや否や、またもや待機中の機動隊による全くの不当大弾圧を受け、六五名逮捕（四〇名前後は当日中に釈放）されたのである。

かかる国家権力の尖兵、官憲による不当弾圧の犠牲者の一人「黙秘の男、愛宕42号」の不当勾留九五時間の体験を再現し、先の総括視点に立ちもどろう。

体験手記――逮捕状況については、八時前の最初の接触中、経済一号館わき歩道上で、四、五名の機動隊員に不当にも「公務執行妨害」容疑の現行犯で逮捕され、交差点を斜めに連行されるさいに、ヘルメットをはがし、殴り、蹴り、口を押え、腕時計を路上にたたきつける等の暴挙を加えられた。車内でもいやがらせをはたらく有様であった。八時過ぎ、神田署へ、そこから丸の内の警視庁裏手の道場土間に神田1号として連行され、再度所持品検査が行なわれ三〇分程待たされた。その間、またたく間に不当検挙者の列が出来、その多くは虫ケラにいやがらせをされていたが、特に神田3号は、インネンを付けられ、殴る・蹴るの暴行を加えられるという不当さであった。

九時頃から一時間程、二一名の調書書きが道場板の間にて逮捕隊員によって行なわれた。一〇時過ぎ我々は、都内の警察署に分割され、私とほかの二名は愛宕署に連行された。ここで我々三名（愛宕40・41・42号）は、順番に指紋、写真（正面側面）がとられ、取調べが始まるや、40号（学生証所持のため身元ワレル）を除き完全黙秘を貫徹した。それから全裸の身体検査と所持品の確認の後、いよいよブタ小屋入りとなるわけである。二階作りで一二室あり、その手前に円形の見張り台、その上の壁に入房者心得、マリアの写真が掛けられている。中薄暗い獄内で、私は一枚の毛布を与えられ、第二房に入れられた。中にはすでに二名の入居者がおり、その一方は三六才のヤクザで殺人未遂の容疑で逮捕されたとの事である。私は手錠をかけられてからは落着き余裕さえあったのだが、初めての獄内一夜は、やはり寝付けず、寝ようとすればする程、外界の状況が脳裏をかすめ、睡眠を妨げ、獄内へ吹き込む夏の夜風も執拗に肌寒さを感じさせるのであった。

翌朝からは、起床六時で房内掃除、洗面の後、六時三〇分朝食パンとみそ汁、昼食一一時三〇分、夕食五時、ともにムギ白米の半々、大きな煮物一つに佃煮少々の箱詰めという、生命維持の最低量が与えられるのである。就寝時間七時三〇分で、それまでは静かに獄内に起きてなければならないという、無味乾燥な生活が始まるのである。このように多くの規制を加えられると、差入れ、弁護士の接見、刑事の取調べが唯一の楽しみになるものである。二一・二二日の取調べには、年令の幾らも違わぬような日大出という巡査が、わきでゴキゲン取りをし、刑事との取調べは言いたい事を言って気晴らしにしていた。二二日夕には、弁護士との接見があり、ますます意気が上がった。

二三日には、朝九時頃から護送車により日比谷の地検に送られ、二〇数名が学生用控室に入れられ、検事による一日がかりの取調べを受けた。午後三時過ぎ、やっと順番が来た。前日夕方弁護士との話がついていたが、情況判断により氏名等完全黙秘した。その為、身元のワレていた愛宕40号は出たが、我々二名は再度獄内に戻った。そして七時過ぎ一〇日勾留の結果を告げられたのである。翌二四日は、前日と同様、朝から地検に護送されたのである。ここでは一般と同室に入れられたため、学生の取調べは午後からになった。

しかし午前中に弁護士との接見があり、二回目の六五名は、前日全員出た事を知らされ、残る二一名のうち、三、四名を残し、他は身元を明かせば出られるだろうと言われた。午後の学生全員の取調べが四時頃終了しても、裁判官が検討中との名目で三名を除き六時過ぎまで残されていた。実はこの間に各自の親や兄などを電話等で呼び出したのである。また地方の学生は、東京に保護者が来るまでは結論持越しという欺瞞的な手を講じてきたわけであろう。我々残りのメンバーは保護者に一筆書かせたうえで、地検の事務室まで連れていかれ、釈放するという手はずになっていたわけである。

こうして我々は、学友の歓迎を受けて共に喜び、共に官憲の不当弾圧に激しい怒りをおぼえたのである。私と学友七名は、愛宕署に所持品を取りに行くとともに、外で官憲の不当弾圧に抗議し、結論を明日に持ち越された愛宕41号を支援すべくシュプレヒコールを繰返した。その後、近くの公園で学友が激励並びに総括集会を開いてくれた。ここで、出所第一声を発し外界のよさを満喫し、かつ私の任務を再確認させられた思いだった。

以上の体験を先の総括視点の具体化として、一方において今回の体験を通じての収穫として物理面・精神面の四場面に向けての対処方法について、他方において当日の官憲による弾圧の不当性及びその本質を通しての現日大闘争を位置付けてみる事にしよう。

前者を考えるにあたり次の四点に対策を集約してみるならば――

A　大集会及びデモが行なわれる時は①一切の重要所持品（学生証・定期・時計等）は持たぬ事。②事前に救対の名簿には、その日の服装等を正確に記入しておく事。

B　デモ中官憲の不当弾圧に直面したなら①決して単独行動はとらず集団の力で対処する事②もし機動隊とぶつかり検挙されそうな時は闘争に関する一切の所持品を混乱にまみれてすて、所持品を減らしておく事（押収物件として上げられる為）③検挙されそうな時は、大声で仲間に救援を求め出来るだけ集団で対処する事。

C　不当にも検挙され連行された時は①現行犯の場合には、その場で逮捕理由をただし、その不当性に抗議し、かつ周囲の人々にも訴えて闘う事。②何らかの手段で組織に連絡し、不可能な時も心配する事なく、闘いの正しさに確信を持つ事。③逮捕されてからも勢いよく暴れると、「罪名」をいくつか不当にデッチ上げる場合がある事に注意。

D　警察に運行されてからの闘いは①自己の正当性に確信を持ち、

権力を恐れたり弾圧に恐れたりする事なく、如何に長く勾留されることがあろうとも、あくまで闘い抜く信念を持つ事。②取調べに対しては終始完全黙秘を貫徹せねばならない。即ち逮捕（弾圧）は単に個人にだけ加えられた攻撃ではなく、組織、運動そのものに加えられたものである事を確認したならば、これと闘う事は自己を含めた全体の利益を守る闘いだからである。③弁護士の選任は、刑事事件である以上、当然の権利としてあるから、如何なる妨害に対しても、弁護士の集団名を指定（救対に弁護士団を設置）し、幾日も来ない時は、係員にどんどん要請する位の余裕を持つ事。④勾留については、七二時間が逮捕状で身柄を拘束でき、その内警察権限で拘束できるのは四八時間で、警察はその間に検察庁に手続きを取らねば釈放せざるをえない。残りの二四時間が検事の時間である。

かかる不当逮捕及び一日勾留による七二時間の拘束の間で、以上の点を実行する上に、組織の中の個人、即ち組織の構成要因としてのその個人の重要さをこれ程痛感した事はなかった。という事は、もし官憲の卑劣な弾圧手口にひっかかり、屈し、組織内情をすべて話したらどうだろう。現闘争が如何に学園民主化闘争とはいえども、体制側の拠点校として存在する日大の事を考えたら、前途が薄暗くなる思いがするだろう。それ故、組織内の個人は自己の存在の重要性にさほど気付かぬが、やはりこの闘争に関しては、慎重に行動し、常に組織の一員としての自覚を忘れてはならない。

後者を考えるならば――先の六・一一事件の官憲の行動はさる事ながら、今回の官憲の不当弾圧に至って、我々の警察機構に対する甘い幻想は断ち切らなければならず、また吹き飛ばされた事だろう。今回の八六名にのぼる不当逮捕・弾圧が、単なる国家権力の尖兵としての官憲による不当弾圧ではなくして、営利追求を目指す日大経営者と一体化した上で我々に加えられた弾圧である事を確認せねばならない。

①当日、予備折衝の過程でもはや機動隊が、神保町の救世軍前、経三号館前、さらに数カ所にパトカー、私服の刑事の出動に見られる如く、如何に大学側が出動要請した覚えがないといおうと（現闘争において七・七の理工の話し合い、七・一八の予備折衝にも機動隊出動）、反動の砦として、体制側の拠点校としての日大に対して体制側が黙っていようはずがない事――当局の新たな巻き返し策動への自信の深まりと同時にそれは、現闘争の新段階を意味する。

②例えば大学側の要請がなく神田署の判断により、当日の機動隊出動が「無届けデモ」という名目でなされたとすると、非常に多くの矛盾が生じるのである。即ち（A）当日理工学部一部は、駿河台←→三崎町本部の間のデモ申請はとってあり、ヘルメットの色ではどれが理工かわかるはずもなく（従って理工学部生までが逮捕されている）事実は、正に無差別の一方的な不当弾圧である事。（B）通常、まず機動隊指揮官からの警告があり、次に規制、そして検挙という段取りを踏むのが当然であるが、当日は第一機においては指揮官もいない上、警告・規制もせずして最初から検挙を目的に行動しはじめている事は、正に法の拡大解釈以外の何物でもない。（C）この証拠として、総括集会を法一号館でやっている途中、早くも機動隊が神保町方向から三崎町交差点に移動し、挑発・弾圧行為をしようと待機していたが、その時点においては我々がデモをやるかどうかはわからないはずで、目前で待機するという事は過剰警備というべきである。

以上の二点の具体的背景としては、昨年秋から開始された国際的反戦闘争に呼応して闘い抜かれた全学連――反戦青年委員会の一〇・八

〜一一・一二羽田闘争を直接的契機として動き出した国大協、警視庁さらに政府が、前三派全学連・反戦青年委員会に対し、破防法適用、さらには騒乱罪と、法的規制を加えてきている事と切り離せない。即ち、今年の二月九日の「最近の学生運動に関する意見」と題する国大協見解、これに呼応しての二月一二日の「警官の学内出動基準」という警視庁通達、また今日、戦後最高規模をもって全国五六大学において、まだ何らの見通しもたたずして学内紛争が燃え広がっている情況に対し、最近文部省当局の強硬策（灘尾文相発言）に見られる如く、これは正に国大協――警視庁――私大との有機的連関の強化である。

この事は現在、国際的、国内的危機の同時的進行の中で、支配者階級の攻撃に対する被支配者階級の反撃が、闘争の国際性、実力闘争、直接民主主義的組織として具現化し、その巨大な闘いが、七〇年安保を控えてますます強固になるという、かかる全体的動きの中で位置付けられるものであり、その中軸としてある全学連に対し、それを如何に弾圧・壊滅させていくのか、かつまた如何なる形で貫徹するのかという事の具体的表現こそ「二・九国大協見解」「二・一二警視庁通達」「最近の文相発言」である。このような客観的状況をふまえて、二〇日の日大闘争への官憲の不当弾圧を捉えるならば、その犯罪性は明白であろう。

ましてや体制側の拠点校としての日大において、自ら大学の自治とその名を放棄し、どこよりもたやすく現体制からの要求を受け入れ、現体制と一体となっての営利追求に奔走し続けている姿は、誰の日にも明らかである。今や大学自体が、明らかに「大管法」「大設法」「教免法」「授業料値上げ」等々に見られる産学協同路線、軍学協同路線の貫徹の中で、高級技術者養成所、労働者予備軍生産所として存在し、資本主義体制の矛盾に対して全く無批判・無思想な「期待される人間」「技術者」を、一個の生きる商品として「大量養成」する場所へと変質してきている。我々の自治活動は、それらの攻撃に対して真っ向から対決して、我々自身の諸権利を守ってゆく闘いとして存在しているのである。

かかる状況の典型として日大が存在し、一部経営者が、大学の場を営利追求の場と化し、現体制、即ち政財界（例えば桜士会等を通して）に癒着した形態で反動教育路線を貫徹し、正に過去の学生自治弾圧手段（一部体育会系暴力学生、応援団、右翼、暴力団、機動隊等）が我々の学園を支配し続けて来た。

かかる観点で、現日大闘争を集約し、日大においては「学問・研究・教育」さえもが完全に資本の論理に巻き込まれ、権力の道具になり下がっている事を確認するならば「学生自治権の奪還、学生の力の確立の堅持」を根底となすこの闘争のはかり知れない意義と重要性が認識できると思う。その意味においても、日大闘争勝利の為への第一門戸である八・四大衆団交を全国からの圧倒的学友の結集のもとに断固成功裡に克ちとる事を我々は確認しなければならない。

日大闘争と数学科の問題

◉数学科三年　M・A

現在の日大闘争の中で、文理学部数学科は、日大としての問題、文理学部としての問題、数学科としての問題、というように問題を段階的にわけることができ、それぞれの問題を分析し討論しつつたたかっている。これらの問題は並行しうるものでなく、先の順で大局的なものから局所的なものになっていて、数学科の問題は文理の問題にその根源がつながり、文理の問題は日大の問題につながっている。ここでは数学科における諸問題が、文理のそれと、さらに又日大のそれとどのように関わりあっていくかについてのべたい。本当は日大一般の問題についても論ずべきところだが、それは他の多くの学友が指摘して下さるだろうから、ここでは数学科を中心にした諸問題をとりあげたい。

日大文理学部数学科が、ここに特にとりあげられる理由は、過去に日大数学科事件（注一参照）という暗い歴史をもっていて、それが単に過去の事でなく、それによってもたらされた状況が現在でも尾をひいていて、数学科学生は今もって正常な学問を享受しえないでいるからである。そしてこの事件のもつ社会的な意味は単に数学科内にとどまらず、日大という場においておこった事件としてクローズ・アップされているから、けっして局所的な問題でなく、日大の体質をいみじくも物語っているものである。社会的な意味づけはまずおくとして、数学科内の問題をとりあげたいと思う。

現に私などは、日大文理の数学科は数学科事件以来よい先生がいなくなったから転部した方がよい、といわれたほどである。このことは、もちろん数学科の学生の責任ではない。不幸にしてそういう状況を知らないままに入ってきた日大文理数学科の学生は、一体どうすればよいのか。このことについて、現在の数学科の先生達はすこぶる無神経、いやそれ以上にわれ関せず、といった風である。

この前、数学科学生と数学科の専任の先生達との討論会で（この討論会ということすら否定しようとした先生がいたが、それは別として）、この数学科事件について、学生の疑問に対してなんら答えようとはせず、「その当時の先生がいないし事実がわからないから、これはもういいのではないか」とか「君達のもっている資料はやめた先生がアジったものだ」とか、「数学者の署名などは事実を知っていて署名したのでなく、仲間が署名したから自分もというのが多い」とか、先生たちはまったくハレンチなことばかりいって、この問題の本質を隠蔽しようとしていた。

こういった先生方に、日大民主化闘争の意義を理解させるのは困難であるし、又、非論理的なことに対する反感という、数学者としての良心の一片もない、と私は感じた。われわれはこれらの先生方に対していかにすればよいのか、われわれがこの先生方にこうして下さい、というのでなく、われわれがみずから数学科をよくするためにこの闘争を成功させる、そしてあの屈辱的な（日大数学科にとって）署名（注二参照）を撤回させ、数学科事件でやめられた先生方を復帰させることに全力を注ぐべきであると考える。あの署名はたしかに日大数学科にショックを与えるつもりだったのだろうが、現在の数学科の先生がこのようにいっている状態では痛くもかゆくもなく、むしろそれによる被害者意識がはるかに強いといってよい。本来ならばこうした先生方に加えられるべき社会的制裁を、事実上われわれがこうむっている形になっている。したがって文理学部数学科は、われわれの手でよくしていかなければならない。

日大文理数学科の諸問題は、遠いにしろ近いにしろ、すべて数学科事件とかかわっているが、数学科事件の他に現在の数学科の問題をとりあげよう。現在、数学科の学生は、一年一〇〇名、二年五七名、三年七七名、四年二五名である。また、応用数学科は一年九八名、二、三、四年あわせて約一〇〇名である。この二つの学科に対し、専任の先生は一三人、非常勤の先生七八人、という状態である。学生の学科編制は数学科と応用数学科とは別であるが、教授、講師などは、数学・応数共通だから、学生三五〇人に対し教師三一人という有様である。

　これをみても、特に理系ではマスプロが絶対といってよいほどいけないというのにこの有様である。文系にくらべたら、といわれるかもしれないが、学問の内容からして、自然科学系はマスプロでは、教育効果はほとんどゼロにひとしい。二年以上の専門課程においても、数学・応数合同の講義で、教職課程の必修科目として専門の、続微分積分学、代数学、幾何学などは三人がけでキュウクツなところで学ばなければならないという状態だった。三年のゼミについていえば、たとえば幾何学は人数が少ないという理由で廃止されたし、その他解析にしても実関数論を独立にはもうけず、関数論と位相解析の中に含ませ交互に行なわれているという状態は、学生の数に見合う先生の不足をいみじくも物語っている。とくに代数学や関数論のゼミについては一三人もいるという状態で、今後、二年生、一年生が三年になってゼミをやるとき、そのマスプロ化が今から懸念される。

　施設の問題にしてみると、応用数学科のゼミの中に、数値解析があり、これは電子計算機を使用するものだが、これが一台しかないため、それも応用物理学科の所有で応数の学生は優先権をもたず、一人が実験などをやるためにせいぜい二回くらいしか使えない。しかも計算機自体が極めてチャチなものである。又このゼミは、ＬＰ（線型計画）をやるものと、ＯＲをやるものの二つにわかれているが、そのうちの一つは二一人もいるという。二一人といえば、一年間に三〇回行なわれるとして一回一人とすると、一回しかできない人もでてくる。これではゼミの意味をなさない。それで果して本当の学問ができるだろうか。

　講座を一つ一つ検討してみると、ふつうの大学の数学科では大抵やるベクトル解析がないこと。これはここでは微分積分学の中でやることになっているにも関わらずやらなかった。解析のゼミの中にもベクトル解析を予定しながら関数論にふりかえてしまい、結局、関数論のゼミが二つ存在するという珍奇な現象となった。又、リーマン幾何学もなく古典的な内容におわる微分幾何学。代数学もついこの前まで、一〇年前の本を使っていたという状態だから、およそ新しい数学というものは期待できない。他にも一年の線型代数学も現在のＬＰの基礎である「凸集合と一次不等式」をやらなかったり、その講義が単に教科書朗読的なものであったりして、学ぶことによって何かをつかもうとする学生にとっては、およそつまらない退屈な授業が多かった。

　先生に個別に質問をしにいくと、私などよく自分で考えた数学のアイディアをもちだすが、数学とは与えられた問題を解いていくもので、そういうのは数学ではない、とボツにされてしまう。そういう先生は予定されたところしかわからなかったのではないかと思えてもくる。与えられたものだけをやっていくだけとはおよそ学問にいそしむものの言葉ではない。

　大学は、自分が勉強するところであるから、講義の内容など問題ではない、という人もあろう。今まで私もそう考えてきた。しかしそれなら一体なぜ高い授業料を払ってまで大学に来るのか、少なくとも学問の府として真理の探究の場としてであろう。それならば、それにふさわしいものを要求するのが当然である。

今まで数学科内におこった現象をとらえたが、次に日大の体質にかかわるものとして、数学科のあり方が日大の中でどのように位置づけられているかを示すよい材料として、大学案内書から引用すると、

数学科　現代の発達した科学、技術に必要な数理技術者の養成に努め、基礎的学力とその応用をしっかりと身につけた人材の育成が目標です

応用数学科　さらに計算機類を使って実習を徹底的に行ない、数理技術者としての産業界要望の声にこたえています

と書かれている。これは大学が産業界と結びつく、いわゆる産学協同の一端であるといえる。産業界に従属することによって就職率をあげ、それによってよい大学の印象を一般に与える大学としての商業主義がみられる。産学協同は、教育内容についても、純粋な理論よりも実用がきくものを、というのにこたえて、主として、微分したり積分したり、一寸したものの面積や体積が求められればよく、積分の裏の意味を自主的に学習させるような体系にはなっていなかった。

この闘争がはじまった直後、夏休みに数学科学生が全員合宿をする、と電光石火的に指導の先生が言い、これは、「学生が大学において横の連帯がないままに社会にでると困ることがある、と我々が考えるから」ということだった。皮肉なことに、この先生の考える連帯とは別の方向で、文闘委が結成され、数学科も闘争委員会を組織して、連帯を強めている。そのとき、合宿について反対したのは私一人だった。反対の理由として、「そのようなことは学生一人一人の判断に任すべきで、大学がかまうことではない」と言ったが、その先生、「そのとおりです。しかし君たちの間からそういう声が起こらないから、こちらからせざるをえない」と言う。この合宿もはじめは学校側のおしつけによる反発から反対したが、今にして思うと、合宿の名をかりた産業界の要請であったのかもしれない。又、闘争の初期の段階だったが、多くの学生が大学に不信感をもちはじめた折、合宿によってそらしてしまい、逆に大学の教育理念をより徹底させようという魂胆があったと思われる。又、これが、勉学のためでなく遊ぶのだといったことにつながり、ますます疑念を多からしめた。

次に、文理学部の中での数学科の位置づけは、数学科事件当時の学部長が、「文理学部では教員養成が目的だから高校の先生になればよい。専門的なことは大学院でやれ」とのべたところからもわかると思う。このことばの中に、学問と教育は別という一時代前の古い思想がよみとれる。教育のための学問などあろうはずもなく、立派な教育のためには学問が必要であることはいうまでもない。又、教員養成が主目的にしても、現在のように学習意欲を失わせるようなシステムの中で、学生が真の学問を投げだし、ひたすら単位をとるため教員免状をとればよい、といったみみっちい考えの人が将来教壇に立った場合、その先生はおそらくこの世をうまく立ちまわることしか教えられない先生になるだろう。

文理学部が教員養成機関であるとしながら、文理数学科は産業界の要請というものにこたえている。ここに食いちがいをみせている。又、はたしてこれらの目的を本当に達成するために、日大文理学部は今まででなにをしてきただろうか。産学協同の問題にしても、本当にそのつもりならばもっと施設を豊かにして、プログラマーの卵を育成するくらいになってもよいはずであるが、先ほどもあげたとおりに、実際はまったくその反対である。毎年二〜三人、日本電機に入った入らない

で一喜一憂しているような状態である。

そして教員養成の問題にしても、ゼミを早くからすることによって教壇に立つ訓練をできるだけ多くするのが（もし、学問が教育のためにあるというのが正しいと仮定すれば）本当なのに、ゼミ自体もマスプロ化している。教職科目、一般的なものとして「教育原理」「教育心理」「青年心理」「道徳教育の研究」なども、マスプロ化された教室で、かつたいして内容のない授業で終わってしまう。専門的なものである数学科教育法、教材研究も、その設置理由が疑問視されるほどである。

こうしてみると、文理学部はなにか目的があってそれにそって教育するという高次元な問題よりも、それ以前の段階にあることをわれわれは知らなければならない。目的というものがあるとすれば、いかにすれば最小の消費で最大の利益があるか、という営利第一主義で、その一環として、マスプロ、産学協同、学風の問題がでてくるのではないかと思われる。したがって、産学協同や、マスプロという問題も営利第一主義ということを抜きにして論じることはできない。

以上、記述が要領をえないものになり、又、はじめの問題の提示と順序がちがってしまったが、日大の中における数学科の問題、文理での数学科の問題、数学科独自の問題、の三点をあげた。われわれは単にこういった問題をとりだして糾弾するだけでなく、今後、数学科をよくするために、われわれ自身の手で学習しなければいけないと思う。

そのために、数学科としては自主講座をおいているが、この自主講座のもつ意義は、単に勉強するのみでなく、これによって真の学問の意味を知るのである。われわれの闘争は、闘争のための闘争ではなく、学問（広い意味での）のための闘争であるから。今まで自主講座を私自身も担当しており、今のところけっして多くはない。それでも、いつもの授業とはちがったものを得たというのが、自主講座に参加した多くの学友の言である。これはなにも私個人の講座がどうというのでなく、もっとエライ先生方の方がはるかによいことはきまっているが、私ごときがやる講座でも、お互い一緒に学んでいこうという気持がそのように感じさせたといえるのではなかろうか。この自主講座は私自身の一つの支えにもなっている。

われわれ白身の手で、新しい数学を学んでいきたい。なにしろまだ教わる立場にあるものであり、一寸した冒険で時にはまちがった方向に進むかもしれない。しかし自分達の力で歩んでいくところに、大きな喜びがある。自分達の勉学が確固たるペースにのったとき、それでわからないところがでてきたら、外から先生を招いて勉強していこうと思っている。

（注一）　数学科事件については、ここに数学民主化小委員会の「日大事件に関する数学科学生へのアピール」を引用して説明にかえたいと思う。

「事件の概要」　昭和三七年一一月、日大文理学部数学科所属の助教授福富節男、木下素夫、専任講師銀林浩、倉田令二朗の四氏は、学部長から日大の思想に合わぬから翌三月までに辞表を提出するように申し渡されました。

四氏は辞職を求める根拠の説明を求めましたが、少しも明らかにされませんでした。その後、日大当局は四氏の研究室を閉鎖して、入室を不可能にしました。

さらに翌三八年一一月、既に転職した福富氏が預けてあった私物を受取りに日大に行った際、庶務課長の指揮の下で事務職員数名が街路まで追いかけ、福富氏に暴行を加えるという事件が発生しました。福富氏は文書で学部長に抗議しましたが、学部長は事実を認めながら、誠意ある謝罪や処置をしませんでした。

以上の事件に抗議を続けた日大数学科の学生に対して、大学側は弾圧をもって報い、講義の質の低下に対する抗議に対して学部長は、「高校教員を養成すればたるのだから、専門的な高度の講義は不要だ」と答えました。

結局、三九年四月、木下、倉田両氏の転職を最後に、辞職強要事件は表面的には終わったことになりました。

外見上は以上の通りですが、原因らしきものの中から、二、三の点をひろってみますと、まず三七年秋の日大の大学祭で、「原子科学者とパグウォッシュ会議」という講演をはじめ、憲法問題などの一連の講演が行なわれたことを挙げています。このような内容の講演は日大では前例がなく、教育方針に沿わないとされ、また講演会は四氏らの指導によるものと、大学当局から事実に反して断定されました。

また三六年五月に、日大の経営者は応用理学系の諸学科を急設し、七月学生募集、夏休みに講義を行なうことを決定しました。数学科教員会議では、教員不足から良心的講義は不可能と結論し、その結果、応用数学科のみその年の募集が中止されました。このことを日大当局は経営に楯突く前例のない行為と考えたであろうと推測されます。

（注二）　数学者の声明と署名

声　明

一昨年一一月、日本大学文理学部数学科所属の助教授福富節男、木下素夫、専任講師銀林浩、倉田令二朗の四氏は、学部長を通じて、大学の思想に合わないという理由で、突然辞職を勧告されました。福富氏らはこれに対し説明を求めましたが、その根拠は少しも明らかにされませんでした。

さらに昨年一一月、退職後の福富氏が預けてあった私物をとりに日大構内に立ちよられた際、一部の事務職員から暴行をうけ、このことを学部長に抗議したときも、誠意ある謝罪は行なわれませんでした。

その後、以上の四氏は今年の春までに全員日大を退職されたのですが、このような経過には、このまま見過ごせないものがあると思います。それは、大学の教師がそれにふさわしい取扱いをうけていないということです。

私たちは、大学の教師が研究、教育上の無能あるいは怠慢の結果、正常に職務をはたせない場合は別として、それ以外に本人の意志に反してやめさせられるようなことがあってはならないと思います。大学がその本来の機能である研究と教育を正しく行なっていくためには、少なくともそれに従事する教師の身分の安定が必要であると考えます。まして今度のように根拠のない曖昧な理由で退職を勧めることなどは、許されてはならぬものと考えます。暴行事件にいたっては、奇怪というよりほかありません。

以上のような理由により、日大文理学部当局が、これらの行為を反省し、今後は教育と研究に従事する教師に対し、それにふさわしい身分の安定を保証し、敬意を払うことを公にしないならば、私たちは日大文理学部には今後一切協力する意志のないことを、ここに明らかにします。

昭和三九年

以下　署名

数学者　約八三〇名

学生有志　約一六〇名

その他　約三〇名

計　一〇二七名

（いわゆる「日大事件」についての数学者の声明より引用。署名簿管理者は上野正、斉藤正彦、野崎昭弘の三氏）

何故闘わなければならないか

◉S・K

現に闘っているわれわれを含めて、誰もが予想しえなかった日大闘争の空前のエネルギーの爆発と断続的発展は、日大の歴史にとって限りなく重大な出来事であるばかりか、全社会的に重要な意義を持っている。

多くの学友は、使途不明金問題を契機として、古田に対する不満を燃え上がらせ、「フルタ、タオセ」に集約される日大の根底的改革を要求した。この日大の改革が、そしてこの闘争が日大というワクを飛び越えて全社会の中に位置づけられねばならないことを、われわれは長い闘いの中から学んできた。東大、教育大を初めとする全国五〇数大学の学園闘争、この背景にある教育の反動化、そして教育の社会的意義からして、われわれの分析は、社会情勢・政治情勢の分析へと深まって行った。

何故、このような分析が必要であったか。それは、われわれ一人一人が社会や政治に無関係であり得ないように、教育、大学も社会的機構に組み込まれていること、日大にしてもそれが例外でないのは当然である。ましてや日大闘争として、「社会的大事件」になっている時、われわれが意識するとしないとにかかわらず、社会的・政治的意味を持っているのであり、我々の行動は、政治的意義を持っているのである。この現実を卒直に見つめ、目的意識的に対応することが要請されている。

このような観点を抜きにして、日大のせまいワクに閉じこもっているとするなら、古田のあらゆる手段を使っての闘争破壊策動に負けてしまうであろう。六月一一日、経済学部での右翼との戦闘の場に介入した機動隊に拍手をした時点から、われわれは、闘いの中で学んだことの理論化を通じて、闘いの本質を認識し、大きく発展した。この発展を全学友のものにすることが必要であり、これを抜きに闘いの一層の強化・発展はないのである。

以下、われわれ自身の闘いの社会的背景を分析し、日大闘争の意義を明らかにする。

一、日大闘争の背景

まず、日大闘争を取り巻く情勢を分析することを通じて、その背景を明らかにする。

今日の情勢の特徴は、ベトナムを先頭とする人民の解放闘争の新たな高まりと、それら人民によって帝国主義が包囲されつつあることである。ベトナム問題の本質はアメリカの侵略と植民地的支配に対する人民の解放闘争であり、これに対する軍事侵略の強化が戦争の拡大をもたらしているのである。ベトナム南部解放民族戦線の闘いは、人民解放の正義の戦争であり、アメリカの戦争は、帝国主義的侵略の不正義の戦争である。だから、アメリカが五〇万以上の軍隊を送り、近代的兵器を使用しても、敗北を重ね、解放戦線は、人民に依拠し、人民の戦争は勝利的に前進しているのである。この事は、歴史の発展の動力が人民の戦争にあることを物語っている。侵略・搾取・抑圧を行なう帝国主義は、武力をもって、その目的を果たしている。これを打ち破り、人民の解放と歴史の発展のために人民の武装、人民の暴力が不可欠なものとなってくる。

アメリカの黒人解放闘争、フランスの五月革命、西ドイツ、イタリア等の学生の闘い、これら先進国における階級闘争の高まりは、ベトナムと呼応するものとしてあったのである。日本の全学連の羽田闘争以後にみられる実力闘争も、この世界の人民運動につらなる武装闘争の一環としてある。

これに対して、支配者階級・帝国主義者は、あらゆる反革命・反動の政策を展開している。

アメリカでは、黒人の解放闘争・反戦闘争を軍隊で弾圧し、ベトナム侵略戦争のためにアメリカ人民を徹底的に抑圧し、戦争にかり出している。フランスのドゴールは、五月革命を、儀式化されしかも脅迫的な選挙で乗り切り、一見民主的ポーズをとりながら、民族主義をあおることによって独裁体制を強化し、人民抑圧を強めている。西ドイツ、イタリア、イギリスにしても、人民の闘いに直面して権力側は反動化を強めている。

日本の支配者階級は、朝鮮戦争によるところの特需ブームで経済的発展を飛躍的にとげ、その後の不況―好況のサイクルを通じて、独占資本＝財閥を復活させ、経済的・政治的に、財閥と官僚による支配体制を確立していった。その支配体制は、アジアに対する侵略体制でもあった。賠償の形で開始された資本輸出は、六五年日韓条約締結を機に飛躍的に増大し、政治的・軍事的支配をめざす植民地主義が本格化している。昨年の佐藤首相の一連の東南アジア訪問は、アジア植民地侵略の新たなステップとして行なわれたものであった。現在佐藤政府は、アメリカのベトナム侵略戦争に協力して、自らもアジア人民の解放闘争に反革命干渉を行ないつつ、独自の植民地圏「大東亜共栄圏」の構築をめざした侵略政策を推進している。支配階級は、この侵略政策に見合ってあらゆる領域にわたる整備を行なっている。労働者に対する搾取の強化、人民に対する諸々の抑圧強化、教育の再編等、あらゆる人民を帝国主義政策に巻き込み、それに反抗するものは徹底して弾圧するという政策を展開している。

戦後成立した教育制度、民主教育は、帝国主義的展開を推進している支配階級にとっては桎梏となっている。従って、これを改編し、帝国主義的に再編しつつある。小・中学校教育における改編は、相当以前から行なわれており、もはや完成したとも断言できる。教育二法、三法は端的な例であり、さらに教科書への検閲制、道徳教育、指導要領の改訂、「期待される人間像」。最近では、神話教育の復活……。これらは、教育活動に対する規制を行ない、教育を文部省直属に系列化し、現在の帝国主義政策に見合った人間を創り出そうとするものに他ならない。太平洋戦争否定の上に成立した戦後教育は、再び戦前へと逆戻りしている。

現在、教育の帝国主義的再編は確立の局面にある。その第一のメルクマールは教育行政の中央集権化であり、それは、地方の教育委員会の統廃合、「大学管理法」の準備として現われており、文部省による国家統制の確立を意味する。第二は、教育制度の複線化であり、六三三四制の破壊（国立高専、各種学校の制度化等）による学問・研究の無視と職業教育の重視である。第三は、教育内容の問題として、民族排外主義イデオロギーの鼓吹であり、それは「期待される人間像」に端的に示され、最近の教科書改訂は、この方向で行なわれている。

教育の帝国主義改編の確立局面を迎えた今日、大学がその攻勢の矢面に立っている。大学は、戦闘的学生運動の拠点としてあり、その闘いによって、文部省の攻勢が阻止され、遅らされている。この対立が学園闘争を激化させる要因なのである。学生は、時代を担うものとして、支配者にとってもその教育は決定的に重要であり、帝国主義に反抗せず、侵略政策を軸とする支配者の政策の推進者、尖兵を養成することが必要であり、大学をその場として位置づけねばならない。「大学設置基準法」「教員免許法」の改悪は、大学を目的別に再編して、専門教育、職業教育の場とし、「文句を言わずに支配者の言う通り働く、能力ある人間」養成を行なおうとするものである。

このような政策に基づいて、各大学で、カリキュラムの改編、学費値上げ、学生自治弾圧等の攻勢が展開されている。「日大のような大学」が、支配者達の目標になっている。日大が特殊でなくなりつつある現在、日大生の苦しみは全国の学生の苦しみになりつつある。それらの情勢が、われわれを決起させる客観的要因をなしているのである。この情勢は、一方で、全国の学園闘争、全世界の人民運動の高まりを意味しており、日大闘争に普遍性を獲得させたのである。使途不明金という特殊な問題から古田体制に突き当たり、その本質の究明の中から、全国の闘う学友、世界の人民との普遍課題＝帝国主義に突き当たり、これが日大闘争の背景をなしているのである。

二、日大の社会的位置と古田体制打倒の意義

教育、就中、大学の帝国主義的改編をめざす支配者階級のスローガン「日大を見ならえ」こそ、日大の社会的位置を端的に物語っている。今日、全国の大学で推進されている教育改編を、日大は、五八年の「改善案」実施という形で、全国の先端を切って行なった。それが古田体制として完成していたのである。古田は、官僚・教授・事務員に至るまで、完全な手先にし、独裁体制によって、反動的思想を教育の中に貫徹していった。それに楯突くものは、暴力的に学園から追い出し、学生からの収奪によって得た巨額の金を使って、彼の支配体制を支えてきたのである。

「建学の基」に示される「日本精神」は、現在の日本帝国主義のアジア侵略と、これに見合った階級支配政策の基礎にある「民族排外主義」「大国主義」を意味している。さらに学生の自治活動に対する弾圧を通じて、上から下まで完全にこの古田体制に包含しているのである。

このようにして、日大は日本帝国主義大学として、帝国主義者の教育

の砦になっているのである。超マスプロによって営利をむさぼり、建学の精神に基づいて「愛国者」＝帝国主義政策の推進者を、学生の自治活動抑制によって、無気力で文句を言わずに働く人間を養成する場として、日大を経営してきた。

従って、われわれの闘いは、この古田体制に対する反逆を意味している。使途不明金問題を契機とする、古田の学生抑圧に対する怒りの爆発は、古田体制そのもの、社会的に重要な位置を占める日大の現体制に突き当たらざるを得なかったのである。

われわれの闘いは、古田体制の根底的破壊をめざすものである。そして、それを通じて、学生の闘う団結の拠点を建設することが目標である。これまでの闘いで、われわれは、古田体制の一角をくずしている。共闘会議という、既成の組織を乗り越えた新しい学生の闘う団結は、古田体制打倒の武器であると共に、それ自身、普遍的意義を持っている。この戦闘的団結によってストライキを継続しているわれわれは、全人民的団結の一翼としての位置を与えられており、さらに目的意識的に、この団結を深め、強化していかねばならない。古田体制が帝国主義支配体制の一環を構成している現実があるとき、古田体制打倒は、帝国主義支配の一角を突き崩すことを意味している。

われわれの団結は、全国の大学で帝国主義的改編に抗して闘っている学友、さらに帝国主義的支配に抗して闘う全人民の普遍的団結の一翼を構成しており、このような全体的観点から闘いを進めなければならないのである。われわれが意識するとしないとにかかわらず、日大闘争はこのような社会的意義を持っているのである。この意味で日大ナショナリズムは、闘争の敵である。われわれの闘いを、社会から切り離した位置において考えるなら、古田の「愛校心」に勝つことはできない。これに対して、「われわれの愛校心」を対置したとしても無意味であるばかりでなく、古田の土俵に引き込まれるだけなのである。

日大闘争が勝利するか否かは、政治的に武装したわれわれの団結をどれだけ強固にかつ広範な学友のものとして創り出せるかにかかっている。これがないなら、古田の「妥協的ポーズ」に屈することになるからである。古田に対する非妥協的団結、これこそが勝利の鍵であり、これがあるなら、われわれは社会的任務を果たすことになるだろう。

バリケードへの道

◉応用地学科二年　Y・K

戦後日本の復興は世界の脅威であったにもかかわらず、文教予算が実質的には戦前よりはるかに少ないという事実は何を物語っているのか。それは、「カネ」がなくとも教育しうるという考えが、文化国家日本を支配してきたことを示し、文教予算の減少は、私学にあっては、引き合う企業であるということにまで行きついた。群れなす私立大学の経営者の哲学、つまり大学が採算のとれる企業であるという考え方は、理性の府という大学の理念に対する明らかな挑戦である。

四月中旬、国税局の監査によって二〇億円以上の使途不明金が明らかにされたのをきっかけに、日大闘争は表面化した。私が堪えがたい怒りに震えるのは、教育と研究の場を利用して、教育者の仮面を被り、我々学生を踏台にし、私利私欲をむさぼる利潤追求の教育制度である。

私が一年間日大で受けた教育は、無批判で無気力な、そして従順な学生に仕立てあげる教育以外の何ものでもなかった。この恥ずべき洗礼を限界のまま留めてしまっていた責任に対して、私は毎日を自己批判で過ごした。

ここにおいて大学教育の目的を考えるならば、主体性ある理性豊かな学生を創り出すことであり、疑問が起これば、あらゆる分野から徹底的に追求し、社会的・人間的な欠陥や矛盾を実践的に解決できる学生を育成することである。ここで、基本的な、それも全く初歩的な自治以前の問題を解決する為に起ちあがり、バリケードへの道を進んだ、その私の体験を話すことにしよう。

五月三一日、一時限目の独語講義が終わろうとしていた時、各教室に、「本日第二時限以降臨時休講につき学生は速かに下校されたい。無届集会に参加することを厳禁する。(日大文理学部)」というビラがまかれた。これこそが、日大の本質を明確に表わした行為であり、学生が存在しない大学、経営者の思うがままの大学、学生を人間としてではなく私有物として扱う大学の正体であった。

この事実は、私達文理学部の全ての学友、私達応用地学科の学友を怒らせ、某助教授に対して休講の抗議を行なったが、彼は日大の体制内にはめ込まれた一人の研究者でしかなかった。この問題に対し閉鎖的であったし、単に「助教授としての意見は何も言えないが、私個人として、君達に言える事は、本日行なわれる集会は、君達が考えている以上の非常事態が起こる可能性がある」と言うのみであった。私の不安は、この時から、広く深くなった。この状態において、他の教授は、我々の前に、学園の秩序という美辞麗句で、この問題をそらそうとしていた。学園の秩序が何のための秩序でなければならないかを問題にすれば、それはまさに、大学の使命を保証するための秩序でなければならないと私は思う。秩序の名をもって正義が封殺され、抑圧されるならば、これはまさに、中世の暗黒時代かファシズムへの逆転である。

七号館において学友達と討論をしていた頃、「二時間目より休講になりました。全ての学生は速かに下校せよ」「すぐ文理校舎より出ていきなさい」と放送が開始された。私達は再度、怒りに燃え、最後まで残ることを決議した。まさしく教授会は、我々を「学園の暴徒」として見ていたのである。教授会の権力と弾圧は、言論の暴力で、はっきり学生に挑戦していた。

一二時から、文闘委に集まる有志八〇〇名は大講堂前に結集し、八学部の学友を受け入れる体制を固めていた。力強いシュプレヒコールと意思確認が行なわれていた時、体育会及び学生会議の学生がデモ隊を包囲し、いやがらせを続けた。文闘委の学生は、集会を本館前に移し、再度、集会を開いた。そこでも体育会および学生会議系学生のいやがらせは続けられた。文闘委の判断でさらに、正門付近へ集会を移した。デモ隊はそこで座り込みを行ない、抗議集会を開いた。一時半頃、一部の体育会、学生会議による暴挙が起こった。座り込み中のデモ隊の中へ、右翼学生の運転するライトバンを突入させ、右翼学生数十名が、後部に居た学生連に殴る蹴るの暴行を加えた。その犠牲になった学生は、内臓破裂等の重傷者三名とその他の怪我をしたもの三十余名にのぼった。

恩義で結ばれた体育会系の一部学生達の誤った観念は、スポーツマンシップを高々と掲げながら暴力を肯定していること、一人の煽動者によって無自覚な行動に導かれることに弱さがある。この日は、まだ私が文闘委に参加することを躊躇していた時だったので、文理キャンパスから日大通りの食堂へ出かけた。二時か、あるいは二時半頃、異様な地響きを体で感じた。地震にしては横ゆれが少ないと思いつつ、食堂の外へ飛び出した。赤・緑・橙・ピンクの旗を先頭に、狭い日大通りに砂塵をふきあげながら、デモ隊が走って来る。「古田倒せ！」「古田倒せ！」。デモ隊が眼前を通りすぎて行く。教科書類を持った学生、女子学生も少なくない。「ガンバレよ！」と思わず拍手と激励の言葉が出たにもかかわらず、デモ隊が私と同じ日大生なのかと疑問にも思った。十分後、文理の正門に着いた時、文闘委と全共闘の学生達は、野球場で集会を開いていた。それは四時頃まで続いた。正門付近に陣取っていた体育会、学生会議の学生が大講堂付近に結集したのを機会に、全共闘に参加する学生達は、文理キャンパスへデモンストレーションを行ない、文理砂漠に集合した。

私がいた七号館は、デモ隊や体育会系の学生を眺めるにはよい場所であった。デモ隊が文理キャンパスの二号館と八号館の間で抗議集会を行なっていた間、一部の体育会、学生会議系学生が周囲を包囲していた。全共闘の学生の集団がデモンストレーションに移ろうとしている時、世界でも名の知れた元オリンピック選手や、体育教授及び一部文科系教授の指導で集められた体育会系学生たち約百名が、デモコースの両側に立った。この行為はデモ隊に与える威嚇以外のなにものでもなかった。それでもデモ隊の一部は勇敢にも通り抜けた。暴力の弾圧にも屈せず、死をも恐れない学生達を支えるものは、正義感以外の何ものでもないと思われた。デモ隊がキャンパスから去った後、一部体育会系学生達は本館前で集会を開いた。一人の屈強な男が出て、話し始めた。「我々の後には、教授会や理事者がついている。いままで日大を支えてきたのは我々ではないか、デモ隊のやつらは獣だ！　かれらは学園を破壊しようとしている。我々は暴力をもってでも彼らを学園から追放しようではないか！」

六月四日、それまで日本最大の私学、眠れる巨大な獅子、と嘲笑的に言われてきた日大は、古田体制打倒を目指して、神田三崎町の本部前に、学生一万五千人を続々と結集させた。私の所属する世田谷文理は総勢一千余名が集まり、各学部と合流した。日大本部と法学部一号館の間で、校歌、シュプレヒコール、アジ演説を行ないながら、抗議集会は進められた。有志はハンドマイクを、二個も三個ももち真剣に話し始める。

「進歩的・革命的学友諸君！いまや私達は、古田会頭を中心とする、民主主義への裏切り、不正専制体制の継続を断固破壊すべきである。大学こそは真理探究の場であり、学問研究の自由、学生の自治保証が絶対必要である。いまこそ学内民主化の徹底化のために、日大を反動の拠点から我々学生の自主管理に変えるために、勇気をもって起ち上がるべきである。現在の闘いは、日大の夜明けの第一歩である。多くの学友諸君！　団結した力強い闘いによって学園民主化が勝ちとれることを確認しようではないか！」

一言一言が、感動の連続であった。生きている確信が私の体中にみなぎってくる。この瞬間、私は、将来の進むべき道をはっきり自覚しえたと思う。少しの勇気と少しの理性が私をデモに参加させたことに感謝している。それは日本大学が八十年の歴史をもった中で、一万五千人の抗議集会やデモンストレーションは皆無であった故に、その性格と本質の故に、重要性をもっている。

全学共闘会議
文理闘争委員会
本部

習志野　335　君島
理 工
救護班
芸斗委

日大民主化

六月一一日は、一二時から全共闘主催の大衆団交要求の全学総決起集会であった。私は文理学部の校舎を一時半頃出発した。水道橋の駅を出ると、多くの市民があわただしく経済学部へ向かって走って行く。「なにかあるぞ」。異様な空気を感じとった。歩道を埋めている群衆を横目に、私は車道へ出て、経済学部へ向かった。経済学部のばかでかいビルの上方から、ビンやイスが投げられるのを見た時、一瞬自分の頭に当たると思い、群衆の中へ逃げこんだ。一階の窓の下には、全共闘の赤いヘルメットを被った学生が窓ガラスを割っていた。車道には落下物が散乱し、もはやそこに人は居なかった。ただ全共闘の学生が右翼学生を排除するため、窓から侵入を始めていた。三階、四階から続けて金属製の灰皿が投げおろされた。「危ないぞ!」「気をつけろ!」「止めろ!」。我々は必死に叫んだ。わきに居た学生も同じように叫んだ。校舎内に居る学生は一部体育会系学生、学生会議をはじめ、OB達だと、その学生がビルを見上げながら吐き出すように言った。

私より早く文理を出発した学友達は何処に居るのだろうかと校舎の入口へ向かおうとした時、約千人の第四機動隊が来た。私は、刹那、西部劇に見られるような、インディアンに追われている駅馬車に颯爽と現われる正義の騎兵隊を思い浮かべ、おもわず拍手を送った。「右翼学生を捕まえろ!」「学生暴力団を殺れ!」。しかし、機動隊は校舎内にいる右翼学生を逮捕も排除もしなかった。そればかりか、我々が抗議すれば体で押し倒そうとする。そのうちジュラルミンの楯で交通整理をやりだした。その間に、救急車が何台も来る。

私は、横を通る血を流した負傷者を何人も見た。二、三十人ぐらいだろうか、否、もっと多くの人が傷ついているに違いない。まだ、西南の窓では、右翼学生と全共闘の学生が棍棒で闘っている。傷ついた学生が窓から飛びおりるのが見える。

「機動隊! 学生を助けろ!」。五、六名の学生が機動隊の壁を破り車道に出た。窓に向かって石を投げつける。「危ないぞ!」「もどれ!」。その時、何を思ったのか、機動隊は突如、我々に、殴る蹴るの暴行をはたらき始めた。私は付近の学生と共に座り込んだ。「機動隊帰れ!」「機動隊帰れ!」

私もまじえて学生や市民が口々に叫んだ。私は初めて知った、機動隊は全共闘に参加する学生や市民に対して挑戦していることを。

二時間後、我々は経済学部校舎から追われた。応用地学科の学友達と合同し、怒りと憎しみを胸に、法学部三号館へデモった。ここはすでに、二千人の学友が固いバリケードを築いていた。その日から私は、法・経・文理にバリケードを築く学友と協力してきた。現在バリケードは、古田体制を徹底的に破壊し、大学校内を学生の自主管理にし、新しい日大を創造する砦となっている。バリケード内には、新しく生まれた革命の拠点があり、先輩が、友人が、後輩が居る。

闘いの総力をもって

◉天文学同好会　K・H

私達の大学当局への闘いは、今や全ての学友の総力をもって、当局粉砕の道を前へ前へと歩んでいる。しかしこの大闘争に入る前は、この日大は一体何であったのだろう。

当局は私達学生の意志に反し、真に正義と自由を求める私達に数々の弾圧をくりかえして来た。一昨年私は、法学部における応援団駆逐闘争の際、それに追従する法学部自治会の解散を迫った事がある（当時、私は法学部自治会に入っており、その構成は、右派四〇名、左派その他二〇名、不明二名、計六二名であった）。

その日は昭和四一年九月二九日であった。私達二十数名は、真に学生の声を反映する自治会を確立するために、総会に不信任案を提出する予定であったが、自治会右派は卑劣にも、傍聴と称し体連系の学生多数を総会に立ち合わせ、我々に暗黙の圧力をかけて来た。彼等のこの不当弾圧に、残念ながら、右派の二年生から我々側に引き入れた学生のなかに足なみの乱れが生じ、この解散動議は流れてしまった。しかしこの瞬間から私の道は決まってしまった。自治会における私の行動は全て彼等に見張られ、私の行動の全ては反対勢力（自治会および学校当局にとって）と見なされてしまっていた。ここで、もし私が学校側に屈していたならば、現在の私はなかった訳であるが、私は入学当初から大学当局の経営方針に納得がゆかず、真の学生を求めてやまなかった。その勢いもあってか、その時から、私の心の奥底に、これからの学生生活二年半を学生の真の自治回復の為に働こうという気持が、強く芽ばえてきた。

それからの私は、まず自らの学問と、日大の学校経営法、そして学生のものの考え方の分析に努力を傾けたのであった。残念なことに、私個人としての研究はあまり発展しないまま現在の闘争に入ってしまっている。

忘れもしない昭和四三年五月二三日、私は初めて、法学部学生として、いや一人の日大生として、この闘争に参加した。この日、法学部から参加した学生は約三百人。私達は「古田打倒」を叫びながら神田の町をデモった。そして連日、法学部四年生闘争委員会（略称、法学部四闘委）のメンバーとして、集会にデモにと走り回ってきた。

六月一一日、我々の決定的な行為の一つとしてのスト突入を惹起させたところの、経済学部前の流血闘争が勃発した。前日私は、明大での活動者会議でスト突入の最終決定を聞き、その日一晩を明大で明かし、法学部へ帰った。この日の我々の任務は、ストに入るまでの法学部の警備であった。昼過ぎより経済学部では全学総決起集会がもたれ、一万余の学友が集会をもっているはずであった。しかし、その集会中の三時すぎ、法学部に居る私達の耳に、経済学部の方向から危機に瀕した学友の叫び声が聞こえてきた。その声を聞くやいなや、我々は走った。理由もわからず、警備の人数の半分は走った。そして見た、経済学部前でのあの悲惨な争いを！　我々の仲間を、経済学部校舎の二、三階の窓から右翼が攻撃し、仲間が続々傷つき、担がれて行くのを！

私は咄嗟に、仲間（何学部の学友であったのか、今ではもう知るすべもないが）と結集し、又、個々に攻撃をかけている仲間も引き入れ、五十人ほどで、都電通り側の窓から右翼のたてこもる校舎の中へ突入していった。そこは、外で想像した以上に散乱しており、何の武器も持たずに突入した私は、一瞬死の影をその場に見た。

しかし、逃げ出そうにも後ろを向く事が出来ず、素手で彼らと闘うしかなかった。数分であったか数十分であったかわからない。外に脱出した私の手には、アルミ製の窓わくが握られていたのである。この闘いの最中に私は、右翼の一人に消火用の四塩化炭素を浴びせられ、呼吸困難、視力減退に陥って後方にさがる事となった。そして五時すぎ、体力の回復を待って再度経済前に向かった時は、そのまわりは機動隊にかこまれ、我々の仲間は小路の中にとじこめられていた。何とかして私がその学友の中に入った時には、私の前に機動隊の楯、後ろには数千の学友という状態であった。

「さがれ！　さがれ！」。機動隊の、我々に対する排除法ははげしかった。数千の学友は逃げ場もなく、小路の奥へ奥へと、楯で押し戻されて行った。「さがる事はない。ここに座り込もう」。私はそばの塀に登り、数千の仲間に訴えた。これに応えて、学友はつぎつぎと座り込みだした。しかし、その瞬間である。あの憎むべき国家権力の手先、そして大学の擁護団体である機動隊は、私の腕をつかんで塀から引きずりおろしたのである。「奴はリーダーだ」。その一言で彼等は数人がかりで私を引きずり出しにかかった。学友が私の足をつかみ、機動隊は腕を引っぱる。そしてついに我々の力が機動隊に負け、私は彼らに捕まってしまった。しかし、その時、私の目は、仲間の中で叫んでいる秋田君（全共闘議長）の顔を見る事ができ、安心したのである。仲間、そして真のリーダーは健在だと。その日、私は何事もなくその場から帰されたのではあるが、この事（国家の我々に対する不当な弾圧行為）は、一生忘れられない事件となるだろう。

その日、我々はストに突入した。私はクラブ（天文学同好会）が文理にあるせいもあり、この闘争では、文理がストに入ると同時に文理に居を移し、クラブと共に闘う事となった。そして再度私は、この身に学校当局そして右翼の暴力をうける事となったのである。

はっきりした日は覚えがないが、六月二十何日かに、私達は新宿西口にカンパ活動に出かけた。総勢二十数名のカンパ部隊であったためか、多額のカンパ金が集まったように記憶している。その帰り、私はマイクを持ち、クラブの後輩に全共闘文理闘委の旗を持ってもらい、下高井戸日大通りをバリケードへと向かっていた。そのとき、私達二人はうかつにも仲間に遅れ、五、六〇メートル後ろを歩いていた。そして正門へあと百メートルという商店街のはずれに来た時である。横道より、三名の暴力団風の男が出て来た。私は身を守るため道の端によって行った。その瞬間、私の後ろで人の走りよる足音がした。私は咄嗟に逃げようとした。

しかしすでにその時遅く私の後頭部に鈍い音が発し、私の全身に痛みがはしった。後ろ向きに倒れながら振り向くと、一人の男が走り去るのが見えた。私は無意識のうちに住宅の壁まで転がって、次の攻撃に備えた。奴等は、またもやかけ寄り、今度は蹴りにかかった。そこで私は足に全身の力をふりしぼり、逆にこちらから倒れたまま蹴り返してやった。敵は逃げて行った。私は立ち上がり、倒れた際にこわれたマイクを拾い集め、後輩の方を見た。彼は幸いにも何の危害も受けていなかった。しかし彼の持っていた旗は、奴らに強奪されていたのである。この時の頭の傷はたいした事はなく、全治一週間であった。しかし、その時から私の左足は、事ある度に痛み、ともすると自由がきかなくなるのである。このように私自身、この闘争に関して、目に見える二度もの、学校当局及び国家権力の暴力を受けたのであるが、最後にそれに関して、私の所感を述べることにする。

現在、大学は我々学生を一つの型、それはとりもなおさず産学協同という悪弊の中に没しこもうとしている。そして我々の闘いはその産学協同打破の闘争なのである。彼等は言うであろう。「現在ストに入っている学生は左翼だ」と。「赤だ」と。しかしここで考えてみよう。学生が学生として勉学研究に励むことと、この産業社会に毒されてはならないという事は、あたりまえの事ではないだろうか。現在、このあたりまえの事があたりまえでない。

　私は、本当の社会がそこにあるなら、それを求めたい。再度彼等は言うだろう。「社会主義国、共産主義国、そこにも産学協同という形はつきまとうぞ」と。しかし、考えてみるがいい。現資本主義国における産学協同は、一部実業家（不労所得者）の懐を肥やすにすぎないではないか。そこにおいて我々大衆は全く無視されているではないか。それだけでも、この産学協同が悪弊といって言いすぎではないと思う。すなわち、我々の闘争は正義を賢く正当な闘いなのだ。そして学校当局、そしてそれを擁護する団体は我々の敵でしかありえないのだ。私自身この信念をもってこれまで闘ってきたし、これからも闘っていくつもりである。

一年生の手記

◉K・M

　私はこの日大闘争には、比較的早い時期から加わって闘ってきた。サークルの関係もあって、一年生とはいっても、入学してすぐに日大における大きな矛盾、ある種の学問の不在、それに加えて弾圧の歴史的事実などを、他の新入生よりはよく知っていた。そういう事情で、この闘争にはかなりすんなり加われたのではないかと思う。

　五月のころには三四億使途不明金の問題などもあり、今までなんの蜂起も起こらなかった日大でも、多くの学生たちのあいだに、大学当局に対する不信、不満の感情が湧きあがってきていた。

　私はサークルの一年生たちと、学友を対象にした多くのビラを出した。五月の段階では、私たちの運動は文理における地下活動の時期に当たっていた。原稿をキャンパスに運び込む時などには細心の注意が払われた。カッティングする時なども、部屋の廊下側の窓は新聞紙などで覆い、原紙はプリントが終わりしだい部屋の中で燃された。ビラはキャンパス内で直接学生に手渡すことはできず、教室の机の中とか便所の中などに、こっそりと置かれた。しかし作られたビラは、一般学生の手に渡るよりも、学生課、右翼学生の手に入ってしまうほうが多かった。

　私は授業には必ず出席し、まわりに座っている学生に、日大の今の状況、すなわち私たちが今立ち上がらなければならない現状、大衆の持っている力の重要性などについて話しかけていった。特に必修授業の時は、クラスメイトと一緒の時間なので、ここではかなり徹底的に情宣してまわった。私のクラスでは、ある程度安心してビラの持ち込みができたので、私のクラスメイトのほとんどの手にビラが渡ったはずである。こうした下準備が、後にクラス闘争委員会設立の際に、かなり有効性を示したように思える。

　活動が学部的・組織的に行なわれだしたころにおいて、学校側は夜七時になると、学生会館（名のみの）から私たちを締め出したので、明治大学学生会館の一室を借用するしか方法はなかった。明大の学館に集まる学友は日に日に数を増し、五月二四日、私たちは文理学部創立以来の抗議集会を、翌二五日に大講堂前でもつことを決めた。今までキャンパス内で立看を見ることもなく、不明金問題に関する掲示もワラ半紙二枚に限られていたが、その日にそなえて、立看、アジビラその他のものが用意されたのである。

私はこの時期、授業が終わりしだいサークルの学友と連絡をとり、明大の学館に出かけ、十一時ごろまで仕事をし、それから家に帰るという生活だった。浪人して大学に入ったこともあり、両親は私が学校でなんら問題を起こさず卒業することを望んでおり、こういう類の運動には関与しないことを望んでいた。明大の学館に泊まり込んで仕事をすることを許さない家族内の事情が、当時はまだあったのである。

二五日の朝、私はいつもより早目に登校した。キャンパスには、いつもと変わらない日大特有の大平ムードがあふれていた。ほとんどの学友は三四億使途不明金に対しても、さしたる興味はないように思われた。

私は授業に出て、信頼できる学友に、きょう正午から大講堂前でもたれるはずの抗議集会に参加するよう呼びかけた。事前に暴力的威嚇でつぶされる危険性は充分に考えられた。授業終了のベルが鳴ると同時に大講堂前へ駆けつけたが、その時には私たちのつくった立看は学生課の手によって壊され、まだ作業中だった学友は墨汁をあびせられていた。私たちは小さなハンドマイクで学友たちに訴えた。やがて、三千ないし四千の学生が私たちの抗議集会に参加し、大講堂を囲む建物の窓という窓は学生によって埋めつくされた。私たちの集会は成功したのである。

集会中にもマイクを奪おうとしたり、出力の大きいマイクを持ち出して妨害しようとしたりする分子は、あとをたたなかった。私は自分のまわりにいる学生に呼びかけ、アジテイターを取り囲むようにして座り込んだ。それは暴力集団の横行する日大にとっては、かなり勇気を必要とする行為であった。学校側、右翼勢力の横暴はまさに前時代的なもので、この日も数名の学友が、殴られ蹴られるようなありさまであった。

その後、文理で行なわれた全学総決起集会の時も、校門前に座り込んだ私たちに対し、白昼殴る蹴るの暴力行為が行なわれ、二名の重傷者まで出る始末であった。この日、全共闘支持の学生は一万人にものぼり、文理キャンパスのデモの足音は下高井戸周辺を揺り動かした。だが私にとって、この日ほど日大生に対して連帯の感情を持ったことはなかった。スクラムを組む隣の学友の腕が、この日ほど強く感じられた日はなかった。日大のもっていた矛盾が一挙に暴露され、学生弾圧の歴史が目の前に引きずり出され、その腐敗と堕落性を、学生によって告訴されたのである。

それまで体制側ベッタリだった日大は、理工系の学部（理工、文理、工、生産工）が四学部もあり、これは体制が求める産業予備軍製造所を意味していたのである。教養課程の貧困、マンモス大学におけるマスプロ教育、文科系学生に対する教授陣の低比率など、それはお話にならないほどひどいものであった。教授陣と学生の比率は、理工系としても同様で、大学といってもそれは名ばかりで、わずかな技術提供の場でしかなかった。日大は技術者養成所の感が強く、アカデミックな教育を受けられるような場では全然なかったのである。真に学問を欲する学生は、学外にそれを求めるよりほかに道はなく、学生の研究成果を発表しようとすれば、日大特産の前時代的な弾圧がかけられ、講師を外に求めれば、それに対しても同様な弾圧が行なわれるのであった。

私たちは文理にバリケードが築かれる六月一五日まで、ほとんど連日集会をもち、明大の学館に通う日が続いた。サークル、学科、クラス、至る所で闘争委員会が成立し、クラスでも授業ボイコットによる討論会がもたれた。私のクラスでもかなり早い時期に闘争委員会が作られ、私も闘争委員に選出された。これで文理における合法活動の場も得たわけであるが、カイライ学生会はまったくの日和見主義者集団で、なんら運動方針を提起することはできなかった。あげくの果てには分裂行動をやってのけたのだが、彼らと文闘委の問題は、私の目から見ても、六月一五日の段階で終止符がうたれたように見える。

六月一一日には、全学総決起集会が神田三崎町で開かれたが、右翼勢力は狂気とも思われる暴力行為で私たちに迫ってきた。その日、私たちの学友には約百人にものぼる重軽傷者が出たのである。この瞬間、私たちの隊列は混乱し、烏合の衆と化してしまい、ただ経済学部の前に数として増すだけだったのである。戦闘的な学友が経済学部内に百人ほど入ったが、日本刀を振りかざす暴力学生に対して、私たちはあまりにも非力であった。破廉恥にも、この暴力学生にヘルメットを配り、食事を与え、彼らを指揮したのは、法学部学生課と聞いている。学校側のこうした暴力的な弾圧を、私はどう受けとめたらよいのかわからない。反動勢力の砦であるからなのか。営利第一主義の日大で、民主的な学友に立ち上がられては不都合だからなのであろうか。

バリケードを築いてからは、右翼の挑発、七〇人にものぼるヘルメット部隊の襲撃事件、それを除けばあとは平穏な日々であった。挑発行為をいちいち挙げていたのでは紙幅がなさすぎる。一例を挙げるならば、七〇人ヘルメット部隊の襲撃には火炎ビンまで飛び出すし、三メートルもあろう角材で武装していたのだから驚くほかはない。しかしこれとてもひとりを捕虜にし、かれらを完全に粉砕した。

自主講座は毎日もたれた。私たちが今まで学べなかった一流の講師の講演も聞けたし、すぐれた映画も多く観ることができた。私はこの時期に初めて、大学の授業を受けたような気がした。まったく皮肉である。私たちは肉体的な限界にもめげず、毎日集会を開き、討論、勉強会をもった。泊まり込んでいる多くの学友から討論がもちかけられ、私は多くの収穫を得ることができた。

六月一五日から七月の一一日までの間、私は五日間ほどしか家に帰らなかったが、家族内の問題はこのころにはケリがついていた。『朝日ジャーナル』を筆頭として、多くのマスコミが学生を支持」してくれたことも手伝っていた。

私もその後、底をついた生活費のためにアルバイトをしなければならなくなった。私だけでなく多くの学友も同様であったし、文闘委にしても学生会費が入らず、カンパも以前より集まらなくなっていたので、資金面ではそうとう苦労をしなければならなかった。私は七月三一日までそうした生活を続けたが、土曜日曜にかけては必ずバリケードにもどるようにしていた。ある程度バリケードを離れると少々あせりも出てくるし、今までの闘争の肉体的疲労も手伝って、苦しい時間を過ごさざるをえなかった。バイト料は、文闘委に対するカンパと、八月の私の闘争資金ですぐ底をつく程度のものにしかならなかった。

八月の一日には、予備折衝で確約されていた大衆団交が、学校側からなんらの理由もなく一方的にけられ、八月二日に全学総決起集会と抗議集会をあわせもった。この日、私たちの隊列がお茶の水駅に着くやいなや、国家権力が不当介入し、その日一日中、私たちを見張って離れなかった。七月二〇日予備折衝後の私たちに対する官憲の弾圧、具体的には不当にも八六人にのぼる大量検挙、この日の八人、八月一日の理事者の態度の変化、文部省の発言、これらは民主勢力に対して、権力が挑戦をしたのではないかと私には思われる。

八月四日には、二千五百人にものぼる機動隊が神田三崎町に配置され、私服刑事が私たちの講堂内部の集会にまで顔を出す始末であった。この夜右翼は、約三百名にのぼる勢力で、経済を襲撃しようとしていた。私たちは集会後、この夜襲に対する私たちの勢力的な考慮もあって、法学部一号館から経済学部までの約三百メートルを横八人の隊列でもどるよりしかたなかったのである。この夜、私たちは経済学部に文理の学友だけで約一二〇人が泊まり込み、非常体制をとった。どういうわけか、神田署にはエンジンの動いたままの機動隊のトラックが配置され、医科歯科大の前にも同様の体制が敷かれていた。

この体制が解かれたのは午前三時ごろだったと思う。右翼のなぐり込みに機を得て、機動隊はバリケード内部に入り込み、私たちの運動を一挙につぶそうとしていたのではないのか。右翼がなぜ夜襲を止めたかは知らない。しかし午後一〇時から一一時ごろまでは偵察の車が横行し、スパイらしいアベックが二組往来していたのを、多くの学友が見ている。

私たちは今、こうした全ての反動勢力とはっきり敵対している。私たちは、思想的にも実践的にもこれらの勢力に打ち勝っていかなければならない。新しい日大のためには、私たちひとりひとりの内部変革が急がれなければならないと思うし、私自身これらの勢力に対し、断固闘う自覚が蓄積されてきたことを感じている。

今、私たち一年生闘争委員会の合いことばは、「全ての反動勢力に、〝終わりなき恐怖〟を与えよ」である。

叛逆から人間性の回復を

◉社会学科三年　U・N

人類の歴史、それは「支配と被支配」「抑圧と被抑圧」の歴史であったろうし、そして支配者は被支配者によって歴史から葬り去られる。過去の歴史がそうであった様に、これからもそうであるに違いない。

現代的状況を「アスファルト＝ジャングル」と規定するならば、今日の「人間疎外」の中でそれへの「反抗」、それが最も人間的行為であろう。何故ならば現代人が人間となる為の唯一の道はそれ以外に残されてはいないからだ。「反抗」こそが最も人間的な行為であり、人間そのものになりうる可能性をもっているからだ。

私達は数十年後に二十一世紀を迎えるであろう。そのとき私をも含めた数多くの人間が自己の歴史を振り返るであろう。ジョン・オズボンの戯曲に「怒りをこめて振り返れ」という作品がある。まさに私の「言葉」もそれと同一の意味内容を含んでいる。しかし、私の歴史がそれであるとするならば……私は否定するだろう、「言葉」さえも。私は歴史においても「言葉」においても、そうであってはならないと考える。たとえ今の私が否定的なものであっても。

「怒りをこめて振りむくな」だとするならば、青春に生きている現在、青年として、アスファルト＝ジャングルと形容される部会の中に一つの「オアシス」を求め「反抗」することが、生きている（生存する）という「くさび」を自己の歴史の中に打ち込むことになるだろう。そしてそれが最も人間的な行為なのだ。

友情そして連帯などという「言葉」が単にそれのみとして叫ばれたとき、それは全く空しいということを私達は知っている。だが幾多の学友の文字通り血と怒りの上に構築し上げられたバリケードこそ、すべてを犠牲にすることをもって、自己をも疎外に追いやるこの隔絶された状況を打ち破る唯一のものとしてあるだろう。そして、つきつめてしまえば、バリケードの中にこそ真実があると断言できるだろう。

昨年の建国記念日反対、六・一五樺美智子追悼集会等の統一行動をとる中で、私は国家権力のいやなほどまでの弾圧、いやむしろその巨大さを骨の髄まで感じさせられた。以来すべての集会、統一行動から、私は足を遠のけてしまった。第一次・第二次羽田闘争、エンタープライズ反対闘争の革命的学生運動も私には全く無縁なこととして存在していた。

「私の隊列の一番はしの学友の胸を、機動隊が蹴った。脇腹をこづかれ、前の隊列の女子学生が素足で走っている。両脇の学生にかかえられるようにして。しばらくして私の挺団五〇人ほどは行場を失っていた。二〇〇人ほどの機動隊によって私達は囲まれていた。俺の横の学生が踏まれた。頭をなぐられた。俺は乱れた隊列の中に深く入っていた。右前方に国会議事堂が揺れて見えた。もう帰してくれ。逮捕しないでくれ。………こう叫びたかった。しばらくしてサンドイッチにされたまま、清水谷公園まで連れていかれた」

正当な主張、行為が、「アカ」という観念的言辞によって歪曲されていく。当時の私の行動が感性的正義感からきたにしろ、以来私はブランキー的虚無主義に陥っていた。しかし再度、自立しなければならない、生きているという証をたてたいということが私の底にまだあったろうし、女子学生に批判され、それに対して何ら正当性を証明できなかったからであろう。

「青年は荒野をめざす」、被抑圧者は無実の罪を被った死刑囚である。私が幾ら否定したとしても、でたらめな、そして疎外された団結者として今日の状況の中で死んでいくとき、それは支配者によって処刑されることを意味するのである。とするならば、私の「道」は、自己への叛逆、権力への叛逆。それが唯一無実を証明することになるだろう。その日の為に、私は自己解放を目指して、絶え間ない叛逆を幾度も繰り返すだろう。何故ならば、叛逆こそが人間性の回得を保証するものだから。

『放　言』

◉哲学科　T・M

高校時代の同級生は、立教、明治あるいは京大へと進学しているその中で、私には日大という所が学問をする場として与えられた。日大文理学部は京王線下高井戸駅と桜上水駅のほぼ中間に位置している。朝の八時半になれば、狭い道路いっぱいに、逆らうことのできない学生が校舎へ流れ込む。全て日大生である。

教室へ入れば、教師が、何年間も同じ講義内容であろうと思われる古びたノートを読みあげる。ただ無能とみえるだけであった。それがひとたびマイクの故障でもすれば、三〇〇人収容教室で内容は聞きとれる筈もない。予備校であれば必死になって静かに聞こうともするだろうが、大学入試の目的もすでにない学生達にとっては、もはや予備校のように聞き入る必要もなく、教授の声が聞こえないのをこれ幸いにうるさいことこのうえない。体育活動に疲れて、教室の後方で居眠りをしている体育会系学生。遊びのプランを夢中で喋る男女カップル。スポーツ新聞をひろげて読みふける学生。そこには、学ぶという行為が何の目的へつながろうとしているのかを顧みようともしない学生があふれていた。

哲学関係の講義の中で、最近中国へ行ってきたと触れ回っている教授が意気揚々と語っていた。「マルクス以前のことを知らない中国の学生が文化革命をどうしてやれるのだ」と。それなら、そういう先生あなたはニーチェなどを語っているけれど、ニーチェ以前の哲学を完全に把握して教授しているのですか。もし人間が一つのことを語るのにその理論体系を過去にさかのぼって完全に把握していなければ何もできないのなら、現在存在するものすべてを否定せざるをえまい。

決して理論的飛躍でも何でもない。単純な考えでその教授に反論したかった。しかしながら、その反論も発言する気持に不思議とならなかった。他の学生も同じ気持であるようだった。つまり、諦めの気持が先にたっているのだ。言うだけ言わせておけばいいさ、どうせ日大でしか通用しない教授じゃないか。ただひたすらに、学生がパリ大学と量的に同じことを本気で誇示している教授じゃないか。あの人の訳本は良いの、この人の訳が悪いのといった見解を出すことが学問だと思い込んでいる教授じゃないか。

ある時、一人の学生が本気でカントの「純粋理性批判」について教授と討論をはじめた。しばらく様子をみていたら、教授はどう思ってかその学生に対して、いつの間にかカントの論争からはずれて、ノートのつけ方が悪い、姿勢が悪いといった問題で批判しはじめた。彼はそのうち「君みたいなのがいるから授業の邪魔になるんだ」とさえ暴言を吐くのだった。実にくだらない教授が、ここにも哲学と銘うってお喋りをしていた。

私の学科には学科学生会という組織がある。よその自治会と外見は変わらないが、活動をしない組織である。役員は自治活動を行事活動と勘違いしているらしい。活動報告の承認を総会でかけていたが、それは、何月何日どこでコンパを開いたとか、親睦ハイキングをやったとかいった調子であった。

またある時、私は学科の先輩に、就職状況はどうなっているのかとたずねると、今までの記録は何も残っていないということであった。自家営業の人も多いし、たとえ就職しても縁故就職らしく、その資料などの世話をする人もいないという話であった。

はなしは日大の過酷な検閲制度や、秘かに学生のブラックリストをつくっているらしいこと、パージされた教授の話へと進展していった。私はその人に、何故こんなにひどい学校の矛盾に対して素知らぬふりをするのか、といった内容のことを卒直にたずねてみた。すると彼はすぐさま答えた。

「君ィ、そんなことを公にすると学校から睨まれるよ」

私は彼の言葉によって、「日大生」と世間で悪宣伝されているところの、わたしすなわち日大生としての屈辱感でいっぱいになった。

その後も、たびたびいろいろな人達に同じ質問をしてみたけれど、やはり「君ィ、そんなことを公にすると学校から睨まれるよ」式の答えが返ってきた。正義感を少しでも働かせてみれば義憤でみなぎるような問題が身近に散らばっているのに、しかもほとんどの人がそれを感じているのに、全然表面化しない。おかしなことに、それが状況であった。

私は、そのような環境に諦めを感じ、教授との対話を求める事は一切なくなった。それは、真摯な態度でものをいう事によってブラックリストにのるのではとてもやりきれない、と考えたからだ。そして、学ぶということを、学外に求めるようになった。このような中でいつしか、毛沢東に自分の理論的支柱をおくようになっていた。

こうして、イデオロギー的にも制度的にも悪の根源である日大に対する真っ向からの闘いを展開しなければいけないということが、私の義務感につながっていった。

そのような時、私は同次元的に学科内に位置する弁証法研究会と、サークル団体の機関紙である『放言』という合法組織を知った。そして実践活動を開始した。その時はすでに、入学後一年を経過しようとしていた。

――弁証法研究会での体験――

私はそこで、教授の赤裸々な実態をみた。学部祭の研究テーマについての問題がその一つである。テーマは「ベトナム戦争の弁証法的解明」であった。ベトナム戦争を題材にすること、文理学部で公にしたのはおそらく最初であったろうし、教授も飛びあがって驚いたに違いない。すぐ弁証法研究会にクレームがついてきた。その理由を明確にしてもらう為に顧問教授に糾明したが、彼とても、とにかくやめさせること、それ以外の事は出なかった。理由も当然追及の中で転々としていった。そして最後には「私は、決してその課題をやってはいけないとは言わないが、責任をもてないので顧問をやめさせてもらいます」という。

この大学の研究会制度においては、顧問をやめるということは、その合法組織を消滅させることを意味するのだ。そして、さも研究発表の自由は犯さないんだといわんばかりに、弁証法研究会に対して、ベニヤ板二枚程度の空間を発表の場として提供した。もちろん他の研究会もそのことは知っていたが、彼らは観念哲学に夢中になっていて、むしろ無関心を装っていた。最後的には「反批判」という小冊子を非合法的に出版して終わってしまった。

それは敗北だった。

これはまだまだ無意識的な学生が多数存在している事、真の意味での学生がまだまだ少ないことを意味していた。また検閲の具体例の一つであるが、教授が他学部へ出張教授として出かけた際に、弁証法研究会の悪宣伝をしていることを聞いた。実に巧妙な手段でもって行なわれる検閲の実態も体験した。またその年の弁証法研究会検閲問題の三ヵ月程以前に、経済学部で応援団闘争があった。それは、学生会の役員が新入生歓迎会の開催中に応援団からひどい暴行を加えられ敗退し、学園から追放せられるといったものである。

何故応援団が派手に出てきたかといえば、経済学部学生会が出版物を許可なく出そうとしたり、かつて日大文理学部学園から出ていった羽仁五郎氏を講演者として学校によんだりし、学生指導関係では抑え切れなくなるという事実があったからである。応援団を使って暴力事件をおこし、学生同士の対立としてデッチあげ、民主的学生を学園から追放するといった企みであった。そのような事からも判明するとおり、応援団は、古田体制として貫徹された日大王国の常設治安隊であった。応援団、これこそ検閲制三角形の頂点に君臨するものであった。

そのときの闘争を保証するためには、これら応援団をも実力で粉砕できる部隊が必要であり、これを支持する広範な学生大衆が必要であるという結論が引き出された。その時点では、広範な学生の意識向上が要請されていた。


――学文連機関紙『放言』での体験――


一方、私は偶然にも『放言』という学文連（サークル団体連合）機関紙の編集にたずさわる中で、広範な大衆の決起をうながすために、その宣伝活動にも励まなければならなかった。

機関紙『放言』の成立もまさに偶然であり、私がその編集にたずさわるようになったのも偶然であった。決して状況の必然性の中から誕生したものではなかったが、その間に『放言』は文理学部で唯一、戦う姿勢を示していた。

そのころ学内においてはステッカーはもちろんビラ等の配布はことごとく禁止されていた。それ故合法機関を使って、古田体制の矛盾を学生に対して広範に暴露する必要にせまられていた。それにもかかわらず、かなりの学生が無関心、もしくは右傾化した層に属していた。『放言』が掲載内容で学校の検閲と衝突するということよりも、まず学生に読んでもらうことがなによりも必要とされる時であった。そういう状況の中で、『放言』が唯一の合法宣伝機関として、本格的に意識的に口火を切ったのは、今年の応援団問題であった。

それ以前の学文連の活動では、体制内的運動の限界を突破できず、それに伴って機関紙『放言』も停滞していた。それが、応援団闘争で、応援団に真っ向から対決する姿勢を全学生の前に提示したことによって、運動は反体制運動に展開するという段階を迎えた。

ここで小話をはさむならば、このころでさえも以前同様に出版物に対して、こんな文章を書くと検閲されやしないかといったような、いつもの自己規制の壁を脱けきれなかった。「文理の砦は応援団には渡さぬ」といった題字をつけるのさえ一時は躊躇したりする場面もあったのを、今にして思い出す。私がこのような状態であったから、広範な学友が、いかに学校側の弾圧を恐れていたかも知る材料となるであろう。

こうした事から、『放言』の存在は、もはや文理学部における闘う戦列の唯一の合法出版物として、その地位が徐々に確立されていった。現段階において、すべての学友へ「古田一統総退陣」を突きつけることによって、文字通り、理論が学友に浸透しうる状態をつくりだすまでに進歩してきた。それまでカイライ出版物であった『放言』を媒介として、私は体制内的運動から反体制運動への過程をたどった。それは私の社会的実践活動へと連結されねばならない問題でもある。とてつもない大きな渦の中での日大闘争に、私はもしかしたら振りまわされ、やっとついてきたのかもしれない。そういう点で、私は更に理性的認識を強化しなければならないであろう。

私はグループスカヤと断然違うところがある。彼女と私の相違は、これまでの実践をいかに総括し、次の実践へどの程度役だてられるのかを正しく認識するかしないかという点にある。彼女に近づくには、絶え間ない努力の道しかない。

大学の解放はまだまだ先のこと、まして人間の解放は、そのずっと先のことである。
私は誰にも言いわけなどはしない。信じる思想をもち、信じる人々とともに、黙々と闘いの道を歩むだろう。

反逆万歳

K・T

この反逆の開始は、古田の十年間にわたる学生支配と弾圧の最終的段階として、反逆する学友の全面的勝利へ向かって進んでいる。何故に、この反逆がこのように発展し、反動の砦であった日大を崩壊させるまでに発展したのか。それは、古田反動支配の十年間におよぶ学友への弾圧に対する反逆の歴史としてみる事ができる。この反逆は、あたかも突発的に開始されたように見受けられるが、過去に数々の弾圧があり、それに対する学友の反逆の歴史があった。そして今度の反逆はそれを継承した形で存在し、そこにこの日大闘争の必然性が発見される。

今から十年前に、古田が日本の支配階級の要求に応えるべく、日大を反動の砦として確立しはじめた。即ち資本主義社会にあって、支配者の任務である〝人民のイデオロギー統一教育〟の先鋒として反動イデオロギー教育を、暴力をもってしても徹底的に実行していく事であった。反面この支配者としての任務を果たすかたわら、自己の限りなき金欲を満たすべく営利第一主義の政策によって、莫大な資本を蓄積してきた。

そこに校則の改編があり、学生心得の改編があり、学生自治会の改編があった。

全学連には加盟させず、教職員組合は存在させず、一切の政治活動を認めず、国策に適応する教育を推進するという「中道の精神」の強要と正統化であった。また本学の思想に合わぬという理由での数学科のパージ事件、政治色が強過ぎるといって研究発表を禁止した歴研弾圧事件や社研映画禁止事件、文革講演会禁止事件等々。これらはみな反動政策の犠牲であった。また、古田体制は、学友の反逆から、学生支配の欠陥を発見し、より強固にするという弾圧強化政策を常に企てている。

当時まだ学生自治会と称し、規約もなかった時に、自治会に学園の民主化を訴えて立った学友が、大学当局の弾圧を受けて、自治会からパージされた。さらに大学当局は、こうした学生を出さないよう、大学当局で考案したカイライ執行部をデッチ上げ、もって学生自治会を学生会と変更させるという「学生規約」を作成、カイライ学生会を完成させた。この規約は、大学の認めない学友を学生会から追放し、学友の団結を阻止し、支配者への服従の思想を、学生の実際の行動において、身をもって教育するというものであって、学友の団結と、思想を徹底的に弾圧し、学則・学生心得の欠点を補充するものとして、カイライ執行部に作らせたのである。これは学生会役員改選の時点で、学生指導委員長が㊙として、クラス担任教授へ出した書類に克明に示されている。

拝啓　クラス担任として御尽力のほど深謝申し上げます。

代表幹事の選出につきましては、先にお願いした通り五月十八日までに選出いただきたく、この方法は候補者名簿を参考に五名の役員をクラス学生の納得のもとにおきめ願いたく存じます。

さて、今回学生会執行部は次の如き掲示をいたしました。

一年生各クラスへ

文理学部学生会規約第七条により一年生代表幹事はクラスの常任委員、代議員、代幹の氏名・住所を学生会執行部に書面により提出する事。締切十一日までとする。

以上の考えは、代表幹事は大学の選定による担任の補助員であって、学生会規約による総会代議員（各クラス二名）及び常任委員（各クラス一名）は代幹と別個にクラスの選挙により選出さるべきだとし、これにより活動家的学生を得ようとするものであります。

この考えにより従来も少数ながら担任に無断で、過激な学生が選出され、又は改選された例があります。

本年度は、学生の自治面において特に健全な判断力を有する学生を必要といたしております。新入生の中には高校より活動していたものや、サークルに加入して上級生より指示されているものもすでに現われております。

この危機に際して原則として代幹当人が常任委員となり、又副代幹等役員より総会代議員をきめられて、特に偏向した学生が活動することのないよう御高配願いたく、又先生参加のもとでディスカッション等も随時に企画されて、特定の学生はクラスの総意のもとに排除されるよう積極的な御指導をお願い申し上げます。

代幹が全くふさわしくない人物であった際等の改選は、従来通り先生の判断におまちします。

六月に行なわれる学生総会にあっては、一年生の総会代議員の動向によって、いかなる決議も行なえるために、あらゆる策動が行なわれると思われます。これらについても一々担任に相談するよう役員を御指導願うよう、重ねてお願い申し上げます。

この書面は必ず（秘）として御処理願いたく存じます。

昭和四三年五月七日

文理学部学生指導委員長

森脇一夫（以下略）

このような大学の極反動教育政策に対する学友の反逆は、六時限制闘争以前は敗北の連続であり、逆に大学の支配をより強固なものとする事を許していた。

しかしながら昭和四一年から、当局はその腐敗堕落による内部崩壊を始めた。ベビーブームによる戦後最高の高校卒業生を文部省の指示に従って採り、超過学生を入学させ、五時限制から六時限制へと教育内容抜きの大学運営を強行したが、これに対し学文連を中心とした反逆する学友は、六時限制白紙撤回闘争を開始し、形式的ではあるが、五時限制へもどすという勝利をした。この闘争は大学当局が学友の反逆の前に屈服した初めての事件であり、この反逆の形式的勝利は、学友の団結を勝ちとったという点において、歴史的闘争であったといえる。この時に初めて、学文連の全サークル及び学科・クラスの全学友の闘争として展開され、闘争の収束後も地下組織として、学友の反逆闘争が生まれる契機となったのである。

一方、こうした学生の闘争と団結が勝利しているうちにも、教職員もその団結を勝ちとっていた。即ち昭和四一年九月一〇日に日大教職員組合の結成大会が開催され、反動政策の一角に、教職員組合が結成された。

さて、このように組織的闘争を開始した学友は、文革闘争、応援団闘争へと発展していく。

昭和四二年学部祭実行委員会が企画した講演会「中国文化大革命」（新島淳良氏）は、まさに日大当局に反逆する学友の挑戦としてあらわれた。大学当局の狼狽ぶりは目に見えて明らかな中で、当局は、政治色が強いとか、果ては新島氏は助教授だから、高校出だからだめだ等とぬかし、徹底的に弾圧、ついに禁止した。これに対し、実行委員会を中心に反逆する学友は、常任委員会で、文革講演禁止は明らかに学問の自由を侵し、学生弾圧以外のなにものでもない、という抗議文を採択したが、ハレンチにも大学当局は、この抗議文を一教授が握りつぶすという暴挙に出、学部祭における講演会は大学支配者の手によって禁止されてしまった。ここから我々は、次のような事を学びとった。

一、合法機関での闘争は、それが学生の団結した〝力〟による闘争を基盤としなければ、決して議会民主制による問題解決はありえないということ

二、現規約によって活動を大学当局から保証されているカイライ執行部をはっきりと学友の裏切り者として排除せねばならないこと

他方、大学当局に対する学友のこの継続的反逆は、応援団闘争としても闘われた。

昭和四三年六月一一日、経済学部における一部体育会学生の殺人的暴力行使にその本質が見られる様に、体育会は、大学当局の暴力機関として、その尖兵として、大学に反逆する学友を常に暴力でもって弾圧してきた。過去の反逆の歴史を見る時に、暴力機関の尖兵を代表する応援団による暴力弾圧のない事件はなかった。この暴力による弾圧が最も激しかったのが経済学部であった。この暴力機関が、亜細亜大乱闘事件、それに続く一年生逃亡事件が明るみに出るや、昭和四一年一一月の文理学部学生総会において、一七クラスの決議を先頭に学友の圧倒的多数をもって文理応援部解散を勝ちとった。また、法学部を除く全ての学部に存在していた応援団も、圧倒的多数の学友の力で解散させられた。これは、一学部に限らない全日大の学友の反逆の勝利であった。しかし大学直属機関であるが為に本部応援団として、学友に対する暴力的弾圧機関として、今に至ってもなお存在し、六・一一経済学部事件の主流を占めている。

こうした応援団に対する学友の闘争は、応援団封じ込め闘争として展開する。カイライ執行部と総会決議を破る応援団とのボス交を粉砕して、新団員募集の禁止と、執行部の責任追及ならびにその解散要求闘争がそれであった。そしてこの応援団闘争を闘って行く中で、我々は何を学んだのか。暴力機関、カイライ執行部は、大学当局の権力であって、これを機能させている日大機関の改革闘争にしなければならないということであった。

こうした反逆の歴史が続く中で、四・一五に日大当局の内部分裂による営利第一主義の腐敗堕落ぶりが三四億使途不明金事件として、商業新聞により大々的に宣伝されるや、大学当局は数度にわたって学生会と公開質問状とその回答のやりとりを演じ、カイライ執行部と学友の蜂起を押えるべき茶番劇を開始したが、常に弾圧され、だまされて

きた学友はこの大学当局とカイライ執行部の茶番劇の本質を見抜き、五・二五の全面的学友の蜂起へと発展し、過去の日大の歴史になかった支配者打倒の反逆へと、日大革命へと発展してきたのである。

最後に今回、闘争が日大革命へと発展したことには、次のような条件があったことを記しておく。

一、古田支配体制の内部に分裂が起こり、その力が弱くなっていた。即ち、三四億円脱税事件の発覚が反古田派による密告にあった。

二、一〇年間の学友弾圧によって、全学友に反古田・反大学思想が熱していた。

三、これらの反古田思想をもった学友を指導する前衛的組織が存在し、それが全ての既成の組織を乗り越えた形で闘った。

闘争の中で

◉T・K

一九六八年、夏。この夏ほど熱く、激しく燃え上がり、日本大学の輝かしき歴史の最初の一ページを感動的に飾った季節はなかったであろう。そしてこの息苦しい熱気に満ちたこの年のこの季節を、私は自分の青春のたいせつな一時期として、真正面から受けとめたのである。

四月になってから、私は牛乳屋に住み込みで働くことになった。この月に、あの忌わしい日本大学の二〇億使途不明金事件がもちあがったのである。この事件の詳しい推移はさまざまな報道によって知らされていることなので、こまごまとここに書くまでもない。

あの頃は無届集会、無届デモが頻繁に行なわれていた。私も熱心に参加していたひとりだが、まだ夏に入っていないとはいっても、東京の四、五、六月の炎天下でデモや集会に参加するというのは、北海道生まれ、北海道育ちの私にはずいぶんとこたえた。神田三崎町をデモりながら、ときおり私は、なぜこのようなことをしなければならないのだろうか、とかすかな不安とも疑惑ともつきかねる心の動揺を感ぜずにはいられなかった。数百、数千の学友に揉まれ、大衆に呑まれ、「いったい私自身はどこへいったのだろうか」、このような考えがデモの最中でも、集会の中でも泡のように浮かびあがってくるのである。

それは、これまで私に確固たる思想がなかったからにすぎない。確かに以前はあったと確信していたのだが、それはいかにも曖昧なものであった。もっとも私はそれほど深刻に考え込む性質ではなかったので、そのかすかな動揺は大きな危機とはならなかった。

しかし、最初のデモには感動がやはりあった。それは抑圧され続けてきたものに必然的な心情でもあったろう。そしてデモや集会の終わったのちには満足感が残った。参加した学友のひとりひとりの顔には、人間解放をめざすものの喜びがあった。

それは、最初のバリケード＝ストライキを行なった法学部の中に入った時にもあった。六月一一日は経済学部を占拠することはかなわなかったが、法学部は占拠できた。その日多くの学友と法学部校舎に入った時、なにかしら胸にジーンとこみあげてくるものがあった。「とうとう日大生がやった」、そういくど叫んだことであろうか。そうだ、日大生がやったのである。あのすさまじい封建的大学の中で、これまでなにも批判することができず、自分の頭をガンと殴られても鈍くてなにも怒ることができない、そう思われていた日大生が、一九六八年とうとうダイナミックに古田打倒を叫んで立ち上がったのである。

一九六八年という年は、私が二〇才になって新たな人生を歩み始めようとしていた年であるだけに、なにかしらこの闘争が決して偶然に起こったものとは思えなかった。私はこの大いなる日大闘争を、単に悪夢にも似た暗黒の日大の歴史に、文明の光——民主化の輝き——を投げ込むということだけでなく、私自身の人生における最初の自己変革の一過程としてしっかりと受けとめてみたかった。この激烈な闘いの中からなにかをつかみとりたかった。しかし果たしてそのことを求めての闘争なのか。それはいかにも不確かであった。だが当初ともかく、それゆえに私は自分の帰省地である北海道へ帰ることもせず、生まれて初めて東京での夏を、文理学部校舎のバリケード内で過ごしたのである。

しかし、私はすぐバリケード内に泊まり込めるようになったわけではない。私には牛乳配達のアルバイトがあり、これは代わりといってもすぐには見つからなかったので、今日明日にもやめる、というわけにはいかなかったのである。デモや集会、それから、経済、法学に続いて文理学部や商学部がバリケード＝ストライキに入った当時、夜の一一、一二時、ときには一時頃までも討論とかバリケードの構築とかで店に帰るのが遅くなったことがある。どんなに遅くなっても、やはり朝の牛乳配達は休むわけにはいかなかった。夜遅く帰って、朝の四時、五時に起きるというのはいかにもつらかった。しかしそのつらさがどれほどのものであっても、若いからだは容易に跳ねのけることができた。なによりもつらかったのは、学友とともにバリケード内に泊まり込めないということであった。

私たち日大生にはこれまで連帯意識などというものは露ほどもなかったのではなかろうか。十万日大生のひとりひとりの絆が、この醜く歪められた大学の中にあってはことごとく断ち切られていたのではなかろうか。なぜなら私はデモや集会そして泊り込みで、多くの学友——その大部分はこの闘争で初めて見知った連中だが——とのあいだに堅い友愛の絆が強固に結ばれたのを感じることができたし、かつて覚えたことのない快いなかま意識もまた、強烈に感じられたからである。学友との強い連帯意識は、この闘争を通じて学びとったことの一つであろう。それと今一つ、私はこれまであやふやであった私の思想を、闘いの中においてよりいっそう堅固なものとしたことであり、この闘争の中でその確かさを確認したことであろう。

ともあれそうこうしているうちに、私の代わりに働いてくれる人も見つかり、私も本格的にバリケード内へ泊まることができるようになった。店を去る数日前の夜、店の人と別れのビールをかたむけて、この闘争に勝利するようにとの祝福を受け、私はバリケードに向かった。

なぜに日大闘争が始まったのであろうか。いやむしろそういう問題設定の方法よりも、「なぜに私が日大闘争にきわめて積極的に参加するようになったのであろうか」ということのほうが、今の私にとってはなによりも重要なことであろう。闘争参加理由は、果たして自己変革を求めてだけのものだったろうか、またいったいそこにはなにがあるのかわかりもしないのに、そのわからないなにかをつかみとるためのものなのだったのであろうか。その答えは闘争の最中よりも終わった後に、確実なものが出てくるのかもしれない。今の私はあまりにも闘争の中に埋没しきって、自分というものを見失っているように思われる。

闘争の初期、私は自分なりの意見・思想・立場をもって参加したが、闘争がかくも苛酷になり、熾烈になるにしたがって、わずかなりともその修正をせざるをえなかった。見識を変更せざるをえなかった。これまでの私の在り方は、現実の矛盾にぶつかったことがなかったために、あまりに非現実的な夢を見すぎていたようである。バリケード内に泊まり込み、己れ自身との闘いが長びくにつれてからだの消耗が増し、なぜ闘争が始まったかはもとより、闘争の意義すらも朧気になるように感じられるのである。私の思想は現実にぶつかって、このように歪められてしまったのである。私は今一度己れの立脚点を明らかにしなければならないであろうし、直すべき点があれば、より正しい方向に向け直さなければならないであろう。

私の筆はもうこれ以上先には進まない。それはこの日大闘争が今その進行過程にあり、私があまりに闘争のなかに埋没しきっているため、私自身の姿をその中から引き出すことができないからである。ただこのことだけははっきりと認識しているし、また断言できる、「日大闘争を、断じて勝利するまで闘う」と。

私は今も若い

◉大学院博士課程　I・S

私が日本大学に通うようになったのは、昭和三四年の専攻科入学からである。翌三五年には、引き続いて修士課程に籍を置くことになった。時あたかも安保改定問題が組合運動・学生運動の中で大きく把えられ、一つの闘争への発展を見せつつあった頃である。あの頃は私も若かった。毎日学校に行くといっては国会周辺をデモって帰るのが日課のようになっていた。勿論、学校へは殆んど顔をだす暇もなかった。昼は小学校の先生──当時は専攻科も大学院も夜間開講であった──、夜は国会周辺デモと、おかげで新婚家庭のムードもあらばこそ、全く酷い生活であった。幸い妻も小学校の教員をしており、むしろ政治感覚は私の方が指導されがちであった。妻の暖かい心がなかったら、養子の私はとうに追い出されていたことだろう。

ともかく、こうして安保阻止への妻の願いも併せての私の国会デモ通いは続けられたわけである。ところでその時に強く感じたことは、日本大学の学生をとうとう最後まで国会周辺で見かけなかったことである。多くの学生が必死に安保改定阻止の為に闘っているのに、日大生は何を考え、何をしているのだろう、という不満を、不信を、私は日大の学生一般にもたざるをえなかった。それどころか、一部教授は安保条約に公然と賛意を表明してはばからず、学校当局も来日予定のアイゼンハワー警護の為に、羽田へ右翼学生を動員する用意を整える始末であった。それも日の丸の小旗さえ、学生一般に握らせようとしていた。

今、ここで改めて考えるまでもなく、これが日本大学の体質であった。大きく右傾化しつつある日本の支配体制に直結する日本大学の所謂「中道の精神」とは、現実に果たして何なのか、何を目的とするものなのか、私には疑問でならなかった。そんな私も教職一〇年、二児の親父となると、いつの間にやら感受性も鈍くなり、日々の勤務の中での役割が、次第に私をして一つの体制内化された人間へと変転させていくのも気づかぬままに、温湯のような平和の中に埋没していった。三〇歳も後半、そろそろ人間に保守的態度が根ざす頃になって、またぞろ勉強の為に定時制転勤をしてまでの決意をさせたのは、今にして思えば、こうした日常生活の姿勢に対する自己批判であり、ささやかなる抵抗であったのかもしれない。

こうして始まった私の第二の人生の過程に、突如として起こったのが今度の民主化闘争であった。この闘争を「突如として起こった」と考えることが、すでに知らずして個人に埋没し、社会と体制への批判の態度を失っていた人間であった証にほかならない。お恥ずかしい限りである。よもや日本大学の学生がこれ程までに見事な実践活動を展開するとは予想だにしていなかった、これが本音である。

安保闘争以来の先入観から、日大生の理性と勇気を不当評価していたことは、私の過誤であったことを認めざるをえない。ともかくも、矢は弦を離れた——陳腐な形容で恐縮だが——。民主化闘争の初期段階では如何にして処分者を出さないようにするかといった消極的態度と対策しか考えられなかった私も、事実が一つずつ証明されるに従い、事態が一駒ずつエスカレートするに至って、問題意識と行動との一致がようやく深まり、高次元に質的転換を及ぼすようになった。この間の私自身の変化は、いずれも共闘会議の学生諸君の啓蒙に負うものであり、常に私は単なる受容体にすぎなかったとも言えよう。その点において、主体性のないこと甚だしいものであった。が今は違う、これからは違う。私は自己の良心との対話を繰り返しながら、ようやくにして共闘会議の学生諸君の意識段階にまでたどりつくことが出来たように思われる。

ともあれ、いずれ誰かが腹を固めて口火を切らねばならなかったことと、それがはからずも私の在学中に共闘会議の諸君によって着手された以上は、私もやらざるをえない。安保闘争の時点の状況が裏返されたことになるわけである。「座して語らず」では、如何にも自分が情けない次第である。

日大の民主化が成就する日も近い。日本大学の現体制を打破すること、それが国家権力体制への痛打に直結する。私たちの今度の学園民主化闘争は、私たち学生・院生の好むと好まざるとにかかわらず、日々古田体制との激突に連なるものである。すでに本学の学内問題は、日本大学の特殊的体質ゆえに国家権力の意図的介入の感を深いものにしている。

なお運動の意義については、若干その評価が異なる点があるかもしれない。しかしその戦術については、私は共闘会議、就中文理学部闘争委員会の諸君の方針に全面的な支持を惜しまない。

もうすぐ学友が上京してくるだろう。やがて九月から新しい学期も始まる。講義再開の日——その日こそ民主的な日大が誕生する——を一日も早く実現するためにも共闘会議、文闘委の諸君の健闘を祈るや切である。

安保改定阻止闘争、あの頃の私は若かった。そして日大民主化闘争、今でも私は若い、いや若返った。確かに今度の問題を通して私は、そう自分に言い聞かせることが出来て、何よりも誇らしいと思う。そしてもう一つ、今度もどうやら離婚の憂き目を逃れそうで、これまた、まことに結構なことである。

僕にとっての民主化闘争

◉F・T

僕は日本大学文理学部国文学科に、昭和四一年四月に入学した。それから二年と五ヵ月が経った。この間、僕は僕自身に関する限りのあらゆる経費をアルバイトをして賄ってきた。一年間、授業料を含めて学内経費は約一七万円になる。食費(学校における)、図書費などは一切含まれない。僕のような学生にとって、一七万円は大金である。僕のアルバイトは屋台のラーメン屋であるが、かなり重労働を強いられる。

この闘争中、僕は三度ばかりアルバイトを生かして、共に闘争を続けていた多くの学友に、僕の作るラーメンを食べて貰った。道具が満足でなかった為に、生ゆでの麺を食べさせてしまったのだが、誰一人として文句を言わなかった。料理人としてのプライドを失うことなく、僕は堂々と生ゆでのラーメンを食べさせる事に、このアルバイトを始めて二年数ヵ月後にようやく成功した。残るは日大闘争の勝利を文字通り全面的な勝利とする事にある。全面的とは、すなわち名実ともにという事である。

僕はある矛盾に悩まざるをえない。学問とアルバイトは、両方が絶対的な必要を強いられる時、決して両立しないからだ。僕は学問をするために無理を押して大学に来たのであるから、学ぶ事を放棄することは出来ない。しかし授業料を払わねばならない以上、アルバイトも止めることはできない。一日は二四時間しかない。睡眠もとらなければならない。僕に残された自由な時間は、学校の行き帰りの電車の中の二時間と一日二時間程度の授業の空き時間だけである。学校が休みの時は、ただ豚のように眠る。意志が弱いのかもしれない。しかし身体がどうしても言う事を利いてくれない。一年生の時は文字通りそのような生活であった。何度やめようと思った事だろう。一人の親友が居た事によって退学せずにすんだとはいえ、空しかった。僕が望むような学問が、日本大学の教師によってはついに得られなかった事が、この空しさの第一の原因であったと思う。

僕は、教師と学生とのディスコミュニケーションを、全てマスプロ教育の所産であるとする。文化人や教師自身の言葉を信じない。もし、マスプロ教育が大学内における人間疎外の大きな要因であるとするならば、教育者は、あるいは教育関係者は、何故それを拒否しなかったのか。マスプロ教育がもたらす弊害を予見出来なかったとは、まさか言うまい。だとするならば、拒否する信念すらなかった教師たちが、今さら何を僕達に教えようとするのか。マスプロ教育の弊害と積極的に取り組む事もせず、かといって拒否する事もできず、マスプロ教育の中で自らの学問的殻に閉じ籠り、安穏と生活して来た日大の教師たちは、現在何を考えて生きているのだろう。

僕が、このような教師に不信の念を抱く事を懸念する者がいるならば、その人は、さらに重大な事を知らねばならない、僕のような学生が現在の学生数の八割以上を占めているという事実を。僕にとって、アルバイトが苦しければ苦しい程、それと正比例するように大学での在り方を意義深くと、渇望する気持ちが強くなって来る。僕は民主化闘争の中で、ともすると過激になってしまう。圧迫が強かったゆえに、鬱屈した怒りも大きい。僕は決して自らの主体性を捨てはしないがゆえに、自らの行動に全ての責任も負わねばならないだろう。僕は過激であるかもしれない。しかし、僕はそれで敢えて行動する。闘争に参加しない学生が、共闘会議の学生の過激な行動を非難するが、彼ら自身は、自分たちが本来ならば、日大民主化闘争の主体的要素である事を知っているのだろうか。

「実際行動こそが、旧い秩序を破壊し、新しい世界を創造する唯一の手段である」という考えは、真理であり、文化人がよく指摘するような軽薄な論理では決してない。彼らこそ議会制民主主義の虚像に幻惑された、哀れな、それでいて肥えた迷える小羊である。議会制民主主義を掌握するものの本体は、結局は権力であり、その権力を支える金であるだろう。マルクスの規定したプロレタリアートとブルジョアジーとの関係は、議会制民主主義に依拠して変化させる事は出来ないだろう。現在の議会制民主主義はブルジョアジーがプロレタリアートに向けた鉾先を覆いかくす隠蔽物に他ならない。議会制民主主義社会を究極的にみるならば、ブルジョアジー以外のあらゆる階級はブルジョアジーに餌づけされた存在となるだろう。

われらの日本大学は、その典型を小規模にしたものであった。全ての民主的ルートの頂点には、反動的かつ非人間的な番兵が居座っていた。それが指導教授制度であり許可制度（検閲制度というのが本当である）であり、顧問制度であった。表面的に見るならば、これらの存在をもって民主的であると規定することは可能である。しかし、真に民主的な組織ならば、何故こうまで学生の糾弾をあびねばならないのだろうか。僕達は誤っているのだろうか。そうではあるまい。全ての権力から疎外されている存在としては、まさしく学生がその典型的な指摘なものであろう。勿論、この事は僕達学生の強さであるとともに、弱さでもあることを決して忘れてはなるまい。

手前みそになるかも知れないが、僕は苦痛以外のなにものでもないアルバイトをしながら、結局学生は無産者にはなりえないと考えることがある。学生の疎外感は、やはり心情的であり、肉化される事は少ないだろう。前に、過激な行動をとりがちであると述べた。それは僕が心情的傾向を今なおもっているからに他ならない。今、僕はこの闘争を実際に経験しながら、自分の論理的矛盾を解決する事にヤッキとなっている。際限なく提起される自己矛盾と社会とのかかわりあいについて、僕はこの現在の混乱した日大の中にあって、考えていかなければならないと思う。

闘争参加考

◉独文科　T・U

私は、過去において、マルクス・レーニン等を研究した事も無い。又、政治・経済・社会の、諸矛盾というものについて、真剣に考えた事も無かった。（ナンセンス？）従って、この手記を書くに当たり、ムツカシイ理論や言葉で、この闘争を定義づけたり過去を総括したり、これからの闘争を意義づけたりする事は出来ないと考えるので（出来ないというより、私よりもっと勉強している学友が大勢いると考えるので、そういった事は彼等にまかせて）、私は私なりに闘争に参加し思っている事を述べたい。

まず、少なくとも、五・三一までは、私は無関心派に属していた。無関心というよりも、入学したばかりで、ただでさえ暗中模索のところへ、このような経験は初めてなので、どういう事なのか、どうなっているのか、そして今自分はどうすればよいのか、サッパリわからない状態であった（今から考えれば、わかろうとしなかったのかもしれない――これも体制の中で育った主体性の欠如した多くの人間の特長であろう）。しかし、五・三一の文理学部における抗議集会に集まった共闘会議の学友の真面目な姿勢、一方、その学友を暴力的に弾圧し、数十名の負傷者を出させるような学校側の態度、それを目のあたりに見、自分が今考えねばならない事は、そして行動を起こさねばならない事は、これなんだ、と悟ったのだ。

今までの自分のように、体制という大きな権力に対しては、臆病であり、無気力であるが故に無力であり、主体性の欠如した、長い物には巻かれろ式の人間を大量に作り出し、教育の場であるはずの学園を己れの私腹を肥やす為に利用して来た、このような憎むべき古田反動体制というものを、根底から覆し、真の学問の研究を通し、主体性のある、己れの信念に従って、障害があろうとも、行動のできる、その様な人間を育てる、本当に学問の最高学府と呼ぶにふさわしい学園を我が日本大学に建設し、ひいてはその背後にある、もっと巨大な「体制」というものに対し、楔を打ち込む、そしてその行為を通して、自分自身をも成長させ、それによって得た何かを私のこれからの人生に生かさなければならない。今、この闘争に参加しない事は、自分自身の敗北につながる事だ、と総括し、闘争に参加した。

闘争に入ってから、苦しい中にも、過去の日大には存在しなかった（させられなかった）一年生と先輩との、討論や、同じ闘争に参加しているという連帯感から来る交流があった。入学して歓迎会が一度あり、その場で少し話をしたり、先輩の紹介等もあったりしたが、時間も短く、それっきりなので交流とまでいかなかったし、またあのような形（体制の圧力の下）では、たとえ時間はあっても、交流というべきものは生まれてはこないと考える。また自分の所属する学科だけでなく、他学科の先輩（おそらく過去の日大であれば、卒業するまで面識は無かったろうが）や同輩とも話し合うことができた。

多くの学友や先輩と討論ができるという状態は、とくに大学のような、人間形成の場においては必要不可欠なことである。しかし過去十数年間、古田反動体制はそれを奪い、いやそれだけでなく、言論の自由・出版の自由・集会の自由等、真理の追求の為に必要な最低の自由をも奪い、また、多くの学生達がそのため主体性のない人間として教育され、それを拒否した一部先進的学生は、目に余る弾圧を受けて来た。そして現在も、我々に対して暴力的弾圧を加えてきている。一例ではあるが、古田反動体制が、どんなものであるか、証明することは容易であろう。古田以下全理事者、及びその尖兵となって学生を弾圧して来た反動教授、彼等は過去一〇年間の総括を持ち出すまでもなく、今、正当な我々のこの闘争を弾圧している。その事だけでも、教育者、いや社会人としての最低のモラルをも失った人間として、自己批判し、今、この学園から追放されるのが当然であろう（今までは、平気で多くの先進的学生を一方的に不当な理由でもって抹殺して来たのだから、その責任は追放位ではとても償えないとは考えるが）。

しかし、いまだこの闘争に無関心、傍観者的な立場をとっている学友が多数いる。彼等は何を考えているのだろう。自分達の学園が、新しく生まれ変わろうとしている時に、夏休みだといって遊んでいられるのだろうか。勉強しているという学友もいるだろう。しかしそのようなものが、はたして真の勉強といえるだろうか。青春というものを、そんなことに費やしてしまっていいのだろうか。惜しくないのか。彼等は例えば、寒い日でも家の外を走れば体も暖まるし健康にもいい。だのにいつまでもいつまでも家の中に閉じこもって、「考えようとしない」から「考える」へのほんの少しの所で何ものか（前にいった臆病さかもしれないが）のために自分の大きな進歩を自ら拒否している。

闘争に参加していない諸君に言いたい。私はムツカシイ理論も、言葉も知らないと言ったし、確かにそうだが、私は私なりに、今文章を書いている。参加することは実にこの事実と同じなのだ。参加する為には小ムズカシイ理論をわきまえ、闘争の発端から何もかも総括した上でないと参加できないとかそんなんじゃないんだ（それにこしたことはないが）。まず、参加してその闘争の中で自分なりに考え、行動し、それを自分で高めて行く。そして最終的には闘争を勝利させる。その事が大事なんだ。だから認識不足でもいい、ほんの少しの不満（古田反動体制——学校に対する）をもっているだけでもいい、バリケードの中に入って来て一緒に闘おう。

考えが甘いと、攻撃されるかもしれない。しかし、この闘争は、そもそも職業的革命家等の力で闘われているのでは無く、基本的にこのような普通のその辺にいくらでもいる学生によって起こり、闘われ、エスカレートし現在に至っているし、これからもこの闘争の原動力はそういった学生であると確信する。それ故に、学生運動があれ程弾圧される一方、そういったものに無縁だったこの日大で、学園民主化闘争が起こり、もう六〇日以上もバリケードの中で闘争を続けていられるのだと考える。それを忘れ、エスカレートして行く過程に伴い、自分がどんどん進歩していると錯覚し英雄気取りになって行き、そういった学生を同等に見なくなっていくようなことがあれば、この闘争は消滅するだろう。

しかし私は、そうした者が一名たりとも出る事なく、本当の意味での全学友・全学部が全共闘の下に結集し、一日でも早く勝利を勝ち取る事を確信し、その日まで闘う決意を表明する為にも、現在も他の学友と一緒にバリケードの中で考え、悩み、苦しみながら闘っている。

私はこう考える。バリケードの中にこそ、私を成長させるべき青春、命を賭けた青春が存在する、と。

手記

◉中国文学科　K・T

私事を語る——。

私の祖父は鹿児島生まれ。昔ならば薩摩隼人と言われる人物である。この事と、祖父が大日本帝国陸軍の軍人であり、示現流の達人であった事を考え合わせれば、祖父の人間像は、たいていの人に一つのイメージを抱かせる。質実剛健、頑固一徹、豪放磊落、剛毅朴訥、等、等、等。——左様。誠にその通りなのである。私の祖父は、このような薩摩隼人の長所も短所も、完璧に、そうあまりにも完璧すぎる程にそなえた人間であった。

剣術と詩吟それに囲碁を好み、妻（私には祖母にあたるが）を下婢のように扱い、小さな子供なら泣き出してしまうような大声でどなり、そして笑い、自分の意見というものを、それが正しくても間違っていても断固として曲げず、八〇を過ぎても酒を大杯で呑むという人間であった。又、生活信条は「初志貫徹」で、「臨機応変」等ということはとても出来る人間ではなかった。そして祖父の口から出る言葉には、一貫して日本武士道精神というものが脈々として流れていた。

祖父は私が中学三年の卒業式の日、八四才で永眠したのだが、ともかく祖父が私の目の前に厳然として生きていた頃には、頑固で、偏屈で、乱暴者のジジイだと、私は思っていた。いや、私にはそうとしか思えなかったのだ。

私は父の長男として生まれ、父も又、祖父の長男であり、私はいわば祖父の嫡孫として生まれたわけである。そして四才の時から祖父に、家の嫡男として徹底した教育を受けた。もちろん四才である、私が進んで受けたわけではない。祖父としては、自分の嫡孫を真の日本男児として、どこへ出しても恥ずかしくない人間に作りあげようと教育したのだろう。ともかく、幼い私は祖父の意志によって、祖父自らの教育をうけた。その教育方法はあまりに厳格で、苛烈を極めた。

祖父が私に教えたのは、剣術と論語とそして禅である。禅といえば大げさだが、まあ精神修養の為の正座黙祷である。剣術は薩摩独特の示現流で、その稽古はよくいえば厳格、悪くいえば残酷なまでにきびしかった。小手をつけた腕が、激しい打撃によって紫色にはれあがり、小手がぬけない事も幾度かあった。又、皮膚がやぶれ、肉がほころび、骨折した事も一度や二度ではない。教育は剣術だけではない、論語の素読と、長時間にわたる精神修養があった。今の私には、あの頃の祖父の徹底した教育について行けるかどうかわからない。しかも相手は小学校に行くか行かない幼児であるから、たまったものではない。真実、泪の出る毎日といってよかった。当時の塩からい汗と泪と鼻水の味は、今も忘れる事が出来ない。

祖父のスパルタ教育に閉口したのは私だけではない。私の母である。それはそうであろう。毎日毎日血を流し、生傷の絶えない息子を見れば、どこの母親でも黙っていないだろう。祖父が私を鍛え始めて半年目位に、とうとう耐え切れなくなった母は、「もうこんな荒っぽい事はやめて下さい」と必死の嘆願をした。しかしそれさえも、「嫁の出る幕ではない。女に何がわかるか」と一言のもとにはねつけられた。そしてますます祖父流の教育方法は幅広く強化されていった。

一例をあげれば、私は学校でどんなに悪い通信簿をもらっても、祖父にはただ、じろりと一睨みされるだけで済んだが、人に泣かされて帰ったり、喧嘩に負けたりしたことがわかると、家からたたき出され、一晩中、玄関さきで空腹をこらえていなければならなかった、そんな想い出もある。

しかしそんな祖父にも一つの大きな誤算があった。それは私が玉ではなく粗石だった事である。磨いていない玉は一見すると粗石と間違う事がある。又粗石もよく磨いていない玉と間違われる。祖父からいくら厳しい剣術の練習をさせられても、私には一向に目覚ましい上達はなかった。祖父は自分にある剣客としての天分が孫の私に無い事に気づいてか気づかないでか、ともかく永眠する一月前まで、一〇年にわたって私を鍛え続けた。

私も少しは上達した。いや少しどころでない。一〇年もの間、毎日毎日木刀を持たされれば、どんなに素質の無い者でもそのふり方ぐらい覚えるのが当然である。事実、中学三年当時の私は木刀さえ持てば、素人の三人や四人が棒を持ってかかって来ても、それらを一瞬のうちに叩き伏せるぐらいの実力はあった。だが所詮私は玉ではなかった。いくら祖父の練習が厳しかったにせよ、それまで一〇年もの間握って来た剣をポイと捨て、論語、孟子、その他の漢籍を本箱の奥にしまい込み、日課としていた精神修養を祖父の死後、唯の一回もやらないのである。今思えば、いくら祖父が亡くなり、縛りつけるものがなくなって、やれやれという気持ちになったにせよ、三つの日課を一つも続けられなかったという当時の私は、少し根性がなさすぎたようである。

しかしそんな私にも、一つだけ祖父から受け継いだものがある。それは剣技でもなく、漢籍の素養でもない。祖父のもっていた武士道精神、そして日本男子魂というものである。受け継いだといっても、この日本武士道精神が今の私に完全に備わっているわけではない。ただ私は友人から「貴様は武士道精神が好きだなあ」といわれたりして気づいたのだが、私は確かに武士道精神が大好きだし、その中に流れる「士は己を知るものの為に死す」とか「男児は己の目的の為に命を投げ出す」とかいう言葉には、大いにひきつけられるものがある。といっても私は、祖父のような人間にはなりたくないし、又なれないだろう。唯、私は祖父のもっていたいくつかの日本男児的潔さは、受け継いでいきたいと思っている。今、私が私なりの幾多の困難の中で日大民主化闘争に身を投じ、ここまで続けて来られたのは、やはり祖父に一〇年間鍛えられた影響が大きいと思うし、今まで現われなかったその効果が、今こそ現われたのだと思っている。私は今、そして将来、昔の武士がもっていた精神的強さ、美しさ、潔さをもつ事を一つの大きな目的としている。

私がこの闘争に身を投じたのは六月一五日頃である。この日、我々のクラスでは二時間目の授業のボイコットを行ない、討論会が開かれ、三、四人の闘争委員が誕生した。私もその中に入っているのだが、当時私をして、闘争に身を投ぜしめる決心をさせたのは、一つには古田会頭のあまりに営利第一主義的な経営方針、又、六月一一日の体育会系学生の暴力行為、そして、友人の熱心な勧めと説得であり、彼の意気に感じて私自身かなり安易な態度で闘争委員となった。私には、政治的な事はわからない。ただ、悪はいかに理論づけようと悪なのである。三四億円問題に起爆したこの闘争で、明らかに非があるのは学校側、理事者側なのである。

私に、それまでの安易な傍観者的立場を捨て、真に自らを闘争に全力投入させたきっかけは、七月七日夜、理工二部の学生とボス交渉中の古田会頭を、全共闘の学生二〇〇名程が軟禁状態にし、その為、理工学部に機動隊が出動し、文理でも機動隊の出動が考えられ、私の所属する闘争委員会では、丁度その夜一名だけで泊まっていた先進的な学友が、書類、アジビラ等を焼き捨て、私の家に「緊急事態だから、すぐ学校に来てくれ」と電話をしてくれた時である。その時私は、受話器を前にしてほんの二、三秒だがまよった。それはそうである。今学校に行けば、機動隊につかまりに行くようなものなのだから。その時、傍で新聞を読んでいた父が、新聞から目をはなさずに、「何をやろうと自由だが、卑怯なまねだけはするな」と低い声で言った。その一言で私の決心はすぐにかたまり、「よし、すぐ行く」と彼の電話に答え、家を飛び出した。

父は、私の目から見ても温厚篤実、福徳円満な、ごく穏やかな人間だが、やはり祖父の精神を違った形で受け継いでいるのだろうか、自ら潔しとしない事を極端にきらう性格である。

私は大学に向かうタクシーの中で、多少の恐れはあったが、その時、初めて、もしもこの闘争が学生側に不利に終わった場合の、あらゆる処分の事を考え、それを覚悟した。この時、初めて私は傍観者的立場を捨て、自分自身、最も先進的な闘士の一人となった。

毎日毎晩大学に泊まる日が続き、週に一、二回家に帰ると、母の心配そうな顔があったが、又すぐ大学に戻った。

その頃、私には一つの信念らしきものが出来つつあった。この闘争は私にとって、政治闘争、思想闘争の類いのものではなかった。私は左翼学生ではない。又、武士道に憧れているので、右翼学生と見られる事もあるが、それも政治的根拠のあるものではない。ただ、家庭が軍人の家庭で、幼い頃よりあのような教育があったので、多少右傾している傾向が無い事もない、もし武士道精神というものが右翼精神であるとすればの話だが。しかし、私にとってこの闘争は右も左も無い、大悪を懲らしめる為の闘争である。政治的なもの、イデオロギー的なものを悉く超越した人間の根本理念、正義の為の闘争である。悪は断固絶つべしである。思想的根拠が無ければ、この闘争はやっていけないという人間がいるが、私は単純な正義感だけでこれまでやってきた。これからもやるつもりだ。私が自分自身の誇りをもって高らかに謳いあげんと欲する正義の前に立ちはだかるものは、悉く粉砕し撲滅しなければならない。

このような気持で闘ってきた私の前に、一つの大きな関門が立ち塞がった。七月一五日昼すぎ、数日前から倒れていた祖母が永眠したのである。外孫ではあったが、ただの間柄では無かった。小学校一年の頃だと思ったが、徳島の山村で一緒に暮らしていたのである。

だが学校ではその後数日、かなり緊迫した状態が続いていたし、夏休みに入って我々の闘争委員会はもともと弱小な上、著しく人員の減少をきたし、学友への情宣、アジビラ作りの文章構成、ガリ切り、印刷等で目が回るほど忙しかった。だから私は、結局祖母の死に際にも会えなかったし、通夜にも、告別式にも出られず、家の事は何の手伝いも出来なかった。ただ祖母が死ぬ二日前、船橋の病院で昏睡状態のなかに会ったのが唯一の慰めだった。通夜にも告別式にも出席しなかった私の行為は、結局私の安っぽいヒロイズムから出たのかもしれない。しかし結果として、私はよかったと思う。たしかに、私の事で、父や母が親戚中の人の前で恥をかいたかもしれない。しかし、闘争中の私も、この事では、かなり後まで悩んだし、悩む事によって強くなったと思っているからである。

たしかに――

寂漠たるバリケードの中で祖母の永眠を聞いた時には予期していた事とはいえ、一瞬茫然として電話を切り、そのあとだんだんと時間がたち、心が落ち着いてくるにしたがって、幼い頃、祖母と徳島の山村で静かに暮らした日々が、昨日の事のように、又百年も昔の事のように、私の頭の中を去来した。

朝、起きるといつも私の枕元に「おめざ」と称する駄菓子が置いてあった。たしか、黒砂糖で出来た駄菓子が多かったように思う。丸いのや、長いのや、そして捩ってあるやつ等。春の終わり、夏みかんの季節になると、庭の中央にあった夏みかんの木に黄色い大きな実がたわわにたれ下がったが、幼い私にはどうしても手が届かず、まだその頃は今より若く元気であった祖母の背中におぶさり、その実を一つ一つもいだ想い出。さらに柿の季節には、裏庭の柿の木にのぼって柿を取ろうとし、足をふみはずして木から落ち、運悪く下には干柿を作る為に使う竹の串があって、その一本が私の急所を串ざしにしてしまった時、傍でおろおろする母をたしなめ、泣き叫ぶ私を「男子ジャゾ」と言ってだまらせ、その竹の串をぬき迅速果敢な手当てを行なってくれたときの想い出。普段は仏様のようにやさしかったが、怒るときびしかった。あの頃の祖母の姿が彷彿として私の脳裡に浮かび上がる。

この頃から八月にかけては、個々人の志気は激しく高まったが、夏休み中の事とて我が闘争委もますます人数の減少をきたし、最高動員をかけても、私を入れて三人などという日々が続き、私一人の力も我が闘争委にとって、少なからず重要なものになって来た。七月二〇日、第二回予備折衝を全面的勝利に終わらせた時の喜び、そして、七月三〇日夕刻、八月四日の大衆団交を理事者側が一方的に破棄して来た時の激しい怒り。これ等はどの闘争委員の人々にも、同じ想いだと思う。

私の事で再び重大な関門が訪れたのは、八月四日の大衆団交予定日が過ぎてからである。

八月六日には、それまで最後まで私を引っぱり、私と共に闘って来た友人が北海道へ帰郷し、同時に八月四日大衆団交の為、私の電話一本で秋田そして山形から上京して来た友人達も、再び郷里に帰って行った。私の電話一本で秋田や山形から、はるばる大金をかけて上京してくれた二人の友人には、まったく頭が上がらず、東京にいるのに、何回も電話や手紙で連絡しても、大学に来てくれない人々に比べて、涙のにじむ思いであった。北海道へ帰省した友人は、私の目から見ても全く疲労困憊の極に達していて、私には彼等を笑顔で見送る以外、何も出来なかった。そして彼等から、「八月末日には又上京するから、その間の事はくれぐれもよろしく頼む、貴様以外には頼めない事だ」と言われた時には、東京に自宅のある私は、何としても我が闘争委員会を死守せねば、九月になって、何のかんばせあって彼等にまみゆる事が出来ようか、という思いだった。

しかし、実際一人になって、広くガランとした我が闘争委の講堂の中で情宣活動の葉書にペンを走らせていると、これまで共に闘ってきた幾多の友人の事が頭に浮かび、何か孤独にしめつけられるような寂蓼感を感じる。

高校の三年間、人と語る事を拒否して、自己の殻にとじこもり、読書と一人旅に出る事に孤独の喜びを見出していた時代、孤独には慣れきっていると思っていた自分だが、生まれて二〇年、初めてこの闘争の中で友人らしき者が出来て、それが又、私から離れて行った現在、かつての一人ぼっちだった時の孤独感とは、質的にも量的にも隔絶した強烈な孤独感を覚える。今私が感じている孤独感でさえ、真の孤独感に比べれば、まだまだ甘いものだと言われるかもしれない。しかし、今このガランとした広い講堂で一人いる事は、私にしてみれば、ひとり、旅に出て日はとっぷりと暮れ、サイフはカラになり、食糧も無くなり、前方にも後方にも人影一つ見あたらない、はてしなく長い一本の道を空腹に耐え、そしてチラチラ降る雪の冷たさを感じながら、疲れきり棒の足を引きずって歩き続けたあの時よりも、精神的にもっと大きな孤独な寂しさである。

そしてもう一つの打撃――

八月四日の朝もう一人の祖母、父の母であり、私にとっては二〇年間、その間に何回か別れて暮らした事もあったが、今ではずっと同じ家で一緒に暮らしている祖母が、一〇年来の高血圧で突然仆れ、夜半まで昏睡状態を続け、ついに危篤の状態におちいった事を、私は電話によって父の口から聞いた。母は別として、父は私に一言も帰って来いとは言わなかったが、その時の父の気持は……。

ともかく、五日の朝私は急いで帰宅した。二〇日前に一人の祖母を亡くしている私にとって、今度の事はかなり大きなショックだった。帰宅して昏睡中の祖母にまみえながら、闘争の中にあって、他のいかなる事情も圧し殺し、闘争に鉄の意志を全うし続ける事が、いかに困難な事か、初めてわかったような気がする。そして鉄の意志を通し続ける事が、今の私にとって、道義的に又情義的にはたして、絶対に正しい事か否か。闘争に全てをかける生活の中で、数日前青山の墓地に一人祖母の墓参りに行き、考え込むのであった。

ともかく、私がこの闘争の中で見出した一つの事実は、私が内部的に非常に弱い人間だという事だった。そしてこの弱さをきたえるものは、きびしい試練しかないと確信する。このような事は今まで人から何度も言われた事だが、この闘争の中で身をもって感じ、初めて自分自身で合点した。又、一見大胆に見える無分別な勇気よりも、じわじわと迫りくる鉄鎖の中に踏みとどまり、いかに抵抗し、それを粉砕して行くかの勇気が、真の勇気である事も。

私は七日から再び、大学に泊まり込んでいるが、私が属している全共闘と文闘委の中に、今の私には内部矛盾としか受け取れない事も時々出て来る。そして私が最も怖れていた、この闘争が学園闘争から政治闘争に変化しつつある現在においても、私は自己を強化し、自己を確立して行く為に、そして古田体制打倒の為に、闘って行かなければならないと思う。

祖母の死、そして今また、もう一人の祖母が明日をもしれない、予断をゆるされない状態、更に一女子学生に対する、そこはかとない思慕、そしてその焦燥、それ等の中で闘ってこそ、私の人間的勝利が得られるのだと思う。

ともかく、何年いや何十年かたった後、遠い異国の地で、美しく清らかな一編の詩として、私の心の中に思い出せるように、力いっぱい闘いたい。

今、鬱々悶々たる焦燥と、空々漠々たる寂寥感、そして煙草の乱喫の中でペンを走らす。

東の空が、うっすらと明けて来た。

もうすぐ夜明けだ。

筆者の御祖母は筆者がこの手記を書いた翌日八月一〇日未明永眠なさいました。深く哀悼の意を表します。

編集部

私の日大闘争の意義

◉哲学科二年　H・S

私がこの日大闘争に参加する以前は、現在の日大の矛盾、例えば運動部の諸君が道路をカッ歩し、異様なまでの声を張り上げ、我物顔をしているのが僕には我慢できなかったし、図書館に行っても机の割合に比すれば椅子が大きく、食堂は何時も満員で食事もろくにできなかった。しかし、これらの矛盾に気が付いても、その矛盾を如何に解決するかと言われると、どうする事もできなかった。しかし我々は、この日大闘争の勝利の暁には、これらの矛盾の一つ一つを解決してゆくだけの闘う自治会を創設しようとしている。

我々学生は、研究室の中でこつこつ研究するだけではなく、明日の日本を背負って行くのであり、我々個人が現在置かれている立場、また、現在の日本の現状、世界の中の日本の役割というものに関心を寄せ、かつそれに対して、我々は主体的に理論を自己所有し、実践活動をしなければならない。この闘争には、当然、「自己変革」の問題が含まれており、それへの試行錯誤なくしては、全く無意味で無目的であり、かつ滑稽である。

そこで少しでもマルクス主義を研究した者は、学生とプロレタリアートとの関係を考えないわけにはいかない。現在、資本主義体制において、プロレタリアートがブルジョアジーによって搾取され、収奪され、かつ自己疎外されているのは明白な事実であり、当然我々はブルジョア教育機関において、ブルジョアジーに奉仕するように教育されている。その事は、裏返せば、我々はプロレタリアになるような教育を受けているということを意味する。従って、現在の学生がたとえプチブルであっても、プロレタリアート解放の闘争を闘っても何の矛盾もなく、むしろ私にとっては、当然の行為であると断言してもよい。

人間社会においてプロレタリアートは現在も過去にも共に存在した。権力者（資本家）の打倒だけが事ではない。自分がプロレタリアであるのに、それを黙否し、権力者に追従し、奉仕し、プロレタリアートを弾圧する者ども。そしてプロレタリアートが勝利した時には、当然のこととして弾劾されるにもかかわらず、ブルジョアジーに与えられた現状に満足し、それに埋没しつくしている馬鹿ども。いずれも徹底的に粉砕せねばならない。我々はプロレタリアではないが、しかしプロレタリアの観点に立ち、この日大闘争を闘わねばなるまい。

現在、日本のプロレタリアート、いやプロレタリアの一部には、歴史的に見てヨーロッパとはちがって、封建的ともいうべき「義理人情」が残存している状態であるが、結局のところ、つきつめればブルジョアとプロレタリアートは敵対関係（敵対矛盾）にあるので、すべてのプロレタリアがその基点を自覚すれば、日本の社会主義革命の実現を容易ならしめること必然であると言える。それらを推進するのは、私に言わせれば、プロレタリアであることは当然だが、それ以上に学生もその一翼を担う意味をも重視しなければならない。

我々学生の任務は、たとえプチブルに属していようとも、プロレタリアートの観点に立脚して、日本の革命を成就させることにあるが、我々の当面の目的任務は、日大闘争を単に日大ナショナリズムの枠内で闘うのではなく、その本質的な矛盾を把握して、帝国主義的な教育に改編されつつある日大を根底から突き崩さねばならない。その為にも安易に妥協することなく、政治的認識を探化させて、大学の理念なるものを発見創造してゆかねばならない。そこに、日大闘争の重要な意義が見出されるであろう。

苛酷な、それでいて最も基本的な

◉T・K

日本大学における学園民主化闘争の歴史は、創立以来最も根源的な一九五八年の「日大合理化改善方策案」の成立した時点に遡って、所謂古田反動体制の確立化された過程の正確な把握から始められなければならない。

〝合理化改善案〟の原則は、

(一)、創意工夫して最小限度の経費をもって最大限度の効果を挙げることに努力する。

(二)、教育内容の拡充強化を図ることに最善を尽くす。

総編は、世界総合大学の発展を期す。国策に対応すべき体制の整備を図る。

つまり〝案〟は、非良心的な方向としての営利第一主義、マスプロ教育化、そして教育不在の、体制内化された学生の生産等として存在したのである。それから十年間、非民主的、教育不在の反動体制が生息し続けてきた。

あるときは学生の声を権力で握りつぶし、あるときは恫喝、暴力的な威嚇を加え、または、講義時間中の自治活動指導学生への公然たる誹謗中傷、私服警官による動向調査、スパイ学生としての学生課特務用員使用、さらに電話盗聴や盗聴マイクの設置等、目にみえるところみえないところ、あらゆる限りの手段で学生自治を阻止しようと意図してきた。にもかかわらず、日本大学学生としての要望や、欲求や願望、希求は必然的に一つの偶然を期待していた。一九六八年二月以降、新聞を初めマスコミによって報道された一連の事件は、自覚されていないところにまで学生の視点を延長させ、学生としての自覚や真の学問とは、真の学園とはという自問自答から、次第に一般的大衆的に問題を拡大助長させていくに至った。そして、学内において諸々の問題について討論会や、集会を開催しようとした。学校当局は必死になって会の開催を阻止する手段をとりはじめてきた。

けれども、一旦目醒めた学生の動きは如何なる手段をもってしても阻止することが不可能なのである。一九六六年一〇月、経済学部における所謂三崎祭闘争の敗北を頭に、文理学部における、「歴史科学研究会弾圧事件」、日大事件（数学科事件）、弁証法研究会弾圧、そして哲学科事件から六時限制問題、さらに、経済学部における自治権破壊を意図した解散、昭和四二年度学部祭における「文化大革命講演」に関する検閲と不許可、応援団問題、経済学部「建学の基」闘争と続き、使途不明金問題から、創立以来あるいは一九五八年末の総括を踏まえて最大の苛酷な、それでいてもっとも某本的な民主化闘争を我々は貫徹してゆかなければならないのである。

ここに二人の学生に登場してもらおう。

A君　都立H高校卒業、浪人一年、国立T大学今年入学、高校時代は学生運動に無縁、陸上競技部在籍、入学と同時にT大学陸上競技部に入部、高校時代インターハイ第三位に入賞、T大学陸上競技部期待の新人でもある彼はいう。

「普通、大学の体育会に属する部員は、先輩後輩の関係において非常に誤解され易い面をもっていることは否めませんね。僕が今年入学した大学の特殊的な事について僕自身余り詳しくは知りませんが、現在、部については、後輩がどうして先輩の意見を重視するのかという疑問、その疑問に対する答えとして、正確ではないが、就職のことをもうすでに考え始めているのではないかということ、一寸気の弱い面が気にかかります。ちなみに昨年の就職率は、部に関していえば八五％でした。

先輩後輩の関係のことですが、強制されて行動するというような事は一切なく、まったく自発的な行動であり、責任として義務として感じる方向に育まれる雰囲気があります。先輩のすることを見習うことも個人の判断でなされ、主体的な判断で行動がなされるのです。それは一面では、スポーツマンとして要求される何らかの美しさに通じるのではないでしょうか。僕は、自分の限界性に挑戦するために陸上競技部員としてやっています。私立大学におけるようなセミ・プロ的スポーツマン養成には僕は否定的です。何故なら、最高学府にスポーツマンとしてのスポーツを習いに来たのではなく、ましてやスポーツマンとして大学を卒業して就職することは、まったく大学そのものを汚すものに他ならないと思います。大学において、スポーツと勉学とは両立される必要があるでしょうし、両者のどちらにも欠ける点があれば、少なくともスポーツのほうを考え直す必要が生じてくると思います。勉強がおろそかにならないように陸上もやるつもりですし、それによってタイムが悪くなろうと、別に気にする必要はないでしょう。タイムが良くなった反面、勉強がおっつかなくなったというような事が生じれば、僕の大学生としての存在理由はないでしょう」

B子嬢　府立工業高校卒業、私立R大学今年入学、高校時代部落問題研究会所属、政治に関心があり、高校時代にもデモや集会に幾度となく参加、七〇年安保について関心非常に大、大学三年において安保を迎えることになっている。その彼女は次のように大学を考えている。

「私がこの大学を選んだ理由には、高校時代に考えていたことから次の三つの点を考えることができます。一つは、七〇年安保を自由に討論できる大学、一つは学費の安いこと、一つは教授陣とりわけ私の専攻しようとする史学の教授陣の豊富なこと、以上の三点です。

一つ目の七〇年安保について、私の現在もっている現状認識の上に立って、少なくとも完全撤廃の方向へ持って行きたいし、かつての六〇年闘争のあの社会的大衆的蜂起でもって安保破棄を実現せねばならないと考えています。でも現在入学して間もない学園にあって、どのサークルがよいのかの見当さえつかず、今入部しているのは部落研と社研ですが、やがてどちらか一つの部になると思っています。要するに自分自身の問題として安保を把握することができれば、これからの政治や経済あるいは世界情勢についても、当然、目を向けなければならないと思います。それは、世界観・人生観を培っていくもっとも基本的なものと合致するでしょうし、全ての考えの基本に安保を、そして世界情勢をと思っています。

二つ目の学費の問題は、学費の分を夏期と冬期のアルバイトでかせぐとしても、短期間で済むし、そのことは、私の希っている問題追究にも時間的余裕が出来ることにもなると思っているからです。

三つ目の教授陣の事については、私が専攻している史学科は、一応、学界においても認められているし、私自身が個人的に信頼を寄せることのできる、あるいは寄せている教授もあります。単に信頼とか認められているからとかというような事で先生方をみるのではなく、先に言った七〇年安保についての認識で、先生方は六〇年安保のときに、連署をもってして反対の立場に立たれた方達ばかりですし、私自身も、学問としての安保を考える立場から、個人的に先生方と討論を繰り返していきたいと思っています。学園の民主化、民主化された学園、みんな同じような意味だと思いますが、それらのことは考えてみたことはありません。学園民主化という言葉を学生の口に上らせるのは、体制化されたものへの叛逆、あるいは権力に対する反抗としてでしょう。その意味からすれば、現在私が在籍している大学は民主化されているということなんでしょうか。学園民主化が叫ばれるような大学においては、おそらく民主化が必要とされているでしょうし、それら民主化の必要が全然学生の口に出ないような大学では、ほんとうの意味ですでに民主的な学園体制が敷かれているということになるのではないでしょうか」

二人の学生の意見は、少なくとも二つの問題を示唆している。一つは、学園とは一体どのようなものであるのか、あるいはあらねばならないのか。他方、民主化とはどのようなものであるのか、あるいはあらねばならないのか、この二つである。

まず、真の学園とは、という問いを考えてみよう。学園とは（大学に限ってみる）学問の真理探究をなす場所である。その学問は、教える者と学ぶ者、教授と学生間のコミュニケーションを基礎になされなければならない。一方交通であってはならぬ。その主体は両者にあり、天秤にかければ、量として学生、質として教授の方が重くなるのである。けだし、質と量いずれが重要なものであるのかは、判定し難い。唯、量としての学生が質としての教授を、質としての教授が量としての学生を、非難してはなりたたない。大学の存在価値は、質的向上にある。その向上は個々人の総体としてあらねばならないし、個人としても質的向上が認められなければならない。このことからマスプロ教育は避けられなければならぬ。学生自ら学ぶということに期待する傾向にも限度があり、いかに主体的な勉学といっても、読書や自主学習といったようなものでの質的向上にはおのずから一つの限界がある。また、それらのことから、民主化とは、民主的とは、という問題を熟考していく必要がある。

本来民主主義という言葉を解釈する場合、〝人民の、人民による、人民のための政治〟が第一義であらねばならない。民主化や民主的という言葉が、この第一義的な政治についての概念から転用されているのだが、現代においてその語義は拡大と同時に少なからず内容的にも変化させられて解釈されつつある。合理化という本来的な意義が、首切りと同義語に用いられているのと同じように、民主化、民主的という語義も、変遷してきているのである。学園の民主化、民主化された学園といっても、学園内部の問題が政治体制から完全に離れたものとしてはありえないだろうし、政治体制内における矛盾を止揚することなくして、民主化された学園を望むことはできなくなっている。

だが、政治機構革命がなしえないならば、民主化されることのない学園を何時までも存在せしめることとなるか、と言えば、そうも限定できない。何故ならば、学園民主化闘争を展開し、進展せしめていくことによって、学園を体制外的位置に存在せしめ、治外法権的位置確立の段階から、政治体制改革の方向へと位置づけることが可能だからである。

たとえば、私学の憲法といわれる〝寄付行為〟を書き変えなければ、学則や校則、あるいは学生心得、学生会規約等々を破棄することも、変更することも不可能であり、民主化闘争を貫徹しえないことも確かである。しかし〝寄付行為〟の書き変えを進める段階において、当然政治体制を動かす事となる。〝寄付行為〟を書き変え、学則等の破棄と同時に新規約を作成する段階においては、学生の意見反映、拒否権行使の条件が必ず問題になる。

我々の日大闘争は、非常に抽象的なスローガンを掲げ、その具体的内容を闘争の中で討論しながら展望を立てている。この不安定な闘争方針は、常に状況の変化を内包した大きな流動性を有し、固定したスローガンとしては具体的なものを一つとしてもっていなかった。許可制の撤廃や、経理の公開、全理事の総退陣等のスローガンは、決して抽象的なものではあるまい。むしろ、具体的すぎるぐらいに思われるのであるが、他大学との比較で考慮してみると、授業料値上げ反対闘争や、学生会館自主管理等の個々一個の問題として闘争が展開されるというようなものではなく、五大スローガンを含みうる総括された学園民主化としての闘争が、現在展開されているのである。学園民主化という場合、先に述べた学園と民主化の抽象的意味を論じ、そこから、具体化していく作業が要求せられる時、必然的に、弾力性を有しなければならないだろう。

我々日本大学の学園民主化闘争が、必然として起こりうるところにまで来ていたことは、過去の歴史を繙けば、直ちに判明するであろう。即ち、冒頭に近いところで述べた、所謂古田反動体制が敷かれた一九五八年以来の日大の歴史は、まさしく暗黒と中世封建体制そのものであり、学生の自主性は無視あるいは圧殺されてきた。経済学部や芸術学部、そしてわが文理学部内において燻り続けて来た十年来の自由を求める声は、最後の陣痛を待つのみであった。その陣痛は、意外や我々の全く予期せぬところから始まった。

使途不明金問題こそ、我々学園民主化闘争の陣痛であり、昭和四三年四月一五日こそ出産日であった。陣痛から出産日を迎え、産声は高らかに神田三崎町をゆり動かし、頭でっかちの新生児は、急激に、それこそ雨後の筍のように成長し続けた。誕生した幼児に対する試練は大きなものであった。一つに父親たる教授会からの圧迫、一つに兄弟たる学生内部の無理解、それらを超えて赤児は育ち続けた。母親たる理事者に向けた社会的・道義的責任追及のその栄養で、五月、六月、七月、八月を迎え、もう全てを判断できる大学生と名のつく小学生ぐらいまでには成長している。

今後、真の大学生として日大生として望み得るものは何であり、何であらねばならぬか。産声をあげたとき、持って生まれた天命としての五大スローガンを貫徹することが、今日我々に課せられた大人への脱皮としてあるだろう。我々は大人に成長するだろうし、成人式を迎えなければならぬ。成人式は訪れるだろうか。またいつ訪れるだろうか。そのことさえ我々の試練となっているし、大人になる条件として五大スローガンが与えられた。大人への暗中模索は、不安と期待にいろどられながらも、過ぎ往く日々に義憤を覚え、逆らうことのなかにのみあるだろう。

あらゆる圧殺と反動の施策を突き破り、すべての悪の根源を払拭すべき民主化闘争は、八月一二日に、一人の教授を追放した。我々の手によって、一つの悪は放逐せられ、更に大きな悪を除去しなければならぬことが確認されている。古田会頭を初め、日本大学の全ての理事者、それこそ、我々の自由を奪い、営利第一主義の利潤追求体制を築いてきた根源であり、我々の当面の最も大きな敵なのである。彼らが幾ら悪足掻きをしようと、あるいは総懺悔をして許しを乞うとしても、絶対に許してはならない。過去我々の先輩や同僚で、彼らの反動体制の犠牲になり、涙をのんだ人が何人あったことか。その血の涙が自由を叫ぶのである。彼ら理事者の甘言に対しては、なんらの妥協もない。むしろ、警戒心を強めるぐらいであろう。本能的にまで育てられた警戒心、不必要と思われるぐらいの用心深さ、そのことが、マスコミをして言わしめた史上最強のバリケードを構築せしめたのである。

我々の学園に、何故黒いヘルメットを被った一団が、それも夜の二時過ぎに訪れる必要があるのだろうか。彼ら七十余名が、右翼分子だとしたら、古田の命令一下、馳せ参じたのであろうし、スト破りがあったという事実、これは動かしがたい。もし彼らが右翼だったら、日本国内で最初の右翼デモを行ない、初めてのシュプレヒコールを、我々は見聞したことになる。おまけに、彼ら黒ヘルメットの一団は、合言葉を使用し、隊列を完全に整え、「最後まで闘うぞ！」と叫んだ。「我々の学校を返せ！」といったすぐあと、火炎ビンを木製机で構築したバリケードに投げつけた。だが、そのデモの戦闘的行動力は、我々全共闘のそれにも比すべく、彼らと敵対していることが、不可思議になるぐらいであった。夜の警備についたとき、我々スト派学生に対する挑発行為や嫌がらせは多かった。ビール瓶を校門に投げつける、十数人で一斉に投石を始める、カンパ中の学生を恫喝するというような有様であった。

しかし、我々は闘った。バリケードを必要以上に強固に構築したり、棒切れを用意したり、古田反動体制の最後のあがきに鉄鎚を打ち込むための隊列をうち固めた。

全てのスローガンは民主化のために、民主化のスローガンは全ての学生のために、この民主化闘争は、六〇余日を過ぎ、今日なお続けられている。遠いか近いかのちがいはともかく、曙光は必ずや見出されるものなのである。

桎梏となる反動体制をうち破れ！　それこそ民主化闘争の勝利への確実な進歩である。涙を流して闘った同志よ、その労苦が報われる日は近い。

3 構内に眠る名句百選

〈右翼学生が書いた落書〉

○日大バンザイ（墨）

○日大のことは日大生でやる、だが君達は全学連など一部活動家のいい――（墨）

○君達は赤い手先だ（墨）

○赤（墨）

○拝啓古田殿
我々の日大はタヌキの巣ではない
すみやかに山に帰れ
敬具　日大生一同

○日本刀をさらりとすてて、本部山も今夜限り、者どもごくろうだった

明日は何する人ぞ

○古田君なんかもう遊んでやらない
――芸者共闘会談議長デモコより――

○卒業のみやげとして、今までの日大をつぶすこと！　二十数年間生きて来た中で俺にできる唯一の生産的な仕事

○古田君、大学ちゅうとこは、そんなに甘いもんやおまへんにゃ
――フォーク・クルセイダーズ――

○古田は、我々の金で太ったブタだ！

○我々は今、学生となった

○リンカーン曰く「学生の、学生による、学生のための大学を」

○大怪獣フルゴンを打ち倒せ！　――日大小学校一同――

○古田さん　サインして！　退職届に

○古田君、もう疲れたろう　――栄作――

○栄作どうする　――古田――

○生徒が皆　我よりえらく見ゆる日は　体連使いて　全てけちらす
――故古田栄作――

○体連は、反省し自殺しろ
――彼らの知能では自殺もできないな――

○エリュアール詩集『全てを語る』より（黒板）

まことの正義
それは　ぶどうから酒を造り　石灰から火を造り　接吻から人間を造る　人間の熱い掟だ
それは　死の危険にたえ　自らの汚れなさを守る　人間の厳しい掟だ
それは　水を光に変え　敵を兄弟に変える　人間の優しい掟だ
それは　子供の心の奥底から　最高の理知に至るまで　完全なものとなろうとしてたどり行く
古くて新しい掟なのだ

○古田さん、突然マスコミで人気が出たね、私にサインして頂戴ネ

○古田さん！　三四億円てすごいでしょう！　今度の参議院に出ては！　テレビ、新聞は毎日叫ぶし、栄作君も金にくらんで支持するでしょう

○大学方針とは　金もうけ第一主義　教育は一番あと

○「女子学生問題研究会」中間発表

最近いわゆる、女子学生亡国論以来、女子学生についての論議がマスコミをにぎわし、女子学生の入学制限、受験断念勧告といった具体的な動きにさえなりつつある。このような現状において、女子学生の置かれている状態を明らかにし、又その本質は何かということに、端を発して研究しようとしたのである。まず、具体的な事実経過として、九州熊本大薬学部の入学規制事件、山形大・お茶大の学寮闘争、跡見大の交際録提出、昭和女子大法廷裁判などを追ってみた。そして、これらの事件を考察することによって、学校の意図するところ、社会的背景を、「文部省の期待される人間像」「自民党の婦人憲章」などを材として、女子学生のもっている不満、要求を素直に出しあい、経験交流して、今後の団結の基礎とした訳である。

つまり、なぜこのような問題をとりあげたのかは、女子学生が現実＋社会に広く目をむけ、科学的批判精神を身につけ、自分達の活動や研究の成果をしっかりみつめ、責任をもって行動してゆくことを目的としたからであり、その段階づけを行なったのである。しかし、まだ発表の段階でなく、以上を報告し今後も活動してゆく

資料女子部まで

○判決文

被告　古田重二良
　　　加藤　修
　　　秋葉安太郎

被告古田及び加藤・秋葉両名は、脱税・使途不明金に関し、純真なる学生・父兄等の金銭と政治献金、暴力団に関連した贈呈金がこの程発覚した。それだけならまだしも、前項三被告は、六月一一日、全学共闘会議学生の抗議集会に対し、一部体育会系学生を使い、又、錦政会・松葉会等の暴力団を雇った。

六月一一日の現場惨事を伝えると、金属製吸ガラ入れを四階より投下、それに当たった学生は頸部裂傷、頭ガイ骨陥奔により、約二〇日間意識不明の状態であった。また、砲丸投げの鉄球を投下し、さらに悲惨で残虐な行為は、日本刀で学生を切りつけ、右眼を失明させたことである。よって、人として何等の価値もない者として「獄門に処す」

①去勢

②糞の中に一ヵ月つける
古田の糞代　時価　三五億円
七月一一日　全共闘

○遺言状
お父さん、お母さん、さようなら。ボクは唯今より戦闘に突入いたします。息子をよろしくお願いします
決死後一日　昭四三・六・一三

○我々の行為の一つたりとも
怒りと無関係であってはならない！

○江古田遊侠伝〈パロディ1〉
江古田　日大一帯
グータラどもが
お上を相手に勝目のない
戦いを挑んでいるのでございます
ジャンパイしかもったことのない手でゲバボウをふりまわしても
機動隊に勝てる道理はござんすまいに
まったく命の安売りでございます
女のシリの下にしかれて
なまけてばかりいる虫けらが
いったん重い腰を　あげたとなると
あとにひかないということを
知らぬが不覚で　ございましたな
古田どの

○金を払う機械と金を貯める機械、両方とも崩してしまえ
○俺の内部には〝飢えたる野獣〟がすみついている
何年来、可愛がってきた奴だ
こいつが最近〝古田を殺せ〟と、せがんでならぬ、俺は可愛いこいつの為にも、絶対に古田を殺らねばならぬ、と考えている
——社会学科或る阿呆より——
○根本的に学問を冒涜しながら盲目的に大学を崇拝する古田。ナンセンス　ああナンセンス極まれり
○闘争とは虚脱なり
虚脱したパワーは
死を恐れず
死後には
それが基石であり
後人に与える力なり
○後輩諸君！　我々の死を無駄にするな！
○古田「私はやっぱり駄目な男でした。許して下さい。田村さん、私は誓う、もうメカケはつくらないと、だからネエー許して」
闘争委代表「問答無用御命チョウダイ」
その数分後、古田の首が、久米の頭にのっていた。
久米「こわいヮ、許して、放っといて」（以下省略）
○古田を守る会をつくろう
○帝国主義のニオイをさせないことを確認せよ！（トイレの壁）
○一人一殺古田暗殺必然！

○自由と変革のための
遊撃戦線
星を見ないで
（責）ゆかり
○日大闘争は
我々を世界へ
アンガジェさせる
（責）鬼太郎
○あなた方教える者よ
あなた方は教えるべき
何をもっているか
○忍耐とは希望を持つことへの技術である
○盲目的に闘争に参加することによってサルトルを知る

写真提供：前川恵司

第三章

大衆団交の実現へ

日大闘争に関する出版物

1 支持・支援の声明と手紙

燃える怒りの火を消すな

◉
池田みち子　伊藤　逸平　宇野　重吉
佐古純一郎　沙羅　双樹　当間　嗣光
中桐　雅夫　埴谷　雄高　後藤　和子

三四億円の使途不明金問題をかわきりに、学園の民主化をめざして闘っている学生諸君、君らは今、日本大学の新しい歴史をきり刻んでいる。日本大学の民主化闘争は日本の最右翼の大学における反逆である。だからこそ、砲丸から日本刀まで持出した体育系右翼の暴力と、機動隊の介入は決して偶然のものではありえない。しかし、一〇万人の日大生は、かいならされてはいなかった。その証明を、君らは闘いの中で展開している。日本大学のこれまでの恥辱の歴史に勇然とたちあがった怒りの炎を、君らの胸にもやしつづけろ。それは自由を暴圧するすべてを包み、反逆の怒りをさらにもえあがらせる力となるだろう。私たち日本大学を巣立った有志は、君たちの闘いを支持し次のことがらを声明する。

一、三四億円の使途不明金問題を出し、さらに右翼暴力団、体育系学生を動員しての暴力事件に対して、理事会は責任の所在を明確にし、大学を真の教育の場とする方針を具体化せよ。

一、大学は学問追究の場として、学生の、表現・出版・集会の自由を認めよ。

一、これまでにおこった暴力事件の責任を学生に転嫁した退学・停学等の処分を撤回し、今後このような学生に対する不当処分をくりかえすな。

一、学園民主化のため、暴力と弾圧に屈せず闘っている学生諸君の勇気ある行動をたたえこれを支持する。

（『朝日ジャーナル』一九六八年六月三〇日号より転載）

ある二年生へ
——父親の手紙から——

◉
森田　武

お手紙ありがとう。夏休みは家中楽しみにしていましたが、顔を見られないのは残念です。ストをやっていることには反対しておりません。なんでも隠さず連絡してくれることを喜んでおります。もともと貴方は勉強がしたいから大学へいったのだし、ストもそのためにやっているのだ、そう思っています。

学生運動一般ということについてならば、私にも批判がないわけではありません。しかし若い人たちは——若い人たちには限りませんが——、それなりの試行錯誤を経て成長してゆきます。どんな錯誤も認められないという運動はあり得ませんから、私は私なりに貴方たちを見守ってゆきたいと思っています。しかし無理論であってはなりません。日大の今度の問題はおそらく日大だけの問題ではありませんし、この闘争も日大だけの闘争ではなくなっています。正しい運動を行なって、学生運動全般に対してプラスになるようにしてください。

こうした運動にとって、もっともかなめになってゆくのは集団主義の思想だろうと思います。日大の闘争の具体的状況は私にはよくわかりませんが、学生運動の目標は学生の自治権の確立だろうと思います。それには、根底に集団主義が貫かれてゆかなければなりません。貴方たちの要求が、学生全部のものであるとき、世の親たちや教師たちでそれに反対できる人はいないでしょう。私が学生運動に批判があるというのは、この集団性からの逸脱のことです。一部の前衛を自認する人たちの独走になったり、その反対に太平ムードの日常性に埋没したりすることです。こうした二つの偏向は統一止揚され、総合されなければなりません。さいわいに日大の闘争にはそうした偏向はないと思います。

学生運動は、まず教育に関する運動であると思います。学生運動である以上、それを基底にしなければならないと思います。教育の歪みがけっきょく政治の歪みからきていることがわかっていても、闘争の目標を単純に政治闘争に還元してしまってはならないと思います。

現在の学生の悩みは、大学において生きた教育がなされないということにあります。その現状に抵抗することを初めからあきらめてしまっている学生は、マージャンでもやっていて退屈しのぎをしてゆこうとしています。しかしまじめな学生は闘争をせざるをえないでしょう。大学生になれば専門の知識を与えられるのは当然です。しかし、そうした専門知識も、全体的な人間性、つまり社会的人間としての良識と併行し、結合したものでなければなりません。もちろん大学には専門以外の課目もあります。私が言いたいのは、そうした形式的な陳列のことではないのです。教育の構造に関することです。

教育というものは、知識を一方的に与えればよいというものではありません。そこにはコミュニケーションが成立しなければなりません。学生はデクノボウではないのです。教育は生徒の主体性に依存しなければならないものです。また訓練がなくてはならないものです。生徒になにかを主体的にあるいは自治的にやらせてみること、教授もそれに参加することによって自己検証を受けること、そうでなくてはなりません。これは心ある教師ならば、小学校の先生でもやっていることです。大学の教授は特権階級だからその必要がない、ということはありません。そろそろ人生問題に悩み始める年頃の学生たちにとって、教授は唯一の心の糧となるべきものです。

しかし今日の社会では、教授自身も結局疎外された人間です。教授も学生と結びつかない限り、人間的進歩はあり得ないでしょう。もちろん闘争においても、いやこの非常な闘争の時においてこそ、教授と学生とは一体化すべきです。しかしなかなかそうならないような状況にあったからこそ、闘争が起こったとも言えるでしょう。ようするに学生は教師を選ぶべきです。

今度の闘争は学校の不正から始まったことでしたが、しかし闘争を有効なものにするためにはスローガンだけではなく、学生自治体としての、闘争後の見取り図と、主体的な研究機構の一応の構想を、具体的に示すべきであるように思います。具体的であるということはあらゆる説明を越えています。

なお費用の問題があると思いますが、闘争の過程、特に動機から目標までを、闘争に参加していない学生諸君や、父兄たちに極力知らせ、情理を尽くして訴えるべきであると思います。闘争は縦横に拡げなければなりません。

私がこんなことを言わなくても、貴方の友人たちはよく考えてやっていると思います。では、からだに気をつけてください。スト中は暑さも忘れることでしょう。皆さんによろしく。

不滅の夏

◉柳田邦夫(雑誌記者)

九月一〇日、嵐の先ぶれで、本降りになりはじめた神田三崎町の経済学部付近で、私はこの一文を書いている。

たった今、三つの文章を読んだばかりである。雨にうたれて半ば破れかかった「壁新聞」ではあったが、それぞれに、胸を衝く文章であった。

ひとつは詩である。それは「勝利のうた」と題されている。次にその一部を紹介しよう。

勝利のうた

古田は何を作ったか　マンモスと右翼・暴力
学生は何を創ったか　自主講座とバリケード
………(五行省略)………
学生は何を創り出すか　自治と自己変革
古田は何を意味するか　反動の拠点
学生は何を意味するか　スチューデントパワーの前衛
　学友諸君　　　　　　　　――読み人知らず――

うまい詩ではない。また、「古田体制」の体質をすべて暴露しつくしているとも思えない。だが、「一般学生」「無関心派」といつもキメつけられている学生たちが、心の中にある怒りを卒直に表わしたものであることに、はかり知れない意義がある。

またひとつは、日大OBたちの文章である。これは、共闘会議を中心に結集した日大生諸君の闘いを支援するという声明であるが、彼らが在学中に受けた屈辱的な圧迫をも語りかけていて迫力のある文章であった。日大OBといっても必ずしもエリートではない。むしろ、中小企業のサラリーマン、労働者が多いであろう。そして彼らは職場の日常で陰陽の圧迫を受けとめているのだ。そうした中で支援に立ち上ることは、思うほど簡単なことではないのだ。労学提携という美しい言葉はまだ虚しいものにすぎない時節なのだから。

さらにひとつは、「謝罪文」である。例の「警官とまちがえてサラリーマンに暴力をふるいトランジスタラジオをとりあげた」と喧伝された事件について、全学共闘会議が卒直に謝罪した文章である。日大の学生諸君が、その素直な感受性と柔軟な精神を示した場面を私はいくつか見てきたが、この謝罪の仕方は感動的だった。雨に濡れた真紅のタイトルは、彼らの美しい魂を鮮やかに表現している。

「古田体制」の実態は、百面相さながらである。だが、今や明らかになったことは、その核心がまさに「国家権力」そのものであるということである。学生諸君は真向うから権力に立ちむかい、見事に闘っているのだ。国家権力は百年もの長きにわたって、「状況」に対して奴隷的に従順な人間をつくり出してきたのだ。スチューデントパワーは、その権力に対して「ノー」というところから始まった。

しかし闘いは開始されたばかりとも言える。世界の状況は我々にとって有利なものではない。素直な怒り、あの卒直な態度、そしてこの明かるさは、真に闘う者だけが知る友情と連帯の母であり、闘争の核心である。この核心を捨ててはならない。

すでに四〇〇人を越す被逮捕者を出し、大学当局の繰り出した暴力学生等によって数知れぬ重軽傷者を抱え、なおかつ九十余日の〈長い暑い夏〉を闘い抜いた千余名の英雄的な学生諸君を中心に、日大十万の学生諸君は必ず勝利するであろう。諸君は一九六八年の夏を不滅の時とすることができるであろう。諸君が「オレは日大生だ」と誇らかに叫ぶ時が確実に近づきつつある。

写真提供：前川惠司

2 文闘委アピール

文理学部闘争委員会

㈠、これまでの教訓

1 小羊からの脱皮

この闘争を開始する以前の我々の置かれていた状況はどんなものであったろうか。

古田は「日大には学生運動がない」ことを最大の誇りにしていた。その裏には、「学生心得」とそれを保証する体育会＝暴力部隊による、学生の自治活動の圧殺があった。高い学費と学生の増員による莫大な収入、それを古田が思うように動かして手下をつくり、彼の独裁体制の維持をはかっていた。学問や研究、教育を「日大精神」の下に統一し、そのことを唯一の条件とし、その他は全くデタラメな運営しか行なわない。「日本精神」という、反動的でかつ抽象的なものを基礎にして、彼の思うがままの大学運営を行なってきたのだ。彼と思想が合わなく、気にくわないものを、暴力を含むあらゆるしめつけによって

二カ月の夏休みも終わろうとしている。しかし我々にとって、この二カ月は夏休みではなかった。全学的ストライキ体制を堅持することによって、自主管理、生きた学習を行なってきた二カ月間であった。古田はこの期間に於ける闘争の自然消滅をねらっていた。従って、我々のスト貫徹は、古田に対する大きな打撃であった。この二カ月、就中、八・四以後の闘争参加人数は少なかった。だが、この部隊が強固に団結していたこと、一〇万の学友がこれを諸々の形で支えていたこと、この事が二カ月のスト貫徹を可能にしたのである。

これまでの闘争によって、我々は古田を追いつめている。しかし、八・四団交拒否に現われているように、我々の力はまだまだ不充分なものである。六月段階に於ける一万余の団結をより強固なものとして再構築し、非妥協的に闘い抜くことが勝利の唯一の展望なのである。そのために何をなすべきか……。この間の闘いの教訓を踏まえ、日大闘争の意義を明確にしつつ、我々の任務を定めなければならない。

学内から追い出してしまう。

この様な古田体制の下で、我々は反抗を避け、学内での不自由を学外での行動によってまぎらわす、という生活を強いられてきた。

しかし、我々は反抗をあきらめていたわけではなかった。当局の弾圧に対し諸々の手段で闘ってきた。にもかかわらず、その闘いが古田体制内での合法的枠を突破しえないために敗北を強いられてきた。そして、「おとなしい日大生」という形容をぬぐい去ることはできなかった。これを突破することが、長い間我々には課せられてきた。

圧迫が強ければ強いほどそれへの反撃は強い。我々がこの事を実際に示したのが、これまでの闘いであった。経済学部における「二〇〇メートルデモ」を突破口に、三四億使途不明金問題に対する追及を現実に行動をもってあらわした。その後の連日の抗議集会、デモは、我々の古田に対する追及であったとともに、これまでの圧迫に対する総反攻であった。我々は「小羊」から脱皮し、古田体制に対する叛逆を開始したのである。

我々は闘いに対する決起を通じて、言いたいことを言い、やりたいことをやる、という積極的生き方を取り戻すことができた。我々の決起が、「揺いでいる」ものではなく、古田を倒すという目的意識的行動であることは、我々自身が最も強く確信していることであった。だからこそ長いストライキ体制を貫徹しているのだ。

2　団結の力

我々は、自ら闘争に決起する中で、全学共闘会議、学部闘争委員会という団結の要を創り出した。いくら多くの学生が起ち上っても、それがバラバラであったならその力は弱いし、すぐ消滅してしまう。団結こそが我々の力である。我々の力を全共闘に集約して、それをもって古田にぶつかって行くことが必要であったし、今それを実現しているのである。この全共闘の下への大衆的団結こそ、闘争を支え、発展させてきた力であった。

闘争委員会、全共闘の団結は、既成の自治会・学生会の合法性の枠を乗り越えて形成された。この点が、以前の闘いとの決定的違いであった。使途不明金の問題を徹底して追及していく中で、古田体制にぶち当った我々は、合法的枠内では何も出来ないことを確認していった。体制を破壊するには、その枠を乗り越えた、真に闘う団結を創造しなければならなかった。我々は長い苦しい闘いからこのことを学び、この教訓を実践に生かしていったのである。

我々の打倒対象である古田体制は、理事会や指導委員会のみならず、諸々の学生組織をもその中に包括している。体育会や応援団、さらに自治会や学生会までが彼らの支配の道具になっていた。従って、我々の闘争の前進はありえなかったのである。だから闘争委員会、全共闘の闘う団結の創造が、闘争の発展の基であったと言えるのである。

全共闘の団結は、きわめて戦闘的なものであった。六・一一の右翼暴力団・体育会の暴挙に示されたように、闘いに対する破壊活動はあらゆる型で展開される。これに打ち勝つためには、我々の正義の暴力が必要なのであり、この間の闘いは、端的にその教訓を物語っている。闘争破壊者は、右翼や体育会だけではない。七・二〇で示され、その後のデモに際しても明らかになったように、古田の後には国家権力があり、その暴力装置である機動隊がいるのである。この現実を卒直に見つめなければならない。古田は、体育会ではダメだと見るや機動隊の学内導入を図り、闘争の暴力的破壊をめざすことが明らかだ。この時、ただ暴力反対を叫ぶことは、何の意味も持たずスト破壊を許すことになってしまうだろう。ストの暴力的破壊については、断固たる組織的な暴力による対応以外にはない。六・一一の経済学部に於ける闘いは、その事をはっきりと示した。

このような行動を中心とする戦闘的団結があったからこそ、長期ストを維持しえているのだ。この事は、日大闘争だけではなく社会全体の問題でも同様である。ベトナム人民が、武器を持って闘わなければ、侵略者を追い出し、自らの解放を勝ち取ることができないのと同じなのである。支配者に対する闘争は、その暴力を粉砕しない限り、勝利できないのである。

3 ストライキ闘争の意義

五、六月の大衆的集会とデモから、古田の六・一一団交拒否を契機に、我々は法学部を先頭にストライキに突入した。ストライキは、我々の最も組織的な実力闘争であり、強固な団結の表現である。

最初は、六・一一団交拒否に対する抗議ストの意味を持っていた。さらに、長期ストの中で、我々は、自主講座、討論会、学習会を行なってきた。これは、古田体制の下での無内容な講義、不自由なサークル・研究活動を否定し、我々の自主的活動を展開したものであり、我々の団結の内容の豊富化を図るものであった。我々の団結は、相互討論、共同学習等の活動によって、より強固になったのである。

バリケード＝ストライキは、古田体制を否定し、それを打倒するための我々の最大の武器である。そして、これを保証するのは強固な団結なのである。

ストライキは〝秩序〟の破壊を意味している。しかし、これまでの〝秩序〟は、古田体制の下での奴隷の〝秩序〟であり、この〝秩序〟を破壊しなければ古田体制を打倒しえないことを認識し、ストライキという〝秩序〟破壊をやったのである。ストライキは、古田体制打倒の第一歩なのである。ストライキの意義は、これだけではない。破壊の第一歩であるとともに、我々学生の秩序の形成を意味しているのである。だから、我々は、バリケード内に於ける規律を、与えられたものではない我々自身の規律を、重要視しなければならない。組織的な、規律ある行動は、ストライキ闘争の第一の条件であることを認識しなければならない。

我々はこれまでの闘いの中で、多くの教訓を得てきた。日大闘争に対する非難や支援の中からも、多くの事を学んできた。

日大闘争は、古田体制を一〇万学生の団結によって打ち倒す闘いである。しかし、この闘いが大きな社会的反響を巻き起している事実、我々のデモに機動隊が介入する事実、そして、東大をはじめ多くの学園紛争が同時に闘われている事実、これらをみたとき、日大闘争が、社会や、政治と無関係でないことに気付く。我々は、闘いの中から、研究・学習活動の中から、この事を学んできた。古田体制は、現在の政府、文部省が推進する反動文教政策――帝国主義的改編の中に位置づけられなければならないし、このような政治的観点を持たなければ古田体制の本質を見抜くことはできないし、真に強固な闘争もできない。

我々がいかに政治から無関係であろうとしても、現実は、それを許さない。ましてや、日大闘争という「社会的事件」にかかわっている我々にとっては、「社会問題」として、自らの闘争を捉え、その位置を明らかにしていかなければならないのである。このような本質的究明があってこそ、古田打倒まで非妥協的に闘い抜く真に強固な団結が構築されるのである。

(二)、日大闘争の意義と任務

1　教育の帝国主義的改編と日大

現在我々が闘っている日大闘争をはじめ、東大、東洋大、その他数十校に及んでいる学園闘争は、まったく激しく闘われている。我々の現在の闘いに多くの教訓を与えてくれているところの中大、明大、慶大、早大、横浜国立大闘争、と大学は激しく動揺している。

大学紛争といわれるものがなぜ常に起こり、いや現在では益々激化したものとして現われ、学生と学校側が常に闘争をしているのか？〝真理の探究の為に大学がある〟とか〝学問の自由を保証されて最高学府としてある〟とか一般的にいわれている大学に、なぜ紛争といわれるものが起こるのか？　大学において当局と学生が対立し闘争し合う原因は一体なになにか、をつきとめなければならない。大学において、現実に常に学校当局と学生は対立し闘争してきた。大学の中に闘争がある事をかくすことは絶対にできない。大学においてなぜ闘争が起きるのか？　大学が本来一体どのような社会的諸関係の中に、なんのために作られているのかを明確にしなければならない。

資本主義社会における教育は、当然社会諸関係に規定されているものである。教育の目的は社会的生産（その体制では支配者に奉仕するもの）、及び再生産を行なう能力をさずけるものであり、又もう一面として支配体制を発展・強化するイデオロギーを大衆にうえつける事である。そしてとりわけ大学という最高学府はまさに支配者にとって最高なのであり、高級な労働能力と強固なイデオロギーを持った人間、つまりブルジョアジーに積極的に、彼らの側について奉仕する人間をつくるものとしてあるのである。学校・大学・教育一般は簡単に以上のようにいえる訳であるが、これはまだ資本主義的教育の一般論でしかない。現在におけるところの、日本帝国主義としての教育とは一体なんなのかを明らかにしなければならないであろう。

この帝国主義的改編はもはや完成されつつある。最後の民主教育は今日完全に否定され、義務教育における文部省の介入はもはや徹底的になされている。それは、レッドパージ以降全面的にされてきている。それは教育二法案・勤務評定、学力テスト、学習指導要領の法制定と改編、管理職手当支給による日教組破壊等における教育の中央集権化として現われ、更にイデオロギー攻勢の面においては、道徳教育の復活、神話教育の採用と、小中学校に対する統制は、機構面においても、イデオロギー攻勢の面においても、徹底的になされている。この過程は、日本独占資本の復活過程と一致している。それは、六〇年をもって、ほぼ完了した。

しかしながら大学における統制は、学生の闘いによって、支配者の出してくる政策を一定程度阻止してきたが、日本は、六〇年以後、六五年の日韓条約を契機に、東南アジアへの侵略を開始し、それと共に国内の再整備を行なってきた。この中において、大学にも新たな攻勢がなされている。六二年、大学管理法としての具体化の基礎となった内容を含む中央教育審議会答申が現在具体化されようとしている。「大学教育の改善について」と題するこの答申は、①大学の性格と目的、②大学の設置及び組織編成、③管理・運営、④学生の厚生補導、⑤入学試験、⑥財政の六項目からなる大学全般の改善案である。①は答申作成中であるがその内容は、戦後の大学理念ともいえる学術研究の場としての大学を、産業社会の要請に応える職業教育の場と化すものであり、②は産学協同、地方行政の統合＝中央集権化の強化とからみ、東京教育大の移転、大阪大学の統合等に具体化している。③は最初大学管理法として登場し、法制化は阻止されたが、その後教授会の権限を骨抜きにし、管理職権限の拡大から文部省の介入というかたちで実現されている。④は学生自治権の縮小を内容とした、学生会館の管理運営、学生自治破壊、負担区分の強制化として実施されつつある。⑤は能研テスト、推薦制度というかたちでされつつある。⑥は私学の財政問題とされているが、大学を国家の道具として利用するものである。

これらと関連して、教員養成制度の改悪が急テンポで進んでいる。「学科目省令化」「目的大学化」として、教育系大学・学部の旧師範学校化が図られている。以上のように進んでいる大学破壊の攻勢と「大学設置基準」の改編は、大学の目的・性格を全面的に変え、学生生活までも変えようとするものである。

2 古田体制の解明

古田体制を解明するならば、帝国主義政策の尖兵、帝国主義者に反抗せず、支配者のいいなりになる人間の養成の場としてのこれまでの日大を、教育内容、機構、学生対策等全般にわたって保証する総体としての体制の事である。現在の帝国主義的教育改編は、日大型への大学の全面的改編を意味している。その意味で、日大はその手本として、帝国主義における砦の役割を果しているのである。それではこの内容が、個別日大にあってどのように現われているのか、更に詳細にわたって解明しなければならない。先に述べたように、大管法の基礎になっている中教審の〝大学教育の改善について〟と題する答申は、大学と産業界との癒着を明らかにしているが、古田体制といわれるものは、すでにそれよりもはやく、一九五八年日大改善案なるものを作り、まったく産業界の癒着を露骨に出したかたちで日大それ自体を企業化していった。

その内容は、学生数約一〇万といわれるマンモス化だけではなく、日大の資産と年間予算の規模、桜門事業部等に表現される予算は今や約三百億の予算を有している。日大の総資産は二七七億（一九六六年現在）にもおよび、そして、それは、建物、北海道から九州までの土地等である。また土地の評価価格はその当時のままであり、現在の価格からいえば、一千億ぐらいにはね上がるのであり、実際の資産は、まったく莫大なものとなるのである。

会社の純益にあたる「繰越金」は、四一年度において六四億円にものぼる。こうして学生授業料からの収奪を行なう一方、桜門事業部なるものを作り、その株式会社なるものに投資し、学生から二重の収奪を行なっている。更に日大は「日本大学教育後援会」を昭和三七年に発足させ、財界との癒着や、日本会、総調和会と、政界等各分野に影響力をもっている。このように日大は営利主義と帝国主義の砦的大学となったのである。これを貫徹させる為、学生への弾圧、自治破壊等を、制度的、暴力的、イデオロギー的にかけている。

古田体制は機構として中央集権化し、本部権力と各学部指導委員会、さらに学則三一条の検閲制等の学生弾圧の機構である。それで規定からはずれた学生には本部権力の常備軍＝本部体育会を中心とする勢力で、露骨な暴力弾圧をかけるのである。日大におけるイデオロギー攻勢は、日本精神という全く民族排外的なイデオロギーを中心に、総調和の精神（階級性隠蔽のイデオロギー）、それらの総体としての建学の精神という形で表現され、学生を思想的に巻き込んで行く政策がとられてきた。

それは日大のカリキュラムが、反共反動教育となっていて、労働力の開発にあたっては他の大学との格差付けの中に、中堅労働者、技術者、中下級官僚の養成という形でもって行ない、大学内においても専門化、細分化された多くの学部を、又多くの学科を編成している。しかも同じ学科内においても分解的状態が現われている。例えば法学部における、法職特研、ゼミ制度等による格差付けの教育が行なわれているのである。このような完璧なまでの古田体制は学生自治会をも彼ら学校当局の支配機関としてしまっているのである。学生団体を分裂させ、彼らの手先である学生を使ってのっとらせるやり方、また、たとえ民主的学友が自治会をとったところで、検閲制度、教室の借用、予算請求、その他等々、いっさい自治会としての活動ができない仕組みになっている。

以上のようなまさしく教育の帝国主義的改編の日本で最先頭を行く、ブルジョアジー的教育体系としての日大＝古田体制なのである。

3　闘いの意義と任務

教育の帝国主義的改編の完成した、日本ブルジョアジーの教育の砦日大において、古田打倒の闘いを進める意義とは何であり、任務は何かを明らかにしなくてはならない。我々はまずもってこの闘いにおいて何を勝ちとらなければならないのか？　それは古田体制を打倒し、ブルジョアジーの教育における砦を破壊し、学生の戦闘的拠点を建設することである。

古田体制打倒は具体的に述べる必要がある。それは、古田体制そのものを破壊するものであり、基本的には、五つのスローガン、一、理事者総退陣、一、経理の全面公開、一、不当処分撤回、一、集会の自由、一、検閲制度の撤廃を勝ち取る事である。更に深く調べてみるならば、古田体制すなわち機構上の中央集権化の破壊であり、具体的な学生弾圧の機構であった所の学生指導委員会の破壊である。その法的根拠であった学則三一条学生心得、又彼らの支配的精神の主体たるべき理念体系、建学の精神、日本精神、即ち学則第一条の破壊である。更にこの腐敗しきった古田体制を、中心的直接的に担ってきた反動的なうじ虫どもの学園からの追放であり、その最高の頂点をなす古田を初めとする全理事、本部学生部の細谷、又各学部における直接的、中心的反動教授等のうじ虫どもを、我々学生の裁判により追放することである。

そして更に、学校内部のあらゆる機構等に対して闘う学生団体の総力をもって闘争を続けてゆく事である。これらが、今回の日大闘争で大衆的に勝ち取らなければならないものである。

㈢、闘いの現局面と任務

1　闘いの発展

五月二三日、これまでの闘いの枠を乗り越えて、「二〇億脱税」に端を発する今回の闘争は、全日大的に爆発し、古田体制打倒へと一挙に登りつめる端緒を、切り開いた。

それ以降展開された、日大支配機構の心臓部＝本部に向けての闘いは、学園の片隅から学園の真中へ、そして街頭へとオドリ出ることによって、日大一〇万の学友に、闘いの意義と方向を公然と提起した。

問いの公然化は、経・法・文理等を中心とした数千人の中核部隊を支える数万の部隊を創造した。闘いは波及的にしかも急速に、十一学部へと広がっていった。

各学部への広がりは、量的拡大であると共に、三崎町では闘いの質も高度化されていった。

「二〇億使途不明金」を追及する抗議集会や「団交」要求集会は、その内実としては、問題の所在はどこにあるのかを明らかにし、闘いのスローガンを、全理事の退陣から、古田体制打倒へと、闘争の質を高める理論的整備であった。

2　我々の闘いは有利性を基礎にしている。

今回の闘いは、その性質上、我々闘う側にとって、全く有利である。何故なら、問題が学校支配者の腐敗と堕落を象徴的に表現する「脱税」という形で提起されたからである。脱税は、学校支配者にその全ての責任を問うものとしてあり、一方、その事について、学生の責任を一切問うものではないという有利性を我々に与えている。従って、日大支配者は、この問題で起ち上がった学生を押えつけて、学生間を分裂させる政治的主張はなしえなかったのだ。だから彼等は五月、六月、七月の段階では、政治的には、ただ黙するだけであったのだ。

3　バリケード＝ストライキ

我々の闘いは、政治的優位性を基礎として、爆発的高揚を勝ちとった。しかし、日大支配者共は、「馬の耳に念仏」の如く、我々の決死の声を黙殺し、黙殺するばかりか我々に武力的弾圧で応えてきた。従って我々は、闘いの質的発展を大胆に提起する時期に達した。バリケード＝ストライキはそれまでの闘争の総括であり、新たなる闘いの開始であった。

抗議行動や「団交」要求の闘いの中では、我々の側が政治的に勝利する形勢にあり、大衆的団結を強め拡大する方向をとりながらも、我々の側が武力を持たないがゆえに、敵の武力によって、何回かの苦汁を飲まされた。しかし我々は、六月一一日の闘いを通じて、敵の暴力に対しては、自らを武装する必要を大衆的に確認して、ヘルメットを被り、ゲバ棒を握った。この時点で我々はようやく、敵の軍事力に我々の軍事力を対峙させることによって、軍事的にも勝利する展望を創り出した。政治工作をなし得ない敵が、唯一頼りにしていた軍事的弾圧に対しても、我々は明確な回答を出す事によって、勝利への展望を確実なものへと一歩また前進させたのだ。

しかし、闘争に対する当局の回答が暴力的弾圧であったことは、同時に次の事を提起していた。何回かの暴力的弾圧の苦汁から、学校権力と我々との関係は、決して、お話し合いなどで解決できるものではないこと、食うか食われるかの敵対関係にあること、闘争によって、どちらかが勝利し、どちらかが敗北することによってしか「解決」できるものではないことを明確にした。

政治、軍事の両面にわたる闘いを、我々はバリケードの形で実現した。敵の政治工作の基盤たる学園を我々の手で管理する事によって、我々は彼等の政治工作に一つの打撃を与えたばかりか、バリケードによって、敵の我々への対応の仕方を大衆的（日大的・社会的）に明らかにし、我々と学校当局の関係を鮮明にして、学生を我々の側に引きつける重要な基盤を創り出した。。

4　現在の局面

我々は今、二ヵ月にわたる「夏休み」策動を粉砕して、九月闘争に向け、総決起集会を行なっている。この事実こそ、現在の局面における最も重要な点である。八月段階で、バリケードを守る戦士の数が、若干減少し、分散化する傾向がありながら、数百の単位で守りぬき、その過程で学習と討論を積み重ねてきた。この蓄積こそ重視しなければならない。九月からの展望は、この事実を基礎として考えられねばならない。

5　何が不足しているのか

すでに述べた様に、敵の政治基盤を奪い、暴力を粉砕して、我々の隊列は強固に打ち固まってきた。しかし、敵はまだ、我々に屈服しようとしない。何故なのか——それは敵がまだこの闘いを消滅させる事ができると考えているからである。

我々の闘いは、確かに大衆的に闘われてきたし、一〇万学友のほとんどの共感を得ている。しかし、それはまだ共感しか持ち得ない段階に止まっている部分がかなり多数いることを見忘れてはならない。古田理事会を敵として、古田体制を打倒する、組織された戦列はまだまだ小さいと言わねばなるまい。

日大支配者共は、日大一〇万の学生が、ほとんど、今回の闘いに共感をもっていることを知りつつも、その一〇万の力が組織されていない事を知っているが故に、うかつに手を出さないとともに、自分の権力の座もあきらめないのだ。彼等は、我々の隊列の中に、とりわけ先進部分と他の組織されていない中間部分や後進部分の間に分裂を創り出せると考えているのだ。

「およそ権力者というものは、自らすすんで歴史の舞台から引き下がるものではない」それは、日大支配者共とて同じ事である。現日大支配者は、我々の隊列に分裂を創り出せる可能性があるという幻想を抱いている。しかし我々が隊列を固め突き進んでいくならば、やがて彼等も、にっちもさっちもいかない事に気がつき、自分達の計画が幼児の幻想であることに気がつくだろう。その時には彼等は、ひらきなおって、必死の暴力的弾圧をかけてくるかも知れない。その時への実力部隊の構築もまた、極めて不十分である。敵の動員数は一、〇〇〇とも二、〇〇〇とも言われているのだから。

6　「不足」を「充分」に高めることが出来るか

物事は、最初から充分であったり、完全であったりするものではない。日大闘争もそうしたものであった。

我々の不充分は組織性においてであり、これをどう克服し、バリケードの中へ学友をどう集約してゆくのかが我々の当面の任務である。従って、我々の闘いは、敵に対して我々の隊列を強化する事によって、攻撃する闘争形態をとる。我々の九月のスローガンは「組織せよ、組織せよ、死力をつくして組織せよ」になるだろう。

闘争の初めの段階から今までの間に、組織化の問題で、いくつかの教訓が与えられた。

　運動の拠点が多いか少ないかが大衆の組織化の状況を決定するということと、質的に高い指導性が拠点の指導的部分に要求されているということである。だがこの問題には、すでに我々は十分にこたえてきている。二カ月間にわたるバリケード闘争は、この闘争の核心的部分を十分にきたえあげ、各学部に二つ三つの闘争委から、三十、四十、数十の闘争委を創りあげる基礎を育てあげている。

　大衆に依拠し、集中的に指導出来る、組織された闘いの為には、全体指導とともに、個別指導が不可欠の要素である。小闘争委を学部の闘争委に集中し、下からの運動と上からの指導とを統一して組織された運動を創ろう。

　九月闘争の爆発に向けて、これまでの闘いの経過を整理して、いつでも学友に説明可能なように準備しておこう。

　九月闘争を組織された闘いとするために、各闘争委結成の準備をしよう。

3 九・三〇大衆団交

九・三〇、経済学部前にて

九月三十日午後一時ごろ、神田三崎町の経済学部周辺に、約二万五千の学友が結集して、全学共闘会議主催の「大衆団交要求・全学抗議集会」が開かれていた。大学当局は、九月三十日午後三時から、両国講堂において「全学集会」を開く、と前日に共闘会議あてに通知してきていた。

しかしすでに一時前後から、両国講堂では体育会系・日新会系の学生約三百名を中心に八百名あまりの手で集会が開かれていた。「秋田と古田会頭のボス交渉を許すな」「大衆団交粉砕」等の立看板や貼り紙がある。

共闘会議に結集した学友は、集会の最中にその情報を知った。

学生　では時間がありませんので……。今入った情報によりますと、両国講堂に、一部体育会右翼系の学生が百人ほどたむろしている（怒りの声多し）。すべての学友諸君、ここに集まった行動隊の学友諸君は、今日の集会を、全学共闘会議の防衛のもとに大衆団交を開催する。その重い使命を最後まで貫いてほしい。では、すべての学友諸君は立ちあがり、この、われわれの闘いの発祥の地である経済学部前で、圧倒的なデモンストレーションをかちとって、両国講堂に向いたいと思います。シュプレヒコール！

大衆団交をかちとるぞ！　九・三〇大衆団交に勝利するぞ！　古田理事会の策動を許さないぞ！　分裂策動を許さないぞ！　全共闘は闘うぞ！　大衆団交をかちとるぞ！　全共闘の力でかちとるぞ！　日新会を粉砕するぞ！　右翼を粉砕するぞ！　分裂策動粉砕！　行動隊は闘うぞ！　闘うぞ！（津波のような拍手、インター合唱）

この出発より早く、芸術学部の学友約百名が両国講堂にデモ行進し門を入ろうとしドアをしめようとした内部にいた学生たちと小競り合いがおこった。

学生　こら、よせ。教授団はおれたちを支持しているのだから。……体育系の学生は三百人しかいないのだ、わかるか……（騒然）

学生　行動隊の学生諸君、われわれは、本日、この両国講堂において、断固として全学共闘会議主催の大衆団交をかちとっていく。その会場を断固としてわれわれの手で防衛するためにやってきたのである。すべての学生諸君は、はっきりとその点を確認し、われわれの集会にたいする一切の妨害から、断固としてこの両国講堂を守らなければならない（取りまいている学生たちの猛烈な拍手喝采）。

　学生諸君、われわれ全学共闘会議こそが、日本大学学生の唯一の代表であり、大衆団交の席上で学校側とはっきり決着をつけるべき問題を、五月末以来一貫して提起してきている。すべての学友諸君、この場において、われわれはこの両国講堂を断固として守り抜く態勢を整えたいというふうに考えます。シュプレヒコール……。

日大闘争に勝利するぞ！　自治権奪還闘争に勝利するぞ！　九・三〇大衆団交をかちとるぞ！　右翼の暴力を粉砕するぞ！　官憲の弾圧を粉砕するぞ！　全学共闘会議は闘うぞ！　闘うぞ！（インター合唱）

学生　ただちに、強固なスクラムをもってデモ行進をおこない、そしてわれわれの、われわれの両国講堂に入りたいというふうに考えます。（「異議なし」の声あり）

同じころ両国講堂の内部で

演壇では「一般学生」の代表ということで、各学部学生の演説がつづいていた。

学生……われわれの集会を破壊しようとする、そのような、自分たちのイデオロギーしか認めない、自分らの討論しか認めないような集団を、われわれは決して学生として容認すべきではないと思います。（拍手）左であろうと右であろうと、われわれはそのようなことを問題にしているのではありません。われわれは、左ファッショもいけない、右翼ファッショもいけないということを、また教育の場で、決してそのようなファッショ体制をつくってはならないということを、一人一人が自覚しているから、ここにちゃんとすわっているのではありませんか。（拍手）われわれは真の中立的立場でもって教育をし、また学生として行動するということを、法学部代表として挨拶にかえさせていただきたいと思います。（拍手）

学生（司会）どうもありがとうございました。つづいてお願いいたします。

学生　今日三時にここで大衆団交を開くという公告が新聞に載りました。もちろん全学集会です。共闘会議としてはこれを大衆団交という形にもってゆく。学校側としては、大衆団交と受けとってもかまわないという立場で、全学学生集会を開くものです。けれども、ぼくらは、この大衆団交を絶対に認めてはならないと思う。（「そうだ」の声、拍手）なぜならば、大衆団交そのものがつるし上げ集会であるし、単なる精神的拷問にすぎない。その暴力的話し合いは当然認められない。まして一般学生を無視して、古田会頭と秋田明大議長との間で勝手にかわした密約をもって、事態の収拾にむかおうということは、われわれ一般学生としてなめられている以外の何ものでもないでしょう。（拍手）

　とにかく、全学共闘会議は、われわれの代表ではない。（「そうだ」の声」）彼らは全学連の手先である。（「そうだ」の声」）その全学連の手先に、われわれのすべての権利を代表させるわけにはいかない。したがって、今日の三時からの大衆団交は、断じてボイコットしなければならない。（拍手）シュプレヒコール！

全学連粉砕！　全共闘粉砕！　全学連の手先は出て行け！　学生集会粉砕！　大衆団

交粉砕！　一般学生は立ち上がろう！

とにかく、一般学生を無視したこの学生集会というものを、われわれは絶対に阻止していかなければならない。否定していかなければならないと思います。今の学校の状態、つまりわれわれ一般学生の意見が何も反映されないで、単に中核なりMLなり、そういう外部団体から指令を受けた一部学生が、学校内で右往左往しているにすぎない。一部、殺人者、暴力学生が！（拍手）

われわれは団結して、真の代表者を選び出し、学校に対し、正当に学生の権利を主張していかなければならない。そう考えるものです。（「そうだ」の声、拍手）

学生　どうもありがとうございました。つづいてお願いします。

学生　われわれはこの集会を、一般学生の声を主張するものと決定いたします。（拍手）われわれが合法的に、この集会を一般学生の声の反映として設定したにもかかわらず、彼ら全共闘は、この大会を粉砕するためにここに来ている。日本大学の悩める姿を正しくするために、われわれがともにやらなければならないことは何か。それをこの場において決定し、このことを論じていくことによって、現在の日本大学の、この醜い姿を包むことができる、事態収拾の時に向かうことができるのだということを確認して、この大会を総決起集会としなければならない。（拍手）われわれは、日本大学学生集会なるものを粉砕し、秋田明大、あるいは古田、彼らがどういう形でこの事態収拾をはかろうとしているか、考えなければならない。現在、日本大学にある各種団体、その団体の人たちが、事態収拾のために全力を傾注しておられますが、その努力にもかかわらず、全学共闘会議の、あの不当な暴力のもとにわれわれが弾圧され、暴力が正当化されたなかにおいて、全学連の介入、安保反対、階級闘争、プロレタリア革命等の政治闘争化した。これは、われわれ日本大学には何ら関係のないものだ。（拍手）

われわれはここにおいて、日本大学の民主化のために、日本大学の正常化のために、日本大学の真の改革のために、われわれの総意を結集して立ち上がらなければならないことを確認します。（拍手）われわれは、あの全学共闘会議の不当な暴力を追放しなければならない。（「全学連帰れ」「静粛に」の声騒然、インター合唱、シュプレヒコール）

日大闘争に勝利するぞ！　自治権奪還闘争に勝利するぞ！　九・三〇大衆団交をかちとるぞ！　全学共闘会議はかちとるぞ！　右翼の集会妨害を粉砕するぞ！　右翼の集会破壊を粉砕するぞ！　全学共闘会議の実力で粉砕するぞ！　全学共闘会議は闘うぞ！　最後の最後まで闘うぞ！　闘うぞ！

（インター合唱）

右翼の介入は許さない

学生　おまえらは、いままで日大で何やってきたんだ。なんだ、これは、（とヘルメットの学生にくってかかる）

学生　おまえらのその暴力的なやり方は何だ。おれたちはな、もう去年から、先生と教育者と学生のそれぞれの立場をとり戻すように運動してきたんだ。

学生　おまえらは知らないんだよ。

学生　知らなくてけっこうだよ。

学生　君ら何もやってないだろう。

学生　やってるよ。おまえらがわからないだけだよ。おれたちはな……。（「金もらってんだろ」の野次あり）……誰が金もらってんだよ。おれたちはな、二十四日と二十八日に集会を開いてここまでエスカレートしたんだ。一生懸命やってたよ。
学生　一生懸命金もらって、チャアチャアやってたんだろう。はずかしくないのか。
学生　何がはずかしいんだよ。はずかしくないな、おれたちは。おまえらの方がよっぽどはずかしいぞ。
学生　学校側に、ああしてください、こうしてくださいといって……。
学生　学校から金もらっているとか何とかいったけどな、もらった事実がどこにあるんだ。おれなんかびた一文もらったおぼえないぞ。
学生　じゃあおまえの上のヤツが全部吸いあげたんだよ。
学生　おれの上なんかだれもいないよ。おれ一匹だよ。
学生　金なんか有り余るほど出てんだよ。
学生　そんなの知らないよ、おれは。
学生　おまえがもらわなきゃ、じゃあ、誰がもらうんだよ。
学生　おれたちはもらってないよ、そんなものは。おれは一匹オオカミとして動いているんだ。おまえたちのやり方、大反対だ。だれがもらっているんだ。そんな汚い金もらえるかよ、馬鹿野郎。
学生　帰りに弁当もらってるだろう。六・一には酒まで出てたじゃないか。
学生　誰が右翼だ、誰が右翼だよ。右翼じゃないよ。どこが右翼なんだ。（怒って詰め寄る）
学生　おまえらじゃないか、日大をこんなふうにしているのは。バリケードつくったりして。もう少し日大の学生らしくしろよ。
学生　日大をどうしたいんだ、おまえらは。
学生　学校から金もらって……。
学生　おまえら、どっから金もらってんだ。中共からもらってるのか、それともソ連から金もらってるのか、おまえらは。日大民主化なんてことという権利ないだろう、馬鹿野郎。
（罵声多し）
学生　学生がなんで職員にペコペコしなきゃならないんだよ。
学生　じゃあ、おまえらは何だ。教育すらも否定し、日大すらも否定して、何をつくろうというんだ。社会主義国家か、ばかたれ。おまえらは批判しかできないんだよ。てめえらは建設することは何もできないんだよ。
学生　一般学生の声を反映しようとしているじゃないか。
学生　おまえらは何だ。お前は何だ。（と小突く）
学生　……（騒然、聴取不能）
学生　（叫ぶ）日大出て行け。
学生　おまえら一般学生なら、そんな角材、ヘルメット、なぜ必要なんだ。
学生　……（騒然、聴取不能）
学生　なに、右翼が襲ってくるから。どこから右翼が襲ってきたんだ、おまえらに。
学生　おまえら、日大をどうしたいんだ。（騒然）
学生　もっとちゃんと話せよ。おまえらのいってることは聞こえないよ……。（騒然、聴取不能）正しいことをいっているなら、そんなものを捨ててちゃんと話し合えよ。……（騒然、聴取不能）聞こえないよ、これ取らないと。（ヘルメットに手をかける）……（騒然、聴取不能）おれたちだって改革を望んでいるんだよ。……（騒然、聴取不能）民主化、民主化なんて、そんな欺瞞的な言葉わかるかよ。おれたちのいってるのは、日大の改革だよ。おまえらの民主化って何だよ。（騒然）角材、ヘルメットで校舎を破壊しただけじゃないかよ。君たちだけの学校じゃないんだぞ。おれたちだってお金払っているんだぞ。……（騒然、聴取不能）

共闘会議の学友たち約百人が演壇を占拠する。

学生　おまえら、何をやっているんだ。

学生　話し合いの場を求めているんだ。

学生　話し合おうじゃないか。紳士的にいこうじゃないか。

学生　現象面だけを追われてやって……。

学生　現象面じゃないんだ。……

学生　冷静に……だから、ぼくに話させてくれよ。

学生　話し合いの場になんでヘルメットがいるんだよ。

学生　そういうのは現象面じゃないか。説明しようとしたんじゃないか。

学生　じゃあ、いってくれ。

学生　機動隊とか、あらゆる、ぼくたちには暴力的な弾圧があるわけじゃないか。それに対しておれたちは、それを粉砕してぼくたちの正当性を主張しなければいけないんだよ。

学生　だから、正当性を主張するために、なんで違法な行為をするんだ。

学生　なんで違法な行為だよ。

学生　違法な行為じゃないか。おれたちは許可を得て集会をやっているんだ。

学生　君はもっと歴史を勉強したまえよ。過去の八十年間において、日本において……。

学生　なんで、おまえら、秩序を保たないんだ。秩序を乱す行為をなんでやるんだ。

学生　そういう問題じゃない。秩序を乱すか乱していないとかいう問題じゃない。おれたちが、まさしく、ヘルメットをかぶり、無届け集会をおこなうこと、つまり、おれたちが学校側の規則を破る形でしか運動はできなかったんじゃないか。だから、おれたちの運動は高まってきたんじゃないか。古田反動体制がおれたちに対する反動的教育を指向しているその「秩序」のなかで、運動をやっても発展しないわけじゃないか。秩序をなんで乱すかって……じゃ、おれたちが正しいことをやっているのに、なんで弾圧してくるんだよ。

学生　だから聞こうって……。

学生　もっと本質的なものを、問題を語り合わなければいけないじゃないか。

学生　おれたちの話し合いの場を、おまえら、奪っているんじゃないか。

学生　うるさいなあ、この野郎。

学生　何をいっているんだ、馬鹿野郎。

学生　うるさいなあ、この野郎、ちゃんと聞け。

学生　おれたちだって信念があるんだよ。それで、この会場を借りて、それでおれたちは集会をもった。それをあなた方が粉砕する理由がどこにあるんだよ。

学生　この両国講堂を借りたというが、どこも借りていないぞ。学校が両国講堂を借りて、日新会が一時から集会をやることになってたじゃないか。そうだろう。

学生　日新会はわれわれを切ったんだよ。

学生　われわれは一時から三時までここを借りるということははっきり約束したわけだ。それなのに、彼らはヘルメットをかぶって入ってきた。彼らがここを使う権利はまったくない。

学生　何の暴力沙汰だ。

学生　日本大学の一員だったら暴力でなくて……。

学生　ぼくたちが今必要なものは民主的な話し合いだ。

学生　ぼくらは暴力を絶対排撃するんだ。きみたちが暴力をふるおうとするから、闘うために……

学生　最高学府で学ぶ者が、暴力沙汰でまわりの人たちに迷惑をかけ、日本の国の法律を犯している。きみは学生である。日本大学の学生にそんな者は一人もいないはずだ。

学生　君は「古田反動体制」というのを、どういうふうにとらえているわけですか。

学生　彼の教育に否定すべき面ももちろんあるが、君たちのやり方はなお否定すべきではないか。

学生　ぼくたちが古田体制を根底から否定し、自治権を獲得しようとするのならば、なぜ古田体制内の授業を受けたりするんだ。こういう体制内で、君たちは活動しょうとするわけ。それじゃあ、君たちの思想というのは何だろう。ほんとうに古田体制を根本的に否定するなら、ぼくたちはあらゆるものを否定していかなきゃならないんだ。

学生　おれたちはそうじゃない。この日大を改革するためにはどうするか、話し合いで解決しようと思っている。

学生　具体的にどうするんだよ。

学生　集会の自由とか、経営のあれとか、そんなことじゃない。真の日大の教育内容……。

学生　具体的に何をやるんだ。

学生　教授との対話の場だよ。日大の教授と学生との間に信頼関係がなければいけないんだ。君たちは全然信頼関係がないじゃないか。君たちは暴力的に学校側に強要しているんだ。暴力行為だ、脅迫行為にほかならないよ。俺は断言するよ。

学生　君たちが相互信頼といったけれども、五月二十三日、地下ホールで集会を開いたとき、体育会からわれわれが血みどろに殴られたとき、教授たちは何をやっていたんだ。君たちの信頼すべき教授は何をやったんだ、ぼくたちに対して……。

学生　それが現象面だけしかとらえていない……。

学生　なんで現象面だけだよ。いいから答えてみろよ。

学生　学校が悪いんだよ。そういうことをしたのは学校が悪いといっているじゃないか。

学生　君たちが悪いというまさにその点を、われわれが立ち上がって要求していかなければならないんじゃないか。

学生　法治国家なんだよ、日本はあくまでも。法律は何のためにあるのか、日本の国家の場合、秩序を保つためにある。お前らは違法だということだ。

学生　ぼくたちははっきりと君たちに論争を申しこむ。この席上で、報道陣がいる前でどちらが正しいか、悪いか。君たちは、学園の民主化という美名のもとにすべてをおおいかくして、昨日から自分たちの政治的利己心である左翼ファッショをこの日大においてなしとげようとしているわけじゃないか。

学生　古田体制は、彼はなぜ経済学部に機動隊を入れ、弾圧を加えるんだよ。

学生　俺は古田が何をやったか知らない。しかし……。

学生　ちょっと待て。君、今の発言、重要だよ。古田がやったことは知らない？……。

学生　そういうふうにいっているわけではない。学生と教授とのコミュニケーションというのが、今、あらゆる大学において欠けているわけだよ。そういったものを、ぼくたちは……。

学生　君たちは具体的にとらえてないよ。いいか。教師が国家権力、機動隊を導入したということは、これはまさに理事者たちが、みずからの教育者としての地位を否定したことではないのか。

学生　否定しないよ。

学生　日大の過去八十年間において、教授という良心的な名のもとに、彼ら何をやったんだよ。暴力的弾圧だけじゃないか。そこにおいて、学園の自治、大学の主体が、学生側にはないんだということを証明したわけではないか。守るのは学生だけじゃないか。

学生　わかった。君が今いったことは非常に重要だよ。ある部分は真実を伝えている。しかしながらわからないところもある。だからといって、君たちはこの壇上を角材ヘルメットで包囲占拠する必要はないわけだ。俺たちは何も学校の弁護をするわけじゃない。君たちを攻撃もするし、学校に対しても、ぼくたちは否定しているわけだよ。理事者は総退陣せよ、と。

学生　その前に、あなたは知らないかもしれないけれど、君たちの背後にある背後関係というものを、ぼくたちは鋭く見抜いてきたわけだよ。たとえば、法学部一号館大講堂において、全学生の代表たる全共闘が主催する大衆団交が設定されていたというのに、君たちはここで開催する。ということは、まさしくわれわれ全学生に対しての背徳であるし、ぼくたちに対して対立関係をはっきりとしめしたことであって、反革命的なものじゃないか。やっているのは、まさしくそのような行為じゃないか。

学生　ぼくが一時から来たのは、ここにこういう集会があるというのはね、新聞では三時からだったんだよ、知らなかったんだよ。だけれど、今日、われわれがここに来たということは、今日の日大のあり方があまりにも無残だよ、あまりにもすさまじいと思う。それを改革しようと思って来たわけだよ。

学生　具体的に何をしようとしているんだよ。

二学生同時に発言。やがて一人沈黙。

学生　……それが自己革命をなして、そこに構築する学生の力、いわば自治権を確立するために……。

学生　君たちの具体的な自治権の確立とは何なのだ、はっきりいってみろ。

学生　君たちの欺瞞的な言葉だけによって自治権なんて確立できないんだよ。

以下、口々につめ寄る。

学生　第一、今日も政治学部の学生一人を拉致したのは、誰なんだよ。そいでよ、救急車で運ばれているんだよ。

学生　どうなんだよ。

学生　君たちが一般学生というけれども、一般学生の代表たる責任をもって君は発言しているわけだろう。

学生　違う。

学生　君たちの連帯として、君は責任をもって発言しなければいけないぞ。

学生　ぼくたちは、ここに集会をもちに来ただけだ。全学連の主張もわかる。だけど、理事をもってこなければ話にならないじゃないか。

学生　われわれは集会することすらできないんだよ。意見を出そうと思っても出なかったわけだ。

学生　体連がわれわれの代表かよ。六月十一日を忘れたの？

学生　六月十一日とか、忘れたとか、関係がない。

学生　体連がここに入っていることは事実だよ。

学生　体連の人たちも日本大学の学生だろう。

学生　全共闘も学生であることは変りがない。

学生　変りないけれども、われわれの集会の場を、ヘルメットと角材でこうやって、それで君はいいと思っているのか。

学生　六月十一日、体連が完全武装で、われわれ一般学生、あの時点において全共闘だって一般学生だったんだよ、それを半殺しにしたじゃないか。

学生　ある時点においてはそうだったかもしれないが、現在に目をむけてみれば、そうではないでしょう。話し合いがしたければ、君たちの代表者が入ってきて話し合いをしたいというべきなんだ。いきなり入ってきて、角材とヘルメットで……。

学生　いいましたよ。君たち、何も知らないんじゃないか。

学生　冗談じゃない。その前に君たちは、あすこにきて何をやったか。ワッショイ、ワッショイといってガラスを叩いたのは誰だ。

学生　なんでドアを閉めたんだよ。

学生　じゃあ君たちは、なぜそのような角材をもって、わざわざ来るんだ。

　押し問答がつづく。八十名あまりのヘルメット部隊は、三百名あまりの体育会員、学生会議、応援団員にかこまれて壇上に孤立した形。

学生　論じ合うのだったら根本的な問題を、もっと本質的な面を語ろうよ。

学生　いちばん簡単なことをぼくは聞きたいんだ。なんで角材を君たちはもってきたんだ。

学生　なぜぼくたちを弾圧するのだ、君らは。

学生　弾圧するしないじゃないよ。

学生　角材をもってなんでやるんだ、君たちは。

学生　学校側が弾圧するのはなぜだ、それを答えてよ。

学生　俺たちは、ずっと前に文団連の集会に来たんだよ。俺たちは一般学生としてヘルメットも角材ももってこなかったけどさ、ぼくたち入れてくれなかったよ。

学生　それは、本質から外れていたんだよ。ぼくたちは暴力をふるうためにここへ来たんじゃないんだよ。君たちが有無をいわさずドアをしめ、ヘルメットはずせという。しかし、なぜヘルメット、角材もって来たのかって、君たちは問わないんだよ。

　場内騒然。経済学部周辺から約二万の学生たちが到着。

学生　われわれは、この日大闘争において、君たちの目的が一体全体何であるか、われわれははっきりと確認した。君たちは、暴力で学園の民主化という美名にかくれて……。

（「すわっていろ」の声、騒然）

学生　すべての、ここに集った学友諸君、右翼学生の集会反対と妨害をはねのけ、全学共闘会議と学校当局との大衆団交をかちとらなければならないと思います。（猛烈な拍手）全学共闘会議に結集した学生の闘いにあたかも屈服したかのように、今日、大学当局は、全体集会を開くといってきた。しかし学友諸君、はっきりと確認しなければならない。学校当局は、はっきりと屈服したのであろうか。（騒然）学校当局は、全学共闘会議の闘いに、完全に屈服した形で、われわれと全体集会をもとうとしたのではまったくない。そうではなくて、五月三一日の、学校当局、右翼体連系の学生が結託した暴力的な弾圧。いや、それにもまして、六・一一にくわえられた殺人的な、暴力的な行為。そして九月四日、仮処分執行による機動隊の導入。そういった学校当局の犯罪性をいっさい自己批判することなく、全学共闘会議に結集する十万学生にあやまることはまったくなく、全学共闘会議と古田理事会が、この両国講堂で、あたかも学校当局が良心をみせ、全学共闘会議も妥協をみせ、そしていうならば、古田理事会と全学共闘会議が握手をすることによって、日大闘争を終らせようとしている。

　しかしながら学友諸君、ぼくたちは六・一一の血の弾圧を決して忘れない。（「そうだ」の声あり）そして何よりも、いまだに九月四日の仮処分の執行すら撤回されていない。（「異議なし」の声多し）すべての学友諸君、何よりも悲しむべきことに、昨日第五機動隊の諸君のうち西条巡査が死んだ。にもかかわらず永田総長は、学生に自首しろという。（「ナンセンス」の声多数）なぜ学校当局は仮処分を撤回し、自分でつくりだした犯罪性について自己批判しないのだろうか。仮処分の申請は、九月四日から九月十二日にいたる、五百数十名の学友が不当逮捕された原因であり、そして何よりも、芸術学部の学友が順天堂大病院で九九％失明するという、そういった事態を生んだ原因である。シュプレヒコール！

右翼を粉砕するぞ！　右翼の集会破壊を許さないぞ！　右翼学生は帰れ！　右翼は帰れ！　学校の犬は帰れ！　集会破壊をはねのけるぞ！　十万学生の力で粉砕するぞ！

右翼の集会破壊粉砕！　集会破壊を許さないぞ！　右翼は帰れ！　帰れ！　帰れ！

帰れ！（圧倒的な拍手）

学生　……（聴取不能、拍手）そのためには、この集会を破壊しようとはかる右翼、あるいは体育会の暴力から、断固としてわれわれの実力をもって守り抜かなくてはならない。すべての学友諸君は、はっきりとした意志確認のもとに、断固として集会防衛をかちとろうではないか（「異議なし」の声多数）シュプレヒコール。

日大闘争に勝利するぞ！　自治権奪還闘争に勝利するぞ！　九・三〇大衆団交をかちとるぞ！　全学共闘会議はかちとるぞ！全学共闘会議は闘うぞ！

学生　すべての学友諸君は、このいっさいの右翼の集会妨害をのりこえて、断固として……。（マイク切られる）

全共闘の「技術工作班」がマイクの線を補修。

大衆団交の確認

学生　ではただいまより、われわれの大衆団交を、九・三〇大衆団交を法学部一号館において設定したにも関わらず……古田理事会から、大学当局者は両国講堂において「全学集会」なるものを設けたが、このへんの自己批判をかちとろう。そのことのなかから、本日の大衆団交をかちとっていきたいというふうに考えます。（騒然、拍手）

五月二十三日以来、百数十日間耐えた血と汗の蓄積は、五・三一文理学部の、そして六・一一、九・四、大学当局が公然とおこなってきた暴力弾圧、そしてこの暴力弾圧をわれわれ全学共闘会議が実力をもって粉砕するやいなや、彼らは国家権力＝機動隊を使って実力で弾圧した。しかし、われわれは、七月二十日、学生運動史上かつてなかった大衆団交をかちとった。だが、古田理事長らは、一方的に七・二〇、八・四大衆団交を拒否してきた。この百数十日間のありとあらゆる歴史のなかに、われわれの憎しみは決して消えてないんだということを、すべての学友が肝に銘じてほしいというふうに考えます。（拍手、騒然）本日の集会の第一番目として、九・三〇全学共闘会議主催の大衆団交を、なぜに「全学集会」という名に変えていったのかということを、強くここに自己批判を要求したいと考えます。（拍手）その前に……。

学生　……四階にいる学友は、あまりそこに密集して入っているので、底が抜けそうなので、下へ来てください。

学生　まずはじめるにあたって、本日の、大学当局の出席者を確認したいと思います。（騒然、拍手「紹介しろ」と叫ぶ声あり）その前に報告するならば、本日の三時から大学当局いうところの「全学集会」の開催に先だって、十二時ごろから一部体育会系中心の「日新会」の学生が二百数十名も入って、われわれの抗議集会に対して邪魔しようとしてきた。さらにそのあと、約八百名もの諸君が会場の前の席を埋め、「共闘会議」を許すなとアジった。（ナンセンスの声あり）明らかに大学当局の公然たる暴力機関として、われわれに対し、あの六・一一の暴行、いやあの日ばかりではない、限りない弾圧をかけたのは、この日新会を中核とするものであるということを確認しなければならない。大学当局の共闘会議あて通知書のなかに、ヘルメットと角材とマイク等を持ち込まぬこと、そういう条件があった。しかし大学当局者は、われわれの数倍も体力のある体育会の学生諸君を入れることにより、われわれを圧力的に粉砕しょうとしてきた。

　このころ、約二百名の体育会・応援団系の学生たちが、両国講堂の入口に坐り込みをはじめ、学友たちの入場を妨害しはじめていた。

学生　すべての学友諸君、さきほど日新会なるものを、われわれはこの会場から追放したけれども、入口にたむろして一人ずつしか通れないようにバリケードをはっている。全学共闘会議は、最終的に彼らを両国講堂から追放する行動にうつりたいというふうに考えます。（拍手）シュプレヒコール！

右翼の集会介入を許さないぞ！　実力で粉砕するぞ！　全共闘は粉砕するぞ！　集会を防衛するぞ！　実力で防衛するぞ！

　では、二千数百名の隊列を整え、はるばる両国講堂に結集したところの文理学部の学友の挨拶を受けたいと思います。（拍手）

学生　古田理事会が、法学部一号館における大衆団交をハレンチにも蹴り、「全学集会」なる改善案を出した。そのような、説明集会でごまかそうという、そして分裂を起させ、われわれの団結を消滅させ、古田理事会が寄付行為改正によって新たに自分たちの部隊を送りこみ、そして古田体制を再編強化し、彼ら自身がなおいっそう強固な形で反動を貫徹しょうとする意図をはっきりと見抜かなければならない。（拍手）

　ここで古田会頭入場。午後三時十分。

学生　古田会頭がこの会場に来ました。（騒然）すべての学友諸君、坐り込んでほしい。（聴取不能）壇上に坐っている学友は場所をあけてくれ。（「古田を倒せ」の声、騒然）

学生　すべての両国講堂に集まった学友諸君。今、われわれの前に……（叫び声、怒りの声多く聴取不能）われわれの前に憎むべき古田理事会の筆頭である古田会頭が登場した。すべての学友諸君。すべての学友諸君。……今われわれが命を賭けて九十日間のバリケードをもって闘ってきた……（絶句）

学生　この会場の後の方に立っている学友は、続々と学友が来ますので全員坐ってほしい（拍手）そのことがすみやかにすみしだい、われわれの本日の、いや数十年間の屈辱を一挙にぶつけるために、本日の大衆団交を開催したいというように考えます。（拍手）シュプレヒコール！

古田体制を打倒するぞ！　日大十万の学生の力で倒すぞ！　理事者総退陣せよ！　検閲制度の撤廃！　集会の自由を認めよ！　反動教職員追放！　学生会館をわれわれの手に！（鳴り続く拍手）

　では、古田理事会に対して、九・三〇法学部一号館における今日の大衆団交を拒否した理由を、古田会頭に直接聞きたいというふうに考えます。（拍手）

　このころから会場では、ヘルメット部隊もヘルメットをぬぎ、角材は片隅に集められた。

学生　古田先生は今日、われわれが法学部一号館で大衆団交を設けたことをご存じだと思います。なぜ、われわれが法学部で設定しているのに、両国講堂を指定したか、ということをまず聞きたいのであります。（拍手）

古田　その点は、全学集会で非常な多数が集まるというようなことで、一号館よりはこの講堂の方がよかろうということです。

学生　では、ここの方がよかろうということですが、ほかの理事が全然来ていないが、どうして先生だけ来たのか。

古田　今来るはずですが、まだ来ておりませんか。理事がいっしょにまいりましたよ。大多数が出るはずになって、「新東京」から私といっしょに出発したのでありますが、非常に車が混んでおりまして。……（騒然）到着してないかもしれません。いっしょに出発しました。

学生　今日の集会を全学共闘会議に通知しながら、なぜ、全学共闘会議のもとにおける大衆団交ということを、七月二十日の予備折衝でも確約しながら、大学主催というような処置をとったのかということをお聞きしたいと思います。（「そうだ」の声、拍手）

古田　それは、学生全体に呼びかけたいということで、そういう意味でこの講堂を選んだし、また呼びかけたようなしだいです。

学生　学生全体に呼びかけるといったって、実際この集会前にこの場所に来ていた日新会等の一部右翼系の学生が二百名以上もたむろしていた。その事実をどうみるのか。古田先生がいうところのすべての日本大学十万の学友を対象とする、つまり六月十一日にやったようなあの右翼を入れたすべてを対象にするのか、それをはっきりと……（拍手）

古田　今日の前の会合は、学校と何も関係がありませんで、（騒然）一時から二時で終るということでやったことでして、それは学校とは無関係です。

学生　われわれは大学当局と七月二十日、予備折衝において八月四日の大衆団交を確約した。これは正式な古田会頭の署名捺印、そして全理事の署名捺印があったわけです。ぼくたちは八月四日に大衆団交を獲得した。ぼくたちの過去の抑圧の歴史、あるいは日大を真に攻撃する場所として、そのような第一段階の大衆団交として。大学当局がこの八月四日大衆団交に出席していたなら、この日大闘争は終っていたかもしれない。だが大学当局はこれを拒否した。ということは、日大闘争を長引かせるとか、あるいは泥沼化するというような、大学当局に日大闘争を解決する能力がないといっても過言ではないと思う。（拍手）八月四日の誓約書を何ゆえ破棄したかということを、古田会頭にお聞きしたいと思います。（拍手）

古田　その、八月四日の大衆団交に出席することにつきましては、署名もいたしましたし、私も前日まで一人でも出たいという心境にありましたが、（騒然）いろいろな悪条件が出てまいりまして、端的に申せば乱闘騒ぎが起こるというようなことで、学生諸君に怪我人の出ることをおそれまして、私は断念しましたが……（騒然）断念しましたが、約束をして破ったことにつきましてはまことに遺憾であり、今日、（騒然）おわびするしだいであります。

学生　今、古田会頭はこのようにいわれた。七月二十日に、私はたしかに捺印した。そして八月四日に私一人でも出る意思はあった。しかし、大学内部の問題と、もし出るならば学生諸君のなかで乱闘がある、そのような推測、情報があったので、考慮してやめた。それに対しては、今は遺憾に思う。そのようなことです。

学生　本日の大衆団交に結集したすべての学友諸君、われわれは、今日の全体集会などというハレンチな名称を甘んじて受けるわけにはいかない。（拍手）すべての学友諸君、われわれはまずもって、古田理事会が、法学部一号館大講堂で要求していた全学共闘会議の大衆団交を蹴って、ハレンチにも両国講堂などで全体集会などという名をもって、日大闘争をお話し合いによって、欺瞞的な犯罪性をいっさい隠蔽したところで終らせようとしたことに関し、怒りの声をあげなければならない。(拍手)すべての学友諸君、われわれは、まさに九月四日の仮処分、そして六月十一日のあの殺人的な、砲丸のタマを投げ、椅子やスチール製の机を投げ、それを教唆煽動し、指揮した、裏で操った大学当局に、まず自己批判を求めなければならない。(拍手)われわれは、そういう大学当局の血の弾圧と陰険卑劣な分裂策動を許すほどお人好しであってはならない。すべての学友諸君、何のために闘い抜いてきたのだ。古田の顔を見れば、この顔を見れば、いっさいのぼくたちの闘いは涙といっしょに終るのか。そんな闘いじゃなかったろう。まず自己批判を求めようではないか。(拍手)

学生 全学共闘会議として、古田会頭が、今日の九・三〇大衆団交を全学集会という形にすりかえたその点と、五・三一、六・一一のあの暴力行為、および九・四以降の機動隊の導入、仮処分を心から自己批判する、そういうことを古田理事会に要求しているわけです。

古田 その点については大いに反省しておるところであります。(騒然)

学生 すべての学友諸君、「反省」などという言葉をいっているけれども、今日、永田は何といったのか。機動隊の人が悲しむべきことに一人死んだら、永田はハレンチにも、みずから仮処分を出したことをいっさい隠蔽し、石を投げた学生は自首せよ、といっている。何だ、これは。われわれが闘い抜くということをわかっていながら機動隊を入れ、仮処分を執行したことが、あの機動隊員の死を招いたのではないのか。(拍手)そのことを抜きにしたところで、悪いと思っている、反省する、そんなことでは絶対にすまされない。ほんとうに悪いと思うなら、本当に反省するというのなら、まず九月四日の仮処分を今ここで撤回するということを証明しろ。(拍手)

学生 学友諸君、今、ほとんどの理事者と学部長がそろったようですので、この壇上を整理して……(拍手、以下聴取不能)われわれのヘルメットと棍棒は、われわれの身を守り、われわれの運動を守る防衛の手段であるということを、はっきりと確認しなければならない。(拍手)そして、……マイクを持ち込むなといいながら、日新会の諸君はここに入るやいなや、マイクを切り、すべての電話を切ったではないか。そして、われわれの全学共闘会議の集会に続々来る学友を、あの両国講堂の前において、坐り込みや脅迫によって阻止しようとした。このことのなかに、はっきり大学当局のハレンチきわまりない姿がある。われわれははっきり、ここにいま、大学当局者一人一人に訴えなければならない。われわれは、かつての、すべていうことを聞くような子羊ではなくなったのだ。われわれは、はっきり、自らの自由と、自らの姿というものが、こんな日本大学はぼくらがつくらなければならないということを知った。(多数の共感の声)一九六八年の五月二十三日の、あの経済学部の闘い、まさしく偉大なる「二百メートル」デモをおこなった日から、一方的な「説明」で納得するような子羊ではないということを、すべての学友諸君が確認しなければならないと考えます。(拍手、騒然)

では、ここに出席している大学当局者の、理事者の、そして各学部長の確認をおこないたいと思います。(「自己紹介」「早くしろ」「誰が誰だかわからない」と叫ぶ声あり)

学生 予備知識として、昨日、全学共闘会議宛にきた、日本大学会頭・古田重二良の通知書を読みたいと思います。

「昭和四十三年九月二十九日、全学共闘会議議長　秋田明大殿。

通知書、前便で、両国日大講堂において、全学集会を設定して、話し合いの会をもつよう提案いたしましたが、貴共闘会議の申し入れの趣旨にしたがって、三十日午後三時から、両国講堂において、全学集会を、先の条件のもとに実施したいと思いますので、協力下さるよう、ご通知申し上げます。

記

一、時　昭和四十三年九月三十日午後三時より五時まで。（騒然）時間厳守のこと。

二、場所　両国日大講堂。

三、ヘルメット、角材、マイク等を持ち込まない事。（騒然）

四、本集会は　大学主催であるから、大学の指示に従うこと。（騒然「ナンセンス」の声多数）

五、平穏な集会を行なうよう、協力されたい。以上。（「ナンセンス」「バカにするな」等の声多し）

学生　いまから、ここに出席している理事者ならびに学部長名を読みあげたいと思います。読みあげられた理事ならびに学部長は、立ってもらいたいと思います。（拍手）理工学部学部長理事、斎藤謙次。（どよめき）歯学部長理事、鈴木勝。（騒然）学校理事、秋葉安太郎。（騒然）会頭、古田重二良。（どよめき）理事会長、佐々木良吉。（騒然）理事、福井勝次郎。（騒然）理事、鈴木昇六。（騒然）工学学校長、木村……。（騒然）生産工学部長、大塚……。（聴取不能）法学部長、高梨公之。（騒然）幹事、沖縄正平。商学部代理、河原（騒然。「前へ来いよ、前へ」と叫ぶ声あり）静かにしてください。学友諸君、われわれの大学があまりにもマンモスゆえ、学部長がいったい誰であるかすらもわからないので、呼ばれた人は、壇上の前まで来てください。（拍手）津田財務部長。（拍手）岩崎経済学部学監。（騒然）経済学部の学部長の吉田氏はどうしたんですか。

岩崎　吉田経済学部長は病気で入院です。（騒然）

学生　すべての学友諸君、われわれは、六月十一日の、経済学部長がとった行為をけっして忘れることはできない。（「そうだ」と叫ぶ声多数、拍手）その経済学部長が、病気で出席できない等のことをいっている。われわれは、経済学部の吉田学部長の出席を、生命に異常がなかったら、ここにおける出席をぜひともいまから要求したい。（拍手）

岩崎　吉田経済学部長は、今日みたいな会合には、進んで出るつもりでおった。けれども、いまは非常に、病院に入院して、動かすことが危険なんです。（騒然「本当か」の声あり）そのために、かわって私が出たわけです。

学生　次に、三浦芸術学部学監。学監、学部長はどうしたんですか。

三浦　本年はじめ以来、心臓を病んでおりまして、一月はじめから四月上旬まで入院しておったのです。本日また心臓が悪くなって、休ませていただきます。（騒然）

学生　次に、渡辺人事部長。直江藤沢高校長。

直江　私は、高等学校の代表の一人として参加させていただいております。（拍手）

学生　では、細谷学生部長、永田総長はどうしたんですか。

細谷　こちらの会場に来る直前、新東京ホテルのロビーのところで倒れて、出席ができないそうです。（騒然「そんないい加減なことを言うなよ、今日新聞では…」と叫ぶ声あり）

学生　諸君、静かにしてください。永田総長は、本日、日本大学公式見解として、機動隊の一人の死を、学生が殺したなどという発言をした。その永田総長をここに呼ばないというう、あの細谷学生部長の欺瞞的な発言のことは、納得いかないと思います。(「そうだ」と叫ぶ声多数あり、拍手)再度、細谷学生部長にその件について発言を求めます。

細谷　私はその現場を見てたわけではないんで、報告を聞いて、そういう報告をするわけです。

学生　総長の身体を、はっきり責任をもって、大学当局が扱ったならば……責任をもって発言してもらいたいと思います。誰か……。(場内のマイクの調整をする)四階にいる学友は、たいへん多いので、崩れそうなので、下へ降りてください。では、先ほどの永田総長の件について。

藤井　私は藤井ですが、永田総長をお送りするために、新東京ホテルより一緒にまいるときに、自動車に乗るときに真っ青になられまして、倒れられたんです。それでただちにお宅のほうへ帰られたのであります。

学生　永田総長が今日の新聞に発表した大学当局見解として、あの九月四日の機動隊の導入と、そしてそこでの機動隊の一人の死を、あたかも学生が殺したかのような、そして、「学生諸君よ、自首しなさい」というような発言は撤回し、はっきりと自己批判すべきだと思います。(拍手)細谷学生部長に聞きたいのは、昨日の大学当局の公式見解は、永田総長が大学当局の見解として発表したものである、そう受け取っていいわけですね。(騒然「立っていえ、立って」「前へ」と叫ぶ声あり)

学生　細谷学生部長にいま、ぼくの質問に対してたずねたところ、それは、秋葉学長が答えるそうなので、秋葉学長に答えていただきたいと思います。

秋葉　ただいまのお話は、理事会で相談をして総長が発表したものではなくて、総長個人が発表したものであります。(騒然)

学生　学友諸君、いまの発言のなかにもあるように、はっきりとわれわれが見ることができるのは、大学当局はいま責任のなすり合いをやっているということです。(拍手)たとえ永田総長個人の発言であったとしても、日本大学総長という、大学の総長たる教育者は、本来そういう発言は許されないということを、すべての学友は確認してもらいたい。われわれは、まずはじめに、九・三〇に法学部一号館で、私たち全学共闘会議が開催するようになっていた大衆団交というものを拒否し、そして同じ日、この両国講堂で全学集会なるものを設けようとした。そのことについて、われわれは大学当局に自己批判を要求し、永田総長の発言等々を含めて、いままでのいっさいの過去の卑劣な弾圧を含め、大学当局の犯罪性を暴露していく大衆団交として切り換えていきたいというふうに考えます。(嵐のような拍手)ではまずはじめに、九・三〇全学共闘会議主催、法学部一号館の大衆団交を拒否した、そのことの自己批判を古田会頭に強く要求したい。(拍手)

古田　そのことに関しましては……(聴取不能)

学生　学友諸君、この期間における、古田会頭は今回のみならずあの八月四日の大衆団交を蹴った問題を、あたかもぼくらの、学生の内部の問題にすりかえようとしている。(騒然)そのことに対して、まずもってぼくらははっきりと弾劾しなければならないと思います。(騒然、拍手)欺瞞的にも、私個人としては大衆団交をやるつもりであった、ということによって、あたかも自分だけが正当かのような顔をしている。(「そうだ」と叫ぶ声あり）学友諸君、このようなことをわれわれは許すことができるであろうか。（「そうだ」と叫ぶ声多数）彼の今の言葉をわれわれは信じることができるであろうか。（「できない」と叫ぶ声大多数）「日新会」をつくり、六月十一日、経済学部で砲丸まで投げ落してきた右翼体育会の諸君に対して、次の日の朝日新聞で、鈴木勝学生担当理事はどのような発言をしたか。「あのような学生こそが、日本大学の精神をほんとうに生かしている学生だ」といった。（「そうだ」と叫ぶ声多数。拍手）さらに今日もまたこの両国講堂において、日新会に結集するところの一部の右翼の学生を前にして、「説明会」をしようともくろんだ古田理事会を、われわれは絶対に許すことはできない。（圧倒的な大拍手）

われわれはこの古田理事会の態度に対して、はっきりと抗議しなければならない。はっきりと弾劾しなければならない。学友諸君、今までのような古田理事会、古田会頭の回答では、われわれは絶対に満足できないということを、はっきりと古田会頭につきつけよう。（騒然、拍手）そして古田会頭に対して、はっきりと九月三十日、本日の問題を明確に自己批判していただきたいと考えます。

学生　九・三〇大衆団交を拒否し、全学集会に切り換えたことに対して、ぼくらは強く自己批判を要求しているわけです。

古田　先程申し上げましたが、全体の集会はより大きな、（「金はどうした」と叫ぶ声あり）大衆団交の形態をしめすもので、とくにこんなに沢山の人を収容するためには、この講堂が適当であると、かように考えまして、ここを選定したようなしだいであります。（騒然）

学生　四階の学友諸君、建物がゆれておりますので、至急三階か二階に移ってください。三階がまだあいています。立っている学友だけ降りてください。古田会頭になぜ九・三〇の大衆団交を拒否したのかという点について、もう一度回答をお願いしたいと考えます。

（騒然）

古田　再度申し上げますように、学生多数の集会によって諸問題を質疑応答したほうがよりよいという見地に立ちまして、大講堂では狭い、ここもむしろ狭いぐらいで、できればもっと広い場所を選定したかったのでありますが、（騒然）遺憾ながら、他の場所は得られませんので、ここで開催いたしたしだいであります。（抗議の声多数）

学生　いまの答えは単に場所的に広いか、狭いかということであって、大衆団交をやる気があるのか、ないのか。場所が狭い、じゃ、広ければ大衆団交をやるのか。けっしてそうではないわけです。九・三〇の大衆団交を拒否したことを、古田会頭に自己批判をわれわれは要求しておるわけです。そのことの回答をお願いいたします。

古田　大衆団交に対しましては、いろいろと考えるところありまして、学生集会という広い意味の名をとりましたことをご了承願います。

学生　古田会頭がいっている、すなわち学生集会とは、昨日全学共闘会議にきた通知書の、すなわち説明会と変わりないわけです。われわれのいっている大衆団交は、巨額の使途不明金の問題、あるいは、そしてあの六月十一日の血の弾圧、五月三十一日のような弾圧、あるいは、いったん確約書までとりかわしておきながら九・四の大衆団交を一方的に破すてた、そういう事実を弾劾するものとしてあるわけです。学部長の説明会等々は、このあいだの文団連の集会を見てもはっきりわかるように、すでに破綻してしまっているし、一方的な説明会でしかなかった。ここにきている学生は、すでにごまかされなく、知っているわけです。(「そうだ」と叫ぶ声多数あり)ゆえにぼくたちは、いくどもいくども大衆団交を要求してきた。そして、いま九・三〇大衆団交を拒否したという、なんらの回答もうけていない。

古田 大衆団交を開くということにつきましては、内外に非常に抵抗がございますので、(騒然)そのために問題をおこすようなことがあるとすれば、これはとらない態度であると思いますので、学生集会にかえたようなしだいであります。(「誰が言うんだ、佐藤首相のことか」と叫ぶ声あり)

学生 それでは、まずはじめに質問したいのは、内外という非常に中途半端なことばを使っているけれども、それはいったいなにかということを明らかにしてほしい。(拍手)そして二番目の問題として、多くの学生が来るならば大衆団交をやる、そのような大衆団交をやるという意思があるのかどうか。そのことを質問したいというふうに考えます。(拍手)

古田 学生諸君が「大衆団交」をするんだということであれば、それは一つの旗印として、大学においては「学生集会」に変わりはないが、諸君の考えが大衆団交ということにあるとするならば、それもやむをえないと存じます。(騒然)

学生 いまの古田会頭のあいまいな発言のなかにもあったように、大学当局者はこの集会を大衆団交とすることを、暗黙のうちに承認していると受け取ったが、それをすべての学友は判断してもらいたいというふうに考えます。(拍手)

古田 諸君が大衆団交と申されるならば、それはやむをえんと、こういうことです。(騒然、怒りの声多し)

学生 学友諸君、聞いてください。四階、三階に多くの学友諸君がのぼりすぎているんで、三階にひびが入っているそうなんです。非常に手を抜いた突貫工事をしたらしいんでね。(騒然)したがって、三階で立っている諸君は申しわけございませんけれども、下に降りていただきたいと考えます。三階と四階で立っている諸君は、ただちに一階の中央部が少しあいておりますので、そちらのほうへ移ってください。

学生 すべての学友諸君、学校側があいまいになっていることを、われわれは学校当局の、あの古田の口から、この集会を大衆団交にするという確約をとらないかぎり、われわれは絶対信用することはできない。(騒然、拍手)すべての学友諸君、古田から大衆団交にするという、その発言をとろうではないか。(大きな拍手)

古田 それじゃはっきりいいます。……学校当局の全学集会の内容をもって、大衆団交とすることを認めます。(拍手)

学生 学友諸君、静かにしてもらいたい。では本日ここに出席している大学当局者は、古田会頭が大衆団交にするといったことを、すべて認めるわけですね。(歓声)それじゃ一人ずつ……斉藤謙次理工学部長・理事。

斉藤 大衆団交と認めます。(拍手)

学生 鈴木勝歯学部長。

鈴木 そのとおり認めます。(拍手)

学生 つづいて秋葉学長。

秋葉 大衆団交たることを認めます。(拍手)

学生 佐々木さん。

佐々木 前のとおり。(拍手)

学生 大衆団交ということを認めるわけですね。(「自分の言葉でいえよ」の声あり)

佐々木 大学の諸君であるから、聡明な方はわかると思う。自分の言葉でいわなくとも——。それじゃ大衆団交を認めます。わかりました。(怒りの声あり)

鈴木　認めます。（拍手）
木村　ああ認めます。（騒然）
学生　立っていってください。
学生　三階と四階の学友諸君、もう少し数を減らして、下のほうへ降りてください、危険な状態です。
木村　認めます。
広川　大衆団交とすることを認めます。（拍手）
学生　大塚生産工学部長。大塚生産工学部長……（「学部長いないぞ」と叫ぶ声あり）
学生　大塚生産工学部長お願いします。
大塚　大衆団交と認めます。
学生　高梨法学部長。
高梨　大衆団交と認めます。
学生　沖縄商学部長代理。
沖縄　大衆団交と認めます。（拍手）
学生　津田財務部長。
津田　大衆団交と認めます。（拍手）
学生　岩崎経済学部学監。
岩崎　大衆団交と認めます。（拍手）
学生　三浦芸術学部学監。
三浦　私は代理で出てまいりまして、議決まではまかせられておりませんが、（騒然）理事者において大衆団交と認めたいということであり、全員が認めておるので、私の責任において認めます。
学生　渡辺人事部長。
渡辺　大衆団交と認めます。
学生　細谷理事。
細谷　大衆団交と認めます。
学生　乃木農獣医学部長。
乃木　大衆団交と認めます。（騒然）
学生　すべての学友諸君、いま大学当局者の理事と法学部長によって、大衆団交として認めると、確約されました。（どよめくような拍手）

六・一一暴力事件の責任追及

学生　われわれが確認しなければならないのは、ここは単に話し合いの場所ではないということです。ぼくたち白身が、あの長い三カ月の闘いによって、現実的に、実質的に勝ち取ったこの大衆団交というものの内容自体が目的だ。（大きな拍手）では、（メモを読み上げる）まず五・三一、そして六・一一の右翼暴力学生の熾烈な傷害行為、そしてそれを実行させ、煽動し、容認した大学当局、大衆団交の誓約を一方的に破棄した行為について、大学当局の責任において全学生に謝罪し、今後そうしたことをいっさいしないことを確約せよ。また、九・四経済学部、法学部への機動隊導入ならびに出動要請の責任者を明らかにせよ。そして徹底的に自己批判し、謝罪せよ。まずこれを大学当局に要求していきたいと思います。（拍手）
　まず、五・三一、あの文理学部における文理生に対して、一部の右翼体育会の諸君が暴力をふるい、多数の学友に重軽傷をおわせたことに関して、大学当局に、その責任を明らかにしてもらいたいと思います。（拍手）六・一一にも経済学部のなかで一部の右翼体育会系の諸君が数百名も学部内に入り込み、職員もくわわって日大生を弾圧するというようなことがあったわけです。これはまさに暴力部隊と日本大学当局が一本化した形ではないか。この件に関して、古田会頭に発言を求めたいと思います。（拍手）
古田　過去において幾多の暴力行為があるといわれておりますので、その点につきましては、まことに遺憾の極みでありまして、私は責任者として、ここでお詫びするものでありますが、同時にまた、今後さようなことは絶対起こらんように処置いたしたいと思います。

さらに、そういう暴力行為者に対しまして調査の上厳重なる処罰をいたしたい。（騒然）

学生　今の発言は全然ぼくたちの発言に答えてないと思います。（拍手）あの経済学部で起きた、ぼくたち日大生を弾圧した事件というものは、ぼくたち日大十万の学生が絶対忘れられない屈辱の日であった。大学当局はその責任を逃れることはできない。大学当局は、あいまいな形でではなくて、誰がどういうふうにやったのかを明らかにすべきだと思います。（共感の大拍手）

古田　その問題に関しては、ただいま厳重なる調査中でございます。（怒りの声多数）加害者に対して処罰すると、さように考えます。

（騒然）

学生　わからないとか調査中であるとかいうことで、すべて事実を隠蔽されてきたのが、まさに今までのぼくたちだった。経済学部の、あそこで職員が、あるいは棍棒をもち、消火栓を投げ落し、あるいは放水をしていた、その責任者である経済学部の責任者に、六・一一の事件に関してどういうふうにみずからが指導し、あるいは裏で策動したのかということをはっきりとここで発言してもらい、自己批判を求めたいと思います。（拍手）経済学部の代表者の方……。（「どうしたんだ」の声）

学生　（緊急に発言を求めて）ぼくは藤沢高校の出身です。今日、この団交において、藤沢高校のここに出席されている直江さんが校長なわけです。六・一一において、直江さんは経済学部校舎にこもっていた。そういう事実は、ぼくは確認しています。その点について直江さんのほうから、その間の事情というものを聞きたいと思います。（拍手）

直江　経済学部、あるいは他の各学部へ私は進学の主任をやっている関係上、常に訪問しております。たまたま六月十一日は、後輩があすこのビルにおりましたので、話にいっておりました。（大声で）別に何もない。（「嘘をつけ」「シャッターが閉まっていたんだ」の怒声、騒然）

学生　六月十一日には、一時間目でいっさいの授業は中止され、われわれは外へ追い出されたんですよ。

学生　六月十一日に、学校側は二時半までに全学生は外へ出るように命じていた。ところが全学生が出たあと、すでに地下ホールには右翼学生が入っていた。このことは何を意味しているか。彼は何も知らないといった。しかし、私たちははっきりと知っている。全学生を二時半までに出させておきながら、裏口からは体育会や暴力団を堂々と入れさせた。去年の四月二十日にも、彼らはわれわれを学生証検査で入れさせまいとしながら、裏口から右翼学生を守衛黙認のまま堂々と入れさせ、われわれの学友に暴力をふるった。このことからみても、彼がわれわれを欺瞞していることは明確なことだ。（拍手）

学生　あのとき、学部長または学校の命令で全学生は二時半までに学外に出るように、全館を封鎖するという告示が出て、われわれは退去した。そのあと、黒服の学生などが地下ホールにどんどん集まっていたという事実があります。これはどうなのですか。

直江　ぼくはたぶん二時ごろ入ったと思います。

学生　どこから。

直江　玄関から堂々と入りました。

学生　嘘つけ、玄関は締まっていたぞ。

直江　いや、入りました。玄関から入りました。

学生　今、彼は玄関から入ったといった。しかしながら、すでに一時には決起集会が開かれていて、玄関は締められていた。（拍手）

直江　いや、ぼくの記憶では玄関から入ったような気がします。（「記憶とは何だよ」「ちゃんと答えろよ」の声あり）私は正直なことをいっている……。

学生　すべての学友諸君、ぼくは六月十一日、彼が経済学部にたてこもって、窓のところから、あの砲丸や椅子やパイプが落されるなかを、下を見わたしていたことをはっきりと確認しています。しかもその後においても、ぼくらの抗議行動、九・四以後のぼくらの抗議行動においても、彼が常に本部のそばにいたということを、ぼくははっきりと確認しています。彼が偶然に経済学部校舎にたてこもっていた、そんな問題ではなく、彼ははっきりとそのなかにおいて指揮していたというふうに、ぼくは考えたいと思います。なぜならば、彼は過去において柔道部で日本大学の三羽烏といわれ、体育会においては実力者である。そのような、彼の過去の大学時代における背景なども考えた時に、経済学部にいたことがけっして単なる偶然ではありえないことははっきりしていると思います。（拍手）

学生　確認します。何時から何時まで……。

直江　ぼくの記憶では、さっき申しあげたとおり二時から、それから……。

学生　二時から何時まで。

直江　十時半ごろまで。（どよめきの声）

学生　夜の。

直江　ええ。出られないのです。

学生　どこにいたんですか。

直江　二階の事務所です。

学生　どこの事務所ですか。

直江　事務局長あるいは教授諸君のいた部屋です。

学生　夜十時ごろといえば、なかに右翼が立てこもり、酒を飲み、すしを食い、大あばれした時期である。そのなかにおいて、事務所のなかに入っていることが、はたしてできたであろうか。

直江　中に入って、われわれは酒を飲むとか、そんな余裕はありませんでした。

学生　もの好きにも、二時から夜十時まで出られないという理由のもとにたてこもる。出ようと思えばどこからでも出られる。

直江　それは絶対出られない。

学生　現に多くの学生もなかから出たし、あるいは教職員も出てきた。そうした事実がはっきりしている。

直江　私は事務関係の交渉に行っておりました。（「嘘いうな」の声あり）出られなかったのです。それで、たまたま警視庁のさる私服の方が数名来ました。その人と私はようやく出ました。（騒然）

学生　はからずも、学校の中に、警視庁の公安課の私服が入ったというふうにいった。（騒然）そのことが、彼が何のために学内に入ってきたのかということを、何よりも物語っているであろう。

直江　われわれ、その責任者でもない人に、なかで起きていたことを……（「おまえ教育者だろう」の声あり）教育者だけれども、ああいう興奮したときに、一人や二人で止めても、止まるものでしょうか。

学生　いいですか、再度聞きます。あのとき指揮していたのは教職員、ある学生課長とか、それから職員が、堂々と棍棒を持って右翼学生を指揮し、われわれに向かってきた。そのことをあなたは同僚としてどう考えますか。

直江　私がはたして棒を持ってかかっていったことを見ている人がいるでしょうか。（騒然）私はけっしてそんなことはしておりません。

学生　そうじゃないのだ。そうした事態があったということを黙認したということに対して……。

直江　黙認もくそもない、そうした状況が

……（騒然）

学生　あのとき、職員たちは全部なかに、黒服の学生とともにたてこもって、そしてある学友がそれになぐられたとき、ある職員がこれをやれ、こいつだというふうな声を発していたということから、はっきりと、教職員みずからが暴力を煽動していたということが証明された。そのような事態に対して、あなたは同僚としてどういうふうに思いますか。

直江　私はそういう責任は持てない。（騒然）

学生　経済学部のなかにおいて、何がおこなわれていたか、あなたの見たとおりを……。

直江　われわれ小さい一人の力が、これを阻止することができますか。（騒然）

学生　これが教育者の発言であろうか。日本大学の中に、こうした教育者と名のる人物が存在する以上、日本大学は決して改革できないということを、再度確認しようではないか。（拍手、騒然）経済学部において起きた事件に対して、あなたは克明になかで見ていたはずである。あの事態に対し、あなたは十時までに至る長時間にわたって克明に見ていたはずである。その事実をあなたの口からはっきりと聞きたいと思います。（拍手）

直江　私は一階へは一回も降りていきません。（騒然）一階へは一回も降りていきません。二階にいました。

学生　彼は二階にいたといっている。しかし問題は別である。二階であろうと三階であろうと、あなたは否定したが、暴力団はあらゆる場所に存在していた。その証拠として、十二日、経済学部の学友が校舎をとりもどしたときに、二階、三階にはまさにビールの缶、酒瓶、あるいは寿司折りを食ったあとが散乱していた。これをあなたは見なかったというのですか。

直江　いや、それは見たおぼえありません。

学生　じゃあ、あなたはその間、何をしていたのです。

直江　ぼくは、事務局長室と教授、助教授のたくさんおる部屋を往復しておりました。

学生　そのなかにいっしょに存在していた教職員の名前を明らかにしてください。

直江　それはわかりませんよ。（騒然）私は経済学部の教師ではありません。（騒然）どの教授がどこにいたかということは私はよく知りません。

学生　六月十一日のあの事態に直面した人なら誰でもわかるだろう。一階だけがドンパチやっていたのではない。二階から、三階から、四階から、五階から、ありとあらゆる窓から、あの鉄丸やスチールの机が落ちてきたし、消火器の液体をわれわれの上にあびせかけたのは二階であり、三階である。そのことを知らないなどということは絶対に普通の耳を持ち、目を持ち、口を持っている人間ならいえるはずはない。

学生　質問点を二点にしぼっていきたいと思います。経済学部内に、そのとき存在していた教職員の氏名ならびにあなたを出してくれたというところの警官、私服の人物を明らかにしてもらいたいと思います。

直江　それはぼくは名前も聞いておりません。彼が入ってきて、そして話しているのは知っておりましたが、名前も知るわけがないです。私服の人が入ってきていたのです。

学生　私服が入ってきて、何をやったのですか。

直江　話し合って、早く退去しろと……（騒然）嘘じゃない、それは。それで退去しろという警視庁のあれでもって、みんなが退去したのではないですか。（騒然）

学生　いま暴露した、彼は警視庁の指令でもって、中にいた右翼暴力団が退去した、そういうふうにいった。

直江　右翼暴力団とは私いっていませんよ。私は決していいません。(「じゃあ何だ」「中には幽霊がいたのか」の声あり、騒然)あのとき残った教職員一同、その他、警視庁の指令によって出たことは……。(騒然)

学生　明らかになかに教職員が残っていたわけですね。

直江　残っておりました。

学生　その氏名を明らかにしてほしい。

直江　それは私は知るわけないですよ。教授その他で二、三十名いたということは、これは確認できるから、この二、三十名は、たぶんいたと思う。どういう人名といわれても、おれは経済学部に深い関係があるわけじゃないから、とにかく、それはわからない。なんといわれてもわからない、おれは。(「バカヤロー」と叫ぶ声あり)

学生　あなたは最初にここで、藤沢高校からも各学部に、二万もの学生を送っている、だから聞く権利があるというふうにいった。(「そうだ」と叫ぶ声あり)だとするならば、あなたが教育者のような面構えをするんだったら、最低条件、六月十一日に、自分の送り出した学生がくわわっているかもしれない乱闘を、黙って見ていたということがゆるされるだろうか。

直江　私はそんなことをいったおぼえはない。(騒然)全日本大学の高等学校からといった、わたしは。全日本大学の高等学校からといったんだ。(「ひどいぞ」という声あり)

学生　再度、なかに存在していた教職員の氏名を明らかにしてほしい。

直江　どんなのいたといわれたって、そんなものわからないよ。

学生　あなたが会いにきた人だ。

直江　事務の関係の人(「誰だよ」と叫ぶ声あり)名前、知らないよ、そんなこと。(騒然)

学生　校長がわざわざ経済学部に出かける場合、当の相手の氏名、役職が明らかでないということが、はたしてありうるだろうか。

直江　そんならあんたに聞きますがね。あんたが校長の立場として事務に行ったとき、事務の名前を知っていますか、あんた。

学生　そこまで調べていくんでしょう。かりに名前がわからないとしても、役職名ぐらいは調べていかなければ、なんのために行ったのか。

直江　それは答えられない。

学生　なぜ答えられないんですか。

直江　吊るし上げみたいなことを、いつまでやっていたってきりがない。(騒然)

ここで奮然として席にかえろうとする。立ちはだかった学生をちょっとつく。

学生　学友諸君、静かにしてほしい。いまぼくのもとに、このような文章が届きました。(読み上げる)「教育に責任をもたなければならないものとして、ありのままを述べてください。直江忠二殿」(拍手)では、二時から十時までいたあいだ、起きたことを、ここに集った日本大学の学生に、明らかにしてもらいたいと思います。(拍手)なかで起きていた事態について。体育会系の諸君や、暴力団員がビールや酒を飲んでいたとか、寿司を食っていたとか、あるいは日本刀をもっていたとか。(「その通り」「隠すな」の声、騒然)

直江　日本刀を持っていたなんていうことは、そんなこと見るわけもなし、誰もそれは見ていないんだと思いますね。わたしは下のほうまで行ったことありませんので、下の乱闘の状況に対しては、……(野次多し、騒然)それは三階から下を見たといったんだ。

学生　三階から下見たらわかるだろう。

直江　下って、外……。

学生　外でやっていたじゃないか、経済の前で。

直江　いや、外で対立はしてなかったんですよ。なかでやったんでしょう。（騒然）

学生　われわれは頭をさげてでも聞きたい。六月十一日、なかに存在していた証人である直江氏にわれわれは再度聞きたい。

直江　ぼくの知っている範囲以外のことは知らない。

学生　あなたの知っている範囲ですよ、もちろん。

直江　わからないからわからないといってんだよ、おれは。下の方で乱闘が起きていたのはある程度感じました。（騒然）もっと大事な用件があるんじゃないでしょうか。（騒然）

学生　六月十一日、この事態こそ、重要な問題である。これをのぞいて現在の問題を語るわけにはいかない。六月十一日、二時から十時のあいだに何がおこなわれていたか、はっきりと全学生の前に明らかにしてもらいたい。

（拍手）

直江　事務担当でもなければ指導者でもない私が、ただいたというだけで……出られなかったんだ、あの時は。

学生　あなたは二時から十時までなかにいた。あの乱闘事件の最中に、われわれが血みどろになって、百数十人も重軽傷者を出しているなかで、八時間もなんにもしないで見てたということが教育者として許せないといっている。いいですか、少なくともあなたが教育者なら、自分の教えた、自分が送り出した学生がいるかもしれないところで、黙って見ていたということを自己批判しろ。

直江　ああした精神的にみんな興奮しているなかで、高校の教育者であっても、これを阻止するというようなことは、絶対それはできないです、それは。（怒りの声で騒然）

学生　だからこそね、その事態を学生に明らかにしてくれるということは必要じゃないですか。

直江　同じことをいっているだけで……

学生　なかで起きていた事態ですね。

直江　わかっていたら説明しますよ、そんなことは。

学生　いいですか、最終的にいいます。二時から十時まで、八時間も黙って見ていたということに関して、あなたは学問を教えるものとして、そのことを痛苦に思わないんですか。

直江　心配はしています。ただ、その任にない人間をつかまえて、ただその場にいたという事実から、諸君らは何をつかみだそうとしているのか。（騒然）

学生　大学当局の本質だよ。

直江　本質？　それはぼくに答えられるか。大学の本質なんてことは、そんなことは無理だね。

学生　あなたの見た事態において、われわれには大学の本質がはっきりと暴露されるのですよ。

直江　諸君らのやっていることに対して、ある程度見ていますよ。

学生　見ているんじゃない。なかに起きていた事態を明らかにするということがもっとも重要な問題なんだ。

直江　わたしは、そんなことを明らかにする責任はもたない。（騒然）

学生　あなたにまず最初に聞きたいわけですけどね、教育者ですか。

直江　わたしは高校の先生です。

学生　じゃあ教育者ですね。教育者だとしたら、教育者としてどういう態度をとったんだ。

直江　指導権もなければ学校の当局者でもない私が……。

学生　あなたは教育者で、指導権があるはずなんですよ。

直江　いやいや、とてもない。

学生　あなたはただ学問を研究しているんじ

ゃない。教育をしている立場だ。人間と人間とでやっているんだよ。その教える対象である学生が血みどろの闘いを続けているのに、黙って見ていたということを自己批判すべきだといっているんだ。(「そうだ」と叫ぶ声あり)

直江　われわれは経済学部の、なんら責任者でもなければ、(騒然)一高校の校長が、あの紛争のときに、いくら声をかけても、あれは収まるものでしょうか。

学生　そういうことを聞いてんじゃないですよ。ぼくらは、ぼくらは日大生だから立ち上がったんじゃない。人間として許せないから、立ち上がったんだ。(騒然、拍手)あなたは人間としてどうなんだ。

直江　人間としてそれは高校教育に関することを、いちばんに考えております。高校から大学へ行った学生に対しても、大いに考えております。六月十一日の件に関しては、それほどなにも知ったことがありませんので、答えません。

学生　なかに存在していた人物が、それほど六月十一日のことについて知らないということは、どういうことか。

直江　どういうことを、ぼくは説明すればいいんだ。

学生　なかで起きた事態だ。

直江　はっきり見ているわけじゃあるまいし。

学生　われわれは、なかにいなかったんだ。なかに入ることすら許されなかった。

直江　あれは一階かなんかで乱闘があったんでしょう。

学生　夜十時の段階においては、もうすでに、二階、三階に暴力団が上がっていた。

直江　そんなのおれ、見てないよ。

学生　なかで起きた事態に対して、あなたはどう考えるか。

直江　なかに起きたこととは、なんですか。ぼくは知りません。

学生　すべての学友諸君。いまの藤沢の校長の姿が日大の姿だ。(「そうだ」と叫ぶ声あり)まさにぼくたちが教育の問題を訴えると、「ぼくはその職にない」「ぼくの分野ではない」という。このような官僚主義によって、われわれの人間としての闘いを、いっさい認めない。そのことを、いまの藤沢高校の校長の頭の先からつま先までが、日大の反動教育の凝縮であったということを、確認しなければならない。そしてまたもやハレンチなことが、いまこの場で起こっている。いまこの場に、本所署の公安の私服の刑事がいる。(騒然)すべての学友諸君は、われわれの闘いに対し鵜の目鷹の目で、隙あらば全学共闘会議の闘いをぶっつぶそうとしているこういった迫害に対し、はっきりと弾劾の声をあげなければならないと思います。(大歓声、怒りの声、拍手)本人から自己批判を求めたいと思います。(拍手)なんのために来たのか、それだけいって……。

両腕をとられた黒いセーター姿の若い男が登壇。顔面は蒼白である。

本所署警察官　本所署の警備課長さんの命令によりまして、今日は仕事についております。警備課長さんの命令は、日大講堂外、正門外の交通、公安、その他警備上のトラブル等があった場合において、いちおうどのようなトラブルがあったか、どんなふうな状況かということを視察しろということでまいりました。わたしがこのなかに入ってみなさまにつかまったことは、結局わたしが命令もうけないで、日大講堂の正門の外におりましたところ、なかから出てきました学生さんが立話に、ただいま古田会頭さんと秋田明大委員長さんが、会談を平穏にやっていることを聞きましたので、それでいちおう平穏であれば、わたしはなかに入ってどんなふうなのかと思いまして、自分で判断しまして、入ってまいりました。

学生 では、あなたはこの場所に、全然必要ない人間なわけですよ。(うなずく) われわれにとって、まったく必要でない。大衆団交ということをやっていたのに中断したということについて、自己批判してください。

本所署警察官 みなさん、わたしのやったことは、ほんとうにみなさんに対して、申しわけないことをしたと思っております(拍手) 今後、気をつけます。(「二度と来るな」の声、退場)

「自己批判書」をかちとる

学生 この大衆団交は、まさに日本大学が、ほんとうに新しく生まれかわろうとする機会である。そのときに、理事会は、あのような藤沢高校の反動教授を呼んでみたり、またあの警察官を日大講堂のなかに導入し、隙あらばぼくたちのこの大衆団交を押しつぶそうとしていることに対して、ぼくたちははっきりと決意を新たにしなければならないと考えます。(拍手) 大学当局が六月十一日に経済学部において、あきらかに大学職員を使い、ぼくらの正当な行動に対して、あのような暴挙をしたということは、あきらかだと思います。この六月十一日の暴挙について、鈴木勝学生担当理事の発言に対して、自己批判を要請する。そして六月十一日のあの暴挙について、理事者全体の問題として、自己批判を要請したいと思います。

鈴木 六月十一日の問題、私は直接は存じませんでしたけれども、(騒然) ――聞いてください。けれども、私は学生局を担当しておりましたものといたしまして、十分責任を感じております。それから新聞の問題、先程も出ましたけれども、あるいはあの後で、朝日新聞に出ておりますように、私の発言と違っておりましたので、これは訂正しておきました。

学生 ああいう発言をしたんだろう。体育会や暴力団が「良識学生」だなんて。

鈴木 してませんよ。録音、ありますから、それは大丈夫です。みなさん、それは信用なさらなければ、録音がありますから。(騒然) お聞きください。責任を持ちますといったんです。ですから責任を持ちますということが、私は自己批判だと思っております。(騒然) もしそういうことに責任があるならば、いつでも私はやめます。(騒然)

学生 それでは、次に六月十一日、八月四日、九月四日の三点にわたり、自己批判を古田会頭にお願いしたいと思います。(拍手)

古田 暴力問題に関しましては、私ども責任を痛感しておるのでございまして、今日、大いに反省し、先ほども申し上げましたように、お詫びするしだいであります。それから、八月四日の集団団交に出なかったことに関しても、先ほど申し上げましたようにまことに遺憾にたえないしだいでありまして、これまた大いに反省いたしますと同時に、その点については、お詫びするしだいであります。

学生 九月四日の機動隊導入。――

古田 十月十一日をもって、授業を開始しなければならんという、至上命令の決議を受けまして、そこで……(騒然、「授業ができるわけがないじゃないか」の声あり) 各方面から授業再開の要望が非常に強まってきたのでありまして、機動隊を大学に導入することは、絶対避けなくちゃならんということで、この問題をどう処理すべきかということにつきまして、弁護団ともいろいろ相談した結果、仮処分が、法治国としては適当である……(「適当じゃない」と叫ぶ声あり、騒然) そういう指導を受けまして、ああいう仮処分をしたわけでありますが。しかし、まことに遺憾な結果が生じたのでありまして、その後において、私ども大いに反省いたしまして、今日こういうことのないように努力いたしておるようなしだいであります。

学生　九月四日、機動隊導入を決定したところの責任者の名前をあきらかにしてほしいと思います。（拍手）

古田　機動隊を導入したのは、執行官であります。（「責任者を出せ」と叫ぶ声あり）

学生　九月四日、仮処分をして、機動隊導入という事態を生んだ責任者は誰か、ということを質問しているわけです。

古田　仮処分を申請いたしましたのは、私に責任があります。

学生　それでは六月十一日の、あのハレンチなる大学当局の暴力的集会破壊、社会全体に対し八月四日に大衆団交を行なうということを約束したにもかかわらず、学生に責任があるかのようなことばを使い、蹴った。そして九月四日、機動隊を導入した、この三点に対し、大学当局が自己批判することを要請したいと思います。一人一人答えていただきたいと思います。

斎藤　仮処分のことは、非常に遺憾だと思います。

学生　遺憾というふうにいうのではなく、暴力集団を使いわれわれにあのような危害を加えたこと、八月四日、大衆団交を約束しておきながら、一方的に破ったこと、そして、九月四日、大学に機動隊を導入したことについて、自己批判を要請したいと思います。（拍手）

斎藤　経済学部の暴力事件に関しては、ぼくはあのとき病気になっちゃって入院したんですから、よく詳しいことは知らないんです。自己批判するとすれば、まことに申しわけありませんでした。

学生　学校当局が暴力集団を使って、日大闘争を弾圧した事実を認め、かつ大学の責任者として、自己批判すること。

斎藤　十一日のことはよく知りません。

学生　知らないじゃすまない。ちゃんと新聞報道された。

斎藤　新聞は見ましたよ。

学生　そもそも日本大学に本部体育会という暴力集団があることを、あなたはいままで認めてきたわけでしょう。去年の四月二十日の経済学部の弾圧事件（経済学部自治会の藤原委員長らが羽仁五郎氏の講演会を企画して半殺しにあった事件）とか、あるいは駅でビラをまく場合に、必ず本部の体育会をもってきてリンチを加えた。そのことをあなたは容認してきたわけでしょう。

斎藤　知らない。

学生　知らないじゃすまないですよ。なにが知らないんですか。

斎藤　六月十一日の事件は、ぼくはよく読んでないんです。（騒然）

学生　（理工学部）まず夏休みに教授会斎藤謙次という名前でもって、〝父兄並びに校友の方々へ〟というふうなパンフレットが配られた。そのなかに、六月十一日に乱闘事件が起こったと書いている。彼の学部のなかからもこの事件に関するいろいろな資料ができている。にもかかわらず、知らないというふうなことでもって、ごまかしてしまう。ぼくら理工学部の学生としては、絶対にこういう行為は許せない。

斎藤　ぼくは病気あがりで、ほとんど見ておりませんでした。（騒然）

学生　いまの発言は、ぼくは病気であって知らなかった、だからぼくには責任がないといっている。まさにそういうふうなことをやったからこそ、日本大学はこのように腐敗し、堕落をしたんじゃないのか。

斎藤　ぼくの病気がよくなったのは七月十三日です。だからその間のことは……（「自己批判だ」と叫ぶ声あり）じゃあ、まことに申しわけありませんでした。（騒然）

学生　冗談じゃないですよ。あやまればすむというものじゃないんだ。あなたはあのパンフレットに、知らないといいながら、知っているようなことを書いたじゃないか。ぼくたちがいま追及しているのは、六月十一日の何について斎藤謙次は自己批判しようとしているのかということ。……

斎藤　あの暴力事件に対して申しわけないといっている。

学生　あなたが、六月十一日の問題について、大学当局が策動したんであるということを認めて、そして暴力事件を起こしたことは、悪かったといって謝るんならいい。そうじゃなくて、すみませんということをいくら聞いても、空語なんだよ。（「古田先生がこわいのか」と叫ぶ声あり）

斎藤　いや、そうじゃないよ。ぼくはあの場合、病気でよく知らない、事情は。理事会で……あとで聞きました。

学生　あなたはいま、ここに集まった日本大学の学友の前で、すみませんということを二度もいった。そしてぼくからは、なんのためにすみませんといっているのかということを質問しているわけですよ。それについて、あなたは答えられないということは、わからないね、ぼくら。（「そうだ」と叫ぶ声あり、騒然）

斎藤　自己批判するって、どういうことをいえばいいんだ。

学生　自己批判しますと。

斎藤　自己批判します。

学生　日大の教授は、あとで、あれは知らなかった、学生におどかされたとか、そういう内容でつねに語ってくるわけですよ。自己批判そのものの内容を、はっきり自分でわかっていなくて、ただその場を切り抜けるために、簡単に自己批判するわけですよ。だからここで、その内容そのものをはっきりと自己批判してほしいということを、あえていったわけですよ。

斎藤　私は最高責任者として、まことに申しわけありませんでした。

学生　それではつづいて八月四日、大衆団交をやらないことに関して、どう思うんですか。自己批判してください。

斎藤　あれはいろいろの……理事会で相談した結果延長することになったんですから。

学生　ぜんぜん主体性がない。

斎藤　それはそうですよ。

学生　理事会でもって決めたからそうなったんだ、そんなことを聞いているんじゃないのですよ。

斎藤　……。

学生　あなたは反対したんでしょう。八月四日の大衆団交を。

斎藤　たぶん三日間にわたって、やるべきだ、やらないほうがいいとか、いろいろ相談した結果、最後に……。

学生　斎藤学部長、あなたはぼくに電話で「今回の問題は大学に問題があるのではなくて、学生が問題をつくった。だから学生がいなくなれば問題はなくなる」といった。だから大衆団交には応じない。学生が自然にいなくなれば、問題は消滅するというふうにいった。まさにあなたは、八・四の大衆団交を破棄する一人であったのではないか。それを自己批判することをぼくたちは要求する。

斎藤　そんな電話はしません。

学生　したじゃないか。部長、あなたはぼくにいったじゃないか。今回の問題は学生がつくったのである。だから学生が自然消滅すれば、今回の問題はなくなるといったじゃないか。

斎藤　大衆団交は、いろいろの事情で……。

学生　その理由は、事情は。

学生　どういう理由で無期延期したのか。（騒然）

斎藤　ええ、身の保障がない。商店街を出たときに、自動車への暴力事件、ああいったものがあった。それで結局出ないという結論になったわけです。

学生　身の安全が保障されないから、大衆団交を無期延期したんですね、あなたは。だから理事会で無期延期するほうに意見を述べたんですね。

斎藤　意見は述べないけれども、そうなったんです。（「無責任すぎるぞ」の大声あり）

学生　理事会で、あなたはどういう理由をもって、大衆団交を無期延期したのかということをいっているんです。

斎藤　……。

学生　われわれは、理事会がどういうふうにきめたとか、なんとか聞いているんじゃないですよ。理事会でもって、無期延期するかどうかということを賛否を取ったんでしょう。そういうときにあなたは主体性をもって手をあげたんだよ、まさに。

斎藤　説明を聞きまして、もっともだと思った。

学生　どういう説明。

斎藤　ぼくはなにもいいませんでした。（騒然）

学生　理事会で、八月四日の大衆団交を無期延期しようじゃないかと提案した人の名前と、提案の趣旨理由をいいなさいといってるんですよ。

斎藤　みんなに聞いたらわかる。ぼくは詳しいことはおぼえていません。

学生　ぜんぜんおぼえていなくて、どうして無期延期することに賛成したことはおぼえているんですか。

斎藤　……。

学生　もう一度おたずねしますよ。理事会において、だれが大衆団交を無期延期するという提案をおこなったのか、それの趣旨、理由について、あなたはなぜ賛成したのか。

斎藤　古田重二良理事以外、全部反対だった。古田さんは最後まで、自分一人で出るといったんです。

学生　反対意見を出した人は、誰ですか。

斎藤　さあ、誰がいったかおぼえておりません。

学生　じゃ、あなたは、どうして大衆団交を無期延期することに賛成した。あのおかげで、失明した学友が二人も出ているんだ。

斎藤　古田先生が出るならば、われわれも、それじゃ出ようと……うん。（騒然）

学生　あなたは反対したんですよ。いまあなたの発言は、理事会で古田会頭は大衆団交に出るといった、あなたは反対した、なぜか。

斎藤　大衆団交は……どうもなあ……どうしたといったって、忘れたということです。

学生　大衆団交を無期延期したと自分でいっておきながら、それを忘れたということはないでしょう。

斎藤　忘れたというのは……。

学生　そのおかげで、二ヵ月間も延びているんですよ。そのあいだに、多くの学友諸君が逮捕されたり、失明したりしているんですよ。あなた方はその責任を持っているんだよ。ちゃんと事情をいうべきだよ。

斎藤　いや、だから……だけど……（騒然）

学生　自分が大衆団交を無期延期にしたことについて、何をいったか全然憶えてないんですね。

斎藤　判断できませんでした。

騒然、「やめろ、やめろ」という斉唱がつづく。

学生　学友諸君、いまのハレンチな回答しか、彼はできない。まさに能力は、まったくひとかけらもない。われわれは、彼を、日本大学理工学部から追放したい。断然追放する。それでは、つづいて鈴木理事のほうから、三つの問題に関しての自己批判を要求したいというふうに考えます。

鈴木　この件については、先ほど私が申し上げたとおりであります。私はこれに対して責任をとります。（騒然）それから、まあ聞いて下さい。聞いて下さい。新聞の件についても、先ほど申し上げたとおりでありまして、私は、あの新聞のようには申しておりません。

学生　責任をとるんであるならば、六月十一日、あのようなことをこれまで容認していたことについて、今後撤廃するということですね。

鈴木　私は、先ほど申し上げましたように、学生担当理事をやめます。（騒然）

学生　では、八月四日の大衆団交を無期延期したことについて、鈴木理事はどっちに賛成したのか。

鈴木　私は、七月の十九日、二十日の予備折衝に、二回とも代表として出ております。したがいまして、あの大衆団交破棄については、十分責任を感じております。私は約束を果すべきだという信念を持っておりました。（騒然）しかしながら、民主主義の原則は、多数に従います。そうして、（騒然）待って下さい。そうして、私が、あれを、無期延期になりましたときに、私は辞表を出しました。……責任を感じたから出したのです。

学生　先ほどの、理工学部の斎藤先生がいうには、理事会において、大衆団交を無期延期することについて反対した理事は、古田会頭のみであって、すべてが賛成したといっていたんですよ。矛盾しているじゃないですか。

鈴木　三日間にわたったんですよ。最後には、一人一人の意見も聞いたでしょう、その提案者は事務的に出るわけですから。それについては、もう大勢が延期したほうがいいということになったので、そう決まったのです。私自身も、最後はそれに同意して、そして辞表を出しました。

学生　最初あなたの発言は、私は、やはり大衆団交に出なければいけないというふうに、最後まで思ったといいましたね。だけども、理事会の大勢の意見として、無期延期とみるのじゃないかというふうに思ったから、私もそういうふうにしたといいましたね。

鈴木　そうです。

学生　矛盾しているじゃないですか。

鈴木　なんで。

学生　あなたは、大衆団交に出るべきであるということを、信念として持っていたわけでしょう。

鈴木　持っておりました。

学生　どうしてそれを変えたんですか。

鈴木　多数決に従ったというのですよ。（騒然）

学生　多数決に従ったんじゃなく、大衆団交に出なくていいというふうに、票を入れたんでしょう。

鈴木　票なんか入れません。

学生　あなたも賛成したんでしょう。

鈴木　積極的には賛成しない。（騒然）

学生　大衆団交に絶対に出なければとおっしゃったでしょう。

鈴木　そのとおり。

学生　にもかかわらず、無期延期することに賛成したんでしょう。

鈴木　辞表をその場で出しました、総長に。

自分の意思が通らなかったから……。

学生　理事会のなかにおいて、結局のところは大衆団交を無期延期したということについて、われわれは自己批判を要求するわけです。

鈴木　私は、責任をもって辞表を出したということは、これが申しわけないということで、……これが自己批判であります（騒然）

学生　いま、右異体連系が、バリケードを破壊している。そういう情報がはいりましたので、芸術学部と、津田沼の行動隊の諸君は、ただちに正面玄関の前に集結することを訴えたい。（騒然）

約二百名の行動隊が、残された学友の救出とバリケードの再構築にむかう。なお、すでに二人の女子学生がバリケード内でつかまり、七人がリンチをうけていたことがあとで判明した。

学生　それでは古田会頭に、最高責任者として、自己批判してもらい、それを各々の理事が、認めるかどうなのかということについて、要求していきたいというふうに思います。（拍手）

古田　いままで申し述べられた諸問題に関しまして、私は責任者として責任を痛感するのでありまして、同時に、さようなことが今後、絶対にないように、努力する……。（騒然、聴取不能）大いに反省いたしまして、心から遺憾の意を表する次第であります。

学生　それでは、文書として、このことを。……全理事の印鑑を要求したいというふうに思います。

古田会頭、次の文書を読みあげ、サインをする。

自己批判書

一、私は、六月十一日、経済学部において、一部体育系暴力学生、暴力団体を使って、学問の場を暴力の場へと踏みにじり、学園自治のために闘っている学生に、暴力を加え、弾圧をおこなったことを、徹底的に自己批判します。（どよめき、嵐のような拍手）

二、八月四日の大衆団交を、七月二十日明確に確約書を取りかわしたにもかかわらず、一方的に破棄し、日本大学全学生の真意を踏みにじり、大衆団交の席上に出席しなかったことを、ならびに無期延期したことを、自己批判いたします。（拍手）

三、九月四日仮処分執行、機動隊学内導入に対し、その行為自体が間違っていたことを認め、責任をもって自己批判いたします。ならびにみずからの教育者、学者としての姿勢に間違いがあったことを、徹底的に自己批判します。（拍手）

学生　それでは、サインと印鑑をお願いしたいと思います。（拍手）

古田会頭はサインをする。

それでは、これを各々理事者に回して、承認を得たいというふうに思います。

出席の理事がそれぞれサイン、捺印をする。

仮処分即時撤回の誓約

それでは続いて、仮処分の問題に入りたいというふうに思います。ぼくらは、古田会頭に、仮処分を撤回してほしいということを、強く要求しております。

古田　この問題は、法律的に、いまただちに撤回するということは困難であろうと思います。（騒然）私といたしましては時期をみて、取り消しをいたしたいと思います。

学生　法的に取り下げることが困難であるといわれるが、古田会頭が責任をもって全学共闘会議の学生を法学部、経済学部に入れても

いいというような宣言をしてほしいと思います。（拍手）

古田　その問題について、法的関係があると思うので、ただちに実行したいと思います。

学生　では、もう一度伺いますけれども、撤回する、それだけのことが法的にむずかしいといっていますが、はっきり、法的とはどういうことなのか、はっきりうかがいたいと思います。

古田　弁護団と相談して、決めなければならないと思います。

学生　われわれが、ここで要求しているのは、法的にどうのこうのとかいうことではなくて、九月四日から九月十二日の、五百数十名の逮捕者を出し、数知れない負傷者を出した、そして機動隊の人まで一人死なせた責任を、はっきりと、九月四日の件で、六月十一日のことで、五月三十一日のことで、自己批判したならば、仮処分を撤回するのは、誰が考えても、あたりまえじゃないかということなんですよ。（拍手）古田会頭、仮処分を撤回すると、ここにいるすべての学生の前に、言明してください。

古田　何度も申し上げるが、法的に考慮しまして、撤回いたしたいと思います。

学生　仮処分、執行に関しては、民訴五百五十五条によって、訴えたものが紙っぺら一片で、それを取り下げるということを簡単に通告できるということを、はっきり確認したいと思います。（拍手）だとすれば、この場において、はっきりと、古田会頭に、あの、仮執行処分を取り下げるという、文書を書いてほしいと思います。（拍手）

古田　その点につきましては、弁護団に相談して、諸君の希望に沿いたいと思います。

学生　いいですか、われわれの要求しているのは、なにもいますぐにここで法的に撤回せよとか、無理な要求をしているんじゃない。仮処分の申請をした当事者である大学当局が、撤回することを言明すれば、あとは手続的にすぐにでもできるということです。これは法学部の高梨先生もいっておられる。

古田　要するに可能であれば、ただちに取り下げたい。

高梨　いまの仮処分の問題について、私の考えを申し上げます。仮処分の取り消しは債権者から申し立てれば可能であります。ただし、緊急の必要があるという認定のもとに出しておいて、今度はないということは非常に具合が悪いということだけです、問題は。（拍手、歓声）

学生　学友諸君、いまのことであきらかになった。古田会頭がいま法的に可能であればすぐに撤回するといった。それで高梨学部長は、法的に可能であるといった。だとするならば、仮処分を撤回するのは当然ではないだろうか。（拍手、歓声）

古田　可能であれば撤回いたします。

学生　それでは、文書でとりかわしたいと思います。（拍手）

学生　すべての学友諸君、今書類をつくっているわけですけれども、その時にわれわれは、火事場泥棒的に、ドサクサに紛れて、あれやこれやをとってしまおうなどということは、決してやってはならない。（拍手）そうではなくて、われわれは、今何度も何度もしつこく自己批判を要求しているのは、大学当局がはっきりと今までの日大十年間の圧殺と反動の歴史というのを自己批判する。そのことがもっとも重要なことであると考えるからこそ、われわれはしているんだということを、すべての学友諸君は確認しなければならない。（拍手）ここに集まっている数万のすべての学友諸君が、真の新しい日大の建設を担ってゆく部隊として、雄々しく登場しなければ、五項目の要求などというのは、すぐに、あの大学当局の、一流の弾圧政策によって、いつ裏切られるか、いつ撤回されるか、わからないんだ。それを勝ち取られたものを、実体的に保障してくれるのは、ここに集まったすべての学友諸君以外のなにものでもないということを、はっきりと確認しようではないか。（われるような拍手）すべての学友諸君、たしかにこの会場は暑い、そして苦しい。タバコも吸いたいだろう、水も飲みたいだろう。だけれども、われわれは断固として一つ一つ学校当局の自己批判を求め、そのなかから要求項目を勝ち取っていこうではないか。（拍手）

学生　文書ができました。

全学共闘会議は、理事たちに対しておしぼりを出し、冷たい牛乳、すしの折りを一箱ずつくばった。また、万一を考えて、医学部の救対部員を待機させた。

（文書）　誓約書　私は現在、法学部、経済学部、本部に対する仮処分を、即時、撤回することを誓約いたします。昭和四十三年九月三十日。日本大学全学共闘会議議長・秋田明大殿。

これを古田会頭に、読みあげて、サインをしてほしいと思います。（拍手）

古田　（読み上げる）誓約書。私は現在、法学部、経済学部、本部に対する仮処分を、即時、撤回することを誓約する。……（歓声、聴取不能）

学則三十一条撤廃と学生心得の破棄

学生　次にぼくたちがあげている要求は、学生自治の弾圧をやめ、自治権を学生の手にということです。学生自治活動に対する弾圧をやめ、検閲制度を廃し、思想、集会、表現の自由を認めてほしい。そのためには、その弾圧の根拠である学則三十一条の撤廃と、学生心得の破棄、これを大学当局に要求したいと思います。大学当局は、学則三十一条ならびに学生心得破棄を「原則として認める」といっていますが、われわれは、原則とか基本的とかいうことじゃなくて、大学における学問というものは、基本的に自由であるという観点から、「原則的に」という文字を削除し、三十一条と学生心得を撤廃するように要求しています。では、古田会頭からお願いいたします。

古田　ただいまの問題は九月二十一日に回答したとおりでありますが、そのなかに「原則として」ということはいかんということですが、それはここで取り消します。

学生　報告します。経済学部において現在、黒いヘルメットをかぶった三十数名の暴力集団によって、バリケードが破壊されています。全共闘は現在、行動隊を派遣しています。（拍手）

学生　再度、一の項目に関して確認します。具体的に日本大学で集会、言論、表現の自由についてのきびしい制限が、規約として存在している。ぼくたちは、日本大学の教育方針のもとで、具体的には学則三十一条で弾圧されてきた。その意味で、学則三十一条ならびに学生心得の破棄を要求したいと思います。（拍手）これに関して大学当局の回答をお願いします。

古田　それはこの前、返事したじゃないか。

学生　いや。以前の学校当局の回答は、「学生諸君の大学における集会その他の自由に関する現行の規則の体系を破棄する」ということになっているが、ぼくたちはそれに対して、学則三十一条の撤廃と学生心得の破棄というふうに、はっきりいってほしいと考えます。

古田　この「原則」は取り消し、削除いたします。（拍手）破棄は前にいっているじゃないか。

学生　違うんです。具体的に三十一条および学生心得を破棄せよと要求している。

古田　「原則」はとって、三十一条は廃棄する。そこで学生諸君の大学における集会その他の自由に関する現行の体系を破棄するということでしょう。

学生　原則とか体系ではなくて、学則三十一条と学生心得そのものの破棄を要求している。

古田　そのことについては各学部に指令を発している。

学生　再度確認いたします。理事会としては、学生自治活動に対する弾圧をやめ、検閲制度を撤廃し、思想、集会、表現の自由を認め、学則三十一条を破棄および学生心得を破棄するということでいいか。そして大学当局は即時これを実施するかどうか。

古田　各学部に指令を発してある。廃棄するのじゃなくて、廃棄したあとをどうするか……。内容なんかおれにわかるわけないじゃないか。破棄して、そのかわりの定めを……。

（騒然、聴取不能）破棄するということだけじゃだめだ。破棄はするが、その決定するために、その実施の指令を各学部に発してある。

学生　破棄するという指令を発したわけでしょう。

古田　内容はわからない、おれがそんなことを知っているはずないじゃないか。

学生　古田会頭は学生心得、学則三十一条の内容を知らないといわれるから、ここで朗読します。

　学則三十一条、学生心得第一章、朗読。

古田　いま相談の結果、破棄するでいいそうですから、さよう……。（拍手、歓声）

学生　いま古田会頭から得た回答は、学則三十一条および学生心得を破棄するということだと思います。それでいいですね。

古田　それで、よろしい。（拍手）

学生自治活動を弾圧した教職員の追放

学生　次の問題として、われわれは、学生自治活動弾圧のために配属された指導委員の撤廃を要求している。大学当局の回答は、指導機構を改正、改革するという言葉によって、欺瞞的な処置をとらんとしている面が多くみえていると考えます。したがって、われわれは要求どおり、指導委員会および顧問制度を廃止するということを、大学当局が確約することを要求したいと思います。（拍手）ここでいう指導委員会制度とは、各学部におかれている学生指導委員会のことを指します。および顧問制とは各クラブ団体に対する顧問制度のことを指します。以上の点に関して回答を求めます。

古田　この問題については、理事会にも相談させていただきますが、学生機構すなわち指導委員会、顧問制は廃止しまして……。（拍手）

学生　それでは、確認したいと思います。学生自治弾圧のために配属された諸機構の撤廃という、全学共闘会議の要求の具体的内容である指導委員会および顧問制度の廃止を古田会頭から確約されたものと確認します。

古田　そのとおり……。（拍手）

学生　次の問題は、自治弾圧教職員の追放問題であります。われわれは過去十年間にわたって、苦痛なる学生生活を強いられてきました。そのもっとも大きな起点は、われわれ学生に対する教職員による自治弾圧にあったと考えます。大学当局は学部協議にゆだねるといっているが、それは具体的に誰が討議するか、あきらかになっていない。われわれは学生を含むところの協議、つまり学部における大衆団交を要求しているのであります。

古田 この問題は非常に難しいのじゃないかね。(笑) 教授会の権限に関することでありますから。私は弾圧したという具体的な話は聞いておりませんし、反動教授の具体的な話は聞きませんが、しかしそういうことがあるとすれば、最終的には理事会の責任でありますけれども、実際は学部教授会の一つの自治権に属することでありますから、いわゆる教育権、自治権の問題ですから、それを理事会のほうから強制することはできない。その点、ご承知おき願いたいと思います。(騒然) したがって、学生を含めて協議するということは、いまただちに引受けることはできません。

学生 大学当局が反動的自治弾圧をおこなっているにもかかわらず、大学当局がその人物、あるいはそのものに対して抵抗することがはたしてできるであろうか。(拍手)

古田 この問題は教授会の権限に属することでありますから。……(騒然)

学生 したがって、その協議の問題として、各学部の学生を含むところの協議をおこなうということを要求しているわけです。

古田 そういう問題は学部の教授会によってきめる問題で……。

学生 現在、真に日本大学の改革を、われわれの民主化をになう部隊は、学生以外にないということを理事会はいっさい理解していない。

古田 何遍もいうように、協議機関をつくるということは、教授会の権限を冒すことになりますから……。

学生 日本大学のなかにおける教授会の実態は、現在の理事会よりも腐敗しているといってもいい。われわれを直接に弾圧し、現在の腐敗しきった日本大学をつくりだした、そして現実に五月二十一日以降におきた日大闘争に対して、公的に、一人の教授でも、学生を支持するという声明を発したことがあったであろうか。(拍手) そういう一片の良識すらもつことのない教授、みずからの身の安全しか考えることのできない教授たちに、はたしてそうした協議をゆだねることができるであろうか。

古田 この問題は学部の教授会でやることでありますから……。協議することも教授会の権限問題であるから、私がかってにやることはできない。

学生 古田会頭は、この場に至っても、どうしても学部自治の問題であると強調されますので、参考意見として学部長に聞きたいと考えます。まず法学部の高梨学部長の意見を聞きたいと思います。

高梨 教授の身分の問題は、いまお話に出たとおり、大学の自治権の根本につながるものであると思います。これは学生諸君でも、外部でも、理事会からの圧迫でも、許すべきものではないと私は考えます。これを許すような、そんな大学は滅びたほうがいい。(騒然)

学生 いま法学部の高梨学部長は、全く砂上の楼閣としての、空論としての自治論をふりかざしたが、過去十年間の圧迫、反動、弾圧によって延命してきた反動教授は出ていくのが当り前ではないのか。教授会の自治という美辞麗句にかくれて、われわれの先輩たちを大量に処分・弾圧してきた事実は隠すことができない。(拍手) それでは大塚生産工学学部長に聞きたいと思います。

大塚 いまの高梨法学部長の議論、まことにごもっともでありまして、私のほうもそれに沿ってゆこうと思っております。ただ、これから教授会の力をどの程度批判するか。さらに助教授、講師、助手もあります。三者会とか、五者会とかいう問題が生れてくるのであ

9月4日　法・経済学部への強制代執行を受け、奪還闘争

9·30

9月30日「9・30大衆団交」

▲「9・30大衆団交」壇上を占拠　▼「9・30大衆団交」両国講堂の正面入口に行動隊が到着

「9・30大衆団交」最大35000名の学友で埋め尽くされた両国講堂

「9・30大衆団交」壇上での
古田会頭

「9・30大衆団交」怒号飛び交う中、回答する古田会頭

「9・30大衆団交」

「9・30大衆団交」歓声と紙吹雪が舞った12時間後の講堂風景

ります が、そういうものをどうあんばいしてゆくかということは、これから私どもは少し研究してゆきたいと考えておるのであります。以上。

学生 いま二人の学部長に、話をしてもらった。特徴とするところは教授会自治という言葉をもって、大学の自治にすりかえていることです。学生自治を主体として、ぼくらの大学におけるぼくらの自治活動の建設が必要なのである。大学におけるぼくらの学問体系を常に歪曲してきたのが、「教授会の自治」であるということを、ぼくらは追及しなければならない。二十数億の脱税問題でヤミ給与をもらっていたのはだれか。ほかならぬ教授自身ではなかったのか。そのような教授が集まっていくら教授会をやっても、ぼくらはそれを信用することはできないのです。(拍手)全学共闘会議のもとに結集したわれわれこそが、反動教授を追放する権利をもっている唯一のものである(大きな拍手)再度、大学当局はどういうふうに考えているかはっきり返答していただきたいと思います。

古田 何度もいうように、学部の教授会で検討していただくように、われわれのほうから要請したいと思います。

学生 だからこそ、われわれ学生を含む大衆団交を行うことを要請しているわけです。

古田 理事会としては、そういうことを申し上げることはできない。

学生 テーブルを囲んで話合っても、机の上にバナナがのっかるか、ムチがのっかるかの違いでしかない。われわれは大衆団交という場においてこそ、新しい日本大学を築くことができるのだ。

古田 民主化のために、各学部の機構を改革しまして、端的に申し上げますと、理事会の権限の委議であります。予算、決算の作成、あるいは人事その他重要な点に関しましては、各学部においてやる。本部に対しては許可制、届出制という形で、今後実行することになりましたので、学部の自治権、主体性が強化されまして、理事会の権限はずっと薄らいでおるのであります。したがって、各学部にそういう強い要請をすることはできない。

学生 法学部長は、ただいまの古田会頭の回答に対して、どうお考えですか。

高梨 学部教授会に申入れをいただけば、学部教授会で決定するほかはない。ただし、私は実は先般、十一日以来、責任を痛感しておりますし、辞表を出しております。したがって、新しい事項を私がここで専断で決めるわけにはまいりません。

学生 学生の要望に対して、高梨法学部長はどうするかということを聞いている。

高梨 出されたものは誠実に実行します。それ以上いうわけにはゆきません。

学生 あなたは主体的に、大衆団交を受けるかどうかという問題ですよ。

高梨 私は教授会を主催している立場ですから、教授会の意見によって動くより仕方がない。それが私の任務です。

学生 われわれの要求していることは、各学部において、学生を含む審議をおこなうことであります。学生を含まずして、なんでこの問題は解決できるか。教授会がはたしてみずからを追放することができるか。

古田 何度もいうように、教授会に、学生を含む協議をするようにお願いする。だけど、大衆団交をやれという要請はできませんよ。

(騒然)

学生 古田会頭の言葉を反復します。学部人事の問題に関して、自治弾圧教職員追放の問題に対して、学生を含むところの学部においての協議をすることを、学部に要望するという返事だと思います。

古田　それは違うよ。意見を聞くということですよ。学生の意見を聞くということをお願いするということですよ。

学生　古田会頭は、教授会の自治の問題であるという観点でいっているけど、日本大学の過去をみれば、教授会の自治どころか、古田体制に飼われた「自治」しか存在しなかった。都合のいいときだけ、教授会に自治がある、という。彼らがそういうのだったら、各学部で徹底的に大衆団交をやって、反動教授を追放していこうと思います。（拍手）

学生会館の自主管理・運営

学生　次の問題は、本部体育会を解散し、（猛烈な拍手）本部がいっさい運動部への介入政策をとらないことに対する大学当局の最後の返答をもらいたいと思います。

古田　体育会の解散、改革に関しては、その実現をはかりたいと考えております。変革する……。（騒然）

学生　本部体育会というものを、解散することを要求してるわけです。

古田　本部体育会を解散しましてですね、いわゆる正課体育の一環としての体質改善をいたしたいと考えております。（拍手）

学生　はっきりと聞きとれませんでしたので、再度いいます。本部体育会を解散することを宣言してほしいと思います。

古田　本部体育会を解散することを宣言いたします（大きな拍手）

学生　次に、過去の日本大学のなかに、学生の自治活動をおこなう場所が認められなかった。一サークル部屋として提供されていても、それは四パート合同十パート合同という教室。一パート一部屋といってもプレハブ的なものであり、夜八時になったら解散せよといったものだった。われわれの自治権を集約する場所としての、学生自治管理による、学生会館を各学部ごとに設立することを……。（拍手）要求したいと思います。

古田　学生会館の運営に関しましては、諸君と各部のほうでよく相談して学生の自立的運営をすると、やはり健全なる管理・運営をしたいと考えております。自主管理は、学校と協議の上……

学生　われわれは、この場において過去十年間の歴史をぬぐいさり、自治権をわれわれの手に確立するために、この大衆団交を設置しているものと考えます。その意味でも自治会管理、自主管理を認めることを声明してもらいたいと思います。

古田　何遍もいうように、学校と相談してやって……。

学生　ぼくらは、なにゆえ自治管理の学生会館を要求しているのか。文理学部における、あのような学生会館を要求しているのではない。文理学部の学生ホールに象徴されるような、へんちくりんなホールを要求しているのではない。

古田　この問題はいくらいわれてもです、これはここですぐそう決定するということはいえない。なぜなれば学部に主体性がある。学生会館をつくることはけっこうだ。しかし、その建築および使用に関しては、その学部と相談して実行に移すというふうに考えております。

学生　ぼくらが四月十五日に、新聞に出た古田理事会の実態を知ったときに、なにを考えたであろうか。ぼくらがノーマルな自治活動をもつことができていたならば、あのようなことは絶対不可能であり、自治活動を強固につくりあげていたならば、あのようなことは許すことはなかった。二度と、あのような使途不明金問題などのハレンチなことは繰返させてはならない。それを古田会頭のいうところの、学部の問題とかいう形で、この問題を処理することは絶対できない。再度、古田会頭に、この問題について回答を求めます。

古田　諸君の主旨はよくわかるけれども、これは私にとっても、一人できめられる問題ではない。

学生　学生会館の建設をおこなうことは、古田理事会が提案しているのである。その運営権に関して古田理事会が決定権をもつことができないということは、どういうことですか。

古田　運営されるべき実権が、各学部に移っておりますので、したがって……。（騒然）

学生　学生会館を建設するという点はいいですね。

古田　すでに建設することについては認めている。

学生　その管理・運営権については、学部の問題であるといわれているわけですね。

古田　本部が指令することではない。ただ従来からの問題の一つは、全体としての大講堂、学生会館の建設はとうてい不可能ではないかということがありますので、今後、一つの学生ホールというか、学生が集まる一区切りの部屋というか、そういう会合の場は計画されております。

学生　学校当局は本部の命令によって、学部の意志を無視して、いままでいろいろやってきている。こういうときだけ学部自治云々をいうのではなくて、そもそもわれわれに自治権を認めるか否かが問題だと考えます。

古田　学生会館の問題は、学部に権限がありますから、この問題はこれ以上のことはいえない。

学生　もしそうならば、古田会頭が各学部に学生会館をつくれということもいえないでしょう。

古田　つくれとはいえませんよ。つくることを承認するということですから、その運営は各学部でやるということで……。

学生　古田会頭が二十一日われわれに回答したのは、各学部において、学生会館をつくってもいいということを許可したにすぎないのであって、学部当局がそれをつくる気があるかどうかは、別問題だということですね。

古田　学部がやる気がなければ……。

学生　ぼくたちは、古田理事会がわれわれの要求している自主管理の学生会館をつくる気があるかどうかということを聞いている。

古田　学生会館をつくることを、われわれのほうから学部に要請している。

学生　いま問題なのは理事会の権限と、学問に関する自治の問題だと思う。学生会館を建設するということは、理事会の権限であり、それを運営するのは学問するものの権限だと思う。その意味で教授会の権限であり、学生の権限であり、それをまとめる学部長の権限でもある。大学全体をまとめる理事会に責任はないと思う。（「ナンセンスだ」の声あり）

学生　形式的に理事会が経営権を持っており、教授が教学権を持っており、学生が教育を受ける権利を持っているというふうには、問題は設定されない。たとえば教授会に、教授会としての権限があるかないか。あの仮処分の執行についてみても、ひとり大学当局の決定によってやったのであり、教授にしろ理事者にしろ、いっさいの権限はなかったではないのか。われわれは、教授会がみずから自治権を放棄していたし、積極的に理事のイヌとなって、われわれ学生を弾圧したという事実を指摘できるのだ。教授会の自治権の問題だから、教授会に頼みますというふうに問題を設定するのはおかしい。（拍手）日本大学当局に、各学部に学生会館をつくることを再度要求し、かつ自主管理をおこなうことを理事会が認めることを要求します。

古田　さっき、理事会の権限の委譲ということを申し上げたが、そこで学部において管理・運営委員会をつくりまして、そこに教授、あるいは助教授、講師、副手、経営代表……。(騒然)そういう管理・運営委員会をやりつつありますので、今後の管理・運営は管理・運営委員会において万事相談することになると思います。

学生　教授、教職員は、そもそも学生会館をつくるということを要求する運動を、いままで弾圧してきた教授、教職員です。そういう教授に管理・運営をまかせることはできないでしょう。学生会館は学生が運営するんですよ。常識ではないですか。ぼくらの学生自治を認めるといったのはあなたでしょう。第一の要求をあなたは認めるとおっしゃった。そのあなたが、具体的にぼくらの自治活動の場所を保障するという問題に関しては、だめだという議論をするんですか。

古田　自由を認めるのは当然ですが、具体的にはやはりそれぞれの学部……。(騒然)

学生　ぼくらは学生自治の弾圧機構、その他の問題を論争してきた。しかし、自治活動を具体的に発展させてゆくのには、どうしたらいいか。ぼくらは学生の弾圧機構を破壊し、顧問制度を破棄した。さらに自治活動、サークル活動を保障する場所、学生会館を求め、それを学生の手によって運営するのはあたりまえだと思います。これこそが学生自治活動の具体的保障の場になると考えます。

古田　管理・運営の問題については、その内容について、学生諸君の要請もあるだろうし、学校にもいろいろ意見があると思うので、そういう点について……。学校当局と相談の上というとかたくるしくなるが……。

学生　あなたに相談役がいるんですか。

古田　ありません。

学生　それでは古田会頭はわれわれに対して、学生会館の建設を認めかつ自主運営を認めるといっていただきたい。

古田　建物の管理は大学が当然持つわけで、学校の建物だから、管理権は学校にある。ただ運営に関しては学生の使用の内容をみてから……。(騒然)

学生　学校には建物と土地の財産権があるだけで、あとはわれわれがすべて持つ。

古田　学校には管理の責任があるからね。ただ、学生が使用している部分に関しては、これはまったく自主管理でいい。

学生　学生会館が学生の手で運営されるのは当り前のことでしょう。今の大学では常識的なことでしょう。それが守れないというのはどういうことですか。

学生　再度要求したいと思います。われわれが要求しているのは、たしかに建物と土地の財産権は学校当局にあるけれども、その他いっさいの管理・運営に関しては、われわれがおこなうということです。

古田　この問題はここで解決することはできません。もう少しよく検討して……。

学生　検討することは何もないんです。古田会頭は、学生の自主管理を認めるとおっしゃればいい。

古田　管理は学校に責任がありますから、学校と相談して、ここは学生の自主管理というふうに話がつけばいい。

学生　ぼくたちが要求しているのは、学生会館すべてを学生の手で運営することであって、それは各学部の教授会の権限ではない。学生の自治そのものの権利として、われわれは学生会館のいっさいの管理・運営についてはわれわれが権利を持つということを要求しているのです。したがって、学生会館の一部、この部分だけの管理・運営を学生に認めるとかいう問題ではない。建物、土地の財産権は学校当局にある。しかしそれをどのように管理・運営するかに関しては、学生の管理運営委員会がいっさい責任を持ってやるということです。

古田　その問題は学校と相談してきめなければだめなんです。

学生　なぜ学部当局と相談するのか。

古田　各学部に管理権があるから……。

学生　ぼくたちの日大闘争がまきおこるときに弾圧したのは誰ですか。古田会頭自身も知っているように、六月十一日、経済学部の教授や職員、経済学部長までもが、黒い制服を着た暴力団や体育会の諸君にむかって、君たちこそ日本大学を背負う良識派学生であると訓辞した。ヘルメットも何もないわれわれに対して、日本刀を振りかざし、砲丸を投げ落してきて重傷を負わせた。彼らに対して、そういう教授会にどうして自主権があるといえるのか。学生会館の管理・運営は責任を持って学生がやるといっている。

古田　管理・運営権を理事会は各学部に委譲したのですから……。従来、日大ワンマンといわれてきたけれども、いわゆる大学運営の民主化をはかるために、運営権を理事会は委譲した。その内容は予算、決算、人事問題、営繕、管財等の問題だ。そこで学部において、運営委員会をつくりまして、そこで運営するということになっておりますから、運営委員会にはかって相談しなければならない。

学生　古田理事会が学生会館を建てることを認め、したがってその自治権、管理運営権を学生が主体になって、学生会館を運営する。それにどうして教授が入ってくるんですか。

古田　学部と学生が相談して、管理・運営をやってゆくようにしてもらわないと……。

学生　いままで日本大学がこれだけ腐敗してきたのは、本来は経営権だけをもっている理事会が、管理権も運営権ももってしまったからではないのか。教授会そのものが明確に「日本精神」を認めなければ、日本大学の教授になれない。学生を弾圧しなければ、日大の教授たりえない。そういう仕組になっている日本大学において、教授会には教学権があり、経営者には経営権があるというふうにはいえない。だからこそ、われわれはいっさいの管理・運営権を学生が担わなければならないと考えます。(拍手)

学生　われわれはここで出席の全理事一人一人にこの問題を突きつけたいと思います。

秋葉　私個人からいえば、認めてもいいと思いますけれども、しかしこれはどこまでも私個人の意見であり、あとは学部と相談してやってもらいたいということです。

学生　確認したいと思います。秋葉理事の返答としては、自主管理を認めるという見解でした。次に学生局担当の鈴木理事に質問したいと思います。

鈴木　言葉にあまりこだわらないで、さきほど自治を認めているじゃないか。

学生　われわれが要求している自主管理について一言。

鈴木　管理については話合わなければ、理事会としてはあまり細かいことはいえない。

学生　学生の要求する自主管理を認めるか否か。

鈴木　実際に使うのはあなた方だから、自由に使えばいい。

学生　自由に使えということは、管理・運営権がゆだねられるというふうに考えます。

鈴木　運営権はそのとおりだと思います。

学生　次に佐々木理事に聞きたいと思います。

佐々木　みなさんの求めている管理権は、自由に使えるような、フリーな形にしてくれという趣旨はわかります。各学部に建てるなら、会頭もいったように管理権は学部に与えるというから、学部でやるべきだ。（騒然）大学全体として決めるものは、学部長と理事会で決めるべきものだと思う。認めるか認めないかという個人的な考え方は、こういう公の大衆団交にはふさわしくない。会頭が、よく協議をしてというのは、法人としての微妙なことを含めていっているのではないかと思う。これから建てて使ってみなければ、結果がわからないのと同じように、いま即座にこれはいいとか悪いとかいうよりも、こういう内容に使うということを話合ったほうが早いのではないか。

学生　われわれのいっているのは学生の自主管理のもとに、学生会館を各学部に建設することであり、自主管理・運営権は、もう少し付け加えるならば、自主的な使用管理のことをいっている。別に財産権がどうこうといっているのではない。

佐々木　使用管理権は学部との話合いによって決めればいいと思う。

学生　われわれの使用管理・運営権を認めるか否かという問題です。

佐々木　学部のものは学部長が認めればよろしい。

学生　次に鈴木（省）理事に聞きたいと思います。

鈴木　私は使用に関しては、大いに自主的に利用していただいてよろしい。

学生　学生の自主的使用管理を認めますか。

鈴木　学則三十一条撤廃の問題からいって、当然そうなると思う。

学生　運営ということは、それをどういうふうに使用するか、総体を決めることです。

鈴木　気持よく運営していただけるようになると思う。

学生　そういう意味でわれわれは自主管理・運営権の問題をいっている。確認します。学生会館を建てることはいいですね。それは学生の自主管理・運営のもとの学生会館である。その点はどうですか。

鈴木　学生諸君が中心になって利用し、使ってゆくのだから、当然そういうかっこうになると思う。

学生　数名の学部長に聞きたいと思います。生産工学部の大塚学部長。

大塚　私は理事ではないから、よくそのへんのことはわからないが、もし学部に移管されたら、学生の管理にまかすということに、結論としてなると思います。

学生　高梨法学部長にお願いします。

高梨　司会の方のお話では、使用に関する管理・運営権といわれたが、そういう点では自治をまかせたということから、同じようなことになると思います。

学生　次に理工学部の斎藤学部長。

斎藤　運営権はけっこうですが、管理権はだめだと思います。

学生　管理権と使用管理権は別の問題です。

斎藤　完全に自由を認めているのだから、当然運営としては認めていることになると思います。

学生　使用管理を認めるというふうにとっていいですか。

斎藤　そのことだったら認めます。

学生　広川工学部長。

広川　使用上の管理・運営権は認めますけれども、学生会館も教育のキャンパスのなかの一部でありますから、教育という面についての折衝は受入れられるだけの余裕をもっていただきたいと思う。これは先程から聞いていて、全般的なことですけれども、たとえば教授は信用ならないという言葉がありましたが、これは現状における日本大学に対する不満のはなはだしきにより、将来理想的な大学ができたときの規則まで、ここできめてしまうということになると非常に残念なので、その点はよくお気をつけていただきたいと存じます。

学生　この場でもって学部長を相手に、教育とはどういうものかということを話さねばならぬということは、非常に残念だと思います。大学の教育権という、権利として教育を押しつけるものとしてしか理解されていない。教育権とはどういうことか、はっきりさせてください。

広川　教育の場である以上、教育に関するコミュニケーションがあるはずだといったわけです。

学生　自主管理・運営権のもとの学生会館を認めるか否か。

広川　使用上の管理運営を認めます。

学生　この場に学部長の出席率が悪いが、出席の学監にも聞きたいと思います。岩崎経済学部学監。

岩崎　一教授の考えとしては、管理が使用上の管理であるならば、認めてもいいのではないか。

学生　農獣医の木俣学部次長。

木俣　学部長欠席で私見を述べます。使用上の管理・運営権は認めます。

学生　川原先生。

川原商学部長代理　学生の自治を認めて、これに使用を許すということであれば、使用上の管理は認めざるを得ません。（騒然）

学生　川原学部長代理は、いま使用を許すならば、使用上の管理は「認めざるを得ない」といった。まさにこの発言は許すことはできない。

川原　使用上の管理は認めます。

学生　いま大多数が認めると答えた。古田会頭に再度要求したいと思います。

古田　私はさきほどから各学部にお話し願いたいと申し上げたが、いま各部長から認めるということですから、私も当然認めます。（拍手、歓声）

ヤミ給与の自己批判と経理公開の要求

学生　次は二十億円ヤミ給与の問題に関して。大学当局は二十億円不正事件に関し、学生、父兄の前に謝罪せよ。

古田　ヤミ給与といい、あるいは裏給与というけれども、大学としてはヤミとかウラということで金を出したことはありません。この問題は研究費とか、それぞれの手当という支給、ただそのなかで税金の申告漏れがあったということで、手当その他はヤミ、ウラという性格のものではありません。

学生　われわれは大学当局に対し、二十億円の使途不明金を出したことに対し、自己批判を要請している。現実に八月半ばにおいて、追徴金十一億円を支払っている。社会的にすでにあきらかになっていると考えます。

古田　大学の役職員に対して、十九億余円の研究費その他の支出による源泉所得税の未収、未納問題をおこしました。これはいわゆる脱税とか、使途不明とかいうものではなくて、ただああいう問題が世間を非常にさわがし、諸君の心中をいためましたことに関しまして、私ども重々申しわけがなく、父兄や諸君、社会に対しまして、心から陳謝するものであります。（騒然）

学生　この問題に関し、大学当局は使途不明金を出したことを自己批判するか否か。

古田　使途不明というものはありません。（騒然）私は税法上のこともよくわかりませんので、国税庁にまいりまして、責任者から、日本大学がだいたい調査が一応すんだ段階におきまして、いわゆる脱税がありますかと質問したのに対して、脱税はない、これは局長の言葉ですから、私は信用がないから私のことはいいませんが、局長がいわく、脱税はないと……。それはどういうわけですかと聞き返したら、悪意がなかったと……。（騒然）悪意がないということはどういうことですかと聞いたら、悪意があるということは二重帳簿をつくったり、あるいは計画的に税金を納めなかったりするような場合には、これはいわゆる脱税になる、こういうことです。それからさらに使途不明ということはありますかと聞いたら、それはありませんと。それはどういうことですかと聞いたら、使途不明があるということは重大問題だ、これは日本大学において調査の結果、十九億なんぼの課税対象の全額は、すべて個人所得になっておるのだから、したがって使途不明はありませんと、国税庁の責任ある人の話でございます。（騒然）

学生　われわれは、弁解を要求しているのではないというふうに考えます。再度、要求したいと思います。全学共闘会議は理事会に対し、日本大学当局に対し、大学当局は二十億円不正事件に関し、学生、父兄の前にこの場をもって謝罪されることを要求したい。（拍手）

古田　不正ではございません。（騒然）ただ世間をさわがし、諸君や父兄に非常にご迷惑をかけたことに対しまして、心から陳謝するしだいであります。

学生　われわれの要求している回答はそうしたものではなくて、明確に十一億円という追徴金を支払う。こうした行為がおこなわれている。こうした事態に対し、不正事件に対し、謝罪することを要求しているのだというふうに考えます。

古田　不正ではない。

学生　再度、不正事件に関して自己批判を要請したいというふうに考えます。

古田　この件に関しましては申しわけないと思ってお詫びするとともに、反省いたしておるしだいであります。

学生　それでは経理を細密に完全公開し、またこれを今後定期化せよ、という要求について。

古田　経理公開に関しましては、大学におきまして、公認会計士によりまして監査したあとに、日本大学新聞に公表する。こういうことに決めております。

学生　その時期は、いつになるかということを……。

古田　年々、六月ころですね。六月の末ころに予算、決算ができますので、その結果、その直後、すぐ発表ができるわけです。

学生　では、われわれがこの使途不明金の問題に関して、最後に要求した問題に入りたいと思います。二十億ヤミ給与を受けた教職員を明確にせよという、われわれは要求をおこないました。（拍手）その答えとして第一号の支出を受けた役教職員の氏名、金額を公表することは、個人のプライバシーの侵害になるおそれがあるので、その方法等を十分検討するというふうに提示されています。われわれはこの方法等の問題に関して、はっきりと異議あるということを提示したいと思います。大学当局のなされた行為に対し、われわれは真実を聞くところの権利があるというふうに考えます。（騒然）個人的プライバシーの問題というふうにいわれるならば、われわれは実施要項については、学生が十分検討したのちにおこなう。この方法をもってわれわれはすべての学生の前に明らかにしたいというふうに考えます。

古田　この点に関しては、個人のプライバシーに関する問題……。学生諸君においても自主的に一つご検討を願いたいと思います。
学生 それでは学生の自主的な方法を認めるというわけですか。
古田 よろしゅうございます。
学生 再度確認していきたいというふうに考えます。二十億円のヤミ給与を受けた教職員を明確にし、その実施、公開方法については学生が検討する。
古田 そのとおりお願いします。(拍手)
場内から 二十億円の脱税に関する問題ですが、それに追徴金の十一億円ですね、少なくともその三十一億円というものは、大学および学生側に理事者の財産から、すみやかに返済すべきだと思います。(拍手)

古田理事会全理事総退陣の要求

学生 われわれの要求の重大な部分として、古田理事会の即時退陣を要求したいと思います。(拍手)
秋葉 何遍立たされても私の答は同じであります。
学生 何遍でも聞きます。秋葉理事、理由はなんですか。
秋葉 この際その理由を発表する必要は認めません。日大の理事は単なる個人ではない。理事会という組織のなかの一つの人格なんです。それゆえに、諸君のいうように、簡単に、いますぐにやめるという発言は、組織人としてはできない。
学生 秋葉学長、いいですか。少なくともさっきの自己批判書に署名、捺印したのは秋葉安太郎ではないのですか。古田理事会と署名したのか。秋葉安太郎として署名しているはずだ。そうだとすれば、あなたが理事という立場にあり、ここに結集しているすべての学友が、退陣することを要求している。主体的な判断をもって、あなたは即時退陣すべきではないか。
秋葉 諸君の前で即時退陣するといったら、拍手、喝采されるだろう。できるならばそうしたい、組織のなかの一人としては、残念ながらそういう発言はできない。
学生 ではいつやめるのですか。
秋葉 やめる時点は共闘会議に回答してあるはずです。
学生 このわれわれの大衆団交の目的は、古田体制を打倒することにあり、それこそが自治、自主権の確立である。鈴木理事、佐々木理事の即時退陣を要求したいと思います。
佐々木 結論だけいいます。いつでもやめます。ただし理事会は一蓮託生で責任をとるので……。
学生 いますぐ、ここでやめなさい。
佐々木 他の諸君とともに一蓮託生の約束をしているから、一蓮託生ならいつでもやめます。
学生 全理事に一任するというような無責任なことではなくて、いまやめるか、やめないのか。
佐々木 そういう必要がなければいまでもやめる。
学生 われわれはまず拍手をもって、やめるということに対するわれわれの意志を確認しょうではないか。(嵐のような拍手、紙吹雪)佐々木理事、あなた自身がここでやめるということを確認してください。
佐々木 やめて、明日からこなくてもいいならば、私に用がなければ、いまでもやめます。
学生 佐々木理事がやめたということを確認して、斎藤理事に次に聞きます。あなたはいま責任をもってやめるか、やめないか。
斎藤 私はもう二十六日にやめました。
学生 理工学部長であり、日大の理事である斎藤理事は二十六日付をもって辞表を出しているという。この場において、理事を完全にやめているということを確認しよう。次に鈴木（省）理事。

鈴木　私は早い機会から責任を痛感しております。したがって一日も早くやめることが、責任をはたすことだと思っております。なおできれば、全員総退陣するようにしたいと思っております。寄付行為を改正してからとか、そういうことは許されないと思っております。早急に私はやめるべきだと思っており、そういうつもりで行動します。（拍手）むろん私は早急にみなさんといっしょにやめます。いまやめます。

学生　あなたはこの場でもって即時退陣するのですね。

鈴木　退陣する。（拍手）

学生　すべての学友諸君、秋葉理事は、理事会の決定だからやめられないと答えた。しかしわれわれは秋葉理事の主体性に訴えようではないか。斎藤、鈴木、佐々木理事はやめたではないか。秋葉理事、あなたはただちに退陣しますか。

秋葉　私は組織のなかの個人ということを重く考えているために、さきほどのような返答をしました。しかしその組織が乱れてくれば話は別であります。いままで頑張ってきたのを申しわけなく思いますが、いま私は理事会の申し合せが乱れたという認識に立って、退陣する決意をしました。（拍手、紙吹雪）

学生　確認します。あなたはただちにやめるのですね。

秋葉　そのとおり。（拍手）

学生　学友諸君、やめないといった理事が二人残っている。古田会頭と鈴木（勝）理事だ。われわれは鈴木理事にいおうではないか、もう古田体制はがたがたに音を立てて崩れているということを。鈴木理事、あなたはただちに理事をやめますか。

鈴木　早急にやめます。

学生　鈴木理事は、早急にやめるなどとナンセンスなことをいっている。新しい日大は古田理事会から生れるのではない、この大衆団交のなかから生れるのだということを確認しようではないか。

鈴木　よくわかりました。ただちにやめます。（拍手、歓声）

学生　学友諸君、静かに聞いてほしい。静かに聞いてほしい。古田体制は、いままさに音を立てて崩れようとしている。われわれはいまただちに古田会頭の退陣と全理事が総退陣することを、ここにおいて確認しようではありませんか。あなたはただちに理事、会頭をやめますか。

古田　だいぶ理事諸君もやめるような返事をしたようですから、これは私として、最後の責任者として、いずれその線に沿って近く実行することを……。（騒然）

学生　古田会頭はただちにやめるのですか。

古田　ただちにではない。理事は一蓮托生だから、近く総退陣の形で……。

学生　われわれは、あなたに、一人の人間として回答してほしいのだ。ただちにやめるのか、やめないのか。

古田　私はいま退陣するというような無責任なことはいいません。近く実行したいと思います。

学生　古田会頭がここでただちにやめ、古田体制そのものを破壊することこそ、古田会頭の最後に残された唯一の責任ではないだろうか。日本大学は古田理事会のものではない。それによって、はじめて新しい日本大学は出発するのではないだろうか。あなたはただちにやめるのか、やめないのか。

古田　一蓮託生として、近く総退陣の形をとりたいと思います。

学生　古田会頭は主体的に、ここで個人として主体性をもってやめるか、やめないのか。
古田　責任者として近くまとめて総退陣の形を決行する。（騒然）
学生　古田会頭は早急に理事会を開いて総退陣する。その第一条件として、ここで古田会頭はやめると確約するべきだ。
古田　やめます。（大歓声、紙吹雪とぶ）やめることを覚悟したから、近く総退陣の形をとって決行したいと思う。（ふたたび騒然）
学生　なぜこの場で古田会頭は退陣しないのか、その根拠を述べてほしいと考えます。
古田　いまここでもやめたいから、近いうちに総退陣の形をとって決行する。
学生　たった四人の理事が全理事のうち辞職しても意味がない。われわれはシュプレヒコールをもって彼に突きつけよう。シュプレヒコール！

古田理事会打倒！　大衆団交に勝利するぞ！　全理事は即時退陣せよ！　古田は即時やめろ！

古田　やめたいと思うから、近く理事総退陣を決行するといっているではないか。
学生　学友諸君、われわれの闘いの性格に関して意志一致をはかりたいと思う。現在、出席している理事のなかで、古田を除いて即時退陣させることをかちとってきた。しかしながら、われわれの十二項目の要求をすべて貫徹するまでは、われわれは大衆団交をもって全理事の即時退陣をめざして、日大闘争を勝利させなければならないことを確認しなければならないし、そのことをもってわれわれのバリケード、ストライキ闘争は、十二項目の要求を貫徹しなければ解かないことを確認した上で、古田に総退陣を迫ろうではありませんか。さらに古田会頭に要求したいと思います。
古田　やめることも決意して、理事は一蓮托生だから、近く理事会を招集して決行したい。
学生　近いうちというようなあいまいな言葉で、われわれは納得できないだろう。
古田　私自身はすぐやめてもいいということを決意して、責任者であるから、総退陣の形をとって近く決行するといっている。
学生　古田会頭は日大の古田体制のピラミッドの頂点である。
古田　個人としてはただちにやめることを決意している。ただ責任者だから、理事総退陣の形をとるために、近く理事会を招集して決行する。
学生　古田会頭としては即時やめたい。しかし総体としては全理事の責任をもっているからということですか。
古田　総退陣の形をとりたいからね。諸君が要求している総退陣の形をとりたい。
学生　この場においては総退陣できない。できるのは個人的な退陣であるということですか。
古田　そういうことだ。
学生　個人的に古田会頭は理事をやめるかどうか。
古田　はっきりやめるが、総退陣の形をとって、まとめて決行したいということです。
学生　学友諸君、ただいまの回答で納得することができるだろうか。われわれの要求しているのはあくまでも総退陣である。そのことが貫徹されなければ、バリケード、ストライキ闘争はさらに百日でもつづくだろう。日大が文部省の弾圧によって廃校するというふうに弾圧されても、われわれは徹底的に闘い抜こうではありませんか。
学生　学友諸君、いまぼくたちの目の前で、古田を筆頭とする反動理事会が居直っているではないか。この状況はいったい何を意味するか。何が彼らを居直らせているのか。われわれはすべての問題をはっきり考えてほしいと思う。

古田　個人としてやめることは決意しておりますが、ただ総退陣の形をとらなければならないから、近いうちにこれを決行する。

学生　個人としてはやめるんですね。

古田　やめることを決意しました。ただ総退陣の形をとってやるということです。（騒然）

学生　古田会頭は、個人としてはやめる決意である。しかし全理事総退陣という形をもっておこなうことは、ここにすべての理事が出席していない以上、決定をくだすことはできない。いましばらく待ってほしいという。しかしわれわれは、全理事が総退陣するまで、各学部におけるバリケードを撤去することはできないし、われわれはそれまで闘争を断乎として進めていくだろう。本日の大衆団交において、ぼくたちはいくつかの成果をあげてきた。そして最後にその成果を裏づけるのは、古田理事会、なかんずく古田会頭が即時退陣するということをその口からいうことにあると考えます。もしそうでないならば、全学共闘会議が全学生の唯一の代表機関であり、古田理事会が大学当局を代表してこの大衆団交に臨み、いままで討論を進めてきたことがいっさい水泡に帰してしまうことになる。学友諸君、ぼくたちは再度古田会頭に即時退陣を要求しなければならない。たしかに古田理事会は戦後処理があるかもしれない。しかしまず重要なことは、古田会頭がみずからの過去の行為を自己批判し、その自己批判の裏づけとして理事をやめるということであると思います。再度、古田会頭はやめますか。

古田　やめることを決意したと何度もいったじゃないか。個人のことはいま決意しまして、理事会は一蓮託生ですから、理事会を招集しまして……。

学生　古田会頭、あなたみずからがいまはっきりとやめることを決意する、すなわち私は即時退陣すると言明することが、いまもっとも重要なことなんです。

古田　個人のことは決意したといったでしょう。君らの要求は総退陣であるから、理事会を近く招集して、総退陣を決行します。

学生　古田会頭は即時退陣する用意がある。

古田　そういうことだ。

学生　ではいまでも即時退陣できるということですね。

古田　総退陣は今できないでしょう。理事会を開いてやらなければできないことだから……。

学生　古田理事会は、われわれに約束したさまざまのことを、ことごとく破ってきた。古田会頭が辞める決意をしたというだけで、われわれは満足してはいけない。

学生　われわれは二度と欺かれてはならない。八月十二日に文理学部で大衆団交をおこなった。その文書による確約はどこにいったのか。確約した内容はぜんぜん行われていない。したがって、われわれはこの大衆団交は文書によってのみ確約することだけでは無意味であると考えます。われわれは古田体制そのものを否定してゆくことが大切だと思います。彼は日大当局の支配者の支配の論理にもとづいて、常に近日中、もしくは近いうち、あるいは寄付行為の改正後という抽象的な、明確でない形でもって、われわれに欺瞞的な回答をあたえ、それをことごとく裏切ってきた。われわれは五月二十一日以降のすべての闘争のなかにおいて、古田の口から、われわれのすべての学友の前で、最終的に即時退陣するという、その言葉を要求してきた。そのわれわれの要求は、ここで決して曲げることはできないと考えます。

押問答がつづき、結局古田会頭辞任の約

束はとったが、理事会の総退陣については十月三日午後三時に大衆団交を行ってその場で確認する、ということになる。

学生　川原先生、十月三日、あなたは出ますか。

川原　それだから諸君も、早く解決するようにもっていきなさい。十月三日にここへ出席いたします。終り。

学生　いま、商学部の川原学部長代理は、十月三日の大衆団交に出席するという、責任ある発言をした。拍手でこれを確認してほしいと考えます。（拍手）それでは岩崎経済学部学監に問いたいと思います。

岩崎　三日に大衆団交をもつことを承認いたします。ただ、石田経済学部長はいま心臓が悪くて絶対安静なので、病院に入院中であります。したがいまして、私は経済学部長の代理として出席をいたします。（拍手）

学生　それではひきつづいて、三浦芸術学部学監に問いたいと思います。三浦芸術学部学監はいないそうです。それでは、木俣農獣医学部次長に問いたいと思います。（「どこへ行ってるんだ、早く来ないか」という者あり）農獣医学部次長はどうしたんですか。農獣医学部次長を呼んできてください。その前に、広川工学部長に問いたいと思います。

広川　さしつかえございません。

学生　そのことは、出席するということですね。

広川　出席いたします。（拍手）

学生　それでは、三浦芸術学部学監に問いたいと思います。三日の大衆団交を承認いたしますか、この場において。

三浦　承認いたします。（拍手）部長が出席しない場合は、たのまれれば、私、出席いたします。事務局長とか次長に頼めば、私は出てまいりません。

学生　それでは本部の職員を代表して、細谷部長に、三日の大衆団交に出席することを異議ないか、問いたいと思います。いいですか。本部の職員を代表してお願いします。

細谷　異議ありません。出席いたします。（拍手）

処分者の問題

学生　この闘争におけるところの処分の問題に関して、はっきりと理事会の表明を問いたいと思います。われわれの要求はこの闘争においても処分者を一名も全学部から出さない、このことをはっきりと確認したいと思います。（拍手）

　古田会頭が疲労のために倒れる。

学生　古田会頭が現在、健康を医者に診てもらいに行っておりますので、鈴木理事のほうからまず問うていきたいというふうに思います。今度のこの闘争に関して、処分者を一切出さないということを確認したいと思います。

鈴木　学生の問題は各学部の問題です。ですから、私が僭越に、それをやるとかやらないとかということは、ここに申し上げられません。

学生　理事会そのものが、処分者の問題に関してどういうふうに考えているのかということを、はっきりと表明してほしいと思います。

鈴木　私個人は、いまそういうことを考えておりません。

学生　では、出さないということですね。

鈴木　そういう考えです、私個人は。

学生　秋葉理事に問いたいと思います。

秋葉　私は、学部の責任がない理事会の一員として申し上げるのだが、この前、共闘会議のほうに返事を出してあるように、理事会としては、今回の紛争が大学の民主化、近代化という目標のもとになされた行動であるから、できるだけそういうことのないように、ということを（騒然）絶対に、ということは、自分がやることでないのですから、私個人はそういう権限がありませんから、理事会として各学部に要請する、処分者を出さないように要請をする、こういうこと以外は申すことができない。

学生　秋葉理事は、同時に学長もやってるわけですね。

秋葉　学長であっても、教授会の権限に、容喙するということ、希望を言うということはいいでしょうけれども、命令的なことはいえない。私個人とすれば、処分者を出さないように要望する。

学生　斎藤理事にたずねたいと思います。

斎藤　理工学部の現時点では、そんなことは全然考えておりません、処分なんていうことは。

学生　処分者は出さないということですね。

斎藤　そうです。

学生　藤井理事にたずねたいと思います。いないですか。それでは次に鈴木（省）理事に問いたいと思います。

鈴木　理事会の一員としましては、学部、教授会に対して、それぞれ処分者のないように要請したい、こういうような気持ちでおるようですし、私自身もそういう気持ちでおります。

学生　それでは次に、広川工学部長に問いたいと思います。

広川　今度の学内紛争については、処分者は出さないつもりでおります。（拍手）

学生　大塚生産工学部長。

大塚　私は、私の生産工学部に関する限り、絶対に出しません。（拍手）

学生　それではひきつづいて、法学部の高梨部長に問いたいと思います。

高梨　私も絶対にありません。ただし、教授会の権限であることは申し添えておきます。

学生　学部長として出さないということですね。次に川原商学部長代理。

川原　処分者を出さないことが望ましいと思いますが、これは教授会の権限に属します。

学生　個人として、学部長代理として、出すべきでないというふうに答えております。岩崎経済学部学監。

岩崎　処分者を出すというようなことは、そういう不吉なことは好ましいことではありません。個人としては出したくありませんが、しかしこれは私個人でもって、どんなに出したくないといっても、あくまでも教授会という権限を尊重する以上は、教授会の権限に従うわけであります。

学生　では、次は三浦芸術学部学監に問いたいと思います。

三浦　教授会の決定事項でありますが、私としても、出したくないと思っております。

学生　まだ農獣医学部長はまいりませんか。古田会頭と佐々木理事会長はこの場に来ることができませんか。古田会頭と佐々木理事会長の見解を、秋葉理事から代理として受けたいと思います。

秋葉　古田会頭、佐々木理事会長も私と同じ立場にありますので、学部、教授会に対して処分者を出さないように要請する、という考え方にまったく同じでありますから、かわってお答えします。（拍手）

学生　確認します。個人として出すべきでない、そして理事、各学部に対しては処分を出すべきでないという意見を各学部の理事会に申し伝えるということですね。

秋葉　要請するということ。

学生　それでは、古田会頭以下の理事の決定としてこの闘争に関していっさいの処分者を出さないということが、確認されたというふ

うに思います。（拍手）

学生　さきほど報告したように、芸術学部、商学部、生産工学部において、右翼体育会系のヘルメット部隊によってバリケード破壊があったわけですけれども、そのことに関しての、芸術学部からの報告を受けたいと思います。（拍手）

学生　本日、夕方五時頃、黒ヘルメットの右翼体育会系暴力団、五十名から百名の集団が、トラックで芸術学部正門前に押しかけ、バリケードを破壊し、そして校内に乗り込み、警備にあたっていた五名の学友を蹴ちらし、そしてうち女性二名を屋上において後手に縛りあげ、金品を掠奪、各部星に置いてあった私物からも金品の掠奪をおこなった。あとから知らせを聞いてかけつけた七名の学生が、芸術学部の近所の柔道部の部室に連れ込まれ、そこで集団リンチを受けるという事態が起こった。われわれはただちに行動隊を編成して、その柔道部の部室に赴き、七名の学友をわれわれの手に奪還したことを、報告したいと思います。（割れるような拍手）

日大古田反動支配体制が「日本精神」「中道精神」を学則にうたっている、まさにそのことによって、彼らは右翼そのものを養ってきた。その土壌があったということを、われわれ自身はっきりと確認しなければならない。われわれ自身がこの大衆団交の場において、一片の書類でもって要求項目を勝ち取っていったにしても、この日大から暴力団を徹底的に打倒し、放逐し去らない限り、われわれ日大生にとって、真の学園の民主化あるいは自主権の奪還というものはあり得ないということを、はっきりと確認してもらいたいと思います。（拍手）学生の力こそが、はっきりとこれからの日大をつくっていくのだという、そのことを確認してもらいたいと思います。（拍手）

学生　それでは、今日のわれわれの大衆団交の確約、理事会との確約を、文章を読みつつおこなってほしいというように思います。

学生　それでは読みます。

確約書

九月三十日、両国日大講堂で日本大学法人理事会を大学当局の責任者とし、全学共闘会議を学生の唯一の代表責任者とする大衆団交が開催され、別紙のとおり合意をみたので、確約書を相互にとりかわす。この確約書は法人理事会の決定事項として、寄附行為の改正後も、法人理事会が履行する義務をもつことを確認する。

学生代表、日本大学全学共闘会議。

大学法人代表、日本大学法人理事会。

法人理事会と全学共闘会議の大衆団交の全過程に立ち会い、この確約書の内容について承認する必要を認めた。あわせて、この団交において、学部教授会と全学共闘会議との大衆団交が即時もたれなければならないことを確認して、全学部の教授会に提起することを誓約する。

一九六八年十月一日

もうひとつの文書を読みます。

確約

九月三十日、大衆団交の冒頭に確約された大学当局の、これまでの学生自治弾圧の歴史と、具体的事実に関する自己批判の精神にふまえて、学生の民主化闘争のなかで展開されてきた要求項目について、次のとおりの確約を行なった。

第一項、学生自治活動に対する一切の弾圧をやめ、学生の自治権の確立を承認する。

そのために、

イ、学生の自由な自治活動に対する弾圧をやめ、検閲制度を撤廃し、思想、集会、表現の自由を承認し、学則三十一条および学生心得を破棄する。

ロ、学生自治弾圧のために、常設的に配備されていた一切の機構を撤廃すべく、指導委員会制および顧問制を廃止する。自治弾圧教職員の追放に関しては、各学部教授会との学部団交で決定し、即時実行する。本部体育会を解散し、今後一切大学当局は運動部に介入をしない。本日の会頭の宣言によって、本部体育会は解散したものとする。

ハ、完全なる学生自治自主管理運営権のもとに、学生会館を各学部ごとに早急に設立する。

第二項、二十億円のヤミ給与問題について、全学生に誠意をもって全容を明らかにする義務を法人理事会は負う。

そのために、

イ、法人理事会は、二十億円不正事件に関し、学生、父兄の前に謝罪する。

ロ、経理を細密に全面公開し、また今後これを定期化する。

ハ、二十億円ヤミ給与を受け取った教職員を明確にする。その方法は、全学共闘会議の方法によって行なうものとする。

第三項、全理事の総退陣について、個人的には即時退陣する決意を固めたとしながら、全理事の総退陣とするには、なお手続等出席人員に問題があり、ここでは退陣できないとする会頭の意見表明があり、即時総退陣を要求する全共闘との間の懸案事項となっている。

第四項、この団交の継続を、十月三日午後三時両国日大講堂において、理事の総退陣を前提として行なうことを確認した。当然責任者団体は法人理事会と全学共闘会議として、各学部長に出席を要請する。

一九六八年十月一日

それともう一つあります。

確約

本部、経済学部、法学部の両校舎に関する仮処分の執行を解除する申請を、一九六八年十月一日付をもって、東京地方裁判所に提起する。

日本大学法人理事会

以上の文書に古田会頭以下の署名、捺印を求めます。以上をもって今日の大衆団交の、われわれの現実的な獲得ということになるんですけど、現実的にぼくたちが、十月三日全理事あるいは全学部長のもとで大衆団交をおこなうこと、まさにそれが日大闘争の、バリケード闘争の終結の形である。全理事と全学部長が出席した、われわれが獲得する項目の実現化のいっさいの保障をわれわれがかちとることによってしか、バリケードを解くことはあり得ないんだということを、はっきりと確認してもらいたいと思います。（熱烈な拍手）では、いま読みあげた、ぼくたちが今日大衆団交で勝ち取ったものを、ここに署名捺印してもらいたいと思います。理事並びに学部長です。現在古田会頭は休んでいるのであとで捺印してもらいます。

学生　一階の皆さん、静粛にしてください。一階の皆さん、静粛にしてください。

学生　すべての学友諸君はその場所に坐ってほしいと思います。本日のわれわれの闘いの最後を、はっきりしたいと思います。（騒然）ただいま大学当局からの署名を取っておりますので、その後いま起きた事態について説明しますので、すべての学友はその場に座り込んでもらいたいと思います。全学共闘会議より、いま古田会頭が、身体的な理由でここに来られないと、それはいまちょっと肉体的に、ちょっと動かせないということがあるそうですから、代表団がそこへ行ってから、あとで古田会頭の印鑑をもらってまいります。われわれは、今日、文章上においては要求のほとんどを勝ち取った。しかし、これに対する保障なり実現化には、どうすればいいのかというのがいっさい抜きであるということですね。これはぼくたちが七・二〇の評価というものをしなきゃいけないと思うんですよ。あれがーつの文章上の確約でしたけど、それがいっさい無効であった。ぼくたちが五月、六月、七月闘争を展開するなかで、はじめて七・二〇に大衆団交の確約を獲得するといういわば非常に歴史的な成果があったわけなんですけど、それがいっさい無効になる。そういうふうなことをぼくたちは見てきた。ぼくたちは、大学当局を屈服させるとかいう問題じゃなく、まさに自らが、この日大十万の学生が解放されること、疎外されている日本大学をいっさい否定し、ぼくたち自身が解放された日本大学をつくり出していくという保障のもとに、この要求書なり、あるいは全理事の総退陣というものが、確認されなければいけない。

十月三日にはまたどのような事態が起きるかわからない。はっきりいってあるいは今日のような右翼暴力部隊の介入、あるいは大学当局の策謀というものがあるかもしれない。しかしながら、全学共闘会議はそれに対して徹底的に、十月三日あるいはそれ以降も闘っていくということを、ここに断言しておきたいと思います。（拍手）

学生　すべての学友諸君、たしかに本日私たちは、この大衆団交において成果があったかもしれない。しかし、学友諸君、まさにその成果を成果として、みずからの双手のなかにおさめるのは、唯一ぼくたちが闘い抜く、そのことにあるということを、再度はっきりと確認してほしいと考えます。すべての学友諸君、その上に立って、本日古田会頭と取りかわした十月三日大衆団交に、ぼくたちは再度日本大学の十万学生を集め、そしてほんとうに古田理事会を総退陣させる、そのような大衆団交を勝利的に実現しようではありませんか。最後まで絶対にバリケードは解かないし、ぼくたちの武装は解かない。そして闘う決意は絶対にはずさないということを、再度この日大講堂をゆり動かさんばかりの相手で、確認してほしいと考えます。（猛烈な拍手）では最後に、全員立ち上がってシュプレヒコールと、インターナショナルを歌いたいと思います。

学生　シュプレヒコール。――

十・三大衆団交に勝利するぞ！　十・三大衆団交を実現するぞ！　古田体制を打倒するぞ！　最後的な打撃をあたえるぞ！　古田体制を破壊するぞ！　古田体制を粉砕するぞ！　全理事は総退陣せよ！　十月三日大衆団交に出てこい！　十・三団交に勝利するぞ！　古田体制を打倒するぞ！　全共闘は打倒するぞ！　日大十万学生は打倒するぞ！　古田体制打倒！　打倒するぞ！　古田体制を打倒するぞ！　全共闘は闘うぞ！　全共闘は勝利するぞ！　日大闘争に勝利するぞ！　勝利するぞ！　勝利するぞ！

第四章

日大全共闘、現在を語る

法学部一号館における全学総決起集会

おとしまえ

●山本啓　理工学部二年

二〇〇五年秋、初めて参加した「日大930の会」の会場ロビーで、日大全共闘副議長名の書状を有り難く頂いた。その書状の末尾には次のような言葉が記されてあった。

「今後とも、栄えある日大全共闘の一員とし、刻苦勉励奮闘せられたし」

その書状からさかのぼること二年前。私は個人的な思いを綴るホームページ「1968年全共闘だった時代」を開設した。

あの時代から三十五年、故郷に戻り暮らしてきた私は、日大闘争の事は妻以外の誰にも語らなかった。

そんな語らない、語る仲間も居ない長年の反動だろうか、それとも初老期を迎えた黄昏感なのか、あの時代の事を書き留めたい思いがふつふつとほとばしり出てきた。

偶々、五十を過ぎて頭が割れる思いで習得させられたWEB制作技術が、天に向かって思いを吐き出す格好のツールとなった。

私は四国の田舎から日大に進学した、おのぼりさんで東京での人間関係は皆無。理闘委（理工学部闘争委員会）のバリケード生活で得た仲間は多かったが、他学部に知り合いの仲間はいなかった。それがなんというめぐりあわせか、そのホームページを通じて、法学部、経済学部、文理学部、芸術学部、農獣医学部と、瞬く間に多くの仲間を得た。知り合った仲間は日大に留まらず、同志社、明治、中央、早稲田、東洋、明治学院、立命館、埼玉大、山形大、それに東大。三十数年を経て、私個人で全国連帯をやっているような気分になってくる。

農闘委（農獣医学部闘争委員会）のネット仲間からは「お前さんのサイトは日大全共闘のポータルサイト化している」との評を頂いた。その評価は余りに高すぎるので「ポータルなんてとんでもない、検索すると引っかかる単なるアドバルーン・サイトですよ」と恥じ入るばかり。当時、一面識も無かったことなど、何の障害にもならない。会えば、年来旧知の友のように手を握り合い、笑顔を交わし、時には涙も流す。書状は、その事に対しての仲間からの激励と感謝の気持ちだった思うし、嬉しかった。

最近、知り合った他大学の全共闘だった方のメッセージにこういうのが有った。

「私たちのかけがえのない体験と蓄積を後の世界に還元することで、かつて世の中を騒がせたことに、落とし前をつけ、ささやかな恩返しをすること」この言い回しには、共感できるところと共感できないところが、重なっている。私にとって日大闘争とは、単純におかしいことをおかしいと言い、その道理が通らぬ大学に、そして社会に、譲らず「異議申し立て」をし続けた生き様だった。

一九六八年、世田谷の文理学部キャンパスから御茶の水の理工学部に移行し、晴れて二年生になった。私には将来教職に就きたいという夢が有り、四月から教職課程を履修していた。闘争がはじまった頃、私は余り関心を持っていなかった。法学部や経済学部で起きていることも他人事の一般学生だった。

六月、理工学部一号館で教職課程必須の憲法の講義を受けていた時、教室の窓にデモの歓声が飛び込んできた。「また中大（中央大学）の学生がデモしている…」位な気持で、窓から見下ろしていた。近づいてくる集団の旗を見たとき「日大」の文字が目に入った。

先進的とは言えなかった一般学生の私も、クラスでの討論会に出た。クラスは、ほぼ全員出席していた。田舎出の私は、都会育ちの多かったクラスの中でそれまで発言した事もなかったし、親しい友人もいなかった。しかし、クラス幹事の経過報告を聞き、無性に腹がたった。我慢できず初めて立って、震え声で「ストライキは賛成で、やるべきだ」という内容の発言をした。

七月五日の理工学部全学集会でスト権が確立し、七月八日にストライキに入った。その日が、それまでの私と、それ以後の私の分かれ目の日だった。ちなみにストライキに反対だったクラス幹事Y君も「俺はストライキには反対だが、多数決で決まった事には反対しない」という立場をとりストライキに参加した。彼はクラスの逮捕第一号であり、「俺は全学連じゃない、全学連と左翼は大々嫌いだ」と右翼を自称してはばからず、そのくせ闘争の最後まで戦闘的に闘った最強の行動隊員である。

理工学部一号館にバリケードが築かれた。それまでの経過を見てきた一般学生の私にも、大多数の学友にも、それは極めて当然の手段だった。体育会の学生や右翼学生にびくついてものが言えなかった私たちの砦であった。バリケードは団結の象徴であり、実際に友情と団結を培う場だった。

何度目かに参加したデモで機動隊に顔面を殴られ前歯をへし折られた。ヘルメットも角材も持たず、歩道をデモする私の顔を鉄亜鈴の入っている腕で一撃してきた。他学部では右翼の襲撃が度重なっていた。小心な私も、やがてヘルメットを被り、角材を持つのに多少のためらいと時間を要したが、その事に抵抗はなかった。

宮澤博君とはバリケードのなかで出逢った。メガネを掛けて小柄で、真面目を判で押したような性格だった。デモではいつも隊列の最前列におり、デモ指揮も取っていた。デモでは指揮者が真っ先に狙われるため一番やばいポジションだった。

六月、経済学部での集会の時、体育会の学生と衝突があった。その時、彼は放水で水浸しになった経済学部の一室で、背中を一撃され、気を失って水に浮くように倒れていた。六月といえば理工学部はザワザワしていたが、私たち「一般学生」は騒いでおらず他人事としか見ていない時期だった。そんな時期に彼は、駿河台から三崎町に出かけ体育会系学生と渡り合い重傷を負っていたのだ。

生前、宮澤君から聞いた話では「二度目の突入の時、破れた窓から校舎に突っ込んだ。後ろから学友が続いてくると信じて突入したが、振り向くと一緒に入ったのは経済学部の学友だけだった。前も後ろも体育会系の学生に取り囲まれた。小競り合いしていたが背後からの一撃で意識がかすれた、その後は殆ど記憶が無い。朦朧とした意識の中で、自分が水の中に浮かんでいるような記憶がかすかにある。意識が戻ったのは病院。何箇所も骨折し、縫い合わされた傷口は七針まで数えたが後は数えるのを止めた。一緒に袋叩きにあった経済の学友の消息は知らない」というものだった。

その話を聞くまで、そんな壮絶な体験をしているとは、彼の物静かな印象からは想像もつかなかった。彼はどんな時も勇猛であった。小柄な体の何処からあんな迫力が出てくるのか、アジ演説も上手く、彼の演説には皆「異議なし」と呼応した。「奴等（右翼・体育会）は根性がなかった。相手は圧倒的に多数、こちらは私と経済の学友のたった二人だけなのに正面から殴りかかってきた奴は一人も居なかった。結局、後ろからの一撃でやられたが、正面切って襲ってくる奴は一人もいなかった」。

私は、亡き友のこの言葉のなかに日大闘争の、そして、日大全共闘の全てが込められていると思った。

一抹の恐怖もあったがバリケード生活は楽しかった。しかし、それまで生きてきた延長線上でのささやかな「夢」は遠のき、薄らぐばかりだった。それでも頑として「異議申し立て」を取り下げなかったのは、生きるうえでの道理を捨てるわけにいかなかったからだ。それは思想や主義などと呼ばれる高尚なもの

ではない、単純に人として生きる道理だ。だからこそボロボロに敗れ、放り出されても、利口に、上手に、整理できるものではなかった。

私にとって〝落とし前〟とは、私個人の生き様の中でしか〝落とせない〟ことと思って、今まで生きて来た。そういう意味では今更社会に〝落とし前〟をつけるという発想は私には出てこない。

数ある全共闘の中には「大学解体」とスローガンを叫んだ方々もいるのだが、悲しいかな、日大全共闘にとって日大とは解体するに値するほどのものではなく、「解体」という言葉はおこがましく、また恥ずかしくもあった。

結局、大学は何も変わらず残り、代わりにボロボロに解体された如き自分がいたのが正直な現実だった。他大学とは違い間違っても日大は、闘争を止めれば帰れる大学ではなかった。皆それぞれの思いを背負い大学を追われた。それ以後、その時背負った何かを何時も感じてこの四十年を生きてきた。それが何なのか上手く説明できないが、自分が背負える以上の何かを日大闘争で背負ってしまったとも感じている。今後もその荷物を降ろさず生きていく、いや降ろしたくとも降ろせないだろう荷物を背負って生きていく、それが私にとっての〝落とし前〟でもある。

今年四月、芸闘委や文闘委の学友と三名で、秋田議長のもとを訪れた。秋田さんを訪ねた動機は幾つか有る。あれから四十年が経過し、皆も老いさらばえ、ここ数年で相次いで仲間が先立っている。一号館のバリケードで寝食を共にし、そこを追い出され後、中大、明大と一緒に転々とし、最後は杉並区桃井のアパートで一緒に暮らした理工二闘委行動隊長の宮澤君もその一人だ。

今後、時と共に多くの仲間を欠いていくだろうが、それは私も含め自然の摂理として止められないことだ。生きているうちにもう一度仲間に会いたい、会っておきたいと思う心が沸いてくるのも自然な気持ちだと思う。私等のような体験をしてきた者は、尚更その思いが強いと思う。

昨年九月に開かれた「日大９３０の会」でそんな思いを叶えようという声が出された。そしてその声は「やるなら全国動員の集いだ」と一気に収斂していく。秋田さんを訪ねた動機の一つは、その集いに「議長」は絶対外せないという同志の圧倒的な声を受けての行動だった。

最近、秋田さんは週刊誌や月刊誌など幾つかのマスコミに登場している。秋田さんはマスコミのインタビューでは多くを語らない、朴訥な語り口と相まって、本当に多言を要しない。結果的に取材した側のイメージでその姿が勝手に作られていく。その描かれた姿やイメージに切ない思いをしていたのは私だけではないと思う。マスコミで流される秋田さんではなく、「私等の秋田さん」に会いたい、そんな切ない思いも有った。

一九六八年の秋も深まった時期からだろうか、理工学部一号館バリケード内で秋田さんの姿を頻繁に見るようになった。議長の身辺が不穏になり、堅牢なバリケードの理工学部一号館に疎開していたのだと思う。私もその時期は殆ど欠かさず一号館に寝泊りしており、バリケードの警護や食対（食料対策）など一兵卒の任務に励んでいた。外に出歩けない秋田さんの為に何度か食事を作って差し上げた記憶がある。

「秋田さん、スパゲッティのミートソース作ってあげたこと憶えていますか？」そりゃ～無理だ、そんな事憶えている訳がないと思ったが、私と秋田さんを繋ぐ大切な、大切な思い出を語った。当然、秋田さんは、しばし首をかしげたまま。じっと私の顔を見入った。二十歳の頃の姿と、還暦を迎えるこの白髪親爺とイメージが重なるのはとても無理な話と思ったが、私は秋田さんにただ思い出を伝えたかっただけだ。しかし、思いがけない一言が、秋田さんの口から飛び出した。

「そう云えば、何か…、面影が…」

その一言で十分だった。胸の中に熱いものがこみ上げ、後は涙だった。秋田さんは、誰もが知るように朴訥で、決してお世辞を言う方ではない。私は言葉通り有り難く受け止めた。そして、秋田さんの深い皺が刻まれた顔、作業着のゴマ塩頭を見ていて、とうとう我慢できずに秋田さんに問い掛けた。「全共闘は好き放題やって、社会に出たら高度成長経済を支えるモーレツ社員、と巷で揶揄され、そんな誇りを受けているけど、それは違いますよね…」そんな悔しい思いが、一瞬頭の中を巡り、秋田さんに聞いてもらいたくて、つい口をついて出てきた。それは、地元で少し前まで付き合っていた四、五歳年下の知人が、自分のブログで「全共闘の連中は懐古趣味で、年金額を計算しながら、いろいろのたまわっていますが…」と全共闘を揶揄するような記事をアップしたからだ。目ざとくその記事を見つけた私は、頭に血が舞い上がった。その後も、私のホームページの写真を勝手にブログに貼り付け「写真のような極左集団も衰退いたしました」と悪意に満ちた注釈をつけた。それまで一緒に市民活動もしてきた。それなりの信頼はあったのだが、ネットでのその軽薄な物言いが我慢できなかった。リアルな会話であれば許しもしたろうが、公共のツールでもあるブログに、軽い気持ちでそれを書くという行為は絶対に許せなかった。それ以後、彼とは付き合いを止めた。

私の場合は、除籍や退学ではなかったが、留年した七一年五月の連休明け、予告も無く突然卒業証書が郵送で送られてきた。面倒な奴は熨斗をつけて全部放り出してしまえ、それが私の学科の方針だったのだろうか。とにかく放り出された。その後、仲間と共同生活をしながら、東京で一年程、今で云うフリーターをしたが、自分なりの区切りをつけることもあって皆と別れ故郷に戻った。地元で就職し、一労働者として真面目に実直に仕事をしてきた。後の世代に誇られる様なモーレツ社員や人を蹴落とす競争してきた憶えは無い。

日大闘争で行き着いた社会に対する「異議申し立て」、その事に恥じる人生をしてきた憶えも無い。

三年前の年の瀬、招かれたとある会合で東大列品館に立て篭もったという山形大生にお会いした。「僕、人生の負け組です」作業服にゴツゴツした手を差し出しながら、そう言った。負け組という挨拶とは裏腹に、その顔は満面の笑みで親愛の情にあふれていた。彼のそんな思いは、私個人で無く、日大全共闘だった全ての仲間に向いていたのだろう。彼の姿が、眼の前の秋田さんとダブった。

昨年十一月、大病院の白い壁の部屋でベッドに横たわる宮澤君が私にこう言った。

「オイラの人生、ハチャメチャだったよ。ハッハッハッ…」バリケードを追われてからも、宮澤君はけっして闘争を止めることはしなかった。病の床についた今、人生に未練がなかったと云えば嘘になると思う、かつて彼にも彼なりの夢があったと思う。彼もその夢を自分の手で潰し、ほんとうに不器用に生きてきた。

　十数年前のある夜、残業する私の職場に珍しく彼から電話が入ったことがある。

「今な、オイラ屋久島にいるんだ」、「向こうは全部整理してこちらに移ってきた」、「ここには職安がないので、仕事を探すため週一で種子島に通っている」彼のそれまでの複雑な闘争の事情は知っていた、全てを整理して屋久島に移った事情も薄々分かっていた。「それで…、生活の目途はあるのか？」私もつい心配で聞いてみたのだが、返ってきた応えは、

「やかましい、オイラの人生、一度だって目途なんぞついたこと無い」私はただただ受話器に向かって最敬礼するだけだった。病床で「ハッハッハッ」と明るく笑い飛ばす声が、今でも私の頭にこびり付いている。

　かつての時代を上手に整理し、器用に生きてきた方々には宮澤君の、そして私等の不器用な人生とその思いは決して分からないだろう。

　宮澤君は昨年の夏に屋久島を離れ、生まれ故郷の関東の大病院に移っている。屋久島では彼の病に十分な医療が受けられなかったためだ。大病院に移ってから、彼の病状を知った多くの仲間が病室を幾度となく尋ねた。それから数度、大手術を経たが皆の願いも空しく、病状は良くならず、十一月頃には止む無く治療を断念した。

「誤解を恐れずに云うと俺はな、近代医学を断念したのではない」、「反主流派を弾圧してきた今の近代医学主流派をこちらから見限ったのだ」心配していたら、ある夜、彼から電話が掛かってきた。宮澤君らしい階級的視点の現状分析と説教をとうとうと受けた。そして、宮澤君は最後にこう言った。「オイラ、（あれから）四十年近く生きてて良かったよ、皆にこんなにして貰えてさ」

　年が明けた一月十七日、バリケードを去っても、闘うことを止めなかった理工二闘委行動隊長宮澤君は私らを残して先立った。

「骨は屋久島の海に撒いてくれ」が、宮澤君の遺言だった。宮澤君のところへ行くのは遥か先、とは言い切れない歳に仲間の皆がなっている。

　この数年、多くの仲間と再会を果たした。皆が同じ様に四十年、かつての思いを絶やさず薄めず持ち続けていることを知った。上手に時代を整理できず、不器用に生きてきた奴ばかりだ。私のかつての〝落とし前〟とは、今までと同じ様に変わらず不器用に、背負った荷物を降ろさず、仲間と同じように生き続けていくことだ。

　皆、命ある限りあの時代のように、しつこくしたたかに生きていこうぜ。

私の日大闘争

● JUN 農獣医学部二年

それ以前

高校時代から社会人山岳会に所属し、山一筋の生活（年間八十日近く山に行っていた）を送っていた私は一九六七年十月羽田闘争で山崎君が亡くなった時も山に入っていた。

街頭でヘルメットを被りゲバ棒を振るう学生達を、「自分に熱中するものが無い気の毒な人達」とすら感じていた。

そもそも勉強が好きで大学に入ったわけではなく、山に登る為の有利な環境作り→獣医の資格を得る→牧畜の盛んなスイスに渡り獣医をしながらアルプスの壁を登る、といった、今から考えると極めて短絡的な発想からだった。当時の獣医は四年制であり卒業後国家試験で取得した資格は、海外では通用しないということすら知らなかった。

一九六八年『白きたおやかな峰』（北杜夫作）の映画化の話があって、「ロケでヒンズークシュ山脈（アフガニスタン）に行くが、ボッカ要員で参加しないか？　アゴ・アシ付きだ」と山岳会の先輩から誘われ、担任教授のところに一年間休学の相談に行ったりして迷っていた頃、例の使途不明金問題が報じられた。

一年生の時（一九六七年）の三茶祭で、学部祭実行委員会企画の「米価問題についての五大政党討論会」が許可にならなかった――共産党が来るのはダメという理由で？――あたりから大学当局の姿勢に不満を持っていたが、この使途不明金事件には本当に腹が立った。獣医学科の場合募集八十名のところ留年組も含めると一学年二〇〇名超、語学や専門科目の授業でさえ一〇〇名以上のクラス編成だった。

こうした教育環境のウラで　授業料が二十億円以上も訳の分からない使い方をされていたなんて、怒らない方がおかしい……。

始まり

クラスの総務委員を務めていた私は、頻繁に開かれるようになった総務委員会への出席や、クラス討論の呼び掛け等で忙しくなった。五月の連休明け頃からだと思う。クラス会を開くには担任教授の許可を必要とするが、議題が「使途不明金」では許可にならず、「授業態度について」のような議題で許可を取っていた。その中で話題が使途不明金に触れると、立会いの担任から「今日はそういう議題ではないので止めなさい」とクレームが付き　呼び出されてネチネチと「忠告」を受けた。

だが、こうした状況も、全学的な盛り上がり――五月二十七日全学共闘会議の結成――を背景にした五月三十一日農獣医学部学生会の「最後まで闘う」という宣言と無届集会決行によって終止符が打たれた。授業開始時に「先生、クラス討論をやりたいと思うので時間を下さい」と言うと「それでは…」と帰っていってしまう。また、この頃から農獣医学部学生会は、他学部で開かれる全学集会にも参加するようになった。五月三十一日文理学部、六月四日経済学部前、そしてあの六月十一日経済学部前、「大衆団交要求全学総決起集会」。

六・一一決起集会には、農獣医から数百人が参加している。経済学部前の路上に座り込んで集会を開いていた他学部の仲間達に合流してまもなく、頭上から石・ビン・折りたたみ椅子・机等が投げ落とされ混乱状態に陥った。農獣医の部隊はとりあえず三崎町の交差点まで避難する。大学当局の意を受け、全共闘の集会を妨害するために体育会系の学生集団が襲ってきたのだ。やがて五十名位だったと思うがヘルメットをかぶった全共闘の突撃隊が反撃を開始した。この中には農獣医の学生は含まれていなかったと記憶している。経済学部前の路上から校舎の中に突入を図るが、上からは廊下に設置してある鉄製のゴミ箱・灰皿・陸上競技の砲丸等も投げ落とされ、更には消火栓のホースを使った放水もあったりして、血まみれになった仲間達が続出した。三崎町の交差点で口々に抗議する学生達の前に登場したのは警官隊だった。ほとんどの学生は、警官隊が校舎に立てこもった体育会系の学生集団を排除しに来たのだと思い拍手をして迎えた。だが何をする訳でもない、校舎に背を向け、抗議する学生の方を向いて立っている。なんか様子がおかしいとみんなが思い始めた頃、警官隊は全共闘側の学生達の排除を開始。我々は校歌を歌って抗議した。

この後の経緯については全く記憶がない。農獣医の部隊は、法学部のバリケード構築には参加していないと思う。

一方農獣医学部では、六月七日第一回、六月十三日第二回、六月十五日第三回、六月十八日第四回と公開説明会が開かれ、多くの学生が前年新築された本館大講堂に集まったが　大学当局に納得のいく説明など出来るわけも無く、ついに六月十九日に予定されていた第五回公開説明会は一方的に中止された。

六月中旬頃からだと思うが、私の知らないところで「農獣医学部ストライキ実行委員会」のようなものが動き始めていた。経済・法・文理・商・芸と各学部が次々とスト突入して行くなかで、農獣医学部学生会は公開説明会を重ねるだけ。イラダチを感じている学生は私だけではなかったはずで、そうした「影のグループ」のウワサは静かに広まっていた。

十九日の公開説明会中止後は、その場で学生会総会に切り換えられ　ストライキに入るか否かの討論になった。スト反対の意見は非常に少なく、ストに入ることを前提に、学生にとって重要なことなので三分の二以上の賛成でという動議、さらに四分の三以上でという動議も出された。決をとった結果四分の三案が通ったと思う。「これじゃぁスト権確立は無理だな」と思ったことを憶えている。ところが結果は二五〇〇対三〇〇（この数字は全共闘情報部だった仲間の記憶）でスト権を確立、六月二十二日に最後の公開説明会を要求し、それが拒否されたらストライキに突入することを決議した。

バリケードストライキ突入

二十二日の朝は、父親のバッグを借りそれに若干の着替えと岩登り用のヘルメットを入れ、「しばらく帰れないと思うから」と母親に告げて家を出た。何があってもこの日にスト突入するという「影のグループ」の方針が伝わって来ていたからだ。

公開説明会は拒否され、学生総会では、あっけないほど簡単に「ストライキの形態はバリケードストライキとする」ことが決議（二五〇〇対二〇〇同前）された。すぐにバリケード作りの作業に入ったが、段ボール箱にギッシリ詰まったヘルメット・針金等の準備がシッカリ用意されていたのには感心した。「影のグループ」で活動された方々に、是非真相を明らかにしていただきたいと思っている。

役割分担で、獣医学科は一号館の封鎖を担当したのだと思う。一号館地下には食堂があり、その経営者が退去準備をしていたが我々にこう言った。「入らないでくれと言っても　君達はシャッターを壊して入るだろう。厨房の機器の使い方を教えるから使っていい。壊さないようにしてくれ」

そして食材についても、「これは早く使った方がいい。これは保存が利くのでゆっくりでも大丈夫だ」とも言ってくれた。それがキッカケで、泊まり込みの学生の多かった七月下旬頃まで、食対をやることになる。最も多かった時で七〇〇人位が泊まっていた。

警視総監賞

バリケード封鎖された農獣医学部裏門で、体育会系右翼集団の襲撃に備え警備中の仲間達三人が、すぐ向かいにあったガソリンスタンドに侵入したドロボウを発見したのは、七月五日未明。四人組の賊を追いかけ、内二人を取り押さえ、駆けつけた世田谷署員に引き渡した。

通報したのが誰だったかは不明だが、この「活躍」で仲間三人は警視総監賞を貰ってしまった。日大全共闘に結集する学生達が、まだ反体制とか反権力だとかの意識をほとんど持っていなかった闘争初期の出来事だった。

警視総監賞は逮捕された時、一回に限りそれを帳消しにする効力を持っていると当時、噂されていたが、あの三人はその恩恵に与かったのだろうか？

闘争委員会委員長の失踪

学生会執行部とその特別委員会としての中央闘争委員会、この二本立てでの闘争主導がうまく機能しなくなり、七月九日頃開かれた学生総会で農獣医学部闘争委員会が闘争に関する一切の権限を担うことが確認された。そして、農闘委のもとに各学科の闘争委員会が結集すると。これ以降泊り込み学生が参加し毎夜開かれる全体会議で、全ての事柄が決定されるようになる。そんな中で農闘委委員長に就任した獣医学科二年のS（同級生ということになる）が行方不明になった。そして委員長不在の状態は、拓殖学科二年の最首君が選任されるまで、約一ヶ月続いた。

S委員長は獣医学科公衆衛生研究室（通称六研）に所属しており、その研究室の細谷英夫教授（この細谷は日大本部学生部長だった）に地方の牧場に実習の名目で「トバサレタ」というのが後日判明した真相である。

鉄パイプ

体育会系の学生集団の襲撃からバリケードを守るための武器として、夏のある日、鉄パイプが持ち込まれた。前年の羽田闘争あたりから、いわゆる反日共系全学連はヘルメット・ゲバ棒（角材）・石等でささやかな武装をすることになるが、農闘委にはバリケード防衛のためのゲバ棒が不足していた。それを憂いた拓殖学科闘争委のU先輩らが、ヘルメットと共に建築現場にあった鉄パイプを無断借用して来たのだった。この鉄パイプ、法経仮処分後の奪還闘争では、対機動隊用として街頭に登場する。恐らく、学生の闘争としては初めての登場ではなかろうか。鉄パイプをアスファルトに打ち付ける音は、ゲバ棒のそれの数段上の威圧力があったが、実戦には役に立たなかった。その鉄パイプが、ビル建築で使われる電気か設備の配管用のものだったからだ。機動隊とわたりあった仲間の話では、一撃するとクニャッと曲がってしまったそうだ。

疎開授業阻止闘争

日大闘争は、九月「激動の十日間」での完全勝利、九月三十日の大衆団交での「勝利」、十月一日佐藤首相の「大衆団交は人民裁判であり、認められない」発言と経過する中で、闘う者の意識や願望とは関係なく、佐藤自民党政府との対決、いうなれば権力総体への闘争へとならざるを得なくなる。敵側からの攻撃が一一・八芸術学部への関東軍襲撃、それを口実とした機動隊導入だったし、それが発展的に機能しなかったけれども闘う側からの提起としてあったのが、全国の闘う学友との結合を目指した「一一・二二日大・東大闘争勝利全国学生総決起集会」（東大安田講堂前）だったと、私は理解している。

こうした闘争の質の転換は、全学共闘会議に結集する仲間達の「ブレ」を生んでゆく。そこまでは出来ないとバリケードを去る仲間がいたことは事実だ。

そうした中で、十二月下旬頃から大学当局は、四年生を卒業させるために学外授業＝疎開授業を各地で強行していく。農闘委では、福島・矢吹の畜産学科と伊豆・須崎の獣医学科の疎開授業粉砕闘争に主力部隊を投入した。

私が参加した須崎町での闘いは、延べ三〇名以上で約三週間展開された。偵察部隊からの情報を受けて、十二月二十七日、テント・寝袋・毛布・自炊道具・食料・謄写印刷器・ヘルメット・トランジスタメガホンなどを背に須崎町に乗り込んだ。二〇〇五年メキシコで客死された笠置華一郎（食品工学四年）さんを隊長にひとつ手前の駅を降りた部隊は、闇にまぎれて海岸沿いを進み、途中、洞窟で仮眠した後、早朝恵比寿島にテントを設営。まるでゲバラのようだと笑ったものだ。さっそく疎開授業の会場である廃校になった小学校に向かい四年生に討論を呼びかけた。農闘委出現にあわてた教授達は、四年生に「民宿待機、自主学習」を命じる。これに対して、農闘委は民宿を回って四年生オルグ、町内でのデモと町民を対象とした日大闘争への理解を訴えたビラ配り等の活動を行った。こうした闘いは、指名手配を受けていた農闘委H書記長の逮捕や参加した仲間への私服デカの張り付きといった弾圧に抗して、翌一九六九年一月十六日まで行われる。その間、ずっと四年生の民宿待機は続き、疎開授業はほとんど行われなかったにもかかわらず、教授会はレポート提出で単位を与え、もちろん卒業論文など無しで卒業させていった。このなりふり構わぬ大学側に対して、四年生有志（四年生連絡協議会）は、「問題は何一つ解決されていないし中身のない疎開授業で卒業するわけには行かない」として、「留年宣言」を発した。

バリケード撤去・授業再開・後退戦

農獣医学部のバリケードは一九六九年二月十一日の入学試験の前日、機動隊導入によって撤去された。以後、三月二十八日デッチ上げ学部集会での「授業をやりながら学園の民主化を行う」宣言採択、五月中旬の下馬校舎での授業再開へと、「秩序回復」の動きが加速していく。バリケードを追い出された時点で「こりゃもう卒業は無理だな」と腹をくくり、飯の食いっぱぐれを防ぐためにとりあえず運転免許を取得した。七月の再バリ闘争以降、学部は完全なアウシュビッツ体制となり、通門証を持たない学生は学部に近づくことも不可能となる。三・二八集会を踏まえ、「授業をやりながら民主化」案に賛同し、授業妨害はしない、ヘルメット・ゲバ棒は持ち込まない等の誓約書を提出しないと、通門証は発行されない。自分達の学年の授業再開の動きは、七月か八月になってからだったと思うが「授業をやりながら民主化」がそもそも無理だったから、バリケードストライキに突入したのに、そして古田体制は延命を続けているのに、誓約書なぞ書けるわけはない。わずか八ヶ月前に、卒業を熱望する四年生に、「あんたら、自分だけ卒業すればそれでいいのか！　日大を良くしたいという六月のあの思いは忘れたのか！　疎開授業をボイコットして最後まで闘おうよ！」と叫んだ自分としては　誓約書の提出は問題外だった。

　下馬の校舎に近づくことが出来ないまま、六九年一〇・二一国際反戦デーの闘争で逮捕・起訴され、七〇年十一月中旬保釈。翌七一年六月、内容証明便で退学処分通知が届く。弁護士さんに相談に行ったが「今の状況では勝ち目は無い。止めた方がいい」とのことで、訴訟は起こさなかった。

　保釈以降は、自分の裁判をやりながら一九六九年十二月「全共闘寄りの発言をした」との理由で大学当局に不当解雇された畜産学科小林忠太郎講師の裁判闘争の支援、「土田邸・日石ビル地下郵便局爆破・ピース缶爆弾」デッチ上げ事件の裁判闘争――これには農闘委のメンバーが含まれていた――、また文理学部や経済学部の仲間達が標的にされた「警視総監公舎爆破未遂」デッチ上げ事件裁判等に一九八三年か八四年頃まで係わった。長く続いた後退戦、あるいは敗戦処理だった。どの闘いもマイナスをプラスに転じることは出来なかったと思う。零に戻すことが、いわば闘いの目標だったのかも知れない。それからの二十年余りは、一〇・一佐藤発言で見えてしまった「世の中の仕組み」から極力外れる生活を続けた。と言っても、税金は支払ってきたが……。

あしたのために――その一――

二〇〇五年、かつて共に闘った仲間達と『再会』を果たすことが出来た。もちろん他学部の仲間のほとんどとは、当時同じ場所に居たことはあったとしても、顔も名前も知らなかったわけだが、私にとっては約三十五年振りの『再会』そのものだった。その仲間達との語らいの中で、日大全共闘の闘いの記録を次の世代に残してゆく作業が進行中であることを知った。アッチ側の連中が「忘れたい・忘れさせたい」、あるいは捻じ曲げて伝えようとしている我々の闘いを、正しく若い世代に伝えたいという仲間達の思いに共感し、その作業の一部を引き受けた。そして二〇〇六年、農獣医学部闘争委員会HPを開設。

　生活面では、年金、格差の拡大、ワーキング・プアなど、地球的には、環境やエネルギーなど、深刻な問題の解決が一向に進まない今の社会のあり方を変えるために、日大全共闘の様な大衆的実力闘争、そういう闘い方も〝あり〟なんだ、選択肢の一つなのだ、ということを伝えていきたいと思う。合法とか非合法とかはアッチ側が決めること。〝やられたらやりかえす〟が日大全共闘のやり方だ。もっとも、そういう状況になった時は、「危ないサイト」はアクセス禁止になってしまうだろうが……。

それでも前へ、わが終りなき闘い

●山崎晴久　芸術学部二年（ラッパの大将）

闘いの終焉

私はボロボロになった己の亡骸を引きずりながら、あての無い旅に出た。接近する台風に急きたてられるように。

ヒッチハイクで車を乗り継ぎながら北を目指す。ようやく辿り着いた恐山に登っても、現在はもちろん、過去も未来も見えてこない。余りにみすぼらしかったのか、牛乳屋がカンパをしてくれた。

遥かに見えるのは、あれが北の大地なのか。靴を履き潰し、車に拾ってもらいながら、ひたすら海岸線を進む。帯広の行けども行けども曲がり角のない道を、川に捨てられズブ濡れになった仔猫のように、トボトボと歩く。

夕方、土建屋のＪＥＥＰに拾ってもらう。

「昨日この先で熊に襲われた者がいる」

「！」そのまま近くの無料温泉まで送ってもらい、大枚、三千円を貰う。

知床をまわり、サロマ湖を越え、北の最果てに辿り着く。利尻と礼文島に渡る。

一日一食。平均移動距離五十キロ。ついに資金は尽きる。北海道の冬は早い。深く傷ついた心を癒すことも、我が身を処すこともできずに、日本海を下る。

北の大地を一周する彷徨のなかで私の闘争は終った。

一九七〇年十一月二十五日。東京へ向かって国道二号線を走行していた。四日市付近だったろうか。海はどす黒く澱み、あたりを異臭が漂っている。窓を閉め、何気なくラジオのスイッチを入れた。緊迫したアナウンサーの声が車内に流れた。

「作家の三島由紀夫氏が割腹自殺を図ったようです…」

雷に打たれたような衝撃が背骨を貫いた。体が硬直し、どうやって路肩に車を止めたかわからないほど呆然としていた。

「三島由紀夫VS.東大全共闘」が脳裏に浮かんだ。

一人で乗り込んだ勇気には敬意を表するが、東大に行ったのは間違いだった。天皇制を否定されるのは火を見るより明らかだ。

もし、日大に来ていれば、議論はかみ合い、憤死せずに済んだであろう。

追い討ちをかけるように「連合赤軍」事件が起きる。戦意は完全に喪失した。

目覚めの時

故郷へ還された日々、多くの資格を取得した。これはバリケードで学んだ「自主講座」の賜物だ。学費を出してくれた両親に、卒業できなかったことを詫びる気持ちと、学歴が幅をきかす俗世を一撃する意味もあった。

六年間に公害防止主任管理者や潜水士など二十を越える資格を取得。最大の理解者と結婚し、守るものができ、むき出しの闘争本能は昇華され、深い眠りに付いた。余ったエネルギーはさらなる資格取得と趣味で発散していった。

ある日、幼馴染みから涙ながらの訴えがあった。「住民の意向を無視した建物が立つ。どうしても我慢が出来ない」

しかし、アジビラを配る人手もない。お上に楯突く事ができない超保守的な土地柄なので、新聞の折込み広告で意見広告を出した。

異端派の議員に依頼して、議会請願と署名活動を展開。結果は理事者と業者、そして共産党までもが結託して、潰されてしまった。

その後、隣町で第三セクター移行反対運動が起こり、噂を聞きつけた住民から「実技指導」の依頼がきた。議員が関与しているので百条委員会の設置を仕掛ける。しかし、百条と百十条の違いすらわからない「議員」どもが相手だ。結果は腰砕けになる。

別の隣町では、町長が逮捕された。腹が立ったので仕事着と長靴のまま議長室に怒鳴り込んだ。年老いた議長は震え上がった。今度は「町民大会」を開き、行政と議会を追及。二百名以上の参加があったが、またしても町民は動かず…。

落ち込んでいたところに、愛妻が新聞の切抜きを持ってきた。「プロジェクト猪」の全共闘白書のアンケートだった。これを契機に、一九九五年九月三十日、第一回930同窓会から呼びかけがあり、出席した。

七学部四十一名の出席。映画「日大闘争の記録」をはじめて観る。「死者よ来たりて我が退路を断て」(芸斗委のバリケード生活を撮った記録映画)の存在も知った。二十七年の時空を越え、一瞬、往時のゲバルト・モードになる。話は尽きず、同志の家で明け方まで話し込む。滾る想いとお礼を込めて「一九九五・十・二一全共斗各位」を書いた。

二〇〇四年。政府の無為無策の結果、財政破綻を回避するため「平成の大合併」が強行された。我が町も例外でなく、五つの町村が合併に動く。そして、合併の特例で三万人足らずの町に議員がなんと七十三人という異様な状況が出現した。

この時も突然だった。「こんな議員数は必要ない。辞めさせたい」聞けば、彼はすでに議会に自主解散を求めたが、対応の悪さに激怒していた。私は直接請求手続きを提案した。ところが役所に議会解散請求の書式が無い。時間が無いので私が書式を創る。議員リコールを経験した隣の市に住む知人に問い合わせる。「潰されるかもしれない」と警戒して代表七名を選出したが、署名簿提出の前日に最後の一人も陥落、涙を飲んだということだった。

逆算すれば、暮の多忙な時期に一ヶ月で約八千人の署名が必要なのだ。しかもスタッフは十人にも満たない、はなから無謀な試みだ。

私は彼に「最後の最後まで闘うか」と問い詰めた。

「やる！」

はじめてみると、受任者の中に裏切り者がいて、議員と内通、情報を漏らす。それを知った代表者が「辞める」と言い出した。しかし、そんなことは全共斗でとっくに経験済み。深夜まで「活動者会議」を行なう。リコールという最終防衛ラインを守るため、私が前線指揮をとり、九千人を超える署名を提出する。だが、議会は全議員で対象七百十九人分のうち三百九十四人分の名簿をチェック。わずか百四人分が届かないため、リコールは不可能になった。まるで一九六八年九月三十日のデジャヴーだった。

この経緯を経斗委（経済学部闘争委員会）の同志に報告したら、「ラッパの証拠写真を見つけた」と言われた。教えられたＨＰ「１９６８年全共闘だった時代」にアクセスする。投石の写真だった。故郷に辿り着いたような気持で、連日の書き込み。失われた記憶を呼び起こす。

闘いの日々

日大全共斗を東大全共闘がこれほど感動的に描写したのは「安田講堂 1968-1969」（島泰三著）がはじめてだと、同志たちが評価する。私も読んでそう思う。日大全共斗は東大全共闘の「理解できず、頭痛のするような論理展開」に驚嘆したが、東大全共闘は日大全共斗の「想像を超え、立ちくらみするような行動力」に感動を覚えたのかもしれない。しかし、島さんは芸斗委（芸術学部闘争委員会）を過大評価していると思われるので、等身大のありのままを告白しよう。

一九六八年五月、いつものように「日大生」らしく学生服を身にまとい登校した。

狭い中庭が騒々しい。桜の木の下で、強い風に吹き飛ばされそうになりながら、一人の学生がハンドマイクを握りしめ、なにかを訴えていた。私はその姿を横目で見ながら、教室へ向かった。彼がなにを訴えているのか、まるで興味はなかったし、聞いてもいなかった。あとでわかったことだが、演説をしていた学生は芸斗委の委員長となるＭ君だった。

ほどなく、神田で「騒ぎ」があったという噂を耳にした。私が所属する写真学科でも、闘争に関る学生たちが動き始めていた。デモや集会の写真を構内に掲示したところ、教授会が禁止したといって、先輩が憤っていた。この怒りには率直に同意できた。

「表現の自由がなくて、なにが芸術学部か！」私のなかにも苛立ちが生まれ始めていた。

ちょうどその頃、友人から「今度、経済学部で集会があるらしい。行こうぜ」と誘いがかかった。水中カメラマンを目指していたから、陸地の出来事にあまり関心はなかったが、報道写真を撮るのも「勉強のひとつ」と考え、同行することにした。

私が神田三崎町の経済学部に始めて行ったその日が運命の六・一一。

その日見た光景は衝撃だった。ロッカーや椅子、消火器、砲丸投げの鉄球、ありとあらゆるものが降ってきた。直撃をうけ血を流すもの、立ち上がり校舎に突撃する者、周りは大混乱に陥った。この瞬間、大学当局に雇われた連中は敵になった。拍手でむかえた機動隊は、あろうことか非道を訴える我々を排除し逮捕した。私は本能的に国家権力の本質を嗅ぎ分けた。もし、六・一一の惨状を目撃していなかったら、私はM君を殴り飛ばし、間違いなくスト破りに加担していただろう。天下御免の「単ゲバ」を自認する私だが、はじめから行動隊だったわけではない。写真学科、映画学科、放送学科の学友たちと闘争を記録する「闘う記録隊」の一員だった。

八月のある日、この日も神田で機動隊との激しい街頭闘争があった。愛用のＮｉｋｏｎを抱えて走り回った。その夜、暗室にこもりフィルムを現像した。赤いランプの下で現像液に浸した印画紙から画像がしだいに浮かびあがってくる。そこには逮捕した学友を投石よけの楯としている機動隊の醜い姿が鮮明に写っていた。

「卑怯なやつらだ」

抑えようのない怒りがこみあげてきた。その日からカメラを投げ捨て、行動隊となった。

街頭闘争ではいつも機動隊に一番近い位置にいた。しかし、それは望んだ位置ではない。私の定位置は最後尾の「殿」である。これ以上さがってはならない地点を想定し、最終防衛ラインを設定していた。

私が最前線にいるのは、先頭集団が崩れ後退した時だ。最終防衛ラインを死守するためには、最前線に立つしかない。だからいつもゲバルトをしていることになる。狙いはジュラルミンの楯に隠れている隊員ではない。後ろで「学生諸君、君たちのやっている行為は…」と偉そうに命令している指揮官だ。そこまで投石を届かすには、前に出るしかない。「ウルセ〜、馬鹿ヤロー」と渾身の力で投げる。このままでは逮捕されると、何度も後方の隊列にひきもどされたが、投石が届かなければさらに前に出た。

ラッパを吹き始めたのはいつからだったか記憶にない。だが、九月四日から十二日までの法・経奪還闘争の時、経斗委の同志が、吹き鳴らされるラッパの音色を聞いたという。

ラッパは後輩からのプレゼントだった。口金がちょっと潰れていたのを譲り受けたらしい。当時、デモ指揮はホイッスルを首からぶら下げていた。そのホイッスル代わりにラッパを吹けということだった。それ以後、ラッパはファッションとして、お守りとして、また隊列がばらばらになった時の目印として、私の躰の一部となった。

私のことを「左翼」だと誤解している人がいる。確かに関東軍や機動隊と死闘を演じた。

しかし、それは正当防衛の結果に過ぎない。だから私は、大学当局に雇われ、六・一一や十一・八に襲ってきた連中を決して「右翼」とは呼ばない。

日大闘争を百姓一揆に例える者もいるが、どちらかと言えば、私は心情的に五・一五や二・二六事件に連なる青年将校に近い。一時期、「青年日本の歌」を平成維新の歌として「革命歌」にしようと思ったほどである。もっとも、音楽的センスがないので無謀な試みで終ったが…。

親父殿の著書によれば、遠祖は「河野伊賀守。源平の合戦で功をたて、戦勝の地名をもって姓を山﨑と改めた」そうだ。また「山﨑源太左衛門尉。本能寺の変で主君を失い、土佐の国に入る」とも記してある。だから「大和魂」は重んじても、「舶来の赤色思想」は馴染まない。オルグのためにバリケードにやってきたセクトの連中を見つけ出し「お前は全学連か？赤は帰れ」と怒鳴りつけたこともある。これはなにも芸斗委だけに限ったことではなく、ほかの学部でも起きた現象だ。思うに、日大闘争の凄さは、本来、思想的に右である者までが起ち上がらざるを得なかった、政官財の癒着という深い闇を引き出したところにあるのではないか。

十一・八。いつもの長い活動者会議が終わり、眠りに落ちた時、「関東軍」の急襲を受けた。二階の「侍所」（行動隊の詰所）が持ち場だが、上から「散弾銃だ！」と叫び声が挙がった。屋上に駆けのぼると、新館との間に「関東軍」が蠢いている。ガスの臭いがした。後で聞くと四階の最後の扉まで攻め込まれ、ロビン隊長とM委員長が必死の防戦。ガス・ボンベの栓を開き「火をつけるぞ！」と自爆覚悟で叫んだためらしい。バリケードを構築してまもない頃、芸術学部に機動隊が導入されるという情報が飛び込んできた。その時、活動者会議で投石の大きさを論議した。機動隊といえども、人間だからなるべく傷を負わないような大きさに限定しようというのだ。長い討論の後、こぶし大までならいいが、それ以上は投げてはいけないと決議された。しかし、「関東軍」との闘いでは、投げる石の大きさなどにかまってはいられない。負けたらどのような仕打ちをされることか。だから、手当たりしだい投げ続けた。

十一・一二。「関東軍」の襲撃を強制捜査の名目に機動隊が導入された。この日、たまたま「暗室」にいた私は逮捕をまぬがれたが、行動隊の主力は逮捕され、芸斗委もバリケードもボロボロの状態になってしまった。それでも「生まれ変わった故郷」であり「我が家」のバリケードを守るためには、闘い続けるしかなかった。怒りと鼻をつく強い催涙ガスのなか、涙で目を腫らしながらバリケードを再構築した。いつの間にか眠っていた。

十一・二二。安田講堂前にて「東大・日大闘争勝利全国学生総決起大会」が開かれる。壊滅的打撃を受けた芸斗委は、幾重もの機動隊の阻止線を破ってようやく到着。轟き渡る万雷の拍手のなか、大地が割れるように我々は迎え入れられた。言葉にならない波動で包まれ、全身が鳥肌たち、足が宙を舞う。自由に飛び回る分子が結合し、核融合反応を引き起こしたようだ。革命的情況とはこのようなことなのだろうか。

六九年一・一八、一九の闘い

「安田講堂が機動隊に包囲され攻撃されている」と情報が入る。「関東軍」に襲われ、ギリギリのところで同志に救われ、東大全共闘に連帯表明した私としては、一刻も早く駆けつけたかった。しかし、作戦会議は長引いた。「死者よ来たりて我が退路を断て」によると、いつの間にか寝込んでしまったらしい。ようやく出撃。機動隊は「鶴翼」の陣形で道を塞ぐ。先頭のデモ隊が引き返す。最後尾の我々は怯まず進む。「撃てぇー!」。指揮官の命令で機動隊から発射された催涙弾が、空中を揺れながら、顔面めがけて飛んでくる。それをゲバ棒で叩き落し、素早く投げ返す。

「撃てぇー!」「バーン」「バシッ」「ビューン」…。何度も繰り返すうち、自ら撃ったガス弾を投げ返され、機動隊の隊列が崩れてくる。こちらはタオルの下に催涙ガスを中和するレモンを貼りつけている。出撃前、レモンを配ってくれた救対のゲバルト・ローザ達も一緒に闘っているのだ。愛と根性が違う。一瞬の隙を突き、突撃する。敗走する機動隊。散乱するヘルメットや楯、投石防止用ネット。山積された「戦利品」の数々…。

神田・御茶の水に解放区を創るが、バリケードのため逆にそれ以上進めなくなる。

作戦ミス…? セクトの思惑…? 七〇年安保の捨石…?

そんなことよりも現場の指揮官として、連帯の挨拶をした同志として、安田講堂に辿り着けなかったのは、今なお痛恨の極みである。

四百日を越える激しい闘争のなかで千六百名を越える同志が逮捕され、負傷した同志も数多くいた。殺害された同志もいる。心身ともに深く傷ついた同志が、今でも苦しみを引きずっている。純粋であればあるほど、その痛みは辛く、そして重い。私は、同志が一人でも多く戦列に復帰するまで、行動隊長を続ける。

ゲ・バリトピア

六・一九。芸術学部はストライキに突入し、バリケードが構

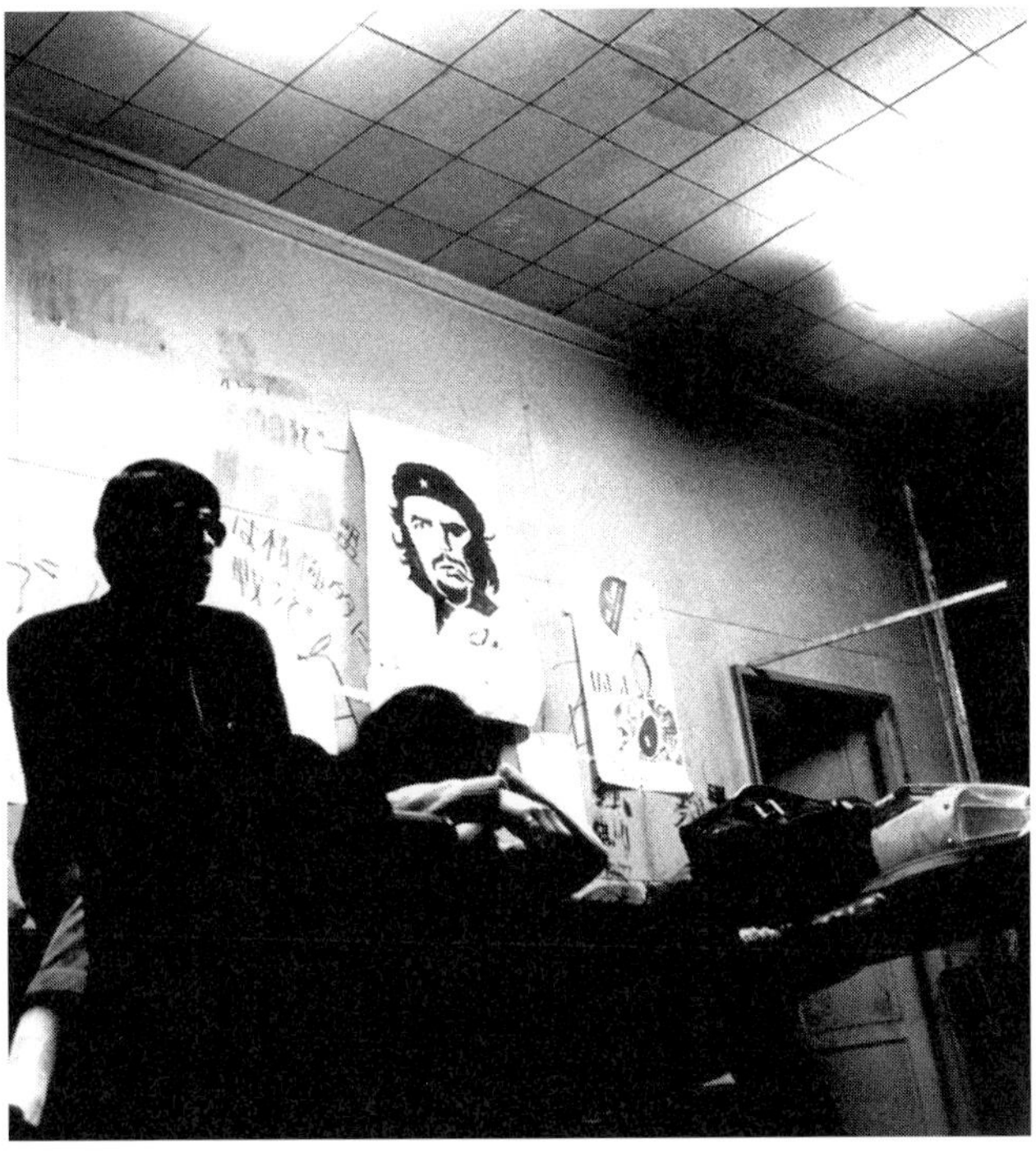

築された。それまでの下宿は「暗室」と化し、この日からバリケードのなかで二百日を越える生活が始まる。バリケードのなかに風呂までつくり、校舎の屋上で野菜づくりに励んだりもしたらしい。たぶん、家庭菜園と同じ感覚だったのだろう。だから、私にとってバリケードは「砦」であると同時に「家」でもあった。芸斗委のバリケードは一風変わっていて、オブジェと呼ぶにふさわしいものだった。バリケード構築隊と称する一団が、いつも増築と改築をかさねていた。朝、狭い通路をくぐり、夕方、デモと集会から帰ってくると、朝にはあったはずの警備小屋が、別の場所に移築されていたりする。闘う意識を具現化するようにオブジェ型バリケードが成長し、そのなかで生活する我々も、日々の闘いとともに変貌をとげていった。

東大に行った時、机が積んであるので「これはなんだ」と聞いたら「バリケードです」と言う。「こがいなもんで役に立つのか、番線で縛らんかい」私は思わず激怒してしまったが、バリケードについての意識の違いを見せつけられた気がする。その後、律儀な日大全共斗の「工兵隊」は、番線だけでなく、生コンを流し込み、二、三時間で突破出来るだろうと言われていた安田講堂の正面玄関を完全に塞ぎ、陥落するまで機動隊を阻止し続けた。

東大に限らず、ほかの大学のバリケードは、いわゆるお約束事の「結界」に過ぎない。

しかし、日大全共斗のバリケードは外敵から身を守る「城砦」であった。西洋の歴史はともかく、日本の歴史には城壁をめぐらし、そのなかで人々が生活するという例はそう多くない。「城砦」のなかで「自己否定」から「自己に内在する小なる宇宙との交信」で「再生」を行なう場として、「支えあう多様な生態系」を創り上げ、直接参加の理想に近い社会＝ゲ・バリトピアを二百日以上も維持してきた。

闘いという非日常が日常になり、学園闘争が終わった後も、全共斗運動は、勝手連や草の根の市民運動に受継がれていった。この観点から、もういちどバリケードのもつ意味を追究してもいいのではないか。

若者たちよ、起ち上がれ

自己の存在に確信を持てず、漠然とした不安を抱く若者達よ。一個の歯車なのか?家畜であることに気づいたら自ら立ち上がれ。私はやらずに後悔するより、やって失敗する方を選ぶ。一度きりの自分だけの人生。誰も責任は取ってくれない。全て「自己責任」だ。

今、死力を尽さずして、何時、死力を尽くすのだ。人間は損得で動くものではない。

ご先祖や子孫、何よりも自分自身に恥じない生き方をしようではないか。

『世に生を得るは事を為すにあり。
死ぬときは、たとえどぶの中でも前向きに倒れて死ね。』
（坂本龍馬）

●日大闘争が残してくれたもの

入江育代　文理学部二年

あれから四〇年がたったいま、私にとって、日大闘争に関わったことはもっとも大切な宝物となっています。いまいる場で日々真剣に生き、おかしなことがあれば見過ごすのではなく、勇気を出して異議申し立てをする、そういう生きかたを私は学びました。

一九六七年、私は日大文理学部に入学しました。幼児教育に関心をもっていたため、サークルは「児童文化研究会」を選びました。都内の公園や児童館などで行われるさまざまな催しに参加したり、地方の僻地をまわって人形劇を上演したりと、活動は充実したものでした。しかし、与えられた部室はとても狭くて部員が集まることもできないほどです。しかたなく、教室を使っていましたが、極端な体育会優遇の体質にはつねづね不満をいだいていました。

六八年、日大闘争が勃発すると、クラスやサークルで話し合いが積み重ねられ、ごく自然な流れで集会やデモに参加するようになったのです。

当時はウーマンリブの運動が活発になっており、女子のあいだで「男女差別の撤廃」「女性の自立」ということがよく議論されました。とくに明大や中央大の人たちが積極的に活動していました。聞くところによれば、芸術学部で「女は炊事班」という提案がなされ、猛烈な抗議にあって男子たちが平謝りに謝って撤回したといいます。しかし、少なくとも私自身は、女であるがゆえに一人前扱いされなかったり、差別されたりしたという記憶がありません。文理の女子は、食事の準備やガリ切り、印刷、旗作りなど、それぞれ得意な分野で活動していました。私は料理が好きだったのでよく炊事をしていましたが、男子がやることもあり、そういうことをとくに意識したことはありませんでした。

このような文理のなかでも、一度、大きな問題が起こりました。「隊列から女子をはずす」というのです。日大闘争では、機動隊とのぶつかり合いはもちろん、それ以上に危険な右翼・体育会との衝突が頻発していました。退却するときなど、動きの遅い女子を放って置いていくわけにはいかないので、必死になってひきずっていきます。たしかに「足手まとい」になるのですが、それでも多くの女子学生はこの提案に反発し、とうとう撤回させてしまったのです。

日大の男性はみな優しい人たちばかりでした。東大や早稲田の学生のなかには理論を振り回すタイプの人が多かったと思いますが、日大の人たちは素朴で、ごく普通の感覚の持ち主でした。

議長の秋田さんは、厳しい情勢のなかで周りがカリカリしたり、怒りっぽくなっているようなときでも、けっして落ち着きを失わず、女性たちにもねぎらいの言葉をかけてくれました。書記長の田村さんも、そういう人でした。食事を作ったとき、周りの人たちに先に食べさせ、自分はいつも後回しにしていたことをよく覚えています。

私自身は体力的に自信がなかったせいもあって、むしろ「裏方」の活動が中心となっていました。デモで逮捕者が出るようになると、「救援対策」の仕事を引き受けるようになりました。逮捕者といっても、はじめのころはせいぜい「二泊三日」といったところだったのですが、逮捕された当人も、私たちも大変なショックを受けました。なにも悪いことをしていないのに警察は弾圧する、単純に正義の味方だと思っていた警察がです。とくに女子の場合、機動隊は卑劣な手を使いました。後ろから襲いかかってきて、胸をギュッとつかむというのです。誇りや自尊心を挫こうとする実にいやらしいやり口です。

逮捕された仲間たちは動揺します。取調べのなかでこわくなったり、駆けつけた親の説得で、闘争から気持ちが離れていってしまう人も出てきます。こうなると、わたしたち救対と親と、どっちが先に警察へ駆けつけるかの競争みたいになりました。

闘争が激化してくると、それだけ逮捕者も増えてきました。六八年の秋ごろからは勾留期間も長くされ、救対の仕事はますます忙しくなっていきました。そういうなかで、街頭闘争はむりだけど救対ならできると言って、三〇人ほどの女子がいっしょに活動してくれたことはとても有り難かったと思っています。

警察に差し入れに行くと、住所・氏名を書かなくてはなりません。とにかく闘争をつぶしたい権力側は、じつに卑劣な手を使いました。親のところに電話をしてきて、「おたくのお嬢さんはこういうことをしているんですが、知ってますか？　まずいんじゃありませんか」などと言います。私の父は「あなたにとやかく言われる筋合いはない」と言って、何度も突っぱねてくれました。

また、逮捕された学友の親が「身元引き受け」のために上京してきたときなど、私の実家に泊まっていただいたこともたびたびありました。両親の理解があってのことですが、上京してきた親たちも、恨みがましいことは誰一人言いませんでした。いっしょに警察へ行ったときも、「お世話になりました」とか「ご迷惑をおかけしました」などと言って頭を下げた親は一人もいませんでした。それはじつに見事でした。さすがだと思いました。

私たちの闘いは親たちをはじめ、多くの人々に支えられていたのです。

六九年に入ると、大学当局、右翼・体育会、警察権力一体となった反撃が強化されました。授業再開へ向けて、なりふりかまわぬ攻撃をしかけてきたのです。

文理でもついにバリケードが壊され、私たちは追い出されましたが、そこでひるんではいませんでした。すぐに実力で奪還する闘いにたちあがり、再びバリケードを構築したのです。私もこの闘いに参加していましたが、このときの感動によって私のなかで確かに何かが変わりました。「闘いの確信」のようなものが生まれたのです。

それ以前にも、お茶の水界隈での地鳴りのするような圧倒的なデモや、一一・二二の日大・東大集会への参加など、深い感動を覚えたできごとはいくつもありましたが、やはり私にとっては、バリケード奪還の闘いがその後の人生に決定的な影響を及ぼしました。

しかし当局は、ふたたび文理学部に機動隊を導入してロックアウト体制を敷き、四月以降、力ずくで授業を再開します。私たちは粘り強く教室を回って、一つ一つ授業をつぶしていきました。もちろん、当局が配置した警備員や体育会系による暴力的な弾圧は日に日に強化され、怪我人を出す事態も起こりましたが、ひるまず私たちは闘いつづけたのでした。

一九七一年、私は「めでたく?」卒業しました。

女性の自立をたすけられるような仕事に就きたいと考えていましたが、やがて品川区立の保育園に就職することができました。もともと幼児教育に関心がありましたし、女が子どもを産んでも働き続けられる社会を願っていたからです。

当時、公立の保育園にはさまざまな問題点がありました。母親たちのなかには、五時で仕事が終わらず残業になる人たちも

いましたし、休日出勤もありました。品川区は東京のなかでも保育行政に積極的な姿勢をもっており、私たちの運動もあって、延長保育や休日保育など、都内でもいち早く実現していきました。

ところが、保守区政になり、長期にわたって同じ区長が君臨するようになると、しだいに独裁的な傾向を強めていったのです。区議会も逆らえないという状態になっていきました。同時に、財政建て直しの一環として人件費の削減をおしすすめ、保育園の現場もしだいに派遣職員が多くなっていくのです。

このような情況の変化があり、個人的な事情もあって、六年ほどまえ、私は二七年間勤めた品川区を早期退職することにしました。

そこで思いがけないことが起こったのです。

それまで長年続いてきた「早期退職優遇制度（退職金の割り増し）」を区長が一方的に撤廃すると言ってきたのです。ほかの二十二区では問題になったことがなかったのに。

私たちとしては到底、納得できる話ではないので、組合にも相談しながら「闘い」を開始しました。いくら交渉しても埒が明かないので、原告六人で裁判を起こすことになりました。なんとしても、区長を証人席にひきずりだしたいと思ったからです。

しかし、さまざまな事情で区長を証人に呼ぶことはできず、その区長は裁判の途中で亡くなってしまいました。裁判そのものも、昨年、最高裁で敗訴が確定しました。でも私はやってよかったと思っています。日大闘争経験者のなかで原告席に座った人は、そんなにはいないでしょう。

あれから四〇年。女子の仲間たちの多くは、その後も公害問題や基地問題、生協運動など、地域の住民運動を地道につづけてきました。高齢者医療の問題が深刻になってきた最近では、仕事を辞めてケースワーカーの資格をとって活躍している人もいます。男子のみなさんはどうでしょうか。

まだ保育園で働いているころ、職場の若い後輩や、趣味を通じた新たな友人たちに、何度か日大闘争のことを話したことがありました。みなさん、興味深げに話を聞いてくれました。やはり、私たちは、あの闘いを語り継いでいく必要があるのではないでしょうか。それだけの価値のある闘いだったと今でも思っています。

なぜ負けた？　一度は勝った正義の日大闘争

●後藤臣彦　経済学部四年

日大全共闘のなかで、早大闘争（一九六五年）と日大闘争（一九六八年）のふたつの闘争を経験しているのは、おれだけだろうと思う。

甲府一高（山梨県立甲府第一高校）を卒業した当初は理系志望だったが、半年間くらい経って、どうも理系には向いていないと悟った。そこで文系志望に切り換え、あらためて受験したのが早稲田の文学部と日大の経済学部。どちらも合格通知をもらったが、日大の入学金納期が早稲田の発表より早かったので、おやじには申しわけなかったが、両方とも払ってもらうことになった。

ひとまず早稲田に籍を置いたが、入学金を払ってしまったのなら、もったいないというわけで、日大にも通うことにした。都内の下宿は早稲田から歩いて二、三分の距離。だから、もっぱら早稲田通いが中心だが、ときには日大にも顔を出し、とりあえず必要な単位だけは取った。

早稲田で所属したのは雄弁会。当時は学生を百五十名もかかえる学内屈指の大勢力だった。ところが、授業料値上げをめぐって早稲田闘争がはじまると、雄弁会も無縁じゃいられない。左派と右派にわかれて、幹事長ポストをめぐる争奪戦をくりひろげた。もちろん、おれは左派だった。

早稲田闘争が終息すると、なんとも不徹底な運動だったという不満がのこり、そんな思いのなかで、日大にも目をむけていった。

早稲田では雄弁会左派のおれだったが、日大経済学部では社会科学研究会（社研）が気に入って入会した。秋田明大と知りあったのはその頃だ。秋田は高校時代ラグビー部だったから、もともとの気質は運動部といっていい。ただ、性格は昔も今も素直で朴訥。それにちょっと不器用なとこがある。とにかく極めつけ無垢なところがじつにいい。

その秋田を社研に勧誘したのは、このおれだ。

「秋田よ、スポーツに熱中するのもいいが、ちょっとは世のなかの動きを学んでみないか。世のなかを知るには社研がいちばんだ」と口説いた。

やがて日大の様子がわかるにつれ、ここはひどい所だと思った。でっかいビルの中に大勢の学生がつめこまれていたし、図書館なんかも貧弱だった。

一九六七年の「四・二〇事件」でもわかるように、学生が自治を唱え、学園民主化をこころみると、決まって体育会や応援団が立ち塞がり、暴力をふるう。論争には自信があるけど体力勝負じゃかなわない。これはまずい、なんとかせねばと思いついたのが、秋田を社研の委員長に据えることだった。秋田ならラグビーで鍛えた頑健な体をもっている。秋田が先頭に立てば、こちらも体力的には負けることはないだろう。そう考えたわけだ。

「至らない点はおれたちが補ってやるから、おまえ、委員長をやれ」と言って、おれが引導をわたした。まず社研の委員長に就いてもらい、ついで三崎祭（学園祭）の実行委員長に推戴した。

「四・二〇事件」では、体育会や応援団の学生に一方的に殴打された学生会（自治会）の執行部が全員処分された。暴力事件の被害者が処分され、加害者の体育会や応援団は一切お咎めなし。こんなバカな話があるかと、無性に腹が立った。

学部当局の処分で、事実上、執行部は存在しなくなった。だが、闘いをやめるわけにはいかない。執行部が不在でも、存在するものとして、学生委員会が中心になって学生会を運営していった。学生の民主的な手続で選ばれた執行部への処分や干渉は認めないという意思を鮮明にしたわけだ。

この間、暫定執行部だの委員長代行だのと当局とつるんだ策動もあったが、おれは学生委員会の議長団に名乗りをあげ、仲間といっしょにことごとく粉砕していった。

ところが、ひとつだけ困った問題が生じた。それは三崎祭の実行委員長を誰にするかだ。実行委員長は執行部の委員長が兼任するのが、それまでの慣例だった。しかし、藤原嶺雄委員長は無期停学中。誰を委員長にするかと見まわしたとき、またしても「おっ、秋田がいるじゃないか」となった。

このとき、実行委員長になったことで、秋田の運命はほぼ決まったといっていい。実行委員長になるということは、暗黙のうちに藤原委員長の後継者になることを意味していたからだ。日大闘争の前哨戦とでもいうべき闘いのなかで、秋田は学生会の委員長になり、半年後には日大全共闘の議長となった。

早稲田闘争を経験した「勘」とでもいうのか、使途不明金が報じられたとき、これはただじゃ済まないという予兆を感じた。

それまでも鬱積した学生の憤懣はあったが、学生の自治とか学園民主化をいくら呼びかけても、そんな建前の理想論だけじゃなかなか決起してくれない。だが、使途不明金となると切実な問題だ。これは「ひょっとすると大爆発するぞ」と触れまわって、急遽、使途不明金糾弾の路線に転換した。

全共闘でのおれの役目はもっぱら裏方だった。逮捕された仲間の救援対策や弁護団との連絡、日大ＯＢへの支援要請や闘い方の相談など。だから、経闘委のほかでおれのことを知っているのは、せいぜい工闘委（工学部闘争委員会・郡山）と農闘委（農獣医学部闘争委員会）の連中くらいだったろう。

それでも神田警察署はよく調べていて、おれの手配書みたいなものを配っていた。たまり場だったウニタ書店の裏にあった喫茶店に顔を出すと、ママが「後藤さん、こんなものが出まわっているよ」と言って、その紙を見せてくれた。そこには、おれの顔写真が載っていて、おまけに髭を生やしたとき、短髪にしたときの写真二枚が載せてある。あれにはまいったね。逮捕状が出ていたわけでもなかったのに。手配書のようなものは秋田とおれの二種類だった。秋田は新聞やテレビで顔が割れてい

るから、そのまま積み重ねてあったが、おれのほうは半分くらいに減っていた。

そのせいかどうかわからないが、ある日、バリケードを出て三崎町界隈を歩いているとき、突然、うしろから声をかけられた。

「後藤さんですか？」と聞くから、思わず「はい」と返事をしながら振りむくと、いきなりボコボコに殴られて袋叩きだ。相手は五～六人だった。体育会か応援団のやつらだ。きっとおれを狙っていたんだと思う。

そのあとのことだと思うが、護身用の短い鉄の棒をだいぶ調達して下宿に置いてあった。

ところが、おれの留守に刑事がやってきて、下宿の主人に部屋を見せてくれと言ったらしい。その人は明治生まれの気骨のあるおばあちゃんで、礼状がないのなら見せるわけにはいかないと追い返してくれたという。

実を言うと、裏方に徹したのには理由があった。親戚に裁判官がいて、「おまえが逮捕されると彼のキャリアに瑕がつく。だから、逮捕されるような真似だけはするな」と、おやじから厳しく言いわたされていたからだ。闘争がはじまって間もなく、おやじからは「授業がないなら、帰ってきて仕事を手伝え」と何度も言われ、やがて仕送りも止められてしまった。

ちょうどそんなとき、大日本印刷につとめていた先輩から、輪転機二台の人員手配をしないかと、ありがたい話が舞いこんできた。板橋にある印刷屋の二台の輪転機で電話帳を刷った。その頃、東京都の電話帳は刷っても刷っても間にあわない状態だった。

作業は一台につき六人のアルバイトが要る。つごう十二人のバイトを集めなければいけない。それが二十四時間三交代だから計三十六人になる。おれと同様に仕送りをとめられた学生がバリケードのなかにはゴマンといた。かたっぱしから声をかけ三十六人集めては、せっせと印刷所に送りこんだ。というより、実際は、喫茶店「エンプレス」のママが人員配置表をつくり、電話番もこなし、ほとんどをやってくれた。

仕事が順調にいったのは、ママのおかげと言うべきだろう。「エンプレス」のママにはありがとうと言いたいが、その「エンプレス」も今はなくなってしまった。実にさみしい限りだ。言ってみれば、おれは手配師みたいなものだ。もちろん、バイト料はきちんと払った。ただし、ひとり五〇〇円の闘争カンパはしっかり徴収した。

電話帳の印刷はじつにいい稼ぎになった。毎月、五十万円がおれの懐にはいる。そこから保釈金だとか救対関連の費用を捻出していった。いわば闘争資金の金庫番だ。もっとも、ときにはバイトの学生たちに美味い飯をふるまい、闘争への英気を養ったりして、ちゃんと気配りも欠かさなかった。

今振りかえってみても、日大闘争は、勝てる闘いではなかったのかという思いがつよい。一度はまさに勝ったのだ。勝てる闘いで勝てなかったという悔いが、今なお胸の奥底にのこっている。

日大講堂にあふれかえる学生たちの大歓声と紙吹雪のなか、大衆団交で古田重二良会頭はじめ全理事の総退陣と理事会に学生代表と職員代表を参加させる、民主的な大学運営が誓約された。

しかし、その翌日、「これは社会問題だ。人民裁判だ」という佐藤総理の発言で、古田は居直ってしまった。あの発言の直後、われわれは大きな行動を起こすべきだった。

佐藤発言の反社会性と不当性、そして学生の正義の叫びを、直接、全都・全国の学生や国民に訴えて、首相官邸を包囲し、国会議事堂を取り囲むデモを組織すべきだった。国民の支援と共感を得て、まず佐藤発言を撤回させ、もういちど古田会頭を大衆団交の場に呼び戻す。そして勝つ。バリケードの中でそう教えてくれたのは、山谷解放同盟の人たちだった。学生だけでなく市民・労働者も加わったおおきな国民運動になれば、西条巡査部長の死にこじつけて出された秋田たちへの不当な逮捕状も吹き飛んだはずだ。

実際、おれはそう力説してまわった。法闘委（法学部闘争委員会）からも文闘委（文理学部闘争委員会）からも、おれの意見に同調する声があがった。その動きを見て、おれはこれで全共闘の方針が決まると思った。

今思えば、最後の詰めが甘かったのかもしれない。ちょっと油断をして、電話帳の印刷や輪転機の人員手配にかまけてしまった。

その間に、セクト（党派）からのつよい働きかけもあったのだろうと思う。書記長の田村正敏だけを責めるわけにはいかないが、気がついたときは、一一・二二の東大全共闘との連帯に傾いてしまっていた。もちろん、東大全共闘との連帯もわるくはない。だが、それは佐藤発言を糾弾する国民運動を組織した後でもよかったのではないか。

日大闘争は勝利すべきだった。それなのに、あの正義の闘いはなぜ敗北したのか。おれは四十年経った今でも、その無念さを忘れることができない。

おやじを補佐していた従兄が「やはりおまえが家業を継がなきゃ」と言いだし、甲府にもどったのが一九七〇年の頃だ。「大学解体」を叫んだおれが卒業なんかするはずがないだろう。

家業を継ぐといっても、いきなり役員なんて身分じゃない。力仕事の倉庫番からのスタートだ。それまで懐に五十万円いれていたのが、一気に月給三、四万円になってしまった。

最初の一年間は、同僚との腕相撲で誰ひとり勝てなかったが、二年目は誰にも負けないほどつよくなっていた。

同僚はみんな、おれが闘争をやっていたのは知っていた。だから、浅間山荘事件のとき、「後藤さん、仲間が援けを待っていますよ。駆けつけなくていいんですか」なんてからかわれたこともあった。おれは、武装闘争は支持しない。でも、知人や友人から救援会に顔を出せという声がよくかかってきた。

偽ドル事件だったかな。カンボジアで逮捕され、裁判で無罪になったものの、その後、日本に送還された「よど号」赤軍派の田中義三（二〇〇七年死亡）というやつがいた。面識はなかったが、知人に頼まれてあいつの救援活動にも関ったりした。だけど、ほんとにセクトの連中は料簡がせまい。

あるとき、六〇年安保闘争の闘士たちが一同に会す集会があって、ちょっとのぞいて見たら、ささいな言葉の違いで旧三派系とそれ以前の連中が反目している。そこで若輩者のおれがしゃしゃり出て、「言葉の違いはひとまず置いて、もっと大局を見て将来を語り合いましょう。大切なのはヴ・ナロード（人民のなかへ）と世界連邦構想じゃないんですか」と仲介の労をとったほどだ。

そういうのを見ると、やっぱり日大全共闘はいいな。おれと秋田は別に言葉をかわさなくたって、ちゃんと意思が通じる。

おれが結婚するとき、披露宴に秋田を呼んだ。いくら若者だけの披露宴といっても、一応、みんな礼服くらいは着てくる。甲府じゃ、それが常識だ。ところが、わざわざ東京からやってきた秋田はジーパン姿。服装なんかまったく頓着しない。そして、ボソボソ言いながら、新聞紙の包みをさしだした。開いて見ると、なかに鶴と亀の彫刻がはいっている。亀は石を彫ったもので、鶴は木彫。これが中国製の代物でどう見ても孔雀にしか見えない。

秋田にすれば、精一杯の祝意をこめたつもりさ。こういう飾り気のないところが、あいつらしくていい。その彫刻は今でも居間の茶箪笥に飾ってある。思い出の品だからだ。

秋田が田舎に帰るとなったとき、呉までつきそっていった。秋田のおやじさんとお兄さんは船舶の修理工場をやっていた。お母さんがこれまたやさしい性格のひとだった。呉には秋田のお姉さんの嫁ぎ先もあって、薬局と化粧品店を営んでいた。きれいなお姉さんだった。秋田はいい家族に恵まれていると思った。

一週間ほど居候をさせてもらいながら、ふたりで海にでかけては、毎日、のんびりと釣りをして過ごした。キスが釣れたが、天麩羅にしてもらうと驚くほど小さくなったのを思い出す。東京にいるときは、いろいろな思惑がからんで、動かされたようなところもあったが、郷里にもどって平穏をとりもどしたのだろう。すこしずつ表情が明るくなっていくように思えた。やっぱり秋田には瀬戸内の島暮らしのほうが性に合っているのかもしれない。

その後、JC（青年会議所）の副理事長をつとめたり、投票日の一ヶ月前に甲府市長選に出馬したり、おれもいろいろ経験をつんできたが、結局のところ、行きついたのは石橋湛山と遠山正瑛の思想力と行動力だった。湛山の平和と民権をめざす理想の高さ、一貫してぶれのない姿勢、深い洞察力、自由主義に対する確信…。

湛山は、満州を占領した日本に対して「なぜ、そのような小さな利益に動くのか。もっと大欲をかけ。大欲とはなにか。それはすなわち満州を中国に返還し和睦せよ。日本に帰って来い。持てる技術力でつくったすばらしい商品を中国全土に売り込め。アジアに、そして全世界に。貿易立国こそが大欲である。大日本である必要はない。小日本でけっこうだ」と吼えた。

東アジアに位置する日本は、まずアジアとの友好を深め、アメリカやロシア、西欧とも仲良くやっていく。湛山の覇権なき東アジア共同体構想はEC、EUに先行していた。福沢諭吉の「脱亜入欧」とは一線を画していた。これが湛山の脱「脱亜入欧」の思想だ。戦前から、植民地主義はけっして利益を生まないことを説明し、数字をあげて立証し、倦むことなく訴え続けた。

戦後は、吉田茂総理に頼まれて、東洋経済新報社社長から大蔵大臣に就任する。大蔵大臣になると、日本を占領統治していたGHQに「GHQの経費が高過ぎる。これでは日本は独立国になれない」と正面きって反論し、GHQの経費を二割も削減させた。国民から大蔵大臣ならぬ「心臓大臣」とまで喝采を浴びた。

その後、四年間の公職追放をくらったが、ついには総理大臣となり、世界連邦構想まで展開している。まったく凄い男だ。

その湛山の哲学を学ぶと同時に、九十歳をこえてもなお矍鑠として沙漠緑化に取りくんだ遠山先生の謦咳にふれ、類まれな意志の力と実践力を学ばねばならないと考えたわけだ。

湛山も凄いが、遠山先生も傑物だ。戦前、二年間にわたってシルクロードを踏破。戦後は鳥取大学で砂丘や沙漠での農業研究に携わった。

八十歳で国交回復なった中国に単身乗りこみ、江沢民や朱鎔基にむかって「中国の食糧危機は目前である。人民解放軍の兵士二百万の半分とは言わないが、十万人だけわたしに貸してくれ。そうすれば沙漠を緑化し、食糧危機を防いでみせる」と直談判。このとき、両巨頭はちっとも耳をかさなかったという。

先生は「ばかなやつらめ」と思いつつ、やがて日本に帰国すると九州から全国を駆けめぐり、二十人、三十人、五十人、百人と講演していった。

「中国が食糧危機に陥れば、難民は筏にのって日本にやってくる。水際で撃ち殺すわけにはいかない。中国の危機は日本の危機でもある。どうかわたしと一緒に沙漠で植林してください」と訴えた。

すると、その講演を聞いていた二十人、三十人、五十人、百人の賛同を得て、日本沙漠緑化実践協会を設立することとなった。その結果、五年間で百万本の目標を、なんと四年間で達成してしまった。

その二年後、先生の予言通り、中国の穀物自給率は百％を割った。そのとき、先生は沙漠から北京に駆けつけ、ふたたび江沢民と朱鎔基に会い「あなたがたはまだ沙漠を放置するつもりか」とせまった。このときはふたりとも机に頭をつけて先生に謝罪したそうだ。

「政治の品格──石橋湛山と遠山正瑛に学ぶ」（原書房）を著したのは、この間の日本があまりにもインモラルな姿になっているからだ。政治も経済も国民生活の状況も…。二〇〇六年十一月に上梓したが、うれしいことに六千部を突破し、最近では、各地から講演会のお呼びがかかるようになった。二〇〇八年の二月には、早稲田の校友会で「人間・石橋湛山」と題して一時間の講演をさせてもらった。

とにかく「政治の品格──石橋湛山と遠山正瑛に学ぶ」を、今現役の日大生に一度読んでもらいたい。そのうえで、できれば現役の学生たちと話しあう機会をもちたい。ほんの数人でもいいから、話がしてみたい。

そこでおれが「日大闘争は終わっていない。今も続いている」と伝えることができたら、きっとおもしろいことになると思うんだ。おれの意識のなかで闘争はけっして終わっていない。だって、正義の闘争に終わりなんてあるはずがないからな。

そして、イマジン。想像してごらん、民主的で平和な学園を。国家を。世界を。そこには国境なんて存在しない。地球上では毎日三、四万人の子供が飢えで死んでいるが、飢えで死ぬ子供もいない、戦争なんてない世界を。あるべき地球の姿を大声で訴えようというのが、おれの願いだ。

日本が世界の道徳的な指導者にならずして、いったい誰がなれるというのか。考えてもみろよ、被爆国の日本こそが世界のなかで、唯一、反戦と反核そして平和を訴えられるのだ。

「諸君！　大言壮語せよ！　しかる後、それを実現せよ！」だ。さぁ、全都・全国の全共闘ＯＢの諸君！　決起せよ！

日大闘争はいまだ終わっていない！

●四十年が過ぎた今だから

喜田賢次　文理学部二年

私にとって決定的な時がやってきたのは、六九年三月二五日だった。

この日、日大全共闘は、法政大学を会場として「法・経奪還、新入生歓迎連帯集会」を開いた。集会後、いつもの様にデモに移る。私は行動隊の一員として、その隊列に加わった。

それまで集会やデモには参加していたが、自ら志願して行動隊になったのは、この日がはじめてだった。

法政大学を出発してまもなく、デモ隊は東京理科大前の外堀通りで機動隊の規制を受けた。圧倒的な力の差でたちまち学友四六名が逮捕された。そのなかに、法学部のY君、商学部のN君、文理学部のK君と私がいた。要領が悪いのか、それとも、運がなかったのか、はじめての逮捕だったにもかかわらず、凶器準備集合罪で起訴されてしまった。

起訴という「みせしめ」を受けて、しばらくはショックを感じ、落ち込んだ。保釈されるまで、当時、池袋にあった東京拘置所（旧スガモプリズン）で、所謂、「臭い飯を喰らう」日々を過す。その時、仲間たちの「差し入れ」がどれだけ嬉しかったことか。それで勇気をもらったのだろう、なんとか塀の中での「孤独」にも耐えることができた。

どうもその時に、何と言うか、私なりに「覚悟」を決めたのではないかと思う。大げさな「覚悟」ではないが、それは「みせしめ」に屈することなく闘い続けることであった。確実に、自分のなかで、何かが変わっていくのを感じ、それ以後の行動に大きな影響を与えることになった。

一九六七年四月、教師になる夢を抱き地方から上京した私は、当時「日東駒専」とか「ポン大生」とか呼ばれていることさえ知らず、日本大学文理学部地理学科に入学した。

高度経済成長を続けてきたこの国を支える私学の雄は、定員を遥かに超える学生を教室に詰め込むマンモス授業とマスプロ教育の「ひずみ」で、学生の怒りは爆発寸前の状態だったが、私は、体連系の「ワンダーフォーゲル部」に入り、トレーニングや「山歩き」のシゴキに耐えながら、ごく平凡な学生生活で一年間は過ぎていった。

しかし、一九六八年に入ると、大学当局に対する学生の追及は、各学部、各学科、各サークルから拡がりをみせ、それまで従順であることを強要され、抑圧されてきた怒りが、一気に吹き出し、行動を起こし始めた。

文理学部でも、連日、集会が開かれ、文理学部闘争委員会（文闘委）が組織され、さらに全学共闘会議も結成された。

「文闘委」の闘いは、日々、高揚していったが、私はと言えば、六八年中は、集会やデモがあれば参加するという程度の活動しかせず、バリケードで開催された自主講座にも、ほとんど足を運ぶことがなかった。

　私は、大学当局を具体的にどう追求し、どのように学生の要求を実現させてゆくのか。その見通しというか、展望を自分自身の頭で想像出来ないまま、デモや集会に参加していた。沢山のなかの「ひとり」として闘争に加わっていれば、そして、この闘争の勢いが続けば、きっと要求は獲得できるのではないだろうか。そんな思いで闘争に関っていた。

だから、どちらかといえば「闘争」よりも、相変わらずワンダーフォーゲル部の「部活」に精を出していた。両国講堂において、あの歓喜にふるえた大衆団交が勝ちとられた時も、私は参加せず、緊迫あふれる高揚感を共有できなかった。

確かに、集会やデモに出れば、とくに道路一杯に拡がるフランス・デモなどでは、自由で開放的な気分に浸れもする。それでも、「生きている、バリケードという腹の中で、生きている」と表現された、充実した自由な解放感には程遠い。その自由な解放感は、闘争の周辺部にいてはけっして体験できないものだという焦慮が、しだいに私の胸の奥底で生まれだしてきた。

十月以降になると、闘いの展望が混迷に入り込んだという思いにとらわれだした。これまで闘争中も続けていたワンダーフォーゲル部内で、とくに同学年のメンバーに対して、全共闘が必死に闘っているのに、このまま漫然とサークル活動を続けていてもいいのかと問いかけるようになり、真剣に議論するようになっていった。

地理学科のクラス討論でも、それまではあくまで受身の立場で話を聞いているだけだったが、闘争が激しさを増してくるにつれ、討論会で積極的に参加していた学友らが少しずつ減っていき、とうとう私が前面に立って発言せざるを得なくなった。

こうして、徐々に「部活」から離れ、沢山のなかの「ひとり」ではなく、自覚的な「ひとり」として行動をしなくては、闘争を続けられないことを意識し始めたのだ。

年が明け、二月に入ると、各学部のバリケードが機動隊により次々と撤去されはじめた。闘争の拠り所ともいえるバリケードが失われたことに危機感がつのった。バリケード内での泊り込み経験のないまま、しだいに闘争へと向かう日々が増えていくことになった。

学友からもらってばかりいたビラを、自分でガリ切りし、印刷する。それを配り、集会やデモへの参加を呼びかける。派手なゲバルト闘争ばかりが闘いではない。それこそマルクスを知らなくても日大闘争は闘えたし、党派に属さなくても充分闘争ができた。

思うに、日大全共闘とは、開かれた「運動体」であって、閉じられた「組織体」ではない。それぞれの闘争への動機は千差万別、様々である。目指す目標が同じであれば先進的であれ、後進的であれ、行動を共にし、運動として共有できれば、誰もが全共闘と言える。

私の場合、周回遅れの走者ではあるが、「みせしめ」の凶器準備集合罪で起訴されることで、やっと闘争の尻尾をつかんだようなものだろう。

この六九年三・二五闘争の起訴により、私にとっては、現実の日大闘争とは別に、法廷闘争という、もうひとつの「日大闘争」が始まることになった。

七二年六月、東京地裁の判決がでるまでの三年間、法廷闘争は続いたが、幸いなことに、水俣病告発闘争において一株運動を展開することになる後藤孝典氏が弁護人を引受けてくれたことや、公判を支えてくれた多くの人々にも恵まれ、私を含む被告人四名が、起訴された罪名の凶器準備集合罪にちなみ、「凶器準備」と名付けた公判ニュースを二〇号まで発行し続けられことは、今更ながら感謝にたえない。

救対をはじめ、日大闘争救援会や日大闘争弁護団など、謂わば闘争の後始末を担う立場の人々の存在は、闘争を語るときに忘れてはならないことのように思う。

それでも、私たちの裁判がそうであった様に、所詮、裁判とは、法廷で日大当局＝古田体制の理不尽さを訴え、日大闘争の必然性や正当性を訴えてみたところで、裁判官は起訴された罪状についての審理しか頭にないわけで、しかも、その審理すらデタラメの場合もけっこう多い。従って、私たちがその罪状に至るプロセスとか、闘争の全体像を声高に叫んでみても、むなしいだけなのかもしれないが…。

ともあれ、消化不良の三年間ではあったが、私にとって決して無駄な時間ではなかったと思っている。なぜなら、六八年五月以降の闘いで、周辺部にしか居なかった私にとって、日大闘争を追体験し、また検証するという、またとないチャンスとなったからである。執行猶予付きの有罪判決で敗北したものの収穫は多かったと言えるだろう。

文闘委の闘いは六九年後半になると、後退局面を迎えていた。バリケードが解除されるや、学部当局のロックアウトが始まり、誓約書の提出と入構証の提示、鉄板や有刺鉄線で囲われた「アウシュビッツ」さながらの校舎が出現する。構内の出入りには人一人がやっと通れる検問所を通過せねばならず、闘争以前の状態へ逆行する「沈黙」が忍び寄っていた。

五月には新一年生のため、京王線武蔵野台に高さ三メートルの有刺鉄線に囲まれたプレハブの府中仮校舎まで用意された。一方で右翼体育会系学生や「関東軍」の暴力支配を、他方では検問体制や仮校舎の分断支配と学部当局は闘争圧殺に躍起となっていた。

それでも、文闘委は闘いをあきらめなかった。気合の入った私も、文理学部の正門前や最寄りの下高井戸駅でビラまきを続けた。時にはなんとか構内にもぐり込み、授業をつぶして討論会を呼びかけたりしたが、当然のごとく、右翼体育会系学生の暴力で学外に叩き出された。そんなことを繰り返しながら、学部当局の厳重な監視体制に悪戦苦闘する日々が続いていた。

そして、七〇年二月二五日、またもやビラまきで逮捕された。この日、府中仮校舎の一年生は期末試験の最終日だった。私たちは京王線武蔵野台駅に降り立ち、通学路に沿ってビラまきをはじめた。十数分後、突然、右翼体育会系学生が襲撃してきた。不意を突かれ逃げ惑うも、ほとんどの学友は、改札口からホームに入り線路伝いに逃げのびた。約一時間後、西武多摩川線競艇場駅前にて二九名が追尾してきた警察官に拘束され、府中警察署に連行された。署内の剣道場に四時間程閉じ込められた後に、全員逮捕。その後、各署に分散留置となり、私は昭島署に護送された。

日大闘争では、繰り返されてきたことながら、襲撃された方が捕まるという、理不尽なことがまかり通ったのである。まったく不当逮捕も甚だしい。

拘留中にひとりの学友が襲撃により負傷したことを耳にする。その負傷した学友が中村克己君だった。しかし、彼が三月二日に亡くなっていたことは釈放されるまで知らなかった。

二月二五日は、京王線明大前駅下りホームに午前九時に集合した。学部の違う中村君とは中央大学の代々木寮で顔を見かけたことはあるが、とくに親しく言葉を交わした記憶はない。乗車予定の時刻まで多少時間があったので、腹がへっては戦は出来ぬと、ホームの立食いスタンドで蕎麦を食べた。そこで、たまたま隣に並んで食べていたのが中村君だったことを憶えている。思えば、それが彼と接した最期の時間だった。

日大闘争では、大学当局の手先、右翼体育会系学生の暴力による負傷者は数限りないが、死に至るまでの暴力行為を負ったのは、中村君が始めてである。しかも、大学当局は襲撃してきた下手人＝右翼体育会系学生を擁護し、警察はもちろん、検察やマスコミまでが一体となって「電車事故・自損行為」として中村克己君の死を葬り去ろうとした。ここに至って闘いは、二月二五日に何が起こったのか。真相究明の調査活動から虐殺糾弾へと向かうことになった。

「中村君虐殺糾弾委員会」の活動は七一年、七二年、七三年と連続して「二・二五集会」を呼びかけ、二・二五闘争で起訴されたT君の裁判を六年間も闘い続けた。さらに毎年、命日の前後に八千代台霊園での墓参を続け、今日に至っている。

ほとんどの学友たちが卒業・就職していくなか、真相を隠蔽し続ける「日本大学」をどうしても許すことが出来なかった。私はあくまで授業料納付を拒否し、ついに除籍処分となった。

時が過ぎ、九〇年代の後半「日大九三〇の会」からの呼びかけにも参加せずにいたが、二〇〇三年に「六八・六九日大闘争アーカイブス」に参加するようになった。

この会に参加するに当たっても、一種のためらいに似た思いがあった。一体、私に何が出来るのか。あたり前のことをやるだけだ。だが、それさえ状況によってはどれだけの困難を伴うことか。自分に出来ることから始める。はじめの一歩を踏み出すまでの長い道のり。学生の時でさえ躊躇していたことを考えれば、年齢を重ねた分だけ、なおさらのことである。だが、心強い仲間たちは、そんな私の背中を押してくれた。二〇〇六年には「九三〇の会」にも始めて出席し、学友たちと旧交を温めることが出来た。

六八年の日大闘争から四十年も過ぎた今だからこそ、私たちが、当時、何を考え、何をしたのか、何が出来なかったのか、語り継ぐ必要があるのではないかと思う。平凡な日常生活をすごす日々のなかで、三十年以上にわたって中村君の墓参を続ける意味を問い、彼の墓碑の前に立って、自分自身を振り返るだけでなく、改めて日大闘争の記録を、「これから」の私たちのためにも綴る必要があるのではないだろうか。それは同時に、闘った私たちだからこそ、この世に遺していかなければならないのだとも思う。

銀ヘルと私

● 小林一博　法学部一年

私の中学・高校は日大付属の豊山校です。当時、中・高校合わせて三千人のマンモス学校でした。私にとって、非常に窮屈さを感じる管理型の教育現場でした。学校から任命された「風紀委員」という生徒の「憲兵組織」があり、学校の行き帰りや休み時間には、いつも彼らが生徒の「風紀」を見回っていました。違反があれば、すぐに担任の先生に言いつけるという構図です。言わば生徒を利用した間接統治スタイルでした。

こんなことが公然と許されている時代でもあり、それをまた実践している学校でした。たまに文化祭などで、都立高校に行くと、あまりにも自由な気風で、とてもうらやましかったことを覚えています。

ですから、私にとっての日大闘争は、ただ「自由が欲しい」それだけでした。正直なところ、使途不明金問題も、マスプロ教育も、どうでもよかったのです。

率直に言えば、グズで、ドジで、間抜けで、小ずるくて…。それが中・高校時代の私だったと思います。たとえ疑問を抱いても、見て見ないふりをして…。自ら声を上げることなんて考えもしませんでした。早く「大卒」の肩書きをもらって、社会に出たいというのが、偽らざる本音でした。そういう意味では、日大闘争を経験して、始めて問題の本質から逃げることなく、本質を見抜く目を少しは鍛えることができたものと思っています。もし、日大闘争がなかったら、私はどんな人間になっていたのでしょうか、まるで想像がつきません。日大闘争を経験したこと、日大全共闘に参加できたことに、心から感謝しています。

一九六八年、六月一五日、文理学部の学生総会に全共闘議長の秋田（明大）さんが現れました。総会議長団に促されるまま、簡単な演説をしました。激しい右翼学生のヤジがありましたが、なぜか秋田さんがしゃべりだすと、場内がシーンと静まりました。秋田さんは非常に謙虚なもの言いでした。そのとき、私は、まだ全共闘に参加していなかったのですが、以来、ずっと秋田さんを意識して、見続けてきました。私は、秋田さんが好きでした。今でも、私にとって秋田さんは闇夜に「燦然と輝く星」です。七二年三月大学を卒業するまで、全共闘無党派の象徴である銀ヘルにこだわり続けたのは、あるいは秋田さんにこだわったせいなのかもしれません。

最初、文闘委（文理学部闘争委員会）は、もちろん全員、銀ヘルだったのですが、六九年の春頃から、学友はML、中核、青解、フロントなどの党派に分かれてしまい、気がついたら銀ヘルをかぶっているのは、私たち無党派のみになった感がありました。六九年九月五日、日比谷野外音楽堂での「全国全共闘連合結成大会」でも、ほとんどの学友は党派のヘルメットをかぶり、党派のグループの中にいました。私たち法学部六八年入学組の一〇〇名前後のものは、銀ヘルをかぶり、日大全共闘の旗の下にいました。集会のあと、デモが始まったのですが、活動家は皆党派の方に行っていますので、日大全共闘全体のデモ指揮を取るものがいませんでした。しかたなく、私が所属した「カムイ伝研究会」のリーダーであったN君が笛を吹きながら指揮を取りました。デモのあと、今日のデモ指揮はヘタクソだと口々に言われ、N君が落ち込んでいたのも、今となれば、懐かしい思い出です。

私たち銀ヘルの方針は、とにかく「消耗せず、粘り強く闘う」というもので、グループのリーダーであったI君の指示もつねにそうでした。

新宿駅西口の「フォーク・ゲリラ集会」を煽ったり、機動隊とぶつかっても、正面から闘うことはせずに、さっと逃げて、すぐに街頭でのゲリラ闘争に移行したりしました。銀ヘルのこうした行動に対し、全学総決起集会の総括集会で、ある党派の幹部から罵倒されたことがありましたが、今から思い返しても、私たちの考え方は間違っていなかったと信じています。

そうは言うものの、私たちの闘いかたは、当時の全共闘の、直線的で玉砕的な戦法とは相容れないもので、多分、党派の学友からみれば、無党派銀ヘルは勇気のない奴らということになるのでしょう。それでも私たちは、四年間の闘争中に、相当数の逮捕者を出してしまいましたが…。

七〇年四月、三年生への進級にともない私たち銀ヘルは神田三崎町に移ることになりました。進級するに当たって、私自身すごく迷いました。進級の資格を得るには、三週間程度の「集中講義」を受けなければならなかったのです。昨日まで、ヘルメットをかぶって、古田体制粉砕、大学解放を唱えていたのが、今日、何もなかったかのごとく装って授業を受けるということが、どうしてもできなかったのです。

私はリーダーであったI君に、食いつきました。集中講義を受けていいのか、と。しかし、I君は冷静でした。I君は強い調子で私に言いました。「ここにいてもしようがないじゃないか。とにかく神田に行こうよ。神田でやり直そう」。私は、内心では、進級したかったので、I君の言葉にすがりつくように、ホッとして従いました。信念のない軟弱な私です。

世田谷から神田に来てみると、学内の状況は一変していました。法闘委（法学部闘争委員会）も、経闘委（経済学部闘争委員会）も、理闘委（理工学部闘争委員会）も跡形もなくなっていました。法学部には、六九年入学組のK君ら無党派グループが一〇名程度いるだけでした。私たちは彼らと合流し、新たな全共闘無党派集団を結成し、全員が銀ヘルをかぶることになりました。この時点で、活動家と呼べるのは、全員合わせても三〇人くらいまで、減少していました。

この時から、リーダー格のI君やS君に、K君が加わり、この三人が銀ヘル・グループの最高幹部を構成することになりました。役割はI君が理論派で戦略戦術を練り、K君が武闘派で大学当局や一部の党派とやり合い、S君が行動派で各党派との

連絡役をつとめながら、独自に三里塚闘争を支援していました(もっとも、人数が少ないので、お前だって「最高幹部」だろうと言われれば、認めざるを得ませんが…)。

もうこの頃は、残った全共闘のほとんどの学友らは党派の政治闘争に没頭し、学内闘争を真正面から闘っているのは、すくなくとも神田では、私たち銀ヘルのみだったような気がします。

神田に移ってからは、まず連日のビラ配り闘争を展開しました。「保守的な小柳ルミ子よりも、革新的な南沙織を」とか、「大学を創造空間の場から、生活空間の場へ」とか、私も「毛沢東語録」から引用し、「愚公、山を移す」と題したビラを書いて、けっこう一般学生にも読まれる工夫をこらしました。

そういえば、学内のベ平連もよくビラを配っていました。大学側のゲットー体制(私たちは大学の管理体制をゲットー体制と呼んでいました)を打ち破るため、時には武装して逆バリの一号館に突入し、さんざん暴れた後、何食わぬ顔でビラを配っていると、ベ平連の諸君から「君らはおそろしいことをやるな」と言われたのを覚えています。党派の学友たちから見れば、軟弱な私たちですが、この程度のことはやっていました。しかし、当時の銀ヘルの力から考えると、大学当局と官憲は、巨大な存在になっていましたので、闘争への再度の盛り上がりには決定的なものはありませんでした。右翼学生からのテロでもあれば、かえって盛り上がったのですが、実際には、何もありませんでした。

そういう意味では、I君が「部室部費獲得実行委員会」という組織を創ってからは、何となく銀ヘルの周辺にシンパやノンポリが集まってきたような実感があり、闘争の再構築には大きな手がかりを得たように思います。

なぜ「部室部費獲得闘争委員会」が、大学当局を追いつめていったのかは、よくわからないのですが、大学を「創造空間から生活空間へ」というキャッチフレーズがヘボ教授陣の胸に沁みたようです。当時、「大学解放」という思想が世界中を覆っていたので、その影響もあったのでしょう。

七一年の春頃、全国の全共闘無党派を三千人ほど集めて礫川公園で集会を開き、錦華公園までデモをしました。デモに移った時には、すでに暗くなっていたのですが、白山通りを行き、経済学部一号館の前を通ったときに、校舎の窓からすごい歓声が湧きあがりました。私としては、まったく予期していなかったので、まだ、火が消えていなかったのか、と心強く思ったのを鮮明に覚えています。このことは、意外に効果的だったのかもしれません。

「部室部費獲得闘争委員会」で大学当局と対峙しながらも、七一年の秋には、大学当局との大衆団交にこぎつけました。当局が、あれほど嫌がっていた大衆団交を受け容れたのは、しつこい私たちにほとほと嫌気がさし、ここは妥協して主力だった四年生を卒業させてしまおうとの思惑があったのかもしれません。

大衆団交は、例によって開始時間の直前、二〇〇名ほどの体育会系学生が一斉に入場し、学生服姿で最前列の席を占領した。私たちは講堂の袖に五〇名程度の行動隊を待機させていましたが、この程度の人数では不安になり、I君に「やばいな」と言ったところ、他の大学に二〇〇名の別働隊を組織してあるから大丈夫だよ、とのことでした。その時、ふと合気道部の学生の中に高校生時代の顔見知りがいたので、講堂の舞台から降りて、その学生のところに行き、そして、小声で「捕まるなよ。リンチされるぞ」と脅かしました。一瞬、彼の笑顔がひきつり歪みました。

教授陣の追及はK君らに任せ、私たちは体育会学生の後ろに座りました。驚いたことに、ひとりの教授が「創造空間から生活空間へ」というキャッチフレーズへの共感を吐露し、告訴の撤回、部室部費の獲得等こちらの要求はすべて通ってしまいました。九・三〇大衆団交のように、あとから合意事項を覆すこともありませんでした。この日の大衆団交の一部始終は「ミニ九・三〇」と朝日新聞の社会面で大きく報じられました。正直なところ、要求の達成で銀ヘルは、この世の春を謳歌しながらも、学内闘争の大きな目標を失ったのも事実で、もうやることがなくなってしまいました。

七一年十一月、突如、闘争を離れつつあった文闘委のメンバーなどがつぎつぎと逮捕され、結局、五名が起訴されました。なぜか銀ヘルのリーダーだったS君もまた指名手配されました。

容疑は「警視総監公舎爆破未遂」というもので、実態は総監公舎の門扉に小さな花火程度のものが何者かによって仕掛けられるという事件だったのですが、起訴された五名とS君にとっては、まったく身に覚えのない冤罪でした。

官憲は、この事件を大々的に取り上げ、日大全共闘潰しと成田闘争潰しの一石二鳥をねらって活動家を逮捕したのです。

この年の九月、三里塚で「東峰十字路事件」が起こり、官憲としては「犯人探し」に狂奔している時期でもあり、私の当時の直感としては、少なくともS君に関しては「東峰十字路」がらみの別件逮捕を狙ったものと思っていました。S君への直接の容疑は、たしか「成田で爆弾を運んだ」というものだったと思うのですが、S君は地下に潜行し、私たちの前から姿を消しました。

その後、起訴された文闘委などのメンバーは過酷な裁判闘争を戦い抜き、八三年に全面無罪の判決を勝ち取りました。無罪判決が確定すると、S君は十一年ぶりに姿を現し、記者会見で「権力に勝った」と言い放ちました。十一年間、官憲の追跡をかわし続けたS君は凄い精神力の持主です。

しかし、その十一年間、私は交番に貼られたS君の手配書を、ただ見ていただけで何もできませんでした。情けない私です。

七一年の秋頃、法学部三号館を「部室部費獲得実行委員会」が接収するに当たって、S君から「君たちは何をするの」と問われたので、「カムイ伝研究会をやる」と答えました。S君は「へぇー、ずいぶん難しいことをやるんだね」と言っていましたが、これがS君と交した最後の会話となりました。それ以来、S君とは再会していません。銀ヘルの一員として、S君には過酷な人生を歩ませてしまったと、責任を感じています。

七二年、卒業する直前、いや正確には卒業させられる直前に、I君から最後の指示がありました。「君は大学に残れ、俺たちはそれぞれの文化的基盤で闘おう」というものでした。

多くの銀ヘルが社会からドロップアウトしていくなかで、私は小さな会社に就職し、組合活動に没頭しました。腐敗した組合幹部を放逐し、やがて書記長になりました。気がつくと、私はいつの間にか小さな会社の超エリートになっていました。組合の役員を降りると、管理職のポストが用意されていました。私にはI君の指示が頭のなかにこびりついていました。その会社を辞め、別の会社に転職しました。時に三二歳。十年間の組合活動でした。この時点で、私のなかの日大全共闘は、すべて終わりました。以来、労働運動はもちろんのこと住民運動にも一切関与していません。ただの小市民として生きてきました。

S君、I君の消息はまったくわかりません。K君については四、五年前、偶然、アメリカの南部で父子家庭の暮らしをしていることを知りました。生活は厳しいという話を伝え聞いています。

私としては、六八年、六九年については、いろいろなところで語られているので、おもに七〇年以降について語ってみました。

昨年、インターネットで、一度は隊列を組んだことがある中村克己君の墓参が三十年以上続けられていることを知り、愕然としました。今年、初めて出席させて頂いたのですが、今さらながら日大全共闘諸兄の熱い友情に胸が打たれました。

私は結局のところ、一度もパクられることがなかった無名で軟弱な一兵士ですが、四年間、一度として銀ヘルを脱がなかったことがささやかで、そして唯一の誇りです。

いつの日か銀ヘルの学友たちと再会し、私たちは何を目指したのか、あの時代の意味を語り合いたいものだと考えています。

七〇・二・二五　中村君虐殺糾弾

◉鈴木淳夫　文理学部　中村克己君墓碑委員会

はじめに

一九七〇年二月二五日、日大商学部の中村克己君は全共闘のビラまき中、右翼体育会系学生の襲撃を受け負傷し、三月二日亡くなった。中村君の墓は千葉県八千代市にあり、毎年この時期に墓参りが続けられている。闘いの中で倒れた中村君の死を受け止め受け継ぐと、言うはたやすいが実行となるとはなはだ難しい。

三八年たった今年、『叛逆のバリケード』の改訂版発行とのこと、これを機会にあらためて当時の事実を明らかにして「中村君虐殺糾弾」の意味と問題を考えて貰えればと思う。

なぜ武蔵野台が現場なのか

警報機が鳴り電車が通過する。二〇〇八年四月、京王線武蔵野台駅の調布方面に隣接する飛田給十一号踏み切り。郊外の私鉄沿線に見られるごく普通の踏み切りである。ここが三八年前中村君が倒れた場所だと、思ってはみてもなかなか実感は湧かない。夏草こそ生えていないけれど、つわものどもが夢の跡の感である。

七〇年二月二五日、日大全共闘文理学部闘争委員会は、武蔵野台駅頭で府中仮校舎の一年生に対して、「討論集会」への参加を呼びかけるビラまきを行っていた。文理学部は世田谷区桜上水にあり、京王線下高井戸・桜上水を最寄り駅としている。しかしながら何故、西へ一五キロメートルも離れた府中市の武蔵野台駅でビラまきが行われたのだろうか。

六八年四月一五日、二〇億円の使途不明金の発覚によって公然化した日大闘争の中で、文理学部では、五月二九日文理学部闘争委員会結成、六月一五日バリケードストライキ突入、そして九月三〇日大衆団交へと闘いは進んだ。団交の中で一度は理事の総辞職を確約した古田理事会であったが、その後の佐藤内閣の介入によりあっさり居直った。

そして年の暮れが近づくにつれ、大学当局は授業を再開しなければ卒業できないと四年生には脅しをかける一方、右翼学生を使ってバリケードに対する攻撃を強めた。が、全共闘の反撃によってこれがうまくいかないとなると、各学部ではそれぞれの学部敷地内とは別の場所でいわゆる「疎開授業」を始めた。

四年生を卒業させないと新入生を受け入れられない、新入生を入学させないと授業料が取れない、授業料が取れないと…。そもそもの発端が学生から集めた授業料の使途不明金だったとはずなのに、そんなことにはお構いもなく追い詰められた当局のバリケードに対する攻撃は熾烈になった。

六九年になって文理学部当局は、千葉県成東市で四年生に対する疎開授業を行う一方、世田谷校舎に対しては、二月一八日機動隊導入によりバリケード破壊、続いてロックアウト。そして三月三日授業再開というスケジュールをもくろんだ。しかし、文闘委は再開授業をすべて討論会に切り替えてこれを粉砕し、三月一〇日再びバリケードを築くとともにストライキを続行。当局は四月三日またもや機動隊を導入し、今度は六月までの長期ロックアウトとした。学部の敷地は工事用の高い鉄板で囲まれ、内部では警備会社に化けた右翼関東軍が常駐警備し、周辺に学生を近づけさせないようにしていた。

こんな騒然とした最中でも抜け目なく入学試験を行い新入生を受け入れた当局は、闘いの場である世田谷校舎から一年生を隔離しようとした。六九年五月、こうして府中市朝日町に作られたのが府中仮校舎であった。

府中市には当時関東村と呼ばれたアメリカ軍の広大な敷地があった（今は、野球場・サッカー場など各種運動場とともに警視庁警察学校・警察大学校などがある）。それと隣接する広々とした畑の中に仮校舎はあった。工事用の飯場などで使われるプレハブ製の建物は高さ三メートルの有刺鉄線で囲まれた敷地の中にあり、ここもまた警備員と称する右翼関東軍が昼夜常駐していた。当時、日大アウシュビッツと言われていた所以である。

その後、世田谷校舎では強力な検問警備の中で授業が再開さ

1970年当時の京王線・武蔵野台駅

れたが、またこれより先に府中仮校舎ではこのアウシュビッツ内で新入生に対する授業が行われていた。

そして、このような中にあっても六九年度新入生たちは一年生闘争委員会を組織し、続発する右翼警備員および学生のテロ・リンチ・脅迫にも怯むことなく，文闘委とともに果敢に粘り強い闘いを展開していた。武蔵野台駅からプレハブ校舎へのデモ・ビラまき、鉄条網内での学内集会などであった。

こうした一年生の闘いを支援すべく、文闘委は一年生に向けたビラまきを行っていた。場所はもちろん府中仮校舎の最寄り駅である京王線武蔵野台駅である。

七〇年二月になって府中仮校舎では一年生の試験が実施されていた。これに対し文闘委は、二月一四・二一日そして最終日の二五日駅頭でのビラまきを計画。内容は二・二五討論集会への参加を呼びかけるものであった。警察と学校関係者による監視はあったが、一四、二一日のビラまきは特に何ごともなく実行された。

七〇年二月二五日

当日午前九時、文闘委と応援部隊三〇数名は京王線明大前駅下りホームに集合、九時五四分武蔵野台駅に到着した。各人ヘルメットを被り，旗を数本立てて駅前の四メートル幅の道路の両側に四〇メートルほど散らばりビラまきを始めた。前回、前々回同様無事終了するかと思われたビラまきであったが，一五分ほど経った一〇時一〇分ごろ、突然二十名程の右翼体育会系学生が襲ってきたのである。

彼らは鉄筋の棒と直径約五センチメートルの材木で武装し、小走りに走ってくると同時に攻撃してきた。これに対して文闘委は旗ざおで応戦するが鉄筋・材木には歯が立たず、狭い道路での戦闘のなか次第に駅前に追い詰められてしまった。このとき遮断機は下りていて踏切を渡ることができず、止むなく改札口を通ってホームに後退した（武蔵野台駅の改札口は現在ホーム中央付近にあるが、当時は調布よりホームの端にあった。そして駅前広場などというものはなく、幅四メートル程の狭い道からすぐ改札口があってホームに繋がっているというごく小さな駅だった）。

ホームに退いた文闘委は、駅構内でしばらく体育会系学生らと対峙していたが、警察のパトカーが来るなどしたため駅を離れて南のほうへ移動した。途中高速道路の下を通って、西武多摩川線競艇場前駅に着いた。そこを追ってきた警察が取り囲み、二九名全員を護送車に押し込んで連行、府中警察署道場内で逮捕した。

狭い踏み切り前での混乱のなか中村克己君は負傷した。倒れた中村君を体育会系学生らは事もあろうに殴ったり蹴ったりし、それを残った女子学生二名が抗議しながら護っていた。しばらくして救急車が到着し、中村君は女子学生とともに府中市奥島病院に運ばれた。入院、直ちに開頭手術を受けた。しかし、意識は戻らず、三月二日、家族・友人らの見守る中で息を引き取った。

文闘委の学生諸君が駅前に後退した頃、上り特急電車が通過し五〇〇メートルほど進んで停車した。車掌が降りて踏み切りのところにきたが、すでに来ていた警察官と少し話しただけで、現場検証もせずに七分後には運転を再開した。これは車掌もそこにいた警察官も人身事故が起こったなどとは思っていなかったことを示している。

中村君の死に対する警視庁の発表は、「体育会系学生と全共闘系学生の乱闘との因果関係は一切なく〝自損行為〟である」というものであった。つまり、中村君は近づいてきた特急電車に〝勝手に〟飛び込んで負傷したのだと。そして警察は、全共闘学生全員を逮捕したのに対し、襲撃した体育会系学生らは「下校途中全共闘に暴行された被害者である」とのことで簡単な事情聴取をしただけで全員家に帰した。

なぜ右翼体育会系学生は全共闘を襲ったのか

当初、体育会系学生は被害者であるとしていた府中署も次々に現れてくる事実には目を覆うこともできず、ようやく三月九日になって、スケートに行っていた学生六名を呼び戻し「暴力行為」容疑で逮捕した。

その後の高橋君裁判における証言などで次のような事実が判明した。学生らは二・二五以前から府中仮校舎内で「府中の新撰組」と称し、全共闘系学生に対して日常的に暴力を振るっていたこと。体操部の合宿所のNの部屋で「今度全共闘がきたらやっつけよう」などと打ち合わせていたこと。また当日は、「全共闘が駅にビラまきに来ている」と先に帰った学生から学校当局に電話で通報があり、それがまた校舎内の食堂にたむろしていた彼らに知らされたこと。そしてこの情報をもとに彼らは途中の工事現場で武装し全共闘を襲ったことなどである。

つまり、右翼体育会系の学生らは常々全共闘に敵対して闘争を妨害することによって学校当局に加担してきた。また当局はこれら学生たちを手なずけ全共闘弾圧の私兵として利用してきた。こうした背景の中で、襲撃が行なわれたのである。それは警察の言うような「たまたま下校途中で全共闘に暴行された」などという代物では決してない。

逮捕された六名の体育会系の学生は三月一五日、全員釈放された。一方全共闘は、当日逮捕された二九名の中から一人、高橋成一君が三月一九日起訴され裁判となった。

糾弾の闘い

連続した抗議集会、デモ、全共闘葬、献花行進など、二月二五日のその日から日大全共闘による反撃の闘いは続けられた。一方、中村君の死は「電車事故による自損行為」だと、警察検察当局・日大当局・京王電鉄・マスコミは一体となって宣伝していた。また警察権力は、右翼学生は放免し全共闘は全員逮捕そして一名起訴。こうした当時の状況にあっては事実関係の究明が何にも増して急がれた。

警察検察当局やマスコミによる真相隠蔽に対する闘いは、日大闘争弁護団・青医連医師団などによって直ちに開始された。そしてその後すぐに日大全共闘・全共闘救対・日大闘争救援会・救援連絡センターを含めて「真相究明委員会」が組織された。

それは、中村君が受けた頭部の損傷の原因を医学的に究明すること、当日逮捕されその後釈放された文闘委の学生からの情報収集、また駅員・運転手など京王電鉄の関係者や現場周辺の住民からの聞き取り調査などとして始められた。がしかし、これらの調査の中では、中村君の死に直接関わるような証拠・証言を得ることができなかった。

こうした中で、仮に電車による接触が直接的な原因であったにせよ、右翼学生の襲撃がなければ中村君の死は起こりえなかったのは事実である。真相究明などという言わば傍観者的立場ではなく、襲った右翼学生またその背後にいる日大当局および警察権力に対して、積極的に追及していく必要がある。よってこの立場からそれを糾弾の闘いとして位置づけ、三月二三日から、真相究明委員会は「中村君虐殺糾弾委員会」として活動することとなる。以後活動は更なる事実関係の究明、一人起訴された高橋成一君の裁判闘争、そして襲撃してきた右翼体育会系学生に対する糾弾闘争として続けられた。

六月三日糾弾委員会は、「被告発人T・S・S・T・W・Y・N・N他住所氏名不詳の者十数名、右の者らにかかる傷害致死事件につき、徹底的な捜査と厳重な処罰を求めて告発する、告発人秋田明大以下二十五名」として右翼学生を東京地方検察庁に告発した。

〝告発〟そのものは私的制裁を許さず刑罰権を一手に握る国家権力に対して、捜査と処罰を言わばお願いするというものでし

1970年3月11日　日比谷公会堂にて日大全共闘葬

かない。したがって起訴するか否かの結論は検察当局のさじ加減ひとつによるものだから、彼らにとって不利益な結論は望みようもなく、それなりに先は見えていた。がしかし、右翼学生らに対する追求の矢は常に向けるべく、また可能な限り合法的な手段も尽くそうとの方針からこれは始められたものであった。

六月八日、東京地検より同庁八王子支部に移送するとの通知があったがその後進展がなく、一〇月九日八王子支部担当検事市川に告発の促進を申し入れる。一〇月二八日、高橋君裁判勝利・中村君虐殺糾弾八王子集会が開かれデモ行進の途中、市川検事に告発放置に対する抗議と速やかに捜査を開始して犯人の追求処罰を要求する「要求抗議書」を渡す。その後何回か調査再開促進を要求、が結局七二年二月二九日になって地検は告発不起訴処分を決定した。

三月二四日地検八王子支部に抗議行動、そして四月二四日次の手段として、「不起訴を不当とする」として検察審査会への申し立てを三五名の連名で行なった。検察審査会はクジで選ばれた有権者によって組織された独立した機関ではあるが、事務と称してリードするのは地裁の職員。棟続きの地検の下した決定を覆すのはなかなか難しい。七三年四月二六日、八王子検察審査会は「不起訴相当」の決定を下した。

高橋君裁判

高橋君裁判とは文闘委の高橋成一君が起訴されて始まった裁判であるが、それはすでに述べたように、襲った体育会系学生らは放免され、ビラをまいていて襲われた高橋君が起訴されるという、事の善悪よりも先ずは全共闘つぶしという政治的な思惑が前面に出てきた極めて不当なものであった。そしてこのことは出発点である逮捕というところからしてすでに異常なものであった。

当日、ビラをまいていた全共闘の学生は駅構内の攻防の後、現場から一キロメートル程南下した西武多摩川線競艇場前駅に集まった。そこで追跡してきた警察に取り囲まれ二九名全員が問答無用に護送車に押し込められ、府中署へ連行された。それから道場に入れられていた彼らが逮捕されたのは何と四時間ほどたった午後三時過ぎになってからであった。

法治国家において逮捕というものは令状によるものが原則であり、例外としてのみ現行犯・緊急逮捕があるとされる。ところが当時の状況を細かく検証するにつけ、この逮捕が前出のいずれの要件にも当てはまるとは言い難い。実にあいまいな形でつまり実に不当な形で逮捕されたものと言わざるを得ない。

また更に異常さは続いた。武蔵野台駅頭の現場には警察よりも先に文理学部の職員が駆けつけたこと。全共闘の学生が道場に監禁されている最中、学校職員が府中署内を徘徊しそれとなく警察官に耳打ちしたこと。そんな状況であったのだ。それまでさまざまな形で示されてきたように、確かに日大当局は権力と連携し一体となって全共闘の闘いを弾圧してきた。しかしこれほど露骨ではなかった。

法的根拠に乏しい強引な逮捕、また大学当局と警察との稀にみる癒着はいったい何を意味するのだろうか。またそれまでと何が違っていたのだろうか。

それはこのとき、中村君を殺した学生がいたということに他ならない。闘争弾圧の道具として常々使っていた私兵がひと一人殺してしまった。この重大犯罪から手を下した学生達を守らねばならない、これがそれまでとまったく違った大学当局の緊急課題だったのだ。二月二五日からそれ以後、警察権力と大学当局の取った一連の行動はこの一点にあったと言える。

先ずは、口封じのため全共闘全員を逮捕して情報を独占する。その上で事実を歪曲、「電車事故説」を捏造し、更に右翼学生は被害者であるとして宣伝する。だが、右翼学生の襲撃から戦闘が始まった事実は隠しようもなく、やむなく後になって右翼学生も一部逮捕して、いわばケンカ両成敗を取り繕った。そして高橋君を起訴した。これは襲撃した右翼ではなく襲撃された側の高橋君に二・二五の責任を全て押し付けることにほかならない。高橋君裁判の問題点の一つはここにある。

次に問題の第二はその起訴状にあった。それは、逮捕容疑が兇器準備集合罪・暴力行為・傷害罪の三つになっていたのが、後の二件を外してただ兇器準備集合罪だけで起訴されたことにある。では「暴行・傷害」が消えたのは何故なのか。

言うまでもなく暴力行為にはその暴力を受けた相手があり、傷害には傷害を負った相手がいる。裁判となれば当然のこととしてこの相手、つまりここでは襲った右翼学生が公判の場に登場せざるを得ない。また、暴力行為つまり全共闘と右翼体育会系学生との戦闘の事実が解明されることになる。これは取りも直さずこの闘いで倒れた中村君の死の事実が、公の場で明らか

1970年3月15日　中村君追悼献花行進

にされることになる。警察・大学当局はこれを恐れたのだ。

よく知られているように、兇器準備集合罪（刑法二〇八条の二）は兇器を準備しただけで、つまりその後の暴力行為等の有無には関係なく適用される予防検束法規である。起訴状は「全共闘に反対する学生らがビラ配りを妨害する場合には危害を加える目的で、青竹等を携行準備した」というものであって、そこでは右翼の攻撃とそれに対する全共闘の防戦、当局のいうところの〝乱闘〟の事実にはやはり一切触れていない。もしも暴行・傷害ということで裁判になれば、先に手を出したのは右翼学生であり、そのため〝乱闘〟が起きたしその結果中村君が亡くなった、と言う紛れもない事実が明確になる。ところがこれを見事に覆い隠してしまうのが〝兇器準備集合罪〟なのである。

中村君の死について、その責任が襲撃してきた右翼学生と彼らを私兵として使い続けてきた大学当局にあることは明らかである。が、中村君の死の原因は電車事故であって、全共闘のビラまき及び右翼との〝乱闘〟とは無関係であると言い続けてきた警察権力と、自らの責任から逃れようとする大学当局にとって兇器準備集合罪は格好の隠れ蓑になるものであった。

ここに裁判の第二の問題点がある。

これに対する糾弾委員会の闘いはこうした当局の攻勢に反撃するものとして取り組まれた。そしてその中心は、二・二五の背景や当日の事実関係を裁判の中で公にすることであった。とりわけ右翼学生については、その住所・氏名を特定し，証人として申請した。結果、一審で三名、二審で一名証人として公判の場に引きずり出し、裁判のなかで追及した。このなかですでに述べたように、それまでやろうと思っていた全共闘への攻撃を二月二五日にやったこと、またそのことを当初の取り調べのなかで偽証したことなど明らかになった。また、右翼学生に対する追及は法廷内外にとどまらず、学内でも見つけしだい自己批判書を書かせるなどとして続けられた。

三月一九日起訴された高橋君は、四月一〇日になってようやく保釈された。そして第一回公判は一〇月二八日に平賀睦夫・中山二基子弁護人（両弁護士には大変お世話になった）の立ち会う中で開かれた。が、実質審理が始まったのは実に七一年一月二二日のことであった。裁判では、右翼学生の証言から、彼らが襲った経過またその計画性などさまざまな事実が明らかになったにも拘らず、裁判所はこれを一切無視し、七四年十一月十一日、「罰金五万円」との判決を下した。二九名もの大勢の学生が逮捕され、また起訴された高橋君は一ヶ月以上も拘留されたこのような事件の結果が「罰金五万円」だったとは。ここにこそこの裁判の本質がうかがえるというものである。

高橋君と弁護団は直ちに東京高裁に控訴した。二審は一応の証人調べはしたものの、一審と同様検察の主張のみ取り上げて、七五年九月一日下した判決は「控訴棄却」というものだった。

さらに上告。しかし最高裁は審理もしないで、七六年二月一六日、「上告棄却」の判決を下した。

今までの経過の中で何が問題なのか。

すでに何度か繰り返したように、全共闘の学生がビラまきをし、それを右翼体育会系の学生が襲撃し、その〝乱闘〟のなかで中村君が負傷し亡くなった。これは紛れもない事実である。だとするならば、当然のこととして右翼体育会系学生と彼らを常々利用してきた大学当局に、その責任があることは明白である。

にも拘らずその責任は高橋君一人に押し付けられた。そしてその内容は「罰金五万円」である。学生一人の尊い生命の責任が「五万円」というのだ。しかもそれは、言わば被害者に転嫁されてだ。自分たちの責任逃れのためとはいえ、こんな事実の歪曲と捏造は決して許されるものではない。そしてそれは、これに手を貸した警察検察、そしてさらに裁判所に対してでもある。

中村君の死の意味

すでに知られているように、日大闘争における右翼学生の全共闘学生に対するテロ・リンチは数限りなくあり、そのスケールの大きさと凄まじさは筆舌に尽くし難いものがあった。それ故、それまで全共闘の学生に死者が出なかったのはまるで奇跡のようなものである。まさに運が良かったとしか言いようがない。

そうしたなかで「駅頭でのビラまき」というごく普通の活動のときに起きた中村君の死は、実に象徴的であると言わざるをえない。つまり、日大闘争のなかでは右翼学生との戦闘中はもとより、一見たいした危険もなさそうなビラまき中でさえ極めて先鋭化された闘いが潜んでいたということ。まさに油断も隙もなかったこうした闘いの中で中村君は亡くなったのだ、ということである。

闘争弾圧のためこうした状況を作り出し、数限りない学生を負傷させ、そしてついには生命まで奪った、日本大学当局のこの責任は何にも増して重大である。そしてこれは四〇年たった今でも決してなくならない。

中村克己君墓碑委員会と墓参

二月二五日、負傷した中村克己君は、家族・友人の見守る中で三月二日亡くなった。二二歳だった。

中村君は、一九四七年一〇月二一日東京で生まれた。六七年、日本大学商学部入学。六八年、当時住んでいた赤羽の近くで起こった王子野戦病院阻止闘争に参加、商学部内に「世田谷べ平連」を組織。五月、日大闘争始まると同時に、日大全共闘商学部闘争委員会に参加。六九年九月三〇日、日大法経奪還闘争のなか現場で逮捕。そのままそれ以前の別の事件であった九・一八文理奪還闘争で起訴され、一二月まで府中刑務所で獄中生活。七〇年二月二五日倒れる。

こうした経歴を見ていると、彼の残した「現在における激烈な階級闘争は、自己の内的世界をも破壊するような闘いとして

中村君の墓碑

ある」という言葉が甦ってくる。獄中からの手紙のなかでは、「私がパクられることによって私の家庭にも大きな影響を与えている」と、家族に対する気遣いを見せている彼だが、一方父親の前で「死ぬかもしれない」と話していたとのこと、これ等のことからすると彼は思想的政治的に極めて高度に洗練された立場で闘いに臨んでいたことを示している。

三月二日に亡くなった中村君の告別式は、三月四日に自宅で営まれた。それから一年後、岡美行画伯の筆によって「日大全共闘戦士・中村克己の墓」と刻まれた墓碑が、千葉県八千代市にある八千代霊園に、多くの人々のカンパによって完成した。七一年三月二日、墓前祭が行なわれた。以後、二月下旬から三月上旬にかけての時期に、糾弾委員会と有志によって毎年墓参りが続けられてきた。

その間、告発闘争は七三年四月、高橋君裁判は七六年二月に終結した。そんな訳でその後糾弾委の活動は墓碑の管理と墓参というかたちに移行してきた。とともに、さらに長期的視野にたった墓碑の管理と墓参への取り組みが要求された。そこで、糾弾委員会は解散し、「中村克己君墓碑委員会」を一三回忌の前年八一年二月に発足させた。

そして八二年一三回忌法要から、糾弾委に代わって墓碑委員会として各方面に呼びかけ、墓参りを続けている。花を供え線香を手向けるだけの墓参であるが毎年二〇～三〇名ほど集まり、遠く北海道からやって来る者もいる。九六年の二七回忌、〇二年の三三回忌法要は四〇名を超える参加者によって営まれた。

また墓参は、かつて商闘委だった旧友たちによっても続けられている。

おわりに

克己君のお父さんは九〇年六月七日、お母さんは〇三年二月六日に亡くなられた。ご両親は今、克己君の隣で眠っている。

お父さんは私たちの運動に、一方では理解を示しながらも、時には厳しい目を向けられ、さまざまな点について問題を指摘されることもあった。が、亡くなる直前の病床では、温かい目で見つめてくれた。お父さんが亡くなられた後お母さんは、毎年、相模原の自宅から一人で遠路八千代台まで足を運ばれた。「克己と同じ世代の人たちと話していると心が落ち着く」と話され、また晩年は「この日のために身体をきたえている」とのことだった。

墓の前に立つと、克己君、お父さん、お母さん、そして家族の皆さんの無念の思いが厳しく迫ってくる。こうした墓参というのは決して楽しいものではない。しかしこの問いかけに応えようなどというのは容易ではないけれども、少しでも応えようと心がけることはできないことではない。毎年、こんな思いで墓の前に立つ。

世の中が変わっても人の心が変わっても、「日大全共闘戦士、中村克己の墓」は存在し続ける。〝七〇・二・二五中村克己の死〟そして〝彼の闘いとその思想〟は歴史のなかに生き続ける。

今も多くの仲間が命日に墓参する

日大闘争年表（増補完全版）

作成者　大場久昭

一九六八年（昭四三）

一月二六日
理工学部・小野竹之助教授（本部教務部長）の五千万円脱税が発覚。国税庁による税務調査の端緒となる。
理工学部自治会（岸田邦雄委員長）が声明を発表。小野教授の裏口入学に絡む脱税を追究。

二月八日
東京国税局、学校法人日本大学への一斉監査に着手。本部、商学部、芸術学部、医学部、歯学部の各学部と付属高校（日大高校、豊山高校）で監査開始。

三月二二日
国税局の監査が法学部、経済学部、文理学部、理工学部、生産工学部、工学部、農獣医学部に波及。四月一五日までに全十一学部とふたつの付属高校において監査が実施された。国税局の監査は四ヶ月間、のべ四千五百名の係官を動員する調査だった。

四月五日
経済学部会計課長・富沢広が三月二五日に突然失踪し、同日、経済学部の銀行口座から七百万円が引き出されていることが発覚。失踪から一年七ヶ月後の六九年九月一七日、警視庁は全国指名手配中の富沢を都内の潜伏先で逮捕。

四月一五日
東京国税局、「使途不明金二〇億円」を公表。以後、新聞、テレビ、週刊誌で大学当局の杜撰な運営実態や理事会での派閥の暗闘、土地取得に絡む金銭スキャンダルなどが報じられた。これら報道機関の取材で、使途不明金の累計は三四億円と伝えられる。

四月一六日
理工学部会計課徴収主任・渡辺はる子が遺書「わたしは潔白です」を遺し三月二八日に自殺していたことが発覚。大学当局は「事故死」と発表。

四月一七日
日本大学学生会連合会（住田望委員長）、学連委員長会議を開き、国税局問題調査特別委員会を設置。

四月一八日
日本大学教職員組合（桧山和彦委員長）、古田重二良会頭以下全理事一六人の辞職を勧告。

四月二〇日
経済学部・短期大学部学生会（秋田明大委員長）の「経済学部新入生・移行生歓迎集会」が学部当局に拒否され、日高六郎・東大教授の講演会が禁止される。

四月二二日
農獣医学部、大森智堪学部長が「学生諸君に訴える」を配布。

四月二三日
文理学部学生会（久米奎八郎委員長）、大学当局に公開質問状を提示。
理事と学部長の合同会議で小野教授と呉文炳総裁が辞任。総裁・副会頭・常務理事制を廃止。

四月二四日
歯学部で学生会と教授会の協議会が開催。席上、学部当局は使途不明金を否定。

四月二五日
教職員組合、再度、全理事の退陣を要求。
津田沼の生産工学部教授団、声明文を発表。

四月末
連休の期間、各学部学生会および諸団体、サークルなどの合宿や研修会で使途不明金問題が討議される。

五月上旬
秋田明大、田村正敏、矢崎薫らが市谷で会談。危惧する社研OBらの反対を押し切って、ひそかに「日本大学全学共闘会議」結成にむけた動きがはじまる。まず、文理学部の社研を中心とする二〇名が市谷で会議。闘争への意思統一と結束がはかられ、さらに三田魚籃坂の寺院で経済学部、法学部、文理学部の学友らが出席して決起への準備会合を開き、三学部の連携を確認。

五月一六日
文理学部学術文化団体連合会（中山正宏委員長）第三部室の第一回合同討論会。

五月一八日
経短学生会、使途不明金糾弾の学生委員会開催を経済学部当局に申請。

五月二〇日
学文連に特別委員会が発足。使途不明金糾弾の緊急アピールを文理学部で配布。
経短学生会の学生委員会開催申請に対して学部当局は、事実上の拒否回答。

五月二一日
経済学部当局、使途不明金に関し「大学当局を信頼する」との声明を発表。
経短学生会、地下ホールで学部当局への抗議と討論集会をわずか二〇名ではじめる。体育会系学生五〇名が集会を妨害。殴る蹴るの暴力行為にも関らず、集会には学友三〇〇名が結集し「無届」集会の実行と継続を確認。

五月二二日
経短学生会、経済学部地下ホールで四五〇名が抗議集会。法学部、文理学部など他学部からも三〇名が参加。学生指導委員長室前で代表団一〇〇名が抗議の座込み。ついで抗議文を掲示。
その後、学外の喫茶店「白十字」などで各学年クラス委員らをふくめた討論会を行う。
文理学部教授会、声明書を出す。

五月二三日

経済学部当局、他学部からの集会参加を阻止するため、急遽、学生証検査を強行。

経短学生会の地下ホール集会に法学部、文理学部の学友ら七〇名をふくむ二〇〇名が参加。集会阻止のため動員された体育会系学生四〇名の妨害にも関わらず、集会は八〇〇名に膨れあがった。集会後、経短学生会は、他学部から駆けつけた学友を、無事、学外に送り出すため検問を突破。学外に待機していた学友らと合流。一二〇〇名が隊列を組み、校歌を歌いながら、白山通りではじめての街頭デモ。これがいわゆる「二〇〇メートルデモ」である。

この日、経済学部では「日大全学共闘会議」名のビラが配布され、新宿の喫茶店「らんぶる」で行われた極秘会合で日大全共闘執行部の人選を協議。

文理学部では特別行動委員会が結成され、各学科・クラスに行動委員会の結成を呼びかける。

五月二四日

経短学生会の抗議集会とデモはたちまち全学部に知れわたる。

この日、法学部、文理学部、商学部、芸術学部、理工学部、生産工学部では、経短学生会を支持する学文連特別委員会などの「無届」ビラが配布された。

経済学部ではこの日も学生証検査を行うが、集会には八〇〇名が参加。待機していた体育会系学生七〇名が「無届け集会はやめろ!」「解散!」と叫びながら集会に乱入。殴る蹴るの暴行が加えられたため、学外に移動。一号館前の路上で再び抗議集会を開き、法学部から五〇〇名、文理学部の三〇名も参加し一〇〇〇名が結集。錦華公園までデモ。公園でも抗議集会を開く。

法学部自治会学生委員総会。なんら抗議活動をしない執行部に批判が続出。わずか十五分で流会。執行部批判派二〇〇名は、ただちに抗議集会に変更。経短学生会の抗議行動に呼応することを確認。

五月二五日

経済学部当局、秋田明大以下一五名（経短学生会執行部一二名と学友三名）を謹慎処分。

法学部では、三号館前で八〇〇名の抗議集会。集会の最中、二階のベランダや四階の窓からバケツ二杯分の汚物を撒き散らす妨害行動に遭遇。

文理学部では大講堂前に特別行動委員会が立看を出し、集会を準備。学生課職員が立看を破壊。井出治学生課長も駆けつけハンドマイクのコードを引きちぎる。集会に参加した五〇〇名は、学部当局の「解散通告」を無視して、集会を続行。体育会系学生五〇名が露骨な妨害行動に奔るが、大講堂前は二〇〇〇名の学友で埋めつくされた。

この日、経済学部一号館前での抗議集会には商学部からも五〇名が加わり、経済学部、法学部、文理学部を入れると三〇〇〇名が結集。

本部前での全学集会で「日本大学全学共闘会議」の結成が提起される。

神田警察署は警察官を出動させ、三崎町周辺に六〇名を待機させる。警察官の出動は、これがはじめて。

この日までに民主青年同盟（民青）の主導で民青系と中間派が「六学部自治会共闘」（法学部II部、経商短II部、農獣医学部、文理学部、医学部、理工学部習志野）を結成。

五月二六日

大学当局、本部に学部長を集めて緊急学部長会議を開き、対応策を取りまとめる。

五月二七日

文理学部では三〇〇〇名が結集して大講堂前で集会。大学および学部当局を弾劾し、文理学部闘争委員会（田村正敏委員長）の結成を宣言。

法学部では三号館前で一五〇〇名の集会。法学部闘争委員会（酒井杏郎委員長）を結成。

経済学部前で、経済学部をはじめ、法学部、文理学部、商学部、芸術学部、理工学部、農獣医学部、歯学部などから五〇〇〇名の学友が結集、はじめて全学総決起集会を開催。

「日本大学全学共闘会議」の結成を承認。議長に秋田明大（経短学生会委員長）を選出する。

この時点での全共闘執行部はつぎの六名。

議長・秋田明大（経済四年）副議長・矢崎薫（法四年）書記長・田村正敏（文理四年）組織部長・今章（法三年）情宣部長・戸部源房（経済四年）会計部長・中山正宏（文理四年）。

のちに共同副議長・酒井杏郎（法三年）と政治局・大川正行（法四年）が就任。

五月二八日

経済学部をはじめ各学部で闘争委員会が結成される。

大学当局、鈴木勝学生局担当理事を本部長に臨時綜合（総合）対策本部を設置。

農獣医学部学生会総務委員会が経短学生会に連帯の決議。

全学総決起集会に経闘委、法闘委、文闘委、商学部、理工学部から六〇〇〇名結集。全共闘は、五月三一日、文理学部での大衆団交の開催を要求。全共闘の団交要求は、これがはじめて。

この日までに「日本大学学生支援全学部OB会議」などOB三団体が組織される。

五月二九日

経闘委の学部集会に一〇〇〇名結集。錦華公園までデモ。

文闘委は、新宿駅西口ではじめての街頭カンパ。

商学部では、学生集会が一〇〇〇名の結集で開かれ、学生会執行部（池田淳八委員長）との対立のなか、法闘委から一五〇名が駆けつけ、商学部闘争委員会（兼近秀典委員長）を結成。

農獣医学部学生会総会は、経済学部学友一五名の処分撤回と経闘委の支援を決議。さらに経済学部長宛ての抗議文を送付。

五月三〇日

文闘委、大講堂前で集会。農獣医学部へ連帯のデモ。

農獣医学部では、学部当局と体育会系学生が正門を閉ざしピケットを張る。文闘委の三〇〇名は、正門前で集会を開き、農獣医学部の学友に連帯の挨拶と団交参加を呼びかける。

学連、大学当局に要求事項提示。これに対して大学当局は緊急理事会を開催。

五月三一日

大学当局は「全共闘は学則上、非合法団体である」

として団交要求を拒否。

この日、団交会場となった文理学部では、学部当局が全面休講を通告。ロックアウト状態となる。文闘委は大講堂前で決起集会。学生会の久米委員長は「全共闘の行動は学園破壊」と非難するも、学生会常任委員会議長団は「三〇〇〇名の抗議の声を無視できない」と声明。学内右翼学生集団「日本大学学生会議」（寺田相生委員長）は体育会系学生八〇名を集めて気勢をあげ、文闘委の集会に殴り込む。再三の暴力行為で、負傷者三〇名。うち四名が内臓損傷、腎臓出血などで救急搬送された。

「全共闘」の旗を先頭に経闘委、法闘委、理工学部、芸術学部、農獣医学部の学友が到着し、集会はたちまち八〇〇〇名に膨れあがる。全共闘は「大衆団交は学内で実施する」との方針を掲げ、六月四日、本部前での団交要求を確認。

六月一日

田賀秀一、三上宏明ら弁護士六名が「日大闘争支援弁護団」を結成。

芸術学部正門の路上で法闘委の学友が体育会系学生に木刀で殴られ負傷。

六月二日

東京国税局、三四億円の使途不明金を大学当局の不正な経理操作による脱税と断定。記者会見で「史上最大の脱税事件」と公表。これまで「通常の税務調査」とか「税務処理上の見解の相違」としてきた大学当局の主張が全面的に崩れる。

六月三日

全共闘、はじめてタイプ印刷のビラ発行。六月四日大衆団交への結集を呼びかける。

学連、大学当局と会談し、当局の見解を聴取。

六月四日

各学部で決起集会。法闘委は法三号館前、経闘委は経一号館前、文闘委は大講堂前で集会。文闘委と商闘委の学友、理工学部の学友に連帯を呼びかける。礫川公園での「六学部自治会共闘」の集会に参加していた農獣医学部の学友六〇〇名が経済学部に到着。この日の決起集会は、遠く文理学部三島校舎や郡山の工学部からも学友が参加し、一〇〇〇〇名と最大規模の集会となった。

本部正面に経闘委、商闘委、理工、法一号館前に法闘委、文闘委、芸闘委、農獣医の学友が座込む。

全共闘代表団一四名、本部の細谷英夫学生部長と会見。六月一一日の団交要求を通告。

法学部の一部学友が「全共闘は生ぬるい」として本部に突入。二階の学生部長室前で抗議集会を開く。この本部突入事件は、全共闘にとって想定外だったが、学生大衆の怒りは全共闘に戦術転換を迫り、ストライキ突入を視野に入れた闘争方針が策定される。

この日、大学当局は靖国神社に体育会系学生一〇〇〇名を集めたが、組織的妨害を断念。

六月五日

医学部学生委員会、全共闘を承認。

日本大学体育会および日本大学体育連合会、全共闘を非難する抗議声明。

六月六日

全共闘は活動者会議を開き、ストライキ戦術による長期闘争の方針を確認。スト突入にむけて、全学的な討論集会を提起。

農獣医学部で抗議集会。

学連は、住田委員長を中心とする全共闘容認派と法学部、商学部、文理学部を中心とする全共闘否認派が対立。組織決定が出来ない状態に。

古田会頭、理事会を開き、六月一一日の団交を拒否。あらためて「全共闘との会談は一切せず」と言明。

経済学部当局、秋田議長ら学友一五名の謹慎処分を解除。

六月七日

農獣医学部学生会（山口栄委員長）の要請を受け、大森学部長らが出席し公開説明会。学部長は「使途不明金は目下調査中」と発言。

芸術学部でも自治会中央事務局主催の公開説明会を開催。芸術学部闘争委員会（真武善行委員長）は「闘う討論会にせよ」と学友に呼びかける。

法学部Ⅱ部学生会、抗議集会。

学連、緊急委員長会議を開くも統一見解を出せず、事実上、分裂。

六月八日

全共闘と各学部闘争委員会、活動者会議を開き戦術を検討（六月九日まで）。

六月一〇日

文闘委、六・一一にむけて行動隊を編成。経済、法学部で同時にスト突入する方針を確認。

大学当局の総合対策委員会（本部長は鈴木勝理事）が、各学部長と学生指導委員長宛に「警官導入による排除も考慮せよ」と指示。

六月一一日

日本大学学生会議、全共闘を「実力で粉砕する」と声明。

経闘委、法闘委、文闘委、商闘委、芸闘委など各学部で決起集会を開く。

経済学部では、ヘルメットを被った吉田寛学部長が、地下ホールに体育会系学生二五〇名を集めて「不逞の輩から経済学部を守れ」と訓示。

守衛が経済学部一号館正面玄関のシャッターを突然閉めはじめる。学友二〇名がシャッターに取りつき素手と旗竿で阻止。その時、学内に立て籠もった体育会系学生を発見、学友一五〇名が学内になだれこむ。これを見た職員は体育会系学生を指揮して、木刀を振りかざし、無防備の学友に殴る蹴るの暴行を加えた。

さらに一号館の上階から、体育会系学生はもちろん守衛までが、集会に参加し座込んだ学友をねらって、石やコーラビンなどをつぎつぎに投げ込む。一瞬、五〇〇〇名は総立ちとなったが、そこにも机、椅子、鉄製の灰皿などが見境もなく投げ落とされ、地獄絵さながらの惨状。頭蓋骨や肩甲骨を損傷した負傷者が続出する。

「やめろ！　人殺し！」の怒号が乱れ飛ぶが、二階のバルコニーでは、体育会系学生がこれ見よがしに日本刀（白鞘）を振りまわし威嚇。この間も放水や消火器、催涙ガス液を浴びせ、重さ一〇キロ、幅六〇センチのスチール製ごみ箱やロッカー、果ては砲丸投げの鉄球までもがデモ隊にむかって投げ落とされた（砲丸投げの鉄球は証拠品として弁護団が押収）。

全共闘は態勢を立直すため、一旦、本部へ抗議のデモ。ここで秋田議長はスト突入を宣言。この時、白山通りから経済学部二号館前の路上に赤白モヒカンのヘルメットが投出される。周辺の学友が急いで装着、五〇名の行動隊が編成され、つぎつぎと正面玄関から学内に突入。缶ビールが投げつけられるなか、体育会系学生の築いた手前のバリケードを突破。奥側のバリケードに取りつくが、日本刀や木刀、ゴルフクラブやチェーンなどの凶器を振りかざし、消火器を吹きつける職員と体育会系学生に阻止され、正面玄関や守衛室付近まで押しもどされる。

この間、一〇〇名ほどの学友が白山通りの窓からも一号館に突入。しかし、立て籠もった体育会系学生の暴力に抗し得ず、顔面を血だらけにした学友や殴打され気絶した学友を搬送するため、撤退。

大学当局は機動隊八〇〇名の出動を要請。学友らは機動隊が加害者の体育会系学生を排除してくれるものと誤認、拍手と歓声で迎えたが、機動隊は体育会系学生の暴力行為を制止するどころか、被害者の学友たちを規制する暴挙にでる。怒りの抗議をする学友らが排除され、規制に抵抗する学友六名が検挙された。

法闘委は、法学部三号館前でスト権を確立。三号館を占拠し、バリケードを構築。

経済学部前で機動隊に規制され、分断された学友らは本部前で抗議のデモを展開。その後、法学部三号館に結集し、二〇〇名が泊まり込み態勢を取る。

この日、負傷した学友は入院四〇名、全治二週間の重傷者六〇名をふくめ二〇〇名にのぼる。

この事態を鈴木勝学生局担当理事は、記者会見で「体育会の気持ちは本学の精神である」と得意気に語り、居合わせた記者団の顰蹙をかった。

この「暴言」を憂慮した下稲葉耕吉警視庁警備部長は「体育会を紛争解決の手段にせず、大学当局は学生と話合い、円満に解決してほしい」ときわめて異例の談話を発表した。

六月一二日

全共闘は経済学部を奪還。経済学部闘争委員会（鳥越敏朗委員長）、スト突入を宣言。

文理学部学生会総会で授業ボイコットを決議。さらに常任委員会決議（「無届け集会禁止」）を廃案に。

六月一三日

学連の住田委員長、日本大学学生会連合会と学連中央委員会の解散を宣言。

理工学部自治会がリコール。執行部全役員の再選挙を決議。

六月一四日

文理学部学生会総会でスト権確立。しかし、ストの形態をめぐり文闘委と学生会執行部が対立、結論は翌日の延長総会に持ち越す。

文理学部教授会、理事会に事態収拾の勧告書を提出。

経済学部のバリケードを黒ヘルメット集団が襲撃。

経闘委行動隊の学友一名負傷。

六月一五日

経闘委、バリケードのなかで、はじめての自主講座（三上治講師「大学の自治と学生の役割」）を開催。

文理学部学生会総会、無期限スト突入を決議。文闘委は文理学部一号館、二号館を占拠し、バリケードを構築。三〇〇名が籠城態勢に入る。

芸術学部教授会、要望書を提出。「事態の解決は話合いで」を強調。

六月一六日

経済学部のバリケードに入り込み、「朝日ジャーナル」記者を装ってスパイ行為をしていた付属鶴が丘高校の保田昌平教諭を経闘委が摘発。

経闘委の学友二名に体育会系学生四名が棍棒で襲いかかり一名が重傷。病院に収容された。この間、三崎町界隈でのテロ行為が頻発。

商学部臨時学生委員大会、ストをめぐって学生会執行部と商闘委が対立。

六月一七日

法闘委、学生大会を開催、法学部自治会をリコール。

法学部教授会、理事会と全共闘の会談（予備折衝）を斡旋。

「六学部自治会共闘」が礫川公園で全学集会を開く。全共闘は「分裂策動阻止」を訴えて介入。

六月一八日

商闘委の抗議集会と学生会執行部の学生委員会が同時開催。秋田議長が出席した商闘委の抗議集会はストを決議、商学部がスト突入。

理事会、法学部教授会の斡旋を受諾し、鈴木勝理事が全共闘に六月一九日の大衆団交予備折衝を申入れる。

法学部当局、「法学部速報」のビラで「占拠した校舎から疫病発生」の虚報を流す。

芸術学部で金丸重嶺理事が公開討論会（一〇〇〇名）に臨む（司会は芸闘委）。

農獣医学部では、東季彦理事と大森智堪学部長が出席して公開討論会（一五〇〇名）。

日大学生会議、文闘委襲撃のため動員をかける。世田谷の松原公園に七五名が集結。釘のついた四メートルの角材、日本刀（白鞘）、手斧、バット、火炎ビンなどで武装。

六月一九日

黒ヘルメットの学生会議七五名が文理学部五号館裏から侵入。文闘委行動隊一〇〇名が迎撃。二号館裏で追いつめ、一名（法学部二年生）を捕虜にする。

弁護団の助言で捕虜の身柄は成城警察署に引き渡す。

文闘委と文理学部学監・土屋忠雄教授ら教授会との討論会（二〇〇〇名）。

芸術学部では学部当局の説明会が開催されていたが、芸闘委は説明会を中断し、スト突入を宣言。ただちに芸術学部本館を占拠しバリケードを構築。無期限ストに突入。

経闘委と法闘委の学友二〇〇〇名、本部包囲デモ。

全共闘の予備折衝代表団一七名が本部会議室に出席。しかし、公文書で約束した古田会頭以下理事は誰も出席せず。全共闘は、六月二五日法学部大講堂での団交を要求。本部封鎖を望む学友の声に応えて全共闘は本部を封鎖しバリケードを構築。

農獣医学部学生会、臨時学生総会を二〇〇〇名で開催。スト権を確立。

医学部教授会が本部機構の簡素化を要求。

歯学部当局、独自の届出制を提示。

六月二〇日

全共闘は五項目からなる闘争スローガンを採択。

①全理事総退陣 ②経理の全面公開③不当処分白紙撤回 ④集会の自由を認めよ ⑤検閲制度撤廃。

「六学部自治会共闘」から農獣医学部学生会が離脱。民青系が主導する「六学部自治会共闘」の破綻が明らかとなる。

新宿駅西口で街頭カンパ中の文闘委二名が右翼系学生に暴行され、棍棒で殴られた学友が入院。

六月二一日

文理学部三島学生会の学友一五〇〇名、三島市内ではじめての街頭デモ。

理工学部習志野学生会（近藤隆治委員長）、学生総会で「許可制度撤廃」を決議。

六月二二日

農獣医学部は、再度、学生総会を開き、スト突入を決議。農獣医学部学生会中央闘争委員会（農中闘）を結成。ただちに本館を占拠、正門などにバリケードを構築する。

文理学部三島学生会（小早川隆義委員長）、学生委員会を開催、スト権を確立。

理工学部習志野学生会、理事の退陣など三項目の要求を決議。

六月二四日

古田会頭、新東京ホテルで記者会見。「十九項目改善案」を発表。

文理学部三島校舎、スト突入。バリケードを構築し、三島闘争委員会の一〇〇名が籠城。

六月二五日

全共闘は法学部一号館で団交を拒否する大学当局への全学抗議集会を開き、秋田議長は、自ら「十九項目改善案」を破り捨て、強い抗議の意思を表明。「夏休み策動粉砕」を掲げスト態勢を維持する方針が提起される。法闘委から法学部一号館の封鎖が提案され、バリケードを構築。

生産工学部闘争委員会（近藤敏男委員長）結成、はじめて全共闘の集会に参加する。

この日、「五学部自治会共闘」（六学部だったが、農獣医学部は離脱）は、全共闘とは別に全学総決起集会と称する集会を開き、集会後、国会や文部省に請願デモ。

六月二六日

全十一学部の闘争委員会が結集。全共闘のもとで闘うことを確認。「日本大学全学共闘会議」が名実ともに確立。

法学部三号館のバリケードを警戒中の法闘委の学友が右翼暴力学生に殴打される。

六月二九日

日本大学教職員組合がはじめて決起集会とデモを行う。錦華公園に七〇〇名参加。全理事の退陣と経理の全面公開を要求。文闘委は文闘委中央委員会の名で連帯支援声明を出す。

理工学部自治会、再選挙で選任された執行部（佐久間順三委員長）を承認。スト権動議を提起。

七月一日

理工学部習志野での「理工系三学部四自治会総決起集会」に三〇〇〇名結集。全共闘から秋田議長ら代表団一〇名が出席。

七月四日

医学部学生委員会、パンフレット「学園民主化の為に」を発行。

全共闘、「夏休み策動粉砕全学総決起集会」（経済学部一号館）。全十一学部から一五〇〇〇名結集。

文闘委主催の学生大会に二〇〇〇名結集。「久米執行部弾劾決議」を採択。大会後、鈴木知太郎学部長以下、全教員出席のもとで学部団交を開催。

文理学部教授会、「全理事の即時退陣」を決議。

七月五日

農中闘の学友三名が近所のガソリン・スタンド泥棒を捕縛。世田谷警察署は三名に「警視総監賞」を申請。

理工学部習志野学生会、全学スト権投票の後、七月一〇日までの時限スト突入。

理工学部自治会、学生大会でスト権確立。

七月六日

芸術学部に機動隊現れる。芸闘委の活動者会議で長時間の「投石」論争。

七月七日

文闘委、「七夕総決起集会」（五〇〇名）を開催。ファイアー・ストームを囲んで、古田重二良の人形に火を放つ。

古田会頭が永田菊四郎総長、鈴木勝理事らと理工学部五号館に現れたところを、全共闘が捕捉。直談判の結果、大衆団交の予備折衝を認めさせる。

七月八日

理工学部自治会、教授会との公開討論会の後、ストに突入。理工学部Ⅱ部、生産工学部も同時にスト突入。

七月九日

農獣医学部、学生総会で農中闘を農獣医学部闘争委員会（農闘委）に組織再編。

東京国税局は、使途不明金に関し、所得税八億四〇〇〇万円の脱税があったとして、この日までに大学当局から重加算税と延滞税一一億円を徴収したと発表。

七月一〇日

教職員組合は特別調査委員会の調査結果を公表。

七月一七日

工学部の助教授（女性）が全国紙に「なぜ講義やクラス討論を盗聴するのか。学生の掲示や立看板を、かたっぱしから焼却するのか。夏期休暇なのに、なぜ体育会系の学生に、毎日すごませておくのか。姿勢を正して、民主化の理念をもっていただきたい」と投稿。大学の現状をきびしく批判した。

七月一八日

第一回大衆団交予備折衝。大学当局の出席者が少なく、流会。再度、七月二〇日に古田会頭以下全理事出席の予備折衝を開くことを確約。

七月二〇日

法学部一号館で全学集会開かれる。古田会頭以下全理事が出席して全共闘と大衆団交予備折衝。八月四日に法学部大講堂で大衆団交を行なうことを誓約書で確認。
全学集会後のデモで機動隊と衝突。経闘委や芸闘委の学友二八名が不当逮捕される。

七月二一日
神田警察署へ法闘委、経闘委、農闘委、習闘委が抗議デモ、機動隊が学友六七名を逮捕。
文闘委情宣部、機関紙「変革のパトス」創刊。

七月二四日
古田会頭、全共闘に大衆団交の無期延期を通告。

七月二七日
全学部OB会議、全共闘支援の集会とデモを行なう。

八月二日
各学部で総決起集会の後、三崎町で全学総決起集会。大学当局の団交拒否に抗議し神田界隈でデモ。機動隊の規制で八名検挙される。

八月七日
文理学部学生会・久米委員長が自己批判。学生自治活動の全権を文闘委に委譲。

八月四日
法学部一号館で大衆団交拒否に対する抗議集会二〇〇〇名結集。

八月六日
全共闘、八月二五日の大衆団交を大学当局に文書で要求。

八月一二日
文闘委、文理学部教授会と十三時間にわたる学部団交。学生指導委員長・森脇一夫教授が辞任を確約。要求を全面的に勝ち取る。

八月一七日
理工学部闘争委員会（佐久間順三委員長）、理工学部教授会と学部団交。
文理学部正門で、文闘委の学友が、近づいてきた四人組の右翼暴力学生に梶棒やビール瓶で殴られ、頭部に重傷。

八月二二日
大学当局、理工学部教授会との団交を否定。理闘委、理工学部五号館、六号館を自主管理。

八月二三日
各学部で総決起集会。

八月二四日
法学部教授会は全共闘に占拠解除を要求。「応じなければ法的手段に訴える」と文書で通知。古田会頭は全共闘に対し「全学生の正式代表と認めず、今後、紛争解決のための相手とせず」と通告。

八月二五日
法学部一号館で団交拒否に抗議する全学総決起集会。中間試験ボイコットを決議。集会後のデモで機動隊と衝突、学友八名が不当逮捕。商闘委がこの集会に出かけた間隙をぬって、商学部バリケードにスト破りの学生三〇名が来襲。本館、一号館などのバリケードが破壊され、室内が荒らされた。

八月二六日
理工学部自治会・岸田前委員長が大学当局や学生会議との親密な関係を追究され自己批判。

八月三一日
大学当局、法学部と経済学部の占拠排除・立入禁止の仮処分を東京地裁に申請。

九月一日
理工学部習志野校舎で習志野闘争委員会が無期限ストに突入。

九月二日
大学当局、二十項目の改善案を発表。
法学部に「学園正常化委員会」と称する学生集団が現れ「授業再開」のビラを配布。

九月三日
大学当局、九月一一日からの授業開始を新聞各紙に告知。
全共闘、日大駿河台病院に現れた古田会頭を駐車場で発見。団交拒否に抗議し謝罪を要求。機動隊二〇〇名が出動、全共闘の座り込みを排除し学友三名が逮捕される。
豊島公会堂で授業再開策動に奔走する「全学再建協議会」（池田淳八議長）が八学部の右翼系学生や体育会系学生を集め「授業再開総決起集会」（三〇〇〇名）を開催。

九月四日
東京地裁の仮処分決定にもとづき日大本部、法学部、経済学部が強制代執行。バリケードが八〇〇名の機動隊によって破壊される。法闘委と経闘委の学友一三二名逮捕。
全共闘は理工学部九号館建設予定地で二〇〇〇名の全学抗議集会。集会後、法学部、経済学部を再占拠。バリケードを構築する。
郡山の工学部闘争委員会（大塚規雄委員長）、無期限スト突入。

九月五日
法学部、経済学部に、再度、機動隊が導入。バリケードが破壊される。
五〇〇〇名の全学抗議集会。白山通りで一〇〇〇〇名がデモと抗議集会。三度、法学部、経済学部を占拠。津田沼の生産工学部、校舎を占拠し、スト突入。日本大学文化団体連合会（山本高志委員長）、機動隊導入に抗議し、全理事の退陣を要求。
警視庁、第五機動隊の西条秀雄巡査部長の重体を発表。

九月六日
経済学部前で全学抗議集会。法学部、経済学部を四度目の占拠。バリケード構築。白山通りで学友五〇〇〇名がフランス・デモ。機動隊と激突、機動隊は催涙弾、ガス銃を使用して弾圧。重傷者多数。学園闘争ではじめて催涙ガス弾が使用される。三五名検挙。
大学当局、緊急理事会を開き、理事会、教職員、学生による「三者協議会」を早急に設置する方針を決める。

九月七日
理工学部九号館建設予定地で全学総決起集会とデモ。神田地区で機動隊と激突。学友一二九名が検挙される。全共闘は「九月一二日に法学部と経済学部を完全に奪還。バリケードを構築し、もし機動隊が導入されたら、再度、徹底抗戦で闘う」との方針を決定。

九月八日
工闘委、工学部本館につづき図書館を封鎖。

九月九日
理事と学部長の合同会議開催。法学部教授会は高梨公之学部長以下六名の教授辞任と理事総退陣を決議。
九月一〇日
文理学部で教授、助教授、講師の合同会議開かれる。一五九名の署名で声明書を理事会へ提出。
法学部長以下五名辞任。商学部当局も理事退陣を要求するが、理事会は理事の退陣を除く四項目の譲歩案を提示するのみ。
商学部のバリケードを鉄棒で武装した右翼暴力学生が襲撃。
九月一二日
全学総決起集会に七〇〇〇名が結集。集会後、白山通りのデモで機動隊と衝突。学友二名負傷。機動隊の弾圧で逮捕者は一五四名。全共闘は法学部、経済学部を奪還。バリケードを再構築し、再度、長期スト態勢を確立。
全共闘書記局、機関紙「反逆」創刊。文闘委、機関紙「文理戦線」創刊。
九月一四日
九学部の助教授、講師、助手による「教員連絡協議会」が発足。教員八〇〇名が理事総辞職をもとめて声明を発表。
医学部学生会、スト権確立。
商闘委へ鉄棒で武装した右翼暴力学生が殴り込み。
九月一六日
「文団連の集い」で永田総長が辞意を表明。
九月一九日
「法・経スト一〇〇日突破記念全学総決起集会」(法学部一号館)。九月二四日の大衆団交など十二項目を二一日までの回答期限つきで大学当局に要求。
医学部闘争委員会、スト突入。
九月二〇日
歯学部闘争委員会、スト突入。全十一学部がスト態勢に入る。
九月二一日
古田会頭、全共闘に「回答書」を提示、学生自治活動、学生指導機関の改革などに関し大幅譲歩、定款改正後の全理事退陣の意向を表明。これに対し全共闘は「文書での回答は信用できない」として九月二四日の大衆団交をあらためて要求。
日本大学学生会義、西神田公園に七〇名の学生を集め、全共闘を非難。集会後、三崎町界隈でシュプレヒコールを叫び、校歌を歌ってデモ行進。
九月二四日
「大衆団交勝利全学総決起集会」で、再び本部封鎖と九月三〇日の大衆団交要求が決議される。
工学部で教職員が封鎖解除の実力行使。授業再開を強行。
九月二七日
工闘委、駆けつけた全共闘行動隊とともに、工学部を再封鎖。授業再開を阻止する。
九月二九日
神田の新東京ホテルで開かれた理事会は、全共闘の要求する大衆団交には応じないが、事態収拾のため、九月三〇日に大学主催の「全学集会」を両国の日大講堂で開くと通告。
仮処分強制執行のさい重傷を負った西条巡査部長が死亡。警視庁は殉職あつかいとし二階級特進。神田警察署に特別捜査本部を設け、捜査を開始。
九月三〇日
全共闘は経済学部前で一〇〇〇〇名の全学総決起集会。両国の日大講堂では農獣医学部を中心とする学内右翼学生集団「日新会」など八〇〇名が集会を開き、大学当局の意にそった「全学集会」を画策するが、全共闘行動隊三〇〇名は「日新会」の学生二〇〇名を両国講堂から排除。学友二五〇〇〇名(最大で三五〇〇〇名とも)が結集し、十二時間にわたる大衆団交が開催される。
全共闘は冒頭で「なによりも悲しむべきことに、ひとりの人間が死んだ。それなのに、なぜ理事会は仮処分を撤回して、自らの犯罪性について自己批判しないのか」と大学当局を批難するとともに、西条巡査部長への弔意をささげる。
古田会頭をはじめ出席した理事や学部長らは九項目の要求を全面的に認め、誓約書につぎつぎと署名。そのたびに歓声と紙吹雪が舞った。
この間、生産工学部のバリケードが「学園浄化促進委員会」と称する学生集団に撤去されたが、津田沼闘委は教職員のピケットを破り、構内から「浄化委員会」の学生集団を排除。本館を再び占拠した。
芸術学部も武装した右翼暴力学生五〇名に襲撃され、逃げ遅れた芸闘委の女子学生二名が針金で縛りあげられ、寝具などが焼かれた。さらに、柔道部の学生らとの衝突で芸闘委の学友二名が柔道部合宿所に拉致された。芸闘委・真武委員長が柔道部主将と会談した結果、二名は合宿所から解放された。
一〇月一日
佐藤栄作首相、閣議で大衆団交を重視し「政治問題として取り上げるべきだ」と異例の発言。官邸内に大学問題閣僚懇談会を設置。中曽根康弘運輸相はじめ七人の閣僚と秦野章警視総監による第一回の会合を開く。
佐藤首相は、それまで記者団に大学問題を問われても「まだ社会問題や政治問題とは思わない」と発言していたが、それが一転したのは、当時、全国の五十を越える大学で学園闘争が頻発しており、この大衆団交方式が全国の学園に波及することを恐れたためと考えられる。と同時に、古田会頭は、首相が関係している「日本会」の有力会員で、首相とも緊密な親交があり、そのことが首相をよけい奮起させたとの観測もながれた。
一〇月二日
古田会頭は緊急理事会を開き、九月三〇日の大衆団交は強要されたものだとして、一〇月三日の大衆団交を拒否。
商学部で商闘委とスト破りの右翼暴力学生が衝突。
灘尾弘吉文部相も出席して大学問題閣僚懇談会第二回会合。「大衆団交のような秩序無視は許さない」との強硬意見で一致。自由民主党も党本部で臨時役員会を開き、政府の方針と同調する姿勢を示す。
一〇月三日
「闘う文団連討論集会」(法学部二一一講堂)。
両国講堂で大衆団交の確約事項破棄と佐藤政権の介

入を糾弾する全学総決起集会。一〇〇〇〇名が参加。教員協が「政府の介入は、大学の自治を崩壊させる」と、佐藤首相に抗議。

一〇月四日

秋田議長以下八名に公安条例違反、公務執行妨害の容疑で、警視庁が逮捕状を請求。

一〇月五日

緊急理事・学部長会議。法、経済、理工の各学部長それぞれ教授会に辞意を表明。運営権をめぐって結論出ず、一〇月七日の評議員会にもちこす。

一〇月六日

全共闘は今後の方針を発表。①九・三〇の大衆団交は有効。大学当局は約束を完全に実行せよ。②全学大衆団交要求する。③学部別団交を要求。④全共闘執行部は逮捕されても闘い抜く、などを声明。

一〇月七日

評議員会では、理事総退陣と今後の問題で結論が出ず、全理事一致を原則として理事会に議事を差し戻す。

教職員組合が東京地検に「理事や幹部に背任横領の疑いがある」と上申書を提出。

一〇月八日

生産工学部で、津田沼共闘委員会の学友五〇名と右翼学生一五名が衝突。千葉県警機動隊と習志野警察署員ら一二〇名が出動。

日本大学後援会（大石節会長）が授業再開の要望書を提出。

一〇月九日

理事会は「総退陣すべきである」と決議するも、時期、方法などは曖昧。記者会見に古田会頭は欠席。かわって決議を読みあげた広報担当の東季彦理事は、かねてから理事総辞職反対論の急先鋒で知られ、耳が遠いふりを装って、巧みに記者団の質問をはぐらかすなど、要領を得ない説明に終始する。

全共闘は、経済学部・号館前で全理事の即時退陣を要求する「全学総決起集会」を開き、白山通りを三〇〇〇名の武装デモで制圧。「神田解放区」を創り出す。

一〇月一一日

学部長会議で理事総退陣を要請。

文団連闘争委員会、文団連民主化推進委員会（芳賀一太委員長）を解散させ、文団連執行部の山本委員長を不信任。文団連は、事実上、解体。

一〇月一三日

芸闘委、「芸術学部スト貫徹一二〇日集会」を開催。

一〇月一四日

広川友雄工学部長らに使嗾された右翼暴力学生集団二〇〇名が武装して、郡山の工学部に殴りこみ。構内の電源を断ち、工闘委六〇名が籠城するバリケードに火炎ビンを投げつけ放火。さらに空気銃を撃ち込むという凶行におよぶ。工闘委の学友に負傷者が続出。工闘委は消火器や消火栓で延焼を防ぐが完全には鎮火せず、消防車三十台が駆けつけ、消火作業に協力。三十五分後、ようやく鎮火した。

一〇月一五日

理闘委、「理工学部スト貫徹一〇〇日集会」を開催。

工闘委、再度、工学部本館を占拠しバリケードを構築。

一〇月一六日

工学部火炎ビン放火事件で、工学部長、学監、学生指導委員長ら教授四名が引責辞任。

一〇月一七日

理工学部全サークル合同会議。

一〇月二一日

「関東軍」（日大、拓大、国士舘、東海大、専修大などの応援団や体育会の学生のほか、右翼団体「皇道会」とやくざで構成された暴力組織）が結成される。「関東軍」を組織した飯島勇、恩慈宗武らは、一一・八芸術学部襲撃事件の主謀者として警視庁に逮捕されたが、のちにスト破り専門の警備会社を立上げ、大学当局と契約を結び体育会系学生を「警備員」として雇用。これらの「警備員」は、ロックアウトが常態となった期間、ほぼ全学部に常駐配備された。

一〇月二五日

歯学部闘争委員会、千代田公会堂で学部団交。歯闘委独自の方針（バリケード解除）に全共闘が介入。策謀をめぐらす体育会系学生と衝突するなか流会となる。

一〇月二八日

七学部の教授会が「日本大学教授連合」を結成。理事の総退陣などを決議。

一〇月三一日

法闘委、「法学部サークル総決起集会」（法学部一号館）を開催。

古田会頭、九月三〇日の確約事項を破棄。「寄付行為が改正されてないので退陣しない」と、居直りを公言。

一一月二日

教員協、教職員組合、大学院連絡協議会の三者連合で「日本大学全学協議会」を結成。

一一月四日

農獣医学部で農闘委二〇〇名と授業再開策動に奔走する右翼学生二〇〇名が衝突。

一一月五日

商学部のサークル部室として使用されているプレハブ二階建て校舎で火災発生。出火場所は商闘委が占拠中の本館から離れていたが、成城消防署の消火活動のため、商闘委は正門バリケードを、一時、撤去する。翌日、成城警察署の現場検証でも構内立入を了承。

一一月八日

芸術学部をパイプ、角材、スチール製のタテなどで完全武装した「関東軍」四〇〇名が襲撃。芸闘委五〇名は四階まで追い詰められながらもバリケードを死守。法闘委、経闘委、文闘委、農闘委、理闘委などから四〇〇名の救援部隊が駆けつけると、形勢は逆転、「関東軍」の暴力学生一〇〇名ほどが捕虜となる。六時間の攻防戦で、芸闘委の学友四名が重傷を負い入院。

体育会の学生で「関東軍」襲撃事件に関与したのは、田中元和（空手部主将）、平野諦寛、古賀隆助（柔道部主将）、元吉松博（テニス部）である。

全共闘は、ただちに「全学抗議集会」（法学部一号館）を開き、白山通りを武装デモで制圧。この隊列のなかに大日本愛国党の街頭宣伝カーが突入、デモ参加の学友が数名負傷。さらに愛国党員が手斧をふりまわして暴れたため、経闘委の学友が取り押さえた。

習闘委、理工学部一号館で「習志野総決起集会」を開催。

一一月九日

教員協、大学当局に抗議して本部前で四十八時間のハンスト。

経済学部での「三崎祭」（前夜祭は一一月八日）をはじめ、各学部闘争委員会がバリケードのなかで学園祭（通称・バリ祭）を実施。

商学部学生会、スト態勢の是非を問う全学投票を実施するが、有効投票に届かず不成立。

一一月一〇日

日大後援会が両国講堂で「全国父兄大会」を開催。七〇〇〇名の父兄が出席。大会にまぎれこんでいた後援会、校友会の反動分子らの策動を粉砕。当初の目論見とは異なり、大学当局の弾劾集会となる。授業再開決議を否決。理事の退陣や告訴などを決定。

一一月一一日

前日の大会決議を実行する「全国父兄会実行委員会」を各学部から選出。

一一月一二日

一一月八日の関東軍事件の現場検証を口実に、芸術学部へ機動隊二〇〇〇名が導入。芸闘委四六名は三時間の徹底抗戦の末、全員逮捕。この弾圧は新型P型催涙ガス弾一〇〇〇発を連射するという過酷なものだった。

これに対し全共闘は、医学部構内で抗議集会を開いた後、一〇〇〇名の隊列を組み、再度、江古田の芸術学部を奪還、バリケードを再構築した。

一一月一三日

右翼暴力団と国家権力の攻撃に対する抗議集会。二〇〇〇名が結集し、神田地区と江古田地区を「日大解放区」とする。

一一月一四日

大学当局の手先となって授業再開を画策する法学部弁論部（上石泰史委員長）を中心とした三〇名が学生集会を両国講堂で開催。それを阻止しようとした学友一〇名が逮捕される。

一一月一五日

全共闘、全学四年生連絡協議会（館野利治議長）を結成。卒業延期・大量留年闘争を開始。

全国父兄会実行委員会（馬見塚宣男委員長）の代表ら古田会頭と会談。全理事の退陣など四項目を申し入れ。会談後、古田会頭の回答に不満をもらし、背任、横領の告発を進め、会頭らの辞任を迫ると発言。

一一月一七日

秋田議長と東大全共闘山本義隆代表が記者会見し、一一月二二日に「日大・東大闘争勝利全国学生総決起大会」の開催を発表。

一一月一八日

経済学部、YMCAなど都内三カ所に臨時教室を設けて、学外での集中抗議による授業再開を計画するが、講堂の貸し出しを断られ、延期。

一一月一九日

全学総決起集会で「一一・二二日大・東大闘争勝利全国学生総決起大会」への結集を提起。

一一月二二日

東大安田講堂前にて「日大・東大闘争勝利全国学生総決起大会」開催。全国から一五〇〇〇名が結集。日大全共闘は三〇〇〇名の隊列で三崎町から本郷にむかう。全共闘旗を翻しながら、夕暮れの銀杏並木を隊列が進んでいくと、安田講堂前の広場にどよめきと歓声が湧きおこった。東大全共闘の学友のなかには、この光景を泣きながら見つめている者がいたという。

一一月二四日

経済学部が四年生と短大二年生を対象に、栃木県塩原や千葉県九十九里などでの疎開授業を開始。六週間分を六時間で消化する集中講義のため、受講した学生のなかからボイコットする者も現れた。各学部の疎開授業は、全共闘の疎開授業阻止闘争の影響で、日を追うごとに劣悪化し、教員ひとりに二〇〇名もの学生が押しつけられ、二泊三日の集中講義だけで半年分の単位が与えられるほどだった。

法学部三号館バリケードの西脇にあるサークル合同部室（プレハブ二階建て）で火災発生。

一一月二五日

警視庁、九月四日の経済学部仮処分執行に関して、殺人と傷害の容疑で学友五名を逮捕。

商学部学生会、学生大会（一〇〇〇名）を開催「早期授業再開」を決議。商闘委二〇〇名は商学部構内で授業再開阻止闘争を展開。

一一月二七日

教職員組合、山梨県での土地取得に関して古田会頭を背任容疑で告発。一二月三日、警視庁はこの告発を受理。捜査を開始する。

一一月三〇日

全共闘の要求する大衆団交に理事は出席せず、急遽、抗議集会に変更。古田会頭の退陣だけではバリケードを解除しない。古田体制を完膚なきまで破壊することを宣言。

一二月三日

永田総長が全学部に「一二月一六日までに授業再開せよ」と通達。各学部教授会はそろって反撥し、学生との会話を通じて解決するとの立場を堅持。

一二月四日

経済学部が疎開授業を長野県軽井沢で再開するが、受講生から不満が続出。とうとう授業ボイコットが決議され中止になる。

一二月六日

評議員会が開かれ、五一名出席中、反対三名で寄付行為改正案を可決。全共闘との確約事項は完全に無視された。

教職員組合、寄付行為改正案に抗議。

一二月七日

右翼暴力学生と官憲が工学部のバリケード破壊。工闘委はこれを粉砕。

文理学部と理工学部の教授会は、一二月一六日の授業再開の強行に反対の声明を発表。文理学部教授会は「便宜的な手段での疎開授業は好ましくない」と経済学部の疎開授業を批判しながら、教授会から文闘委に学部団交を申し入れると語り、理工学部も木村秀政学部長代行が「バリケード内での授業再開など、すでに非公式な打診を続けている」と、それぞれ学部当局の自主解決を強調。
法学部一号館で教員連絡協議会、教職員組合、院生らが「総決起集会」(一五〇〇名)を開き、寄付行為改正案を弾劾。理事、監事、評議員の即時総退陣を決議。

一二月八日
全共闘の「寄付行為改正案粉砕全学総決起集会」に三〇〇〇名結集。大学当局を弾劾。法闘委から一二月一五日に安田講堂で「日大闘争報告集会」の開催が提起される。さらに生協設立統一会議の発足を宣言。
全学協議会がデモ。理事会に団交を要求。
農獣医学部で紛争解決の執行機関として学部当局が「農獣医学部再建委員会」を設置。

一二月一〇日
古田会頭、寄付行為改正案で記者会見。全理事は一二月六日付で辞任するが「新理事が選出されるまで職務は遂行する」と延命をはかる。
法学部教授会、栃木県と群馬県などの系列高校で疎開授業を再開すると発表。受講生の交通費は「全額、大学が負担する」と強調。

一二月一一日
農闘委、学部再建委員会と第一回の協議。授業再開や機動隊の導入はしない。十日以内に再度協議することを確約させる。
右翼学生一三〇名、清水谷公園にて全共闘を誹謗する集会。日比谷までデモ行進。

一二月一二日
歯闘委、歯学部当局と学部団交の予備折衝。

一二月一五日
全共闘、東大安田講堂で「日大闘争報告集会」を開催。四〇〇〇名結集。

一二月一四日
東京地方労働委員会、大学当局に教職員組合に対する妨害行為の中止を勧告。
医闘委の学友五名が、医学部本館前で「スト解除阻止」を訴え百時間ハンスト。

一二月一六日
文理学部と理工学部をのぞく各学部で疎開授業開始。
文闘委、大講堂で「教授会刷新委員会」(委員長・金子義夫教授)と団交(三〇〇〇名)。授業再開をめぐり応酬がつづくが、団交は決裂。刷新委員会の教授は委員を辞任。あらたな刷新委員会(委員長・鎌田重雄教授)が発足。

一二月一八日
千葉県館山での芸術学部の疎開授業を芸闘委が阻止。討論会が開かれ、三日目で中止。

一二月二一日
歯学部で学部団交。学部当局、これまでの学生自治弾圧を自己批判する。
生産工学部で学部団交。全共闘は、団交が成功しても、バリケードは解除しないと宣言。

一二月二三日
「日大・中央大統一総決起集会」。二〇〇〇名結集。中央大学全学中央闘争委員会(全中闘)とはじめての合同集会。法学部Ⅱ部、経済学部Ⅱ部、理工学部Ⅱ部が授業再開阻止を目的とした「三学部連絡会議」結成を報告。全共闘は越年態勢の強化を提起。集会中、右翼集団二〇〇名が工闘委を襲撃との情報が伝えられ、行動隊一〇〇名が出発。

一二月二四日
各学部で「メリー・バリケード」と称するクリスマス・パーティ。
農闘委、学部再建委員会と第二回の協議。一二月二二日の教職員合同会同で磯辺秀俊学部長代行が四年生の授業再開を通告した件を追及。農闘委は静岡県須崎や福島県矢吹に行動隊を派遣し、疎開授業阻止闘争を展開(一月一五日まで)。

一二月三〇日
各学部で越年闘争を記念する「餅つき大会」。

一二月三一日
農獣医父兄会から農闘委へ差し入れ。
文闘委、田村書記長の発案でNHK紅白歌合戦に「赤組勝利」の激励電報を打つ。

一九六九年(昭四四)

一月八日
文理学部、千葉県成東で四年生に対する疎開授業を開始。文闘委行動隊は、連日、成東まで遠征し疎開授業粉砕闘争を展開。

一月九日
「日大闘争・東大闘争勝利全都学生総決起集会」。
全共闘、東大経済学部封鎖闘争を支援。
理工学部教授会、事態打開のため、教授一二名からなる「教授会行動隊」を編成。

一月一一日
経済学部教授会、入試実行委員会を開き、全国分散入試を決定。

一月一三日
医学部で、教職員、父兄、右翼学生によるスト破壊。学生委員会は策動によるスト解除を決議。スト続行を基本方針とする学生会(岡進委員長)は執行部の解散を宣言。

一月一五日
東大安田講堂前で、「東大闘争勝利・全国労学共闘総決起集会」。五〇〇〇名結集。

一月一六日
両国講堂で体育会系学生を動員した生産工学部学生集会。スト解除と授業再開を決議。

一月一八日
各学部集会後、理工学部前に集結し東大安田講堂闘争支援集会を開く。明大、中大などの学友とともに神田・御茶の水カルチェラタン解放区闘争を闘い、順天堂病院から東大構内への進攻をはかる。
全共闘情報班が警察無線を傍受。安田講堂を攻撃する機動隊が催涙弾を使い果たし、練馬の陸上自衛隊に催涙弾の供与を要請する緊急電を解読したが、なぜか全共闘行動隊への伝達と東大構内への突入を阻止される。

一月一九日

全共闘が全国の自治会や闘争委員会宛に打電した「上京要請」の電報を握りしめ、夜行列車を乗り継いできた地方の学友らも、続々と理工学部一号館に到着。前日に引き続き、東大闘争支援で神田・お茶の水周辺を占拠、街頭バリケードを構築し、カルチェラタン解放区闘争を展開。一七時五九分、機動隊員が安田講堂屋上の赤旗を取り外す。安田講堂陥落。

一月二〇日

理闘委の行動隊員が安田講堂の屋上に駆けあがり「日大全共闘」の黒旗を掲げ、三十五時間の攻防戦を闘い抜いた敢闘精神を讃える。

一月二五日

歯学部、動員された右翼学生らが歯学部学生集会（五〇〇名）を開催。スト解除決議を採決。

一月二六日

警視庁、神田解放区闘争の捜査を名目に理工学部一号館、明大、中大の学館を強制捜査。

一月二七日

生産工学部で全学科集会。教職員三〇名と学生三〇〇名が大塚誠之学部長の提案を丸ごと承認。授業再開策動に加担する学生らは「民主化推進委員会」を設置。機動隊五〇〇名が待機するなか、教職員らがバリケードを解除。

歯闘委、学生集会（五〇〇名）を開催。二五日の集会は学部外からの学生が動員され、また、採決にも不正があったとして、スト解除決議の無効を宣言。スト続行を決議。

一月二九日

生産工学部の授業再開阻止闘争。再封鎖をめぐって自治会暫定執行部（森広人委員長）と称する右翼暴力学生集団一〇〇名と衝突。津田沼闘委の学友三九名が捕えられ、殴打される。大塚学部長が自ら、ひとりずつ顔写真を撮影した後、構内に機動隊を導入し、全員を引き渡す。

農闘委、再建委員会と学部団交。

一月三〇日

商学部集会が世田谷体育館で開かれ、学部当局が一方的に「バリケード撤去・授業再開」を宣言し、閉会となる。

農獣医学部再建委員会、「学部提案」の起草委員を選出。

二月一日

日大闘争救援会準備会主催の「東大・日大闘争勝利二・一報告集会」（一〇〇〇名）が全電通会館で開催。井上清・京大教授、評論家の松岡洋子、樺光子（樺美智子の母）らが激励。

農獣医学部学生統一代表団が結成。農闘委の学友が一〇学科中九学科で選出される。

大学当局、教職員組合の桧山委員長ら三幹部を解雇。

二月二日

法学部、経済学部に機動隊導入。バリケードが撤去され、大学当局、校舎をロックアウト。

工学部では、自らヘルメットを被った野引勇学部長が陣頭指揮のもと、五〇〇名の職員や体育系学生のほか、職業右翼、暴力団までを動員してバリケードを撤去。これに徹底抗戦した工闘委の学友一二名はリンチされ、全員が重傷を負った。

この光景を目撃した学生大衆は「自主解除」にはげしく反撥し、学部当局者の乗ったマイクロバスに殺到し、窓や屋根をたたき、そばにあったガソリン缶に火を放って抗議した。

農獣医学部再建委員会、無条件スト解除派「学科連合」の学生と会談。

二月三日

前日に続き神田・お茶の水で法・経奪還闘争（二月五日まで）。

歯闘委、歯学部学生大会で「スト解除。バリケード撤去」を決議。バリケード闘争から日常闘争へ戦術を転換。闘争委員会がスト解除とバリケード解除を決議したのは、はじめて。

二月六日

文理学部集会（三〇〇〇名）で教授会が授業再開を提案。学部当局に動員された三〇〇名が賛成したが、反対の採決をとらずに「授業再開」を宣言したため、これに抗議して学友二〇〇名がデモ。文闘委は大講堂で教授会弾劾集会を開催。

商学部、再度の学部集会でストの解除と授業再開を決議。機動隊三〇〇名に守られながら、教職員、体育会系学生らがバリケードを撤去。

二月七日

歯学部のバリケード解除を実力行使した右翼集団一五〇名と全共闘行動隊五〇名が衝突。官憲の弾圧で行動隊が排除される。

目黒福祉センターで農獣医学部が公開予備折衝。農闘委は学生集会に切り替え、圧倒的多数でスト続行を決議。

二月八日

全学総決起集会が中大構内で開かれ、理工学部九号館までデモ。

農獣医学部の公開予備折衝中、学部当局と付属鶴丘高校の教職員の一部がバリケードを破壊。農闘委は抗議集会の後、ただちにバリケードを修復し補強する。

大学当局は、これまで商学部、医学部、工学部、生産工学部において右翼系学生を動員して「学部集会」なるもの開催。手に負えなくなると官憲を導入しては教職員を守らせ、あたかも「自主的なスト解除」であるかのように振舞ってきたが、この日になって「これ以上、バリケードの自主解除は不可能」と判断。警視庁に機動隊の出動を要請。事態の収拾を全面的に委ねた。

二月九日

理工学部、芸術学部に機動隊導入。バリケード撤去。農闘委にバリケードからの「退去命令」が勧告。

二月一〇日

農獣医学部に機動隊導入。バリケード撤去。農闘委は学外に撤退。

二月一一日

全共闘、中大中庭で「日大闘争勝利労学市民五万人集会」を開く。二〇〇〇〇名結集。歴史学者の羽仁五郎らが激励。

両国講堂において農獣医学部入学試験が機動隊の厳戒態勢のなか実施。
二月一二日
商学部、授業再開を強行。
二月一六日
芸闘委、芸術学部奪還闘争。武蔵大学構内で決起集会の後、芸術学部へデモ。さらに千川通りなど、江古田近辺で街頭バリケードを構築。
二月一七日
大学当局、日大本部の封鎖を実力行使で解除。
二月一八日
文理学部に機動隊導入。文闘委の学友らを構内から排除。全学バリケード・スト連続二五三日間の記録に、一旦、終止符が打たれる。
全学生・全学教授会との総団交が拒否され、学友は「日大闘争勝利報告集会」に結集。
千代田公会堂で「日大闘争救援会」が発足。
二月一九日
文闘委、文理学部奪還闘争。明大和泉校舎から七〇〇名が出撃。文理学部構内でデモと集会。
二月二〇日
理工学部習志野、バリケード撤去。
二月二二日
理工系三学部四闘争委員会、「理工系総決起集会」を開く。
二月二四日
文闘委、文理学部奪還闘争。
二月二五日
理工系三学部四闘争委員会、「理工学部教授会団交勝利集会」開催。
二月二六日
法闘委、芸闘委、活動者会議や学科集会を招集。
二月二七日
経闘委、討論集会の後、経済学部二号館前で全体集会。
三月一日
全共闘行動隊二五〇名が上洛。京大時計台前の「三・一京大入試粉砕全国労学総決起集会」に駆けつける。集会後、東一条から百万遍にかけて展開された解放区闘争を闘う（京大入試阻止闘争の支援は三月三日まで）。
芸闘委、全体集会。
理工学部習志野で、学部当局、授業再開のガイダンスを実施。
三月二日
千葉県教育会館で全共闘主催の「日大闘争勝利・千葉県報告集会」。一〇〇〇名参加。
三月三日
文闘委、授業再開に関し文理学部教授会と団交。
法闘委と経闘委、法・経奪還闘争。
三月四日
ホテル・オークラで開催予定の「古田重二良を励ます会」（主催は日本会）が中止。
全共闘と日大闘争救援会は「日大闘争勝利労学総決起集会」（清水谷公園）を開き、「励ます会」をきびしく糾弾。
生産工学部統計学科が廃止される。
三月五日
文闘委、文理学部団交。学友二〇〇〇名が文理学部構内でデモ。
三月六日
両国講堂で経済学部提案集会。右翼暴力学生二〇〇名が経闘委の学友に椅子を投げつけ暴行。流会となる。その後、抗議集会と経済学部奪還闘争を展開。
三月七日
文闘委、文理学部四研究室を封鎖。
三島闘争委員会、三島公会堂で「日大闘争報告集会」。一五〇〇名参加。
三月八日
文闘委、三〇〇〇名を結集して文理学部団交。文理学部一号館を再封鎖。
芸闘委、立教大学で「日大闘争勝利芸術学部報告大集会」。五〇〇名結集。
工闘委、郡山で「東北日大闘争報告集会」。
三月一〇日
文闘委、三〇〇〇名を結集し文理学部を奪還。本館を封鎖し、バリケードを再構築。四月三日まで二十五日間にわたって占拠・籠城態勢を維持。
理闘委も三〇〇〇名で理工学部一号館を再封鎖。
三月一一日
法学部提案集会。
三月一二日
秋田議長、春雪の朝、潜伏中の渋谷区内で逮捕。
三月一三日
大学当局、古田会頭を批判してきた生産工学部統計学科教官七名に辞職勧告。
三月一四日
全共闘、理工学部一号館前に三〇〇〇名を結集し法・経奪還闘争を展開。
三月一八日
理闘委、理工学部団交。
「日本大学教員共闘委員会」（教員共闘）が発足。
両国公会堂で「教学弾圧抗議集会」を開催。
三月一九日
大学当局、全学入学式を中止。学部別に行なうと決定。
農獣医学部の教職員合同会議で磯辺学部長代行、再建委員会と学生代表団が主張する話合い解決策をとる意思がないと言明。
教員共闘、機関紙「戦砦」を創刊。
三月二三日
法・経奪還全学総決起集会。一〇〇〇名結集。理工学部を再度バリケード封鎖。
三月二五日
秋田議長、獄中から「日大全共闘は不滅である」とアピール。
全共闘主催の「闘争勝利新入生歓迎集会」（法政大学五一一講堂）に五〇〇〇名結集。法学部、経済学部への武装デモで四六名逮捕。
小林忠太郎講師ら教官四名が編纂した「事実と考察」を農闘委が構内で配布。
四月二日
文理学部教授会は大衆団交には応じないと表明。封鎖解除など強硬な弾圧策に転換。

四月三日
文理学部に機動隊が再導入。学部当局、構内をロックアウト。
四月五日
理闘委、理工学部教授会と団交。
四月七日
全共闘と文闘委が明大和泉校舎で全学総決起集会。一五〇〇名結集。「全学再バリ封鎖・文理学部機動隊導入抗議」を宣言した後、甲州街道をデモ行進。文理学部正門で抗議集会を開く。習闘委、理工学部習志野校舎で「新入生交歓会」。
四月一二日
全共闘、法・経奪還闘争。明大学館前にて二〇〇〇名結集。お茶の水周辺を解放区に。機動隊が明大学館に乱入し、一二八名を無差別逮捕。うち日大の学友は九三名。この弾圧がきっかけとなって明治大学全学共闘会議の六九年明大闘争がはじまる。
四月一三日
教員協が「全学シンポジウム」を開催。教員共闘は教員協の欺瞞的な活動を糾弾。
四月一四日
津田沼闘委と習闘委五〇〇名が生産工学部で「進級試験粉砕闘争」。生産工学部の助手に指揮された体育会系学生が暴力行為におよぶと、一〇〇〇名に膨れあがった学友らが構内に突入。学内での抗議行動を展開。
明大学館で「安保・沖縄大討論会」を法闘委、経闘委、理闘委、商闘委が合同開催。
四月一五日
理工学部習志野校舎で学部当局が学内立入禁止者の氏名を公表。
四月二一日
理工学部習志野校舎で授業再開。
四月二二日
東京地裁で法闘委、芸闘委、農闘委の学友らによる法廷闘争が開始。五月一三日まで断続的に展開。
四月二三日
全共闘編集局、機関紙「闘う全共闘」創刊。
四月二九日
郡山の工学部で入学式。
五月六日
理工学部で授業再開。
五月七日
法学部大宮校舎で入学式。
五月一三日
文理学部、「にわとり小屋」と悪評されたプレハブ建ての府中校舎で入学式。
五月一六日
医学連・青医連全国統一行動に医闘委が参加。主催団体から医闘委へ一万二千円のカンパ。
五月一七日
教員共闘、「労学連帯集会」を開催。
五月二一日
明大記念館の「日大闘争一周年全学総決起集会」に二〇〇〇名結集。理工学部一号館を封鎖。
五月二三日
「大学治安立法粉砕・日大闘争一周年全都学生総決起集会」に三〇〇〇名結集。
五月二九日
文京公会堂で教員共闘が東大全学助手共闘会議と「大学を告発する報告討論集会」を共同開催。全国五十の大学から「造反教師」と呼ばれる教員二〇〇名が出席。
六月二日
文理学部授業粉砕・学園奪還闘争。文理学部で受講していた学友らが教員に質問したところ、いきなり警備員に殴打され、学友五名が負傷。
六月四日
文理学部府中校舎のなかで討論会を開こうとした新入生に体育会系学生が暴行。この事件で、翌日、抗議集会が開かれたが、警備員が駆けつけ暴力をふるって集会を破壊。六月一七日にも、警備員が新入生を暴行するなど、学内での弾圧は異常なほど強化されていった。
六月一一日
「日大闘争バリスト一周年記念総決起集会」に二〇〇〇名結集。四六名逮捕される。
六月二三日
農闘委の「農獣医学部バリスト一周年記念集会」に対し、学部当局、ロックアウトで対抗。
六月二六日
全電通会館の「大学立法粉砕全都理工総決起集会」に理工系闘争委員会の学友が結集。
七月二日
農闘委の「団交拒否抗議集会」に二〇〇〇名結集。農獣医学部本館を封鎖。芸闘委行動隊も駆けつけ、バリケードを再構築。
七月三日
理闘委、「新入生・移行生歓迎集会」を開催。
農獣医学部の右翼暴力学生ら火炎ビンでバリケードを襲撃。機動隊導入で封鎖解除。
七月八日
理闘委、理工学部七号館ロビーで「理工学部大学立法粉砕総決起集会」を開く。
七月九日
千葉地裁で、「一・二九授業再開阻止・津田沼奪還闘争」の際、建造物不法侵入と暴力行為で起訴された学友一〇名の公判が開始される。
七月二一日
農獣医学部、構内の周囲を鉄板で覆い有刺鉄線を張りめぐらしたうえ、きびしい検問態勢を敷き、授業再開を強行。構内では学部当局に雇われた警備員や体育会系学生、応援団が学生の動向を監視。各学部でも同様の措置がとられ、その実態がナチスの強制収容所に似通っていることから「アウシュビッツ体制」と呼ばれた。
八月一三日
日大闘争救援会、文理学部包囲デモ。構内での座り込み集会を決行。
八月二八日
古田会頭、不起訴と決定。
八月二九日
医闘委、総長選の会場に乱入。実力粉砕闘争でスト続行を訴える。

九月三日
医学部学生大会で無期限スト宣言。
九月四日
「法・経仮処分一周年弾劾集会」に二〇〇〇名結集。九月再封鎖闘争にむけ意思一致。
九月五日
日比谷野外音楽堂で「全国全共闘連合結成大会」。全国四十六大学から一〇五五〇名が結集。全国全共闘議長に東大全共闘の山本義隆代表、副議長に拘留中の秋田明大議長が選出される。大会後、警視庁は山本議長を逮捕。
九月八日
医学部学生大会で無期限スト決議。医闘委四〇〇名で、学部当局のロックアウトを粉砕。
九月一一日
全共闘、法学部の封鎖と経済学部長室を占拠。
九月一〇日
理事会、古田重二郎を日本大学会長に選出。古田の居直り支配体制確立。
九月一二日
全共闘、「古田新支配体制打倒全学総決起集会」(明大記念館)を開催。
九月一三日
全共闘と文闘委、「日大文理学部アウシュビッツ体制粉砕」の抗議デモ。
九月一八日
医学部学生会、医学連第十六回定期大会へ正式参加。
九月二〇日
医闘委、教養部校舎を占拠。
九月二〇日
理工学部建築学科闘争委員会、理工学部自治会室奪還の決起集会。
医闘委、医学部教授会に乱入。学部当局と団交。本館二階をバリケード封鎖。
九月二二日
「古田新体制打倒全学総決起集会」に二〇〇〇名結集。
九月二五日
法学部三号館前で集会。法学部一号館を一時封鎖。

九月二六日
理闘委、「ロックアウト粉砕理工総決起集会」(理工学部七号館)。
九月二七日
理闘委、理工学部一号館で「理工学部総決起集会」を開く。
九月三〇日
「全都全共闘・日大奪還闘争」。医闘委も「五人組」編成で参加。お茶の水周辺で解放区闘争を展開。全共闘は田村正敏書記長をふくめ学友三五五名が逮捕される。
一〇月一日
医学部で第一回団交予備折衝。
一〇月一八日
官憲による医学部包囲。
一〇月一九日
医学部当局、官憲を導入してロックアウト。
一〇月二二日
工学部当局、加藤教授を懲戒免職処分。この間、大学当局は、現状に批判的な言動の教員(教授・助教授・講師・助手・副手)らをつぎつぎと処分。それぞれに解雇、減俸、期末手当の減額、強制配置転換などの措置をとった。教員共闘は、七月一〇日現在、全学で二七名が不当に処分されていると主張。
一〇月二三日
医闘委のヘルメット部隊八〇名が医学部奪還闘争。ガードマン・右翼・官憲を粉砕。
一〇月三〇日
理工学部Ⅱ部クラス連合、「学園民主化討論集会」(理工学部一四五講堂)。
一一月二日
医闘委、学部当局主催の医学部集会(両国講堂)を完全粉砕。
一一月四日
医学部学生委員会三五〇名で授業再開に抗議。
一一月五日
医学部で八名逮捕。一〇月二三日の奪還闘争に関った医闘委一八名に逮捕状。

一一月七日
医学部で授業再開を強行。連日、右翼とのゲバルト闘争(一一月一一日まで)。
一一月一三日
医学部精神科医局、スト権確立。
一一月一四日
理事会、大学当局に批判的だとして「日本大学新聞」の休刊を決定。
一一月一五日
日大闘争救援会が「日大新支配体制弾劾市民集会」(礫川公園)を開催。二〇〇〇名結集。
一一月一七日
医闘委の学友一八名が逮捕。
一一月一九日
全共闘、「日大神田地区討論集会」(全電通会館)を開催。
一二月一日
警視庁捜査二課、経済学部・富沢会計課長の横領が二億七〇〇〇万円と発表。その大半は二四名の大学関係者や友人に流れていた。
一二月二日
医学部、二七名の学友を処分。
一二月三日
医学部本館前で処分撤回の抗議集会。一〇〇名結集。
一二月五日
日大闘争救援会、「反戦と反権力の国家と映画の集い」(全電通会館)を開く。
一二月八日
「一一・一五不当弾圧抗議集会」。
一二月一〇日
古田会長を告発した教職員九名にボーナスが支給されず、東京法務局に人権擁護の訴え。
一二月一一日
農獣医学部教授会、小林講師に「退職勧告」。拒否すれば「懲戒免職」と脅す。
一二月一六日
理事会、小林講師の「懲戒免職」を決定。

一二月一九日
理闘委、理工学部七号館で「理工学部総決起集会」。
一二月二六日
全共闘と弁護団、秋田明大議長の保釈を勝ちとる。

一九七〇年（昭四五）

一月一三日
法闘委、経闘委、理闘委が「日大神田地区大政治集会」（全電通会館）を合同開催。
一月一七日
理闘委が理工学部七号館で「理工学部総決起集会」。全共闘、「日大全学総決起集会」（法政大）。
一月二九日
全共闘、「日大全学活動者討論集会」（法政大）。
二月一二日
日大闘争救援会が「反戦と反権力の為の状況報告と映画集会」（四谷公会堂）。
二月一五日
大学当局、「日大新聞・廃刊号」（二〇〇〇〇部）を没収、焼却処分。この措置に抗議して日本大学新聞社の学生社員は全員退社し「日本大学新聞会」を結成。六月一五日、「日本大学学生新聞」を発行。
二月二一日
全共闘、東大本郷構内で「日大全共闘拡大討論集会」。
二月二五日
武蔵野台駅付近で文闘委を中心とした全共闘行動隊三〇名がビラ配布の情宣活動中、右翼暴力学生集団に襲撃され、商闘委の学友・中村克己が重傷を負う。奥島病院で緊急手術。右翼に襲われた学友三〇名が府中警察署に逮捕される。
三月二日
入院加療中の中村克己が永眠。全共闘は、ただちに「中村君虐殺抗議集会」（錦華公園）を開催。
三月三日
全共闘、「中村君虐殺行為弾劾文理学部包囲デモ」の抗議行動を展開。
三月四日
全共闘、礫川公園で「中村同志虐殺抗議労学市民集会」を開催。全共闘と農闘委、四谷公会堂で「小林講師処分撤回総決起集会」を開く。
三月七日
全電通会館で「七〇年度新入生・卒業生討論集会」。
三月一一日
日比谷公会堂で「中村君虐殺弾劾・日大全共闘葬」が営まれる。
三月一四日
府中駅前で「中村君虐殺・日大全共闘献花行進」。
三月一五日
全共闘、武蔵野台駅で「中村君虐殺抗議労働者市民学生献花行進」。
三月二五日
文闘委、「虐殺・処分・ロックアウト粉砕」の文理学部包囲デモ。
三月二七日
東京地裁で小林講師の不当解雇処分撤回の公判が開始。
三月二八日
農闘委、討論集会と農獣医学部包囲デモ。
四月一三日
全共闘、礫川公園で「中村君虐殺抗議・日大アウシュビッツ体制粉砕労働者・学生・市民統一行動」の集会を開催。
四月二六日
理闘委、文京区民センターで「新入生・移行生歓迎討論集会」を開催。
五月一四日
理工学部一号館・七号館前で理闘委がデモ。
五月二〇日
理工Ⅱ部闘争委員会が「理工学部Ⅱ部学内討論集会」を開催。
五月二二日
理闘委、法政大六角校舎で活動者会議。
五月二三日
理闘委行動隊、理工学部六号館前に結集し、一号館内で「理工学部総決起集会」を開く。全共闘、商学部構内で「新入生・移行生歓迎集会」を開催。
六月一〇日
理闘委と理工Ⅱ部闘委が「理工学部総決起集会」と「学内総決起集会」を時間差で開催（六月一九日も同様の集会を敢行）。
六月一一日
全共闘、礫川公園で「日大闘争勝利・六月決戦勝利総決起集会」を開催。安保廃棄全日大六・一三実行委員会が日比谷野音で「全日大総決起集会」を開く。
六月一三日
全共闘とベトナムに平和を市民連合（ベ平連）が礫川公園で「六月安保闘争勝利・全国アウシュビッツ粉砕集会」を共同開催。
六月二三日
医学部から四〇名、看護学院から三〇名が結集。医療研、文研による活動者の再結集が進む。医学部では、一二月に処分された学友二七名が全員復学し、医学部活動者会議が再建され、五月には一闘委・三闘委がクラス委員選挙で勝利。医闘委の再組織化がはかられていた。全都看学共闘が単独で集会を開催。この集会に日大からも看学三九名がはじめて参加。看学共闘二〇〇名とともに明治公園から日比谷公園までデモ。後日、看学当局は三九名の父兄を呼び出し「事情聴取」。呼び出しに応じなければ「処分する」と威圧した。
六月一六日
全共闘経済一年生藤沢活動者会議が藤沢市民会館で「藤沢地区映画・討論集会」開催。
六月二九日
理工学部、木村秀政学部長代行との理工学部大衆団交。
七月八日
全共闘、法政大学講堂で「日大全共闘討論集会」を開催。
九月二日
看学卒業論文ボイコット闘争。
九月二六日
看学自治会主催の高橋晄正・東大講師の講演会に三〇名の医局員、講師、警備員がピケットで阻止行動。
一〇月六日
看学当局、看学の学友七名を停学処分。
一〇月二六日
古田重二良、日大駿河台病院にて死去。大学当局は「古田会長の社会的評価には、いまだ歪められた面が残っているのは残念だが、今後の歴史のなかで古田会長の業績と隠された人間性は、時とともに再評価されることを確信する」との談話を発表。
一〇月三〇日
歯学部当局、「桜歯祭」の期間中（三一日から一一月三日まで）、ロックアウトを告示。
一一月七日
医学連第十七回定期大会に医学部学生会が代議員参加。
一一月五日
文理学部フラクション（一〇〇名）、下高井戸でビラ配布。
一一月一二日
学園協議会と理想的大学像建設委員会、後楽園ホテルで講演会を開催。
農獣医学部当局、「三茶祭」の中止を通告。
一一月二四日
経済学部Ⅱ部自治会設立準備委員会、学部当局に五項目の要求書を提示。
一二月一日
経済学部で再び検問を開始。この時期、検問態勢を強行しているのは経済学部のほか、法学部、芸術学部、文理学部、農獣医学部。
一二月二日
経済学部、「三崎祭」実行委員会に対し、学部当局、開催費用の不払いを通達。
一二月四日
法学部、「部室・部費獲得闘争」で学内集会を開き、四〇〇名結集。
一二月七日
農獣医で「日新会」の学生によるテロ行為。
一二月一〇日
習闘委、理工学部習志野で学内集会（五〇名）。駅までデモ行進中、鉄パイプで武装した右翼暴力集団三〇名に襲撃され、学友一名が拉致。全身打撲の重傷。
一二月一二日
理工学部習志野で「一二・一二弾圧粉砕集会」開催。理工系闘委の学友ら一〇〇名結集。
一二月二三日
看学当局、京浜安保共闘系学友に退学処分。

日大闘争支援弁護団と日大闘争救援会の調査による犠牲者は、逮捕者一六〇八名（勾留五九五名、起訴一三二名）、死亡者一名、負傷者七七一六名（重傷七一三名、失明三名）である。
（文中敬称略）

参考資料

①「叛逆のバリケード」（日本大学文理学部闘争委員会書記局編）②「増補・叛逆のバリケード」（文闘委書記局編・三一書房）③「バリケードに賭けた青春」（日本大学全学共闘会議編）④「大学占拠の思想」（秋田明大編）⑤「獄中記」（秋田明大著）⑥「造反潜行記」（田村正敏著）⑦「一六〇八名の逮捕者」（田賀秀一著）⑧「バリケードを吹きぬけた風」（橋本克彦著）⑨「日大紛争の真相」（日本大学新聞研究会編）⑩「されど我ら闘う」（「文理時報」新聞会編）⑪「全共闘機関紙合同縮刷版」（全共闘機関紙合同縮刷版編集委員会編）⑫「日本大学新聞」（日本大学新聞社）⑬「文理時報」（日本大学文理学部学生会編集局）⑭「若きエンジニア」（日本大学理工学部学生自治会）⑮朝日新聞・毎日新聞・読売新聞

学生管理及び事務機構（文理学部）

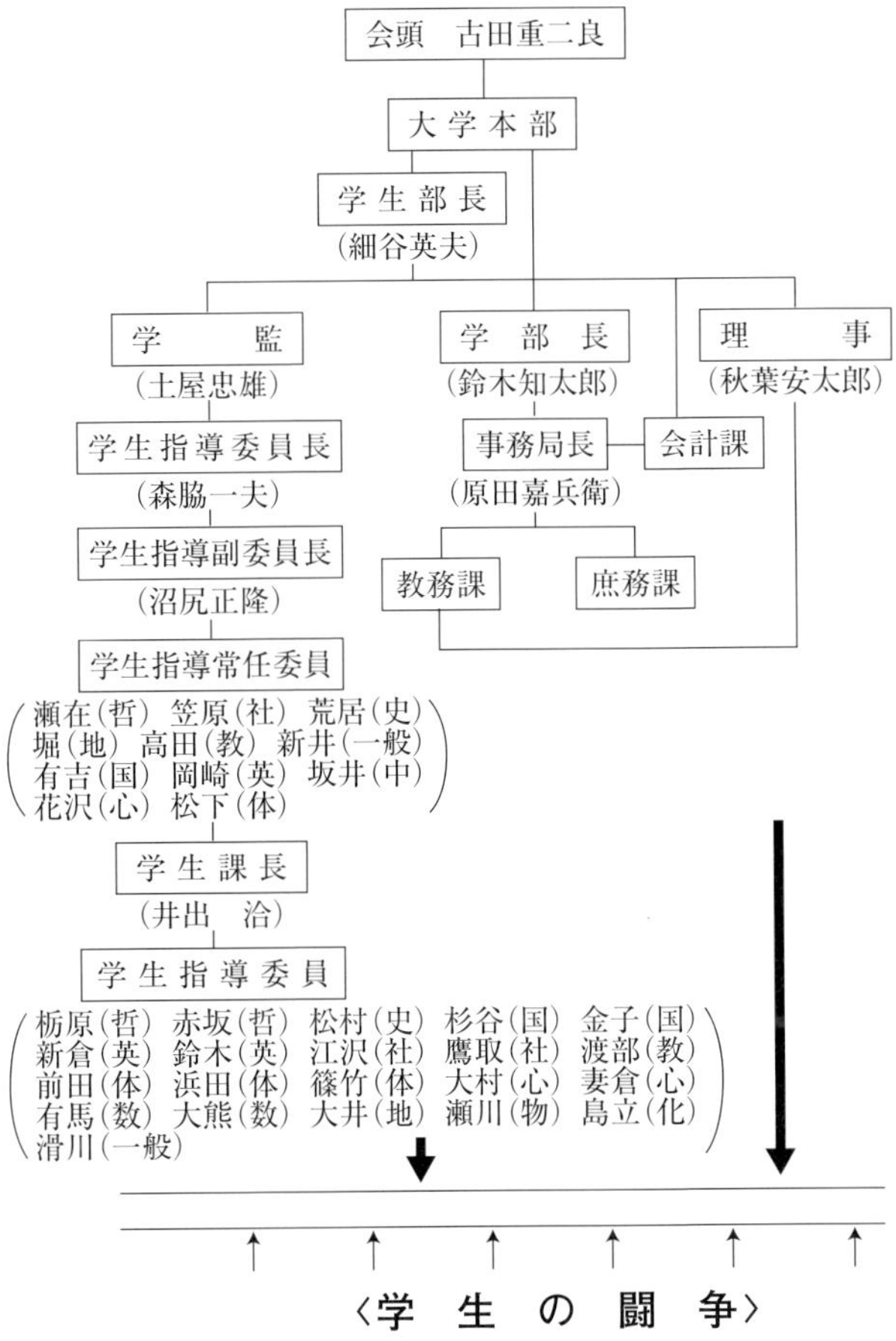

日本大学運営機構図

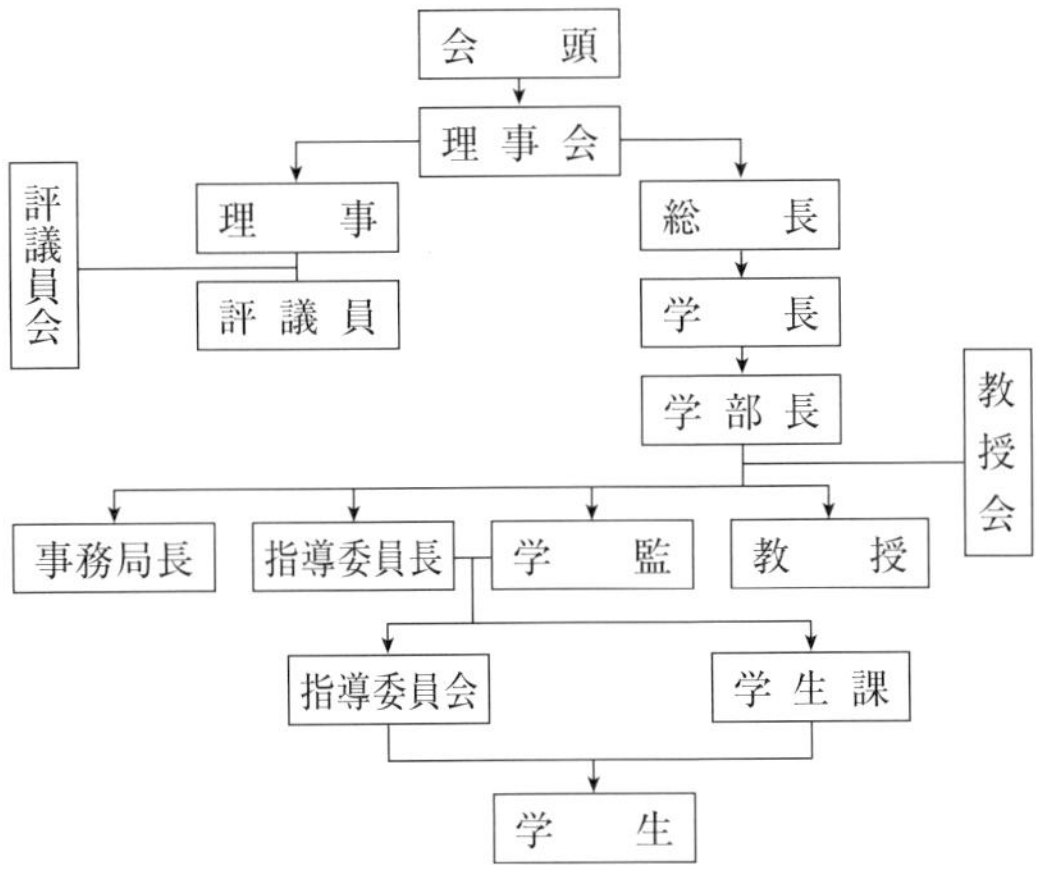

学生支配体制

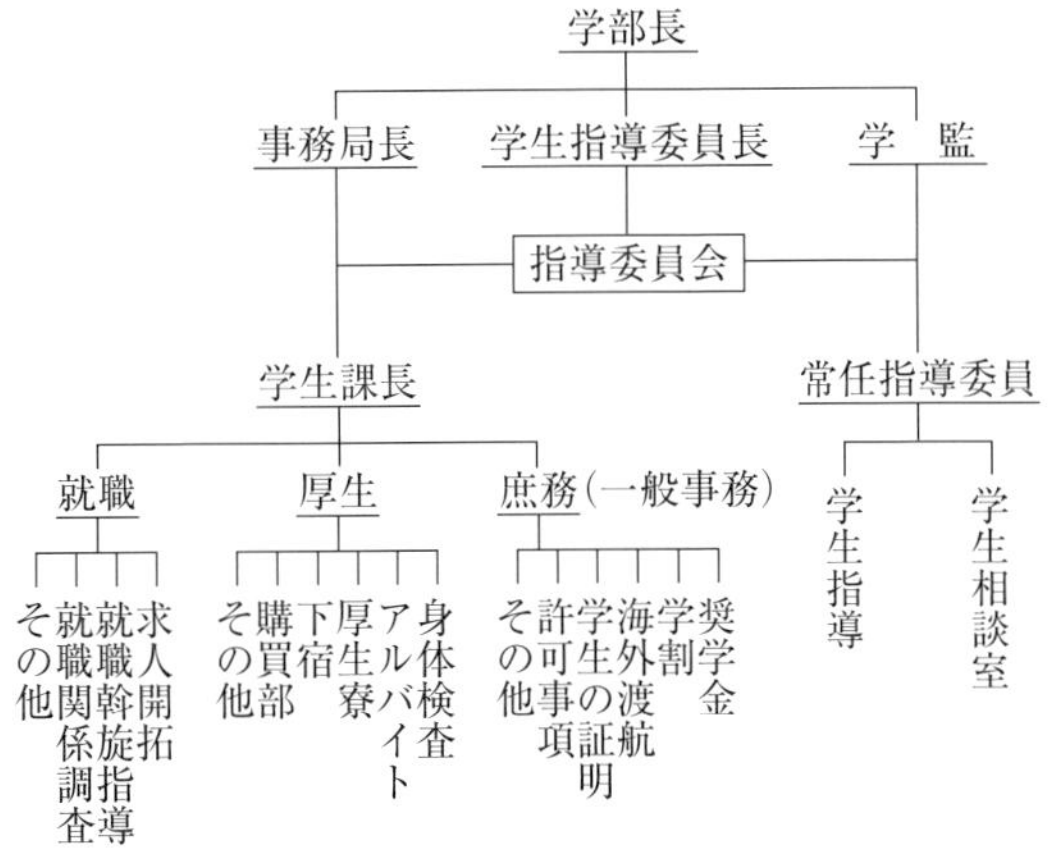

日大と右翼反動との関係

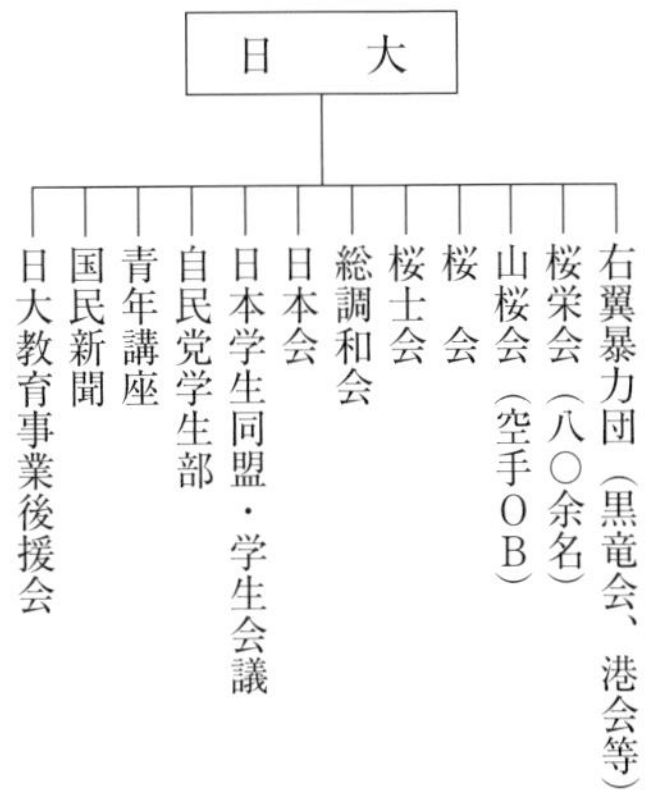

日大と日本会の関係

日本会は、政財界の大物を世話人とする右翼暴力団で、スト突入後、数度全共闘、各闘委が脅迫されている。日本会の実態は、その世話人を見れば明らかである。

日本会世話人名簿（抜粋）

総裁 佐藤栄作
会長 古田重二良
赤羽善治
東竜太郎
西尾末広
愛知揆一
町村金吾
塚田十一郎
大平正芳
市村清
足立正
御木徳近
柴田徳次郎
松下幸之助
堀田庄三
江崎真澄
村上元三
小佐野賢治
銭高輝之
小田原大造
中原実
藤山愛一郎
曽禰益
石田博英
西村直巳
迫永久常
三木武夫
奥村綱雄
徳川夢声
庭野日敬
堤清二
井植歳男
保利茂
椎名悦三郎
安藤楢六
永野重雄
鈴木亨市
賀屋興宣
岸信介
灘尾弘吉
田中角栄
福田赳夫
安井謙
植村甲午郎
和田完二
原文兵衛
藤井丙午
日向方斉
石田退三
中曽根康弘
山岡荘八
大川博
五島昇

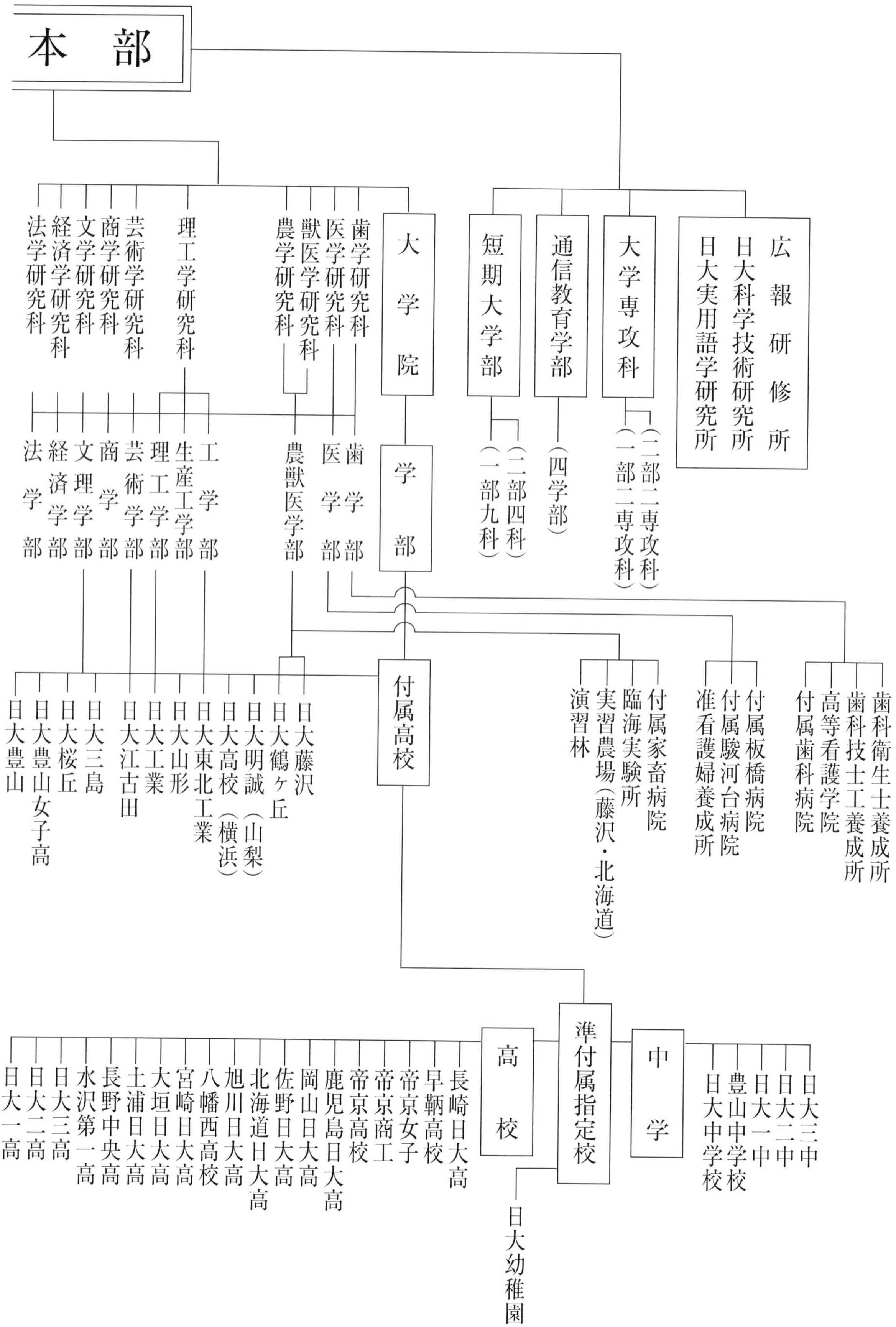
本部
法学研究科
経済学研究科
文学研究科
商学研究科
芸術学研究科
理工学研究科
農学研究科
獣医学研究科
医学研究科
歯学研究科
大学院
短期大学部
（二部四科）
（一部九科）
通信教育学部
（四学部）
大学専攻科
（二部二専攻科）
（一部二専攻科）
広報研修所
日大科学技術研究所
日大実用語学研究所
法学部
経済学部
文理学部
商学部
芸術学部
理工学部
生産工学部
工学部
農獣医学部
医学部
歯学部
学部
付属高校
日大豊山
日大豊山女子高
日大桜丘
日大三島
日大江古田
日大工業
日大山形
日大東北工業
日大高校（横浜）
日大明誠（山梨）
日大鶴ヶ丘
日大藤沢
演習林
実習農場（藤沢・北海道）
臨海実験所
付属家畜病院
准看護婦養成所
付属駿河台病院
付属板橋病院
付属歯科病院
高等看護学院
歯科技工士養成所
歯科衛生士養成所
準付属指定校
高校
日大一高
日大二高
日大三高
水沢第一高
長野中央高
土浦日大高
大垣日大高
宮崎日大高
八幡西高校
旭川日大高
北海道日大高
佐野日大高
岡山日大高
鹿児島日大高
帝京高校
帝京商工
帝京女子
早鞆高校
長崎日大高
日大幼稚園
中学
日大中学校
豊山中学校
日大一中
日大二中
日大三中

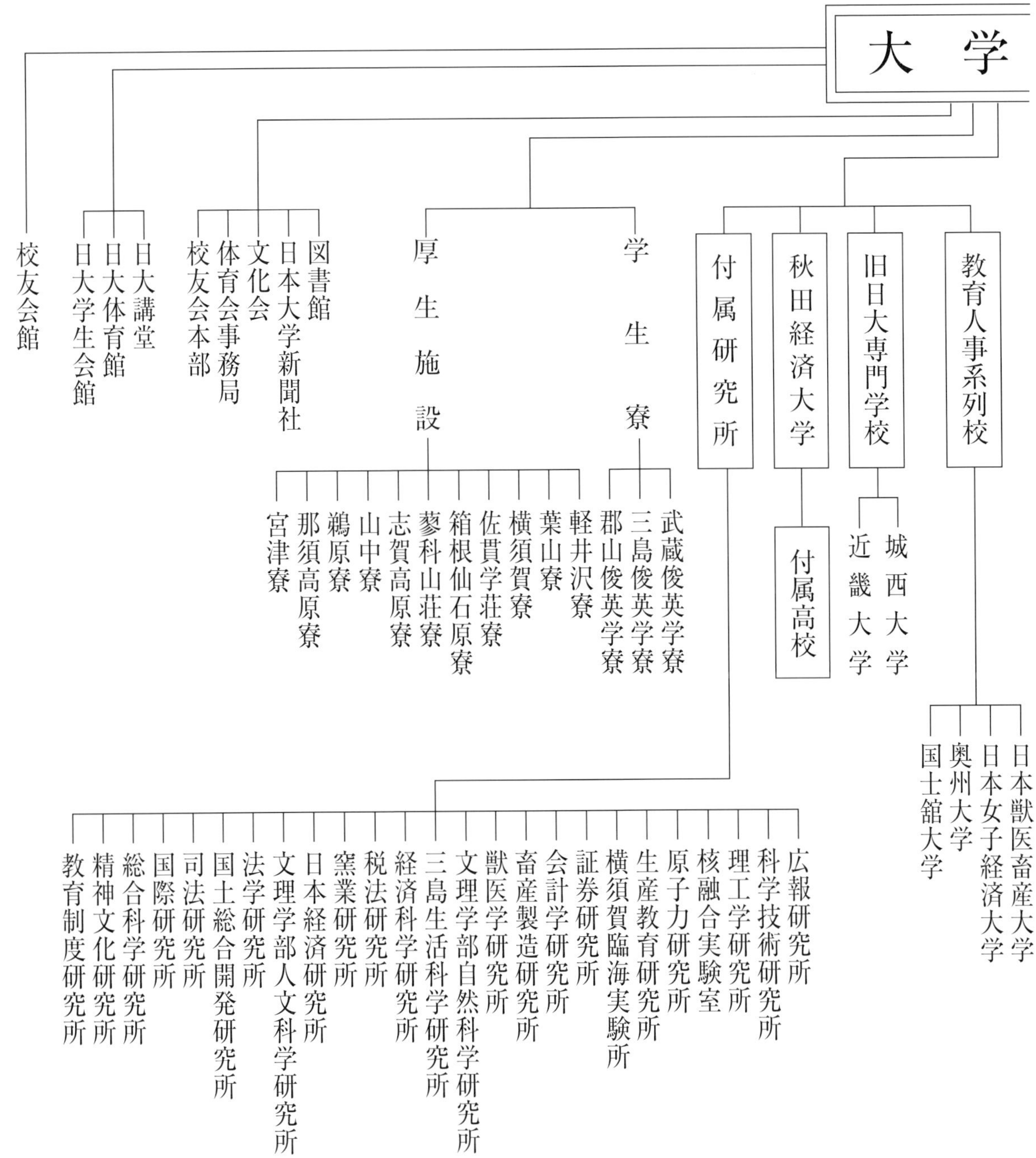
大学
教育人事系列校
日本獣医畜産大学
日本女子経済大学
奥州大学
国士舘大学
旧日大専門学校
城西大学
近畿大学
秋田経済大学
付属高校
付属研究所
広報研究所
科学技術研究所
理工学研究所
核融合実験室
原子力研究所
生産教育研究所
横須賀臨海実験所
証券研究所
会計学研究所
畜産製造研究所
獣医学研究所
文理学部自然科学研究所
三島生活科学研究所
経済科学研究所
税法研究所
窯業研究所
日本経済研究所
文理学部人文科学研究所
法学研究所
国土総合開発研究所
司法研究所
国際研究所
総合科学研究所
精神文化研究所
教育制度研究所
学生寮
武蔵俊英学寮
三島俊英学寮
郡山俊英学寮
厚生施設
軽井沢寮
葉山寮
横須賀寮
佐貫学荘寮
箱根仙石原寮
蓼科山荘寮
志賀高原寮
山中寮
鵜原寮
那須高原寮
宮津寮
図書館
日本大学新聞社
文化会
体育会事務局
校友会本部
日大講堂
日大体育館
日大学生会館
校友会館

1968年当時の
日大コンツェルン

昭和42年度日本大学歳入歳出更正予算

歳入之部

科目	金額	更正増減(△)
1．学校収入	10,739,746,000	230,708,000
2．病院収入	2,310,894,000	76,420,000
3．通信教育部収入	178,008,000	12,490,000
4．本部収入	8,670,000	2,000,000
5．司法研究所収入	1,140,000	0
計	13,238,458,000	321,618,000
1．学債及借入金	1,032,730,000	463,820,000
2．定期預金受入	673,483,000	△ 2,388,000,000
3．通知預金受入	2,899,944,000	0
4．土地家屋売却代受入	195,806,000	1,264,000
5．仮払金受入	30,000,000	0
6．施設拡充費受入	2,241,159,000	65,048,000
7．寄付金	4,266,410,000	96,815,000
8．火災保険金	141,000	141,000
9．雑収入	250,900,000	105,000,000
10．補助金助	388,315,000	51,340,000
11．前年度より繰越金	75,299,000	0
計	12,054,187,000	△ 1,604,572,000
合計	25,292,645,000	△ 1,282,954,000

歳出之部

科目	金額	更正増減(△)
1．学校費	7,412,960,000	△ 66,000,000
2．病院費	2,289,599,000	74,878,000
3．通信教育部費	156,548,000	916,000
4．本部費	656,835,000	5,550,000
5．図書館費	59,396,000	1,250,000
6．司法研究所費	14,096,000	211,000
7．総合研究費	379,541,000	30,032,000
8．交友会補助	21,001,000	△ 2,951,000
9．日大新聞補助	2,064,000	0
10．体育会補助	68,776,000	196,000
計	11,060,816,000	44,082,000
1．学債及借入金返済	298,907,000	0
2．有価証券	9,086,000	9,086,000
3．仮払金	30,000,000	0
4．施設費	13,802,392,000	△ 1,335,365,000
5．支払利子	10,907,000	0
6．雑支出	4,500,000	△1,500,000
小計	14,155,792,000	△ 1,327,779,000
7．翌年度へ繰越金	76,037,000	743,000
計	14,231,829,000	△ 1,327,036,000
合計	25,292,645,000	△ 1,282,954,000

昭和39年～42年度の予算額

39年度予算額	13,622,024,000円
40年度予算額	19,029,574,000円
41年度予算額	23,316,331,000円
42年度予算額	26,575,599,000円

昭和42年度の学生の状況

在籍学生生徒数

大学院	博士課程	287名	修士課程	385名
大学専攻科			二部	98名
学部	一部	69,563名	二部	11,704名
短期大学部	一部	3,180名	二部	984名

合計　86,201名

このほか通信教育部9,288名、付属 高等学校および中学校23,671名、幼稚園335名

総計　119,495名

昭和42年度申告所得額

		42年	41年	増額（比）
会頭	古田重二良	2,512万	1,883万	629万（33.4％）
副会頭	佐々木良吉	2,498万	1,881万	617万（32.8％）
総長	永田菊四郎	2,282万	1,869万	413万（22.1％）
常務	藤井勝次郎	1,601万	－	（220％以上）
〃	鈴木昇六	1,491万	1,387万	104万（ 6.5％）
総裁	呉文炳	1,179万	662万	517万（78.1％）
理事	斎藤謙次	900万	672万	228万（33.9％）
〃	鈴木勝	726万	－	
学部長	高梨公之	633万	－	
部長	津田俊文	616万	－	
理事	永沢滋	592万	－	
〃	金丸重嶺	573万	－	
〃	大森智堪	553万	－	
〃	加藤一雄	522万	－	
常務	秋葉安太郎	502万	－	

＊41年の－は500万未満により公表されなかったもの。
但し，藤井理事については不明である。

＊＊参考　内閣総理大臣（給与）935万（佐藤栄作）
（41年）東京都知事（給与）　589万（東龍太郎）

あとがき

闘争がいちだんと熾烈さを帯びはじめた一九六八年十月二十日、文理学部闘争委員会（文闘委）から一冊の自費出版本が上梓された。それが『叛逆のバリケード』（略称『叛バリ』）である。

出版を提起したのは、日大全共闘書記長の田村正敏（文闘委委員長）だが、実質的に企画・構成を立案し、編集を統括したのは上知之《かみともゆき》であった。

ようやくバリケード態勢が日常となったものの、闘争の帰趨はいまだ定まっていなかった。そのため全共闘内部においてさえも、『叛バリ』の出版には根強い反対論があった。そうした抵抗を押し切ってまで、出版を牽引したふたりの思いは、日大闘争の意義を世に問い、その闘いの記録を歴史の断片としてとどめたいという一念であった。

大学当局の妨害工作やスト破りを警戒して、編集の拠点はバリケード外に設けられ、進行の詳細は文闘委の学友らにも秘匿されていた。

一九六八年の夏は、現実の闘いにとっても、『叛バリ』にとっても、長く熱い夏だった。

今でも『叛バリ』のページを開くと、懐かしい光景が甦ってくる。

閑静な雑司が谷の住宅街に響く蝉の声。ほの暗い部屋の床には新聞やアジビラが散乱している。書きあげた原稿はしたたる汗の湿気で波打ったまま机の上に積み重ねられた。かたわらに転がる鉛筆。部屋の片隅に置かれた簡易ベッドでは、原稿の整理に駆けつけてくれた救対の女子が、疲れきった表情で仮眠をとっている。集会やデモの合間の執筆。二晩三晩の徹夜は当たり前で、暑熱と睡魔で筆が進まなくなるたび、行水を繰り返した……。

闘争の前途は必ずしも楽観できる状態ではなかったが、刷り上がったばかりの『叛バリ』が、バリケード内の一室に積み上げられた時、文闘委の士気は大いに鼓舞された。つたない文章ながら、思いのたけをこめてしたためた主張が、今まさに活字となってページのうえで躍動しているからである。

われわれは『叛バリ』を携えて街に飛び出した。都内の大学を駆けまわり、日大闘争を訴え、『叛バリ』の購入を呼びかけた。当然、街頭カンパの必須アイテムにもなった。求めがあれば、サラリーマンといわず、家庭の主婦といわず、相手が誰であっても応じた。幼時より示現流の極意をたたきこまれたK・Tなどは、持ち前の度胸で巡回中の警察官にまで売りつけたほどである。

『叛バリ』は売れたのではなく、売ったのである。闘いの正当性を訴える「アジビラ」として。こうした努力が報われ、気がつけば、版を重ね累計一万五千部に達した。

だが、自費出版本の『叛バリ』には、日大闘争のメルクマールとも言うべき九・三〇大衆団交の記録が収録されていなかった。大衆団交が実現した時、輪転機はフル稼働の状態で印刷を中止することは不可能だったからである。そのため、日を置かず新版の構想が持ち上がった。しかし、熾烈さを増す闘争はその余裕を与えてはくれなかった。

この時、版元を引き受けてくれたのが三一書房であり、担当者は井家上隆幸氏であった。

同氏の勧めもあって、それまでの『叛バリ』に九・三〇大衆団交の記録をあらたに書き加えて、一九六九年一月三十一日、『増補・叛逆のバリケード』が誕生した。

おそらく全国の読者が手にされているのは、この三一書房版の『増補・叛バリ』だと思われる。記憶によれば、とりわけ同世代の子をもつ父兄や同年齢の青年労働者が、先を争うように買い求めたといわれている。

やがて、心ならずも闘争は退潮期をむかえ、そして、終息した。

しかし、『叛バリ』は、われわれの誇りであり、また闘った証でもある。「日大闘争と数学科の問題」を提起したM・Aは、携帯するバッグのなかに『叛バリ』をしのばせ、いつも持ち歩いていた。この慣習は今でも続けられていると確信している。

思いがけず、二〇〇八年の夏も、長く熱い夏となった。

闘争から四十年という節目に、三一書房の厚意で記念すべき『叛バリ』改訂新版の刊行が決まったからである。つくづく奇縁というしかない。

今回の改訂新版は、原著の内容を一部割愛し、そのかわり、あらたに書き下ろしを加えることにした。現実の闘争が存在しない現在、かつての闘いをどう捉え、また、いかに語り継ぐかが重要だと考えたからである。

それは同時に、われわれにとって「全共闘」という言葉の重さを、あらためて認識させることでもあった。

思いかえせば、われわれの闘いは、革命を志向したわけでもなく、大きな社会変革を目指したものでもない。ささやかな要求を掲げ、学園の民主化を実現しようとしたに過ぎない。

それにもかかわらず、想像を絶する犠牲を強いられた。わずか三年に満たない歳月のなかで、死者一名、負傷者七七一六名の犠牲者を出した。不本意ながら、対峙する機動隊からも犠牲者が出た。天王山ともいうべき東大安田講堂の攻防戦ですら、彼我にひとりの死者も出なかったことを思えば、われわれの闘いこそ、まさに血で贖った闘争と言っても過言ではない。

日大全共闘がひときわ際立っているのは、そうした苛烈な体験があるからだ。それゆえ、われわれにとって「全共闘」とは、過ぎ去った青春への憧憬でもなければ、人生を彩る熱狂の一時でもない。今なお胸底に生き続ける意思である。

『叛バリ』は、かつて一連の全共闘本の嚆矢となった。ならば、その掉尾を飾るのも『叛バリ』でなくてはならない。そうした気概をこめて本書の編集に取り組んだ。賢明なる読者におかれては、伝えきれないもどかしさが漂う行間をもふくめて、われわれの意を読み解かれるよう切に願っている。

本書を、すでに鬼籍に入ってひさしい田村正敏と上知之に捧げる。闘いのなかで傷つき、力尽きた学友に捧げる。そして、あの輝ける日々、ともに闘い、隊列を組んだ全ての学友に捧げる。

「生命あるかぎり、君たちを永遠に忘れることはない」の言葉をそえて…。

最後に、三一書房の岡部清社長、編集部の小番伊佐夫氏、安西剛氏の三氏には、ひとかたならぬご尽力を賜わった。ここに付して謝意を表する。

二〇〇八年九月

『新版 叛逆のバリケード』編集委員　文理学部　大場久昭

『新版　叛逆のバリケード』編集委員会
［編集委員］
大場久昭 Ohba Hisaaki
操上光行 Kurigami Mitsuyuki
鈴木淳夫 Suzuki Atsuo

◉SPECIAL THANKS

◎写真提供
日大全共闘記録班（著作権管理・大杉事務所）
ブルースモーク（農闘委）
無尽出版会
前川惠司

◎日大全共闘関連サイト
1968年全共闘だった時代（理闘委）http://www.z930.com/
日本大学全学共闘会議農獣医学部闘争委員会 http://www.akahel-1968.com/
HP「日大1968年9月30日」（習志野）http://park18.wakwak.com/~nu30sept68/

新版　叛逆のバリケード

2008年9月30日　第一版第一刷発行

編著者　日本大学文理学部闘争委員会書記局
　　　　『新版　叛逆のバリケード』編集委員会
　　　　（編集委員：大場久昭 操上光行 鈴木淳夫）
発行者　岡部　清
発行所　株式会社　三一書房
　　　　〒154-0001
　　　　東京都世田谷区池尻2-37-7
　　　　電話03-5433-4231
　　　　FAX 03-5712-4728
　　　　振替00190-3-84190
　　　　URL http://www.san-ichi.co.jp/
　　　　Mail info@san-ichi.co.jp

装丁・本文フォーマット　臼井弘志
ＤＴＰ　工房伽蓮
印刷・製本　株式会社　厚徳社
Printed in Japan

****
乱丁・落丁本はおとりかえいたします。
ISBN 978-4-380-08224-5